한 권으로 끝내는
해커스 지텔프 32-50+ 로
딱 한 번 만에 **끝낼 수** 있어요!

시험에 나오는 내용만
콕 집어 알려주니까!

실제 기출 문제를
철저히 분석하여
**시험에 나오는 내용만
엄선**

영어 노베이스를 위한
무료 강의가 있으니까!

QR만 찍으면
떠먹여주는
**영어 노베이스
맞춤 무료 강의**

단 10일 만에
이론부터 실전까지
끝낼 수 있으니까!

지텔프 모든 영역의
이론부터 실전까지
**단 10일 만에
끝내는 구성**

한 권으로 끝내는
해커스 지텔프
Level 2
문법+독해+어휘 (+청해특강)
32-50+

200% 활용법

📱 무료 MP3　　📄 무료 온라인 단어시험지 자동 생성기

해커스인강(HackersIngang.com) 접속 ▶ 상단 메뉴의 **[G-TELP → MP3/자료 → 무료 MP3/자료]** 클릭 ▶
본 교재의 **[무료 MP3/무료 온라인 단어시험지 자동 생성기]** 클릭

* 무료 MP3/자료 바로가기 ▶

G-TELP 교재 동영상강의

▶ 유료 동영상강의
1. **시험에 빈출되는 포인트 표현** 학습
2. 해커스 **지텔프 전문 선생님**의 상세한 해설
3. **G-TELP 최신 출제 경향**을 반영한 강의

* G-TELP 동영상강의 바로보기 ▶

☑ 무료 진단고사 해설강의
해커스인강(HackersIngang.com) 접속 ▶
상단 메뉴의 **[무료강의]** 클릭 ▶
상단의 **[진단고사 해설강의]** 클릭하여 보기

* 진단고사 해설강의 바로보기 ▶

G-TELP 무료 학습 콘텐츠

**지텔프정답
실시간확인**

**지텔프 단기 고득점
비법강의**

**해커스 지텔프
무료 모의고사**

**매일 지텔프
문법 풀기**

이용방법　해커스영어(Hackers.co.kr) 접속 ▶ **[공무원/지텔프]** 메뉴 클릭하여 이용하기

* QR코드로 [해커스영어] 바로가기 ▶

지텔프 문법,
이것만 알면 끝!

딱 한 장에 담은

지 텔프 문법

총 정리

한 권으로 끝내는

해커스 지텔프

Level 2

문법+독해+어휘 +청취특강

32·50+

해커스 어학연구소

지텔프·경찰·군무원·소방 시험정보 및 학습자료
Hackers.co.kr

지텔프,
딱 한 번 만에 끝낼 수 없을까?

<한 권으로 끝내는 해커스 지텔프 32-50⁺ Level 2>로
딱 한 번 만에 끝!

경찰 및 소방공무원, 군무원, 경찰간부후보생, 소방간부후보생을 비롯하여
수많은 꿈을 이루기 위한 첫걸음, 지텔프 Level 2!

그 첫걸음이 더 쉽고 빨라지도록
<한 권으로 끝내는 해커스 지텔프 32-50⁺ Level 2>가 여러분과 함께합니다.

실제 지텔프 기출 경향을 철저히 분석하여
시험에 나오는 내용만 엄선한

출제 포인트 한 권 완성

+

QR을 찍으면
핵심 내용만 떠먹여주는

노베이스 맞춤 무료 강의

+

지텔프 모든 영역을 이론부터 실전까지
단 10일 만에 끝내는

10일 완성 구성

<한 권으로 끝내는 해커스 지텔프 32-50⁺ Level 2>로

딱 한 번 만에 목표 점수를 달성해 보세요!

목차

문법

어휘

독해

지텔프 필살 핸드북 [별책]
해설집 – 정답 • 해석 • 해설 [책 속의 책]

책의 특징과 구성

1

문법, 독해, 어휘를 한 권으로 빠르게 끝!

<한 권으로 끝내는 해커스 지텔프 32-50⁺ Level 2>는 문법, 독해, 어휘를 한 권으로
구성하여, 모든 파트를 한 번에 빠르게 학습할 수 있습니다.

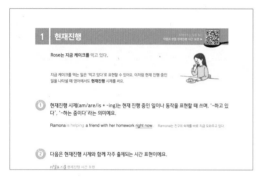

문법

지텔프 문법 영역 문제를 풀기 위해 반드시 알아야 하는 핵심 기출
포인트만 뽑아 담아 쉽게 학습할 수 있습니다.

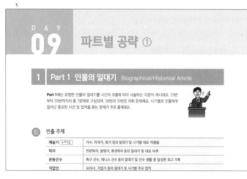

독해

지문 흐름별 빈출 문제와 파트별 필수 암기 어휘 및 표현을 담아
지텔프 독해 영역 문제를 푸는 데 꼭 필요한 내용을 확실하게 학습
할 수 있습니다.

어휘

기초 필수 어휘, 최빈출 어휘, 최신 경향이 반영된 예문 및 출제 포
인트를 수록하여 반드시 알아야 하는 어휘만 효과적으로 학습할
수 있습니다.

2

기초부터 실전까지 한 번에 준비!

<한 권으로 끝내는 해커스 지텔프 32-50⁺ Level 2>는 이제 막 시작하는 학습자도 기초부터 실전까지 한 번에 준비할 수 있습니다.

진단고사 「문법」

1. Unfortunately, Mr. Wallace is unable to attend the sales team's presentation this afternoon. He _____ with his manager now to discuss a transfer to another department.
   (a) was meeting
   (b) is meeting
   (c) has been meeting
   (d) has met

2. Janice decided to put off her trip to Italy because she could not find a hotel room. If she had begun planning her trip earlier,

4. Danielle found out that she could not join her friends for a dinner party on Saturday. Therefore, she checked if they would mind _____ the gathering until the following evening.
   (a) postponing
   (b) having postponed
   (c) to be postponing
   (d) to postpone

5. Sarah, one of the most promising gymnasts in Russia, is preparing for the Olympic games next year. By that time,

진단고사

본격적인 지텔프 학습 전 실력을 점검할 수 있는 진단고사가 있어, 자신의 취약점을 파악하고 학습 플랜을 짤 수 있습니다.

* 진단고사 해설 강의는 해커스인강 사이트(HackersIngang.com)에서 무료로 제공됩니다.

실력 UP! 연습문제

괄호에서 알맞은 것을 고르세요.

1. Martin (spoke / is speaking) with his history tutor right now.

2. William (is currently looking / was currently looking) for a new apartment.

3. At present, vehicles (are waiting / will wait) for the traffic light to change.

4. Nathan (is watching / had been watching) exercise videos on YouTube at the moment.

자신감 UP! 실전문제

보기 중 빈칸에 가장 적절한 것을 고르세요.

7. The Belmont Hotel's annual Christmas party is currently underway. At this time, many

8. Sales of e-books are increasing because of their convenience. As a result, a large

연습문제 / 실전문제 / HACKERS TEST

학습한 내용을 바탕으로 기본 개념을 확인하는 연습문제, 실제 지텔프 시험과 유사한 형태의 실전문제, 학습을 마무리하는 HACKERS TEST를 통해 충분한 문제 풀이 연습을 할 수 있습니다.

GRAMMAR SECTION

DIRECTIONS:

A word or words must be added to each of the following items to complete the sentence. Select the best answer from the four choices provided for each question. Then, fill in the correct circle on your answer sheet.

Example:

My sister _____ on a trip.

(a) are

실전모의고사

실제 시험과 동일한 구성의 실전모의고사 및 OMR 카드를 활용해 시험장과 똑같은 환경에서 문제를 풀어보고 완벽하게 학습을 마무리할 수 있습니다.

책의 특징과 구성

3

노베이스 맞춤 무료 강의와 청취 특강으로 실전 완벽 대비!

QR만 찍으면 떠먹여주는 맞춤 특강, 핵심만 알려주는 지텔프 청취 특강, 딱 한 장에 담은 지텔프 문법 총정리를 통해 노베이스 학습자도 실전에 효과적으로 대비할 수 있습니다.

떠먹여주는 맞춤 특강

학습 중 교재 곳곳에 있는 QR코드를 찍으면 해당 DAY에서 반드시 알아야 할 문법 기출포인트와 더 자세한 설명을 무료 강의로 만나볼 수 있습니다.

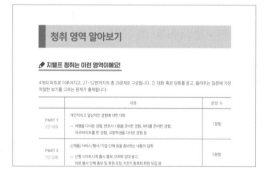

지텔프 청취 특강

지텔프 청취 영역의 특징과 파트별 핵심 공략법만 쏙쏙 뽑아 알려주는 지텔프 청취 특강을 통해 똑똑하게 실전에 대비할 수 있습니다.

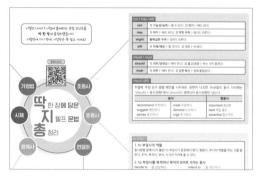

딱 한 장에 담은 지텔프 문법 총정리

지텔프에 출제되는 문법 포인트를 딱 한 장에 담은 자료와 QR코드를 찍어 무료로 볼 수 있는 총정리강의를 통해 필요한 내용만 효율적으로 학습할 수 있습니다.

4 상세한 해설과 부가 학습 자료로 확실한 마무리!

<한 권으로 끝내는 해커스 지텔프 32-50⁺ Level 2>는 친절한 해설과 다양한 부가 학습 자료를 제공합니다.

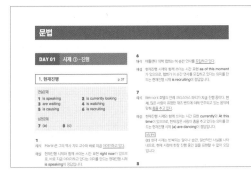

해설집

정확한 해석과 쉬운 해설을 수록하여 모든 문제를 완벽히 이해하고 복습할 수 있습니다. 실제 정답의 단서가 되는 부분을 별도로 표시하여 혼자서도 쉽게 학습할 수 있습니다.

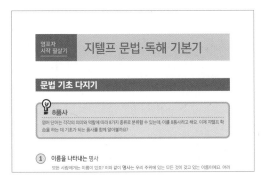

지텔프 필살 핸드북

지텔프 문법·독해 기본기와 기출 문법 요약 노트를 수록한 지텔프 필살 핸드북을 통해 언제 어디서나 손쉽게 지텔프를 학습할 수 있습니다.

무료 MP3 및 단어시험지 자동생성기

교재에 수록된 어휘를 원어민의 음성을 들으면서 암기하고, 단어시험을 통해 올바르게 외웠는지 확인할 수 있도록 단어암기 MP3와 단어시험지 자동생성기를 무료로 제공합니다.

* 단어암기 MP3와 단어시험지 자동생성기는 해커스인강 사이트 (HackersIngang.com)에서 무료로 제공됩니다.

지텔프 소개

■ 지텔프란 무엇인가요?

지텔프(G-TELP)란 General Tests of English Language Proficiency의 약자로 국제테스트 연구원(ITSC, International Testing Services Center)에서 주관하는 국제적 공인영어시험이며, 한국에서는 1986년에 지텔프 코리아가 설립되어 지텔프 시험을 운영 및 주관하고 있습니다. 현재 공무원, 군무원 등 각종 국가고시 영어대체시험, 기업체의 신입사원 채용 및 인사 · 승진 평가시험, 대학교 · 대학원 졸업자격 영어대체시험 등으로 널리 활용되고 있습니다.

■ 지텔프의 종류에는 어떤 것들이 있나요?

지텔프는 Level 1부터 5까지 다섯 가지 등급의 시험으로 구분됩니다. 한국에서는 다섯 가지 Level 중 Level 2 정기시험 점수가 활용되고 있습니다. 그 외 레벨은 현재 수시시험 접수만 가능하며, 공인 영어 성적으로 거의 활용되지 않습니다.

구분	출제 방식 및 시간	평가 기준	합격자의 영어구사능력	응시 자격
Level 1	청취 30문항(약 30분) 독해 및 어휘 60문항(70분) **총 90문항(약 100분)**	Native Speaker에 준하는 영어 실력: 상담, 토론 가능	외국인과 의사소통, 통역이 가능한 수준	Level 2 영역별 75점 이상 획득 시
Level 2	문법 26문항(20분) 청취 26문항(약 30분) 독해 및 어휘 28문항(40분) **총 80문항(약 90분)**	다양한 상황에서 대화 가능: 업무 상담 및 해외 연수 등 가능	일상생활 및 업무 상담, 세미나, 해외 연수 등이 가능한 수준	제한 없음
Level 3	문법 22문항(20분) 청취 24문항(약 20분) 독해 및 어휘 24문항(40분) **총 70문항(약 80분)**	간단한 의사소통과 친숙한 상태에서의 단순 대화 가능	간단한 의사소통과 해외 여행, 단순 업무 출장이 가능한 수준	제한 없음
Level 4	문법 20문항(20분) 청취 20문항(약 15분) 독해 및 어휘 20문항(25분) **총 60문항(약 60분)**	기본적인 문장을 통해 최소한의 의사소통 가능	기본적인 어휘의 짧은 문장을 통한 최소한의 의사소통이 가능한 수준	제한 없음
Level 5	문법 16문항(15분) 청취 16문항(약 15분) 독해 및 어휘 18문항(25분) **총 50문항(약 55분)**	극히 초보적인 수준의 의사소통 가능	영어 초보자로 일상의 인사, 소개 등만 가능한 수준	제한 없음

■ 지텔프 Level 2는 이렇게 구성되어 있어요.

영역	내용		문항 수	시간	배점
문법	시제, 가정법, 조동사, 준동사, 연결어, 관계사		26개	20분	100점
청취	PART 1	개인적인 이야기나 경험담	7개	약 30분	100점
	PART 2	특정 주제에 대한 정보를 제공하는 공식적인 담화	6개		
	PART 3	어떤 결정에 이르고자 하는 비공식적인 협상 등의 대화	6 or 7개		
	PART 4	일반적인 어떤 일의 진행이나 과정에 대한 설명	7 or 6개		
독해 및 어휘	PART 1	과거 역사 속의 인물이나 현시대 인물의 일대기	7개	40분	100점
	PART 2	최근의 사회적이고 기술적인 묘사에 초점을 맞춘 기사	7개		
	PART 3	전문적인 것이 아닌 일반적인 내용의 백과사전	7개		
	PART 4	어떤 것을 설명하거나 설득하는 상업 서신	7개		
			80문항	**약 90분**	**300점**

* 각 영역 100점 만점으로 총 300점이며, 세 개 영역의 평균값이 공인성적으로 활용되고 있습니다.

* 권장 시간은 있으나 영역별 시험 시간 제한 규정이 폐지되었으므로, 시간을 자유롭게 배분하여 문제를 풀 수 있습니다.

지텔프 시험 접수부터 성적 확인까지

■ 지텔프는 이렇게 접수해요.

— **인터넷 접수:** 지텔프 홈페이지(www.g-telp.co.kr)에서 회원가입 후 접수할 수 있습니다.

— **방문 접수:** 접수 기간 내에 지텔프 코리아 본사로 방문하여 접수할 수 있습니다.

■ 지텔프 시험날, 준비물은 모두 챙기셨나요?

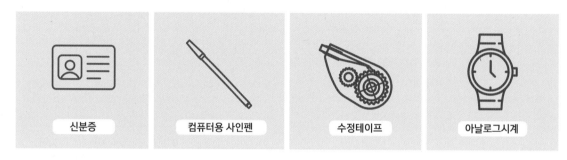

| 신분증 | 컴퓨터용 사인펜 | 수정테이프 | 아날로그시계 |

— 수험표는 별도로 준비하지 않아도 됩니다.

— 시험 당일 신분증이 없으면 시험에 응시할 수 없으므로, 반드시 신분증(주민등록증, 운전면허증, 공무원증 등)을 지참해야 합니다. 지텔프에서 인정하는 신분증 종류는 지텔프 홈페이지(www.g-telp.co.kr)에서 확인 가능합니다.

— 컴퓨터용 사인펜으로 마킹해야 하며 연필은 사용할 수 없습니다. 연필이나 볼펜으로 먼저 마킹한 후 사인펜으로 마킹하면 OMR 판독에 오류가 날 수 있으니 주의합니다.

— 마킹 수정 시, 수정테이프를 사용해야 하며 수정액은 사용할 수 없습니다. 다른 수험자의 수정테이프를 빌려 사용할 수 없으며, 본인의 것만 사용이 가능합니다.

■ 지텔프 시험 당일 일정이 어떻게 되나요?

1. 고사장 가기 전
— 준비물을 잘 챙겼는지 확인합니다.
— 시험 장소를 미리 확인해 두고, 규정된 입실 시간에 늦지 않도록 유의합니다.

2. 고사장에서
— 1층 입구에 붙어 있는 고사실 배치표를 확인하여 자신이 배정된 고사실을 확인합니다.
— 고사실에는 각 응시자의 이름이 적힌 좌석표가 자리마다 놓여 있으므로, 자신에게 배정된 자리에 앉으면 됩니다.

3. 시험 보기 직전
— 시험 도중에는 화장실에 다녀올 수 없고, 만약 화장실에 가면 다시 입실할 수 없으므로 미리 다녀오는 것이 좋습니다.
— 시험 시작 전에 OMR 카드의 정보 기입란의 각 영역에 올바른 정보를 기입해둡니다.

4. 시험 시
— 답안을 따로 마킹할 시간이 없으므로 풀면서 바로 마킹하는 것이 좋습니다.
— 영역별 시험 시간 제한 규정이 폐지되었으므로, 본인이 취약한 영역과 강한 영역에 적절히 시간을 배분하여 자유롭게 풀 수 있습니다. 단, 청취 시간에는 다른 응시자에게 방해가 되지 않도록 주의해야 합니다.
— 시험지에 낙서를 하거나 다른 응시자들이 알아볼 수 있도록 큰 표시를 하는 것은 부정행위로 간주되므로 주의해야 합니다. 수험자 본인만 인지할 수 있는 작은 표기만 인정됩니다.
— OMR 카드의 정답 마킹란이 90번까지 제공되지만, 지텔프 Level 2의 문제는 80번까지만 있으므로 81~90번까지의 마킹란은 공란으로 비워두면 됩니다.

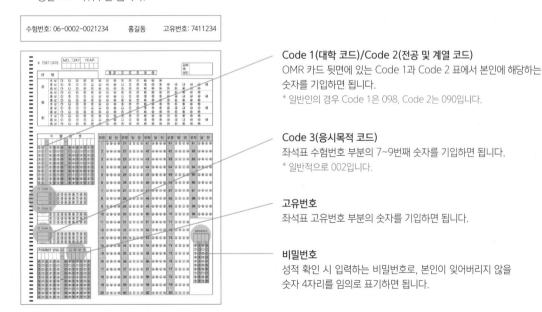

Code 1(대학 코드)/Code 2(전공 및 계열 코드)
OMR 카드 뒷면에 있는 Code 1과 Code 2 표에서 본인에 해당하는 숫자를 기입하면 됩니다.
* 일반인의 경우 Code 1은 098, Code 2는 090입니다.

Code 3(응시목적 코드)
좌석표 수험번호 부분의 7~9번째 숫자를 기입하면 됩니다.
* 일반적으로 002입니다.

고유번호
좌석표 고유번호 부분의 숫자를 기입하면 됩니다.

비밀번호
성적 확인 시 입력하는 비밀번호로, 본인이 잊어버리지 않을 숫자 4자리를 임의로 표기하면 됩니다.

지텔프 시험 접수부터 성적 확인까지

■ 지텔프 성적은 이렇게 확인해요.

성적표는 온라인으로 출력(1회 무료)하거나 우편으로 수령할 수 있으며, 수령 방법은 접수 시 선택 가능합니다. (성적 발표일도 시험 접수 시 확인 가능)

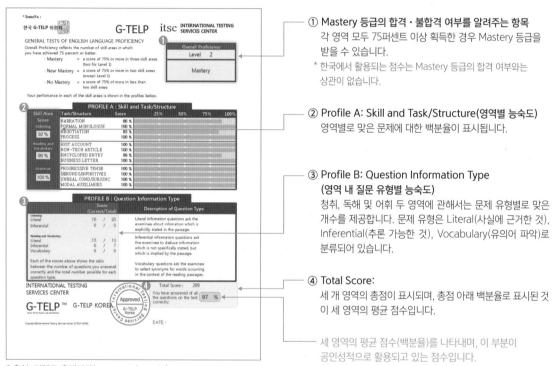

① Mastery 등급의 합격·불합격 여부를 알려주는 항목
각 영역 모두 75퍼센트 이상 획득한 경우 Mastery 등급을 받을 수 있습니다.
* 한국에서 활용되는 점수는 Mastery 등급의 합격 여부와는 상관이 없습니다.

② Profile A: Skill and Task/Structure(영역별 능숙도)
영역별로 맞은 문제에 대한 백분율이 표시됩니다.

③ Profile B: Question Information Type
(영역 내 질문 유형별 능숙도)
청취, 독해 및 어휘 두 영역에 관해서는 문제 유형별로 맞은 개수를 제공합니다. 문제 유형은 Literal(사실에 근거한 것), Inferential(추론 가능한 것), Vocabulary(유의어 파악)로 분류되어 있습니다.

④ Total Score:
세 개 영역의 총점이 표시되며, 총점 아래 백분율로 표시된 것이 세 영역의 평균 점수입니다.

세 영역의 평균 점수(백분율)를 나타내며, 이 부분이 공인성적으로 활용되고 있는 점수입니다.

* 출처: 지텔프 홈페이지(www.g-telp.co.kr)

📖 지텔프 학습 시 성적 계산법

점수는 아래의 공식으로 산출할 수 있습니다. 총점과 평균 점수의 경우, 소수점 이하 점수는 올림 처리합니다.

각 영역 점수: 맞은 개수 × 3.75
평균 점수: 각 영역 점수 합계 ÷ 3

예 문법 12개, 청취 5개, 독해 및 어휘 10개 맞혔을 시,

문법 12 × 3.75 = 45점   **청취** 5 × 3.75 = 18.75점   **독해 및 어휘** 10 × 3.75 = 37.5점

→ **평균 점수** (45 + 18.75 + 37.5) ÷ 3 = 34점

지텔프 Level 2 32-50⁺ 성적 활용하기

정부 및 국가 자격증	기준 점수
경찰공무원(경사·경장·순경)	43점
소방공무원(소방장·소방교·소방사)	43점
경찰간부후보생	50점
소방간부후보생	50점
군무원 9급	32점
군무원 7급	47점
호텔 서비스사	39점
박물관 및 미술관 준학예사	50점

* 그 외 공공기관 및 기업체에서도 지텔프 성적을 활용하고 있으며 지텔프 홈페이지에서 모든 활용처를 확인할 수 있습니다.

영역별 문제 유형

GRAMMAR 문법

- 빈칸에 알맞은 문법 사항을 4개의 보기 중에서 고르는 유형입니다. 1번부터 26번까지의 총 26문제가 출제됩니다.

문제 형태

1. Mr. Reynolds cannot meet his friends for coffee right now. He _____ a financial planning workshop for people approaching retirement age. It is expected to last for three hours, so he won't be free until 6 p.m.

   (a) has attended
   (b) attended
   (c) is attending
   (d) was attending

해설 현재진행 시제와 함께 쓰이는 시간 표현 right now가 있으므로, 현재진행 시제 **(c)** is attending이 정답입니다.

LISTENING 청취

- 두 사람의 대화 혹은 한 사람의 담화를 듣고, 그와 관련된 6~7문제의 정답을 고르는 유형입니다.
  27번부터 52번까지의 총 26문제가 출제됩니다.

문제 형태

[문제지]

27. (a) when a party will start
    (b) why a party is being thrown
    (c) who is attending their party
    (d) how to get to the party

[음성]

27. What did Julie ask Tim?

F: Hey, Tim. Has anyone responded to our invitation to the party this weekend?
M: Hi, Julie. At this point, only Mike and Chris have confirmed that they are coming. We don't know about the others.

27. What did Julie ask Tim?

해설 Julie는 Tim에게 그들의 파티 초대에 누가 응답했는지를 묻고 있으므로, **(c)** who is attending their party(누가 그들의 파티에 참석하는지)가 정답입니다.

READING & VOCABULARY 독해 및 어휘

■ 지문을 읽고, 그와 관련된 7문제의 정답을 고르는 유형입니다. 53번부터 80번까지의 총 28문제가 출제됩니다.

문제 형태

[지문]

ANNE SEXTON

    Anne Sexton was an American poet who was active in the second half of the 20th century. She is best known for her poems that were themed around her personal confessions.

    Anne Sexton was born on November 9, 1928, to Ralph and Mary Harvey in Newton, Massachusetts. Most of her childhood was spent in Boston. As a teenager, she enrolled in a prestigious boarding school for the daughters of the well to do. Later, she spent one year at a college for women and did some modeling for a modeling agency.

    Sexton was not naturally inclined to writing poetry. Her poetry career did not start until 1955 when she was encouraged by her therapist to write. Sexton had suffered from severe bipolar disorder for much of her life, and the writing was intended as a form of treatment. Yet her writing had periods of such intensity that she would sometimes have to take breaks and check into a mental hospital.

    After enrolling in a class led by poet and critic John Holmes, Sexton received quick success. Some of her poems were accepted for publication in national periodicals such as *The New Yorker* and *Harper's Magazine*.

[문제]

53. What is Anne Sexton most famous for?

   (a) the personal revelations in her works
   (b) the controversial nature of her writing
   (c) her habit of copying other writers' style
   (d) her invention of a new form of poetry

해설　1단락에서 Anne Sexton은 그녀의 개인적인 고백을 주제로 삼은 시로 가장 잘 알려져 있다고 했으므로, **(a)** the personal revelations in her works(그녀 작품에서의 사적인 드러냄)가 정답입니다.

목표 점수 달성을 위한
나만의 학습 플랜

* 진단고사(p.20~31)를 마친 후 결과에 맞는 학습 플랜을 선택하여 학습합니다.

10일 완성

맞은 개수 10개 이상

매일 **문법 & 어휘** 혹은 **독해 & 어휘**를 **하루에 한 DAY**씩 1회독
하여 짧은 기간에 집중적으로 학습하는 플랜입니다.

1일	2일	3일	4일	5일
☐ 진단고사 ☐ 문법 DAY 01 ☐ 어휘 DAY 01	☐ 문법 DAY 02 ☐ 어휘 DAY 02	☐ 문법 DAY 03 ☐ 어휘 DAY 03	☐ 문법 DAY 04 ☐ 어휘 DAY 04	☐ 문법 DAY 05 ☐ 어휘 DAY 05

6일	7일	8일	9일	10일
☐ 문법 DAY 06 ☐ 어휘 DAY 06	☐ 문법 DAY 07 ☐ 어휘 DAY 07	☐ 문법 DAY 08 ☐ 어휘 DAY 08	☐ 독해 DAY 09 ☐ 어휘 DAY 09 ☐ 지텔프 청취 특강	☐ 독해 DAY 10 ☐ 어휘 DAY 10 ☐ 실전모의고사

20일 완성

맞은 개수 10개 미만

문법, 독해는 이틀에 한 DAY씩 1회독, 어휘는 하루에 한 DAY씩 2회독하여 일일 학습량에 대한 부담을 줄이고, 더욱 꼼꼼하게 학습하는 플랜입니다.

1일	2일	3일	4일	5일
☐ 진단고사 ☐ 문법 DAY 01 ☐ 어휘 DAY 01	☐ 문법 DAY 01 ☐ 어휘 DAY 02	☐ 문법 DAY 02 ☐ 어휘 DAY 03	☐ 문법 DAY 02 ☐ 어휘 DAY 04	☐ 문법 DAY 03 ☐ 어휘 DAY 05

6일	7일	8일	9일	10일
☐ 문법 DAY 03 ☐ 어휘 DAY 06	☐ 문법 DAY 04 ☐ 어휘 DAY 07	☐ 문법 DAY 04 ☐ 어휘 DAY 08	☐ 문법 DAY 05 ☐ 어휘 DAY 09	☐ 문법 DAY 05 ☐ 어휘 DAY 10

11일	12일	13일	14일	15일
☐ 문법 DAY 06 ☐ 어휘 DAY 01	☐ 문법 DAY 06 ☐ 어휘 DAY 02	☐ 문법 DAY 07 ☐ 어휘 DAY 03	☐ 문법 DAY 07 ☐ 어휘 DAY 04	☐ 문법 DAY 08 ☐ 어휘 DAY 05

16일	17일	18일	19일	20일
☐ 문법 DAY 08 ☐ 어휘 DAY 06	☐ 독해 DAY 09 ☐ 어휘 DAY 07	☐ 독해 DAY 09 ☐ 어휘 DAY 08	☐ 독해 DAY 10 ☐ 어휘 DAY 09 ☐ 지텔프 청취 특강	☐ 독해 DAY 10 ☐ 어휘 DAY 10 ☐ 실전모의고사

진단고사

본격적인 학습을 시작하기 전, 실력을 진단할 수 있는 테스트를 담은 '진단고사'입니다.
실제 지텔프 시험과 유사한 진단고사를 통해 자신의 실력을 진단해보세요.

해커스인강에서 제공되는 무료 진단고사 해설 강의를 통해 학습 내용을 확인해보세요! ✏️

*경로 [해커스인강 HackersIngang.com → 무료강의 → 진단고사 해설강의]

1. Unfortunately, Mr. Wallace is unable to attend the sales team's presentation this afternoon. He _____ with his manager now to discuss a transfer to another department.

   (a) was meeting
   (b) is meeting
   (c) has been meeting
   (d) has met

2. Janice decided to put off her trip to Italy because she could not find a hotel room. If she had begun planning her trip earlier, she _____ one easily.

   (a) would probably book
   (b) will be probably booking
   (c) had probably booked
   (d) would have probably booked

3. Traffic accidents caused by drunk drivers have received much media attention. As a result, the public is asking that the government _____ stricter penalties for this crime.

   (a) would impose
   (b) imposes
   (c) impose
   (d) imposed

4. Danielle found out that she could not join her friends for a dinner party on Saturday. Therefore, she checked if they would mind _____ the gathering until the following evening.

   (a) postponing
   (b) having postponed
   (c) to be postponing
   (d) to postpone

5. Sarah, one of the most promising gymnasts in Russia, is preparing for the Olympic games next year. By that time, she _____ for seven years already.

   (a) is training
   (b) has been training
   (c) would have trained
   (d) will have been training

6. *Coffee Break* is one of the most popular chat shows on television. The topics _____ are related to important social issues affecting many people in the country.

   (a) that are discussed on this program
   (b) who are discussed on this program
   (c) where they are discussed on this program
   (d) which they are discussed on this program

7. David was late for his final exam this morning because his alarm didn't go off. If he _____ the alarm clock before going to bed, he would have arrived at school on time.

   (a) checks
   (b) would check
   (c) had checked
   (d) checked

8. Brenda insisted that her landlord send a plumber to her apartment as soon as possible. When she returned home last night, a water pipe in her kitchen _____.

   (a) was leaking
   (b) is leaking
   (c) would leak
   (d) leaked

9. Coleman Publishing requires a medical certificate from any staff member who has taken a sick day. Employees _____ submit this document upon returning to work.

   (a) could
   (b) should
   (c) would
   (d) might

10. Adrian experiences severe neck pain whenever he turns his head. If he maintained good posture while sitting at his desk, he _____ this physical discomfort.

    (a) would not feel
    (b) does not feel
    (c) had not felt
    (d) was not feeling

11. A newborn reindeer is completely reliant on its mother. _____ it has lived for a period of 45 days, it begins looking for food on its own. It will become fully independent by the age of two.

    (a) Whereas
    (b) Although
    (c) After
    (d) Whenever

12. Sam found taking an online course to be challenging. This is because his family members were a distraction. Fortunately, they agreed _____ making noise while he was studying.

    (a) to have avoided
    (b) avoiding
    (c) will avoid
    (d) to avoid

PART 1. *Read the biography article below and answer the questions. The two underlined words are for vocabulary questions.*

ELIZABETH BISHOP

Elizabeth Bishop was a gifted American poet of the 20th century. She is famous for her polished and precise wording. Her work has been published in books and appeared in magazines like *The New Yorker*.

Born an only child in 1911, Bishop lost both parents at an early age. She was subsequently raised by her grandparents and educated at the elite Vassar College, where she produced poetry. Following her graduation, she planned to pursue a medical career. However, she was persuaded to do otherwise by Marianne Moore, an established modernist poet who had <u>encountered</u> Bishop's earlier work at Vassar.

Using a fortune inherited from her late father, Bishop traveled widely during her early career and maintained homes in both the US and Brazil. Her initial work centered on her travel experiences, but her somewhat divided existence also led her to write about themes related to contrast. The poems were later gathered into her first two collections, *North & South* in 1946 and *Poems: North and South: A Cold Spring* in 1955, which earned a Pulitzer Prize.

Over the next two decades, Bishop produced several more works to wide acclaim, including *Questions of Travel* in 1965 and *Geography III* in 1976. These later works reflect a maturing style in which Bishop discusses more inward-looking themes of self-exploration and identity while retaining a keen sense of observation and objective distance.

Unsurprisingly, given her meticulous devotion to detail, Bishop produced a comparatively small number of poems for a major American poet, only 101 overall. From 1970, she taught writing at Harvard, and was elected to the American Academy of Arts and Letters just three years before her death in 1979.

13. What is Bishop famous for?

    (a) inspiring a new generation of poets
    (b) exploring the language of poetry in detail
    (c) using refined and exact expressions
    (d) promoting the works of other poets

14. Based on the article, which inspired the themes in Bishop's early poetry?

    (a) her father's life
    (b) her frequent trips
    (c) her privileged upbringing
    (d) her association with Moore

15. What distinguishes Bishop's later poems?

    (a) They reflect her highly mobile lifestyle.
    (b) They exhibit a growing sense of playfulness.
    (c) They describe destinations more intimately.
    (d) They explore more personal themes.

16. Why most likely did Bishop produce a small body of work?

    (a) because she spent a lot of time dealing with personal issues
    (b) because she was highly particular in her writing
    (c) because she had to divide her time with a teaching career
    (d) because she passed away at a relatively young age

17. In the context of the passage, encountered means _____.

    (a) detected
    (b) experienced
    (c) undergone
    (d) engaged

RESEARCHERS FIND EVIDENCE OF A LOST KINGDOM

Researchers in Turkey have uncovered an ancient stone tablet that provides clues to the existence of a lost kingdom. This kingdom may have once battled King Midas, the legendary ruler whose "golden touch" is described in Greek mythology.

A local farmer made the initial find—a heavy stone inscribed with ancient hieroglyphics, partially buried along an irrigation canal. Curious about the stone's <u>unconventional</u> script, the farmer notified researchers working at a nearby archeological site.

The researchers, led by James Osborne of the University of Chicago and Michele Massa of the British Institute, recognized the stone's significance. They knew that it was written in a Bronze Age language. Furthermore, a symbol on one side indicated its message had been dictated by a king.

The mysterious message was easily interpreted by the research team. They were familiar with its script from having worked for two years on a bigger project investigating the archeological site of Turkmen-Karahoyuk. It read, "The storm gods delivered the kings to his majesty."

Based on the stone's age and style of script, researchers determined that "his majesty" was most likely the eighth-century Anatolian King Hartapu. If the message is true, it likely means that Hartapu defeated opponents from Muska. Muska is also known as Phrygia and is the home of several legendary rulers, including King Midas.

Little else is known about King Hartapu, but the stone's discovery adds support to theories about Turkmen-Karahoyuk because of its position in relation to other finds. Other artifacts scattered around Turkmen-Karahoyuk suggest that it was the administrative capital of a great kingdom.

18. What did the researchers find?

    (a) clues to a buried treasure
    (b) a document about a Greek god
    (c) an item only referred to in legend
    (d) evidence of a mysterious kingdom

19. Where was the stone tablet discovered?

    (a) in a farmer's home
    (b) in a water channel
    (c) on top of a hill
    (d) at a grave site

20. What did the tablet's message describe?

    (a) how a town was destroyed in a storm
    (b) how Midas became a Phrygian ruler
    (c) how Hartapu defeated his rivals
    (d) how the Muska ruled Turkmen-Karahoyuk

21. What do the researchers most likely believe about Turkmen-Karahoyuk?

    (a) It played an important role in Hartapu's kingdom.
    (b) Its name changed several times throughout history.
    (c) It is the original source of Luwian hieroglyphics.
    (d) Its inhabitants were highly skilled at farming.

22. In the context of the passage, unconventional means _____.

    (a) established
    (b) unusual
    (c) ineffective
    (d) abnormal

PART 3. Read the encyclopedia article below and answer the questions. The two underlined words are for vocabulary questions.

LIMA SYNDROME

Lima syndrome describes a psychological response in which a captor or abuser develops a positive bond with the victim, becoming sympathetic to his or her situation.

The syndrome takes its name from a crisis that occurred in 1966 in Lima, Peru. During a party hosted by the Japanese embassy, members of a rebel group took the guests hostage to demand the release of their comrades from prison. Surprisingly, and against their own interests, the rebels allowed their most valuable captives to leave before any of their demands had been met.

Subsequent interrogation of the hostage-takers revealed factors that may have had an influence. These mainly consisted of the captors' relative youth and inexperience, and lack of strong ideology. In addition, the diplomats present at the party were skilled at negotiation and might have found it easier than most to develop a friendly rapport with their captors. Time spent with hostages, while not a factor in Peru, might also play a part in other cases of Lima Syndrome.

Lima syndrome is sometimes confused with Stockholm syndrome. However, in Stockholm syndrome, it is the victims who develop a close connection with their captors. Furthermore, Stockholm syndrome usually takes a longer time to form. Despite these distinguishing features, Stockholm syndrome does share one similarity with Lima syndrome. In either case, victims face a reduced risk of harm.

Overall, Lima syndrome is still poorly understood due to the lack of firsthand reports. Additional research would shed light on other conditions that may be involved.

23. What is Lima syndrome?

    (a) a strategy for addressing an unstable situation
    (b) a sympathy that captors develop for victims
    (c) a problem that slowly grows into a crisis
    (d) an abusive behavior common in workplaces

24. Which of the following is NOT a factor in the occurrence of Lima syndrome?

    (a) language difficulties
    (b) people's relative experience
    (c) an ability to form friendly relations
    (d) a lack of well-formed beliefs

25. How are Lima and Stockholm syndrome similar?

    (a) Both produce feelings of anxiety.
    (b) Both involve the capturing of diplomats.
    (c) Both mitigate the potential for danger.
    (d) Both remain poorly understood.

26. According to the passage, what would most likely aid our understanding of Lima syndrome?

    (a) experiencing it firsthand
    (b) learning about it in school
    (c) studying abusive personalities
    (d) considering additional examples

27. In the context of the passage, interrogation means _____.

    (a) inspection
    (b) protest
    (c) questioning
    (d) conversation

April 4, 2022

Mr. Bernard Esposo
4860 Briar Road
El Dorado Springs, MO 64744

Dear Mr. Esposo,

I am writing to inform you that your annual subscription to *Plus-Ultra* is expiring on May 24. If you would like to continue receiving the magazine without interruption, please renew your subscription on or before that date.

If you extend before the end of the month, you will save 25 percent off our cover price. Purchase a two-year package and enjoy an additional 25 percent off. Or save even more by picking our digital-only option for just $4.99 a month.

All offers include access to *Plus-Ultra*'s award-winning journalism, covering everything in outdoor sports and recreation. You will also continue to receive free copies of our annual *Holiday Catalog*, which features the best products tested by our experts throughout the year.

To proceed, call 1-800-DUGGAN during our regular business hours from 8 a.m. to 4 p.m., Monday to Friday, or fill out and return the enclosed, postage-paid card. The card must be mailed by two weeks before your expiration date. If you haven't already done so, you may also create an account on our website to <u>manage</u> all of your subscriptions in one place.

Sincerely,

Cathy Yandell
Customer relations officer
Duggan Media

28. Why did Ms. Yandell write to Mr. Esposo?

(a) to update him on a policy
(b) to notify him that a bill is overdue
(c) to remind him that a subscription is ending
(d) to invite him to an exclusive event

29. How can Mr. Esposo save the most money?

(a) by reading a magazine online
(b) by picking a two-year option
(c) by combining separate offers
(d) by responding before a deadline

30. Which benefit does Mr. Esposo currently enjoy?

(a) free passes
(b) a product guide
(c) travel discounts
(d) a loyalty card

31. What probably can be said about Duggan Media?

(a) It is associated with a travel company.
(b) It offers multiple publications.
(c) It sells its own line of outdoor products.
(d) It maintains several office locations.

32. In the context of the passage, manage means _____.

(a) administer
(b) instruct
(c) direct
(d) conduct

해커스 지텔프 32-50⁺

지텔프 문법 Level 2
최신 출제 트렌드

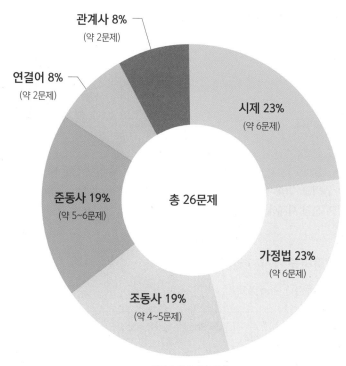

관계사 8%
(약 2문제)

연결어 8%
(약 2문제)

시제 23%
(약 6문제)

준동사 19%
(약 5~6문제)

총 26문제

가정법 23%
(약 6문제)

조동사 19%
(약 4~5문제)

최근 5개년 기출 경향

출제1순위 **시제 (23%) & 가정법 (23%)**
문법적으로 알맞은 시제나 가정법 동사를 고르는 문제가 가장 많이 출제
됩니다.

출제2순위 **조동사 (19%) & 준동사 (19%)**
해석상 적절한 조동사나, to 부정사와 동명사 중 문법적으로 알맞은 준동사
를 고르는 문제가 출제됩니다.

출제3순위 **연결어 (8%) & 관계사 (8%)**
문맥상 올바른 연결어나 관계사를 고르는 문제가 출제됩니다.

기본기 다지기

진행 시제란 무엇인가요?

영화를 보는 중이다. (현재진행)

영화를 보는 중이었다. (과거진행)

영화를 보는 중일 것이다. (미래진행)

동사 '보다'는 '보는 중이다', '보는 중이었다', '보는 중일 것이다' 등 언제 진행 중인지에 따라 다양한 형태로 나타낼 수 있어요. 이렇게 현재, 과거, 미래 시점에 동작이나 상태가 지속되고 있거나 진행 중임을 나타내는 것이 **진행 시제**예요.

◉ 진행 시제는 어떤 형태를 가지고 있나요?

진행 시제의 형태는 'be동사 + -ing'예요.

현재진행	am/are/is + -ing	· She is sleeping now. 그녀는 지금 자는 중이다.
과거진행	was/were + -ing	· She was sleeping when I walked in. 그녀는 내가 들어왔을 때 자는 중이었다.
미래진행	will be + -ing	· She will be sleeping if you come home late. 그녀는 네가 집에 늦게 오면 자는 중일 것이다.

Check-Up

다음 중 현재진행 시제를 표현한 문장은 무엇인가요?

(a) Emily is ordering supplies now. Emily는 지금 물품을 주문하는 중이다.

(b) I will brush my teeth after dinner. 나는 저녁 식사 후에 이를 닦을 것이다.

→ 현재진행 시제의 형태는 'am/are/is + -ing'예요.   [정답 (a)]

◉ **진행 시제는 단순 시제와 어떻게 다른가요?**

단순 시제는 현재, 과거, 미래 중 언제 발생하는 일인지를 일반적으로 나타내요. 따라서 현재의 습관/상태나 일반적인 사실, 과거의 동작/상태나 역사적인 사실, 미래의 일에 대한 예측이나 의지 등을 표현할 때 써요. 반면 진행 시제는 기준 시점에 동작이나 상태가 '지속되고 있거나 진행 중임'에 초점을 맞출 때 사용해요.

시점	단순 시제	진행 시제
현재	· I clean my room every day. 나는 매일 내 방을 청소한다.	· I am cleaning my room now. 나는 지금 내 방을 청소하는 중이다.
과거	· I cleaned my room yesterday. 나는 어제 내 방을 청소했다.	· I was cleaning my room at 2 p.m. yesterday. 나는 어제 오후 2시에 내 방을 청소하는 중이었다.
미래	· I will clean my room tomorrow. 나는 내일 내 방을 청소할 것이다.	· I will be cleaning my room tomorrow afternoon. 나는 내일 오후에 내 방을 청소하는 중일 것이다.

Check-Up

괄호 안의 동사를 과거진행 시제로 바꾸어 문장을 완성하세요.

Issac _____ (meet) a client three hours ago. Issac은 세 시간 전에 고객을 만나는 중이었다.

→ 과거진행 시제의 형태는 'was/were + -ing'예요.　　　　　　　　　　　[정답 was meeting]

Rose는 지금 케이크를 먹고 있다.

지금 케이크를 먹는 일은 '먹고 있다'로 표현할 수 있어요. 이처럼 현재 진행 중인 일을 나타낼 때 영어에서도 **현재진행** 시제를 써요.

① 현재진행 시제(am/are/is + -ing)는 현재 진행 중인 일이나 동작을 표현할 때 쓰며, '~하고 있다', '~하는 중이다'라는 의미예요.

Ramona is helping a friend with her homework <u>right now</u>.　Ramona는 친구의 숙제를 바로 지금 도와주고 있다.

② 다음은 현재진행 시제와 함께 자주 출제되는 시간 표현이에요.

지텔프 기출 현재진행 시간 표현

right now 바로 지금	┐	nowadays 요즘	
now 지금, 현재	├ ★빈출	these days 요즘	
currently 지금, 현재	┘	at this very moment 지금 이 순간	
at the moment 바로 지금		at this time 현재	
as of this moment 이 순간		at present 현재	

Teddy and I are drinking beers at the mall <u>now</u>.　Teddy와 나는 지금 쇼핑몰에서 맥주를 마시고 있다.

✅ **이것만은 꼭!**

현재진행 시제 문제에서 4개의 모든 보기에 currently나 now가 포함되어 있는 경우가 있어요. 현재진행 시간 표현인 currently와 now는 과거 시제와는 함께 사용될 수 없으므로, 과거, 과거진행, 과거완료진행 시제가 보기에 있으면 오답으로 소거할 수 있어요.

• The group (is currently collecting / ~~currently collected~~) money for charity.
　그 단체는 현재 자선 사업을 위한 돈을 모금하는 중이다.
　→ 현재진행 시간 표현 currently는 과거 시제와 함께 쓰일 수 없으므로, currently collected는 오답으로 소거할 수 있어요.

괄호에서 알맞은 것을 고르세요.

1 Martin (spoke / is speaking) with his history tutor right now.

2 William (is currently looking / was currently looking) for a new apartment.

3 At present, vehicles (are waiting / will wait) for the traffic light to change.

4 Nathan (is watching / had been watching) exercise videos on YouTube at the moment.

5 These days, the pollution (will be causing / is causing) the air quality to deteriorate.

6 The Atlanta Medical Conference (is recruiting / had recruited) speakers as of this moment.

자신감 UP! 실전문제

보기 중 빈칸에 가장 적절한 것을 고르세요.

7 The Belmont Hotel's annual Christmas party is currently underway. At this time, many people _____ to the music being played by a popular jazz band.

(a) are dancing
(b) will be dancing
(c) dance
(d) have been dancing

8 Sales of e-books are increasing because of their convenience. As a result, a large number of publishing companies _____ electronic versions of books nowadays.

(a) were releasing
(b) would release
(c) are releasing
(d) released

정답 ■ 해석 ■ 해설 **p.10**

접수 UP! 빈출 어휘

1 tutor 지도 교수　**2** look for ~을 구하다　**3** vehicle 차량, 탈것　traffic light 교통 신호, 신호등　**4** exercise 운동　**5** pollution 공해, 오염
deteriorate 악화되다　**6** recruit 모집하다　**7** annual 연례의, 연간의　underway 진행 중인　**8** convenience 편의성, 편리함
publishing company 출판사　electronic 전자의　release 발간하다, 출시하다

나는 어제 오후 6시에 수영을 하고 있었다.

어제 오후 6시에 수영을 하고 있었던 일은 '수영을 하고 있었다'로 표현할 수 있어요. 이처럼 과거 시점에 진행되고 있었던 일을 나타낼 때 영어에서도 **과거진행** 시제를 써요.

① 과거진행 시제(was/were + -ing)는 과거 시점에 진행되고 있었던 일이나 동작을 표현할 때 쓰며, '~하고 있었다', '~하는 중이었다'라는 의미예요.

Andrew was taking a shower at 7 a.m. this morning.   Andrew는 오늘 아침 7시에 샤워를 하고 있었다.

② 다음은 과거진행 시제와 함께 자주 출제되는 시간 표현이에요.

지텔프 기출 과거진행 시간 표현

when + 과거 시제 ~했을 때 ─┐ ★빈출	**every time +** 과거 시제 ~했을 때마다
while + 과거 시제 ~하던 도중에, ~하는 동안 ─┘	**until +** 과거 시점 ~까지
last + 시간 표현 지난 ~에	**between** 과거 시점 **and** 과거 시점 ~와 … 사이에
yesterday 어제	**at the exact moment +** 과거 시제 ~했던 바로 그 순간에
기간 표현 **+ ago** ~시간/일/개월/년 전에	

When the postman delivered the package to the lobby, Naomi was making coffee in the break room.
집배원이 소포를 로비로 배달했을 때, Naomi는 휴게실에서 커피를 만들고 있었다.

The movie started while I was waiting in line to buy popcorn.
내가 팝콘을 사기 위해 줄을 서 기다리고 있던 도중에 영화가 시작했다.

괄호에서 알맞은 것을 고르세요.

1 When I called my mother this morning, she (was planting / is planting) flowers in the garden.

2 Greg ran into an old friend while he (will be buying / was buying) fruit at the supermarket.

3 The band (was performing / will perform) at the exact moment the earthquake occurred.

4 While David (cleans / was cleaning) out his garage, he noticed a moving truck outside his neighbor's house.

5 Every time I met Jim, he (was walking / would have walked) his dog.

6 When the children (have watched / were watching) *The Conjuring* two hours ago, the power went out.

보기 중 빈칸에 가장 적절한 것을 고르세요.

7 Kelly did not know that her father was behind her. She _____ a drawer to find snacks when he secretly approached her.

   (a) is searching
   (b) will have searched
   (c) was searching
   (d) searched

8 Brad called the fire department on his way home from work yesterday. While he _____ out of his office building, he saw smoke begin to pour out of a nearby building.

   (a) was coming
   (b) is coming
   (c) comes
   (d) came

정답 ■ 해석 ■ 해설 **p.10**

점수 UP! 빈출 어휘

1 plant 심다　**2** run into ~를 우연히 만나다　**3** perform 공연하다　earthquake 지진　occur 발생하다, 일어나다　**4** garage 차고　notice 발견하다, 알아차리다　**5** walk 산책시키다　**6** go out (전기가) 나가다　**7** drawer 서랍　secretly 몰래, 은밀히　approach 접근하다　search 뒤지다, 찾다　**8** fire department 소방서　on one's way home 집으로 오는 길에　smoke 연기　pour out 쏟아져 나오다

떠먹여주는 맞춤 특강
지텔프 빈출 미래진행 시간 표현 ▶

나는 내일 아침 9시에 쿠키를 만들고 있을 것이다.

내일 아침 9시에 쿠키를 만들고 있을 일은 '만들고 있을 것이다'로 표현할 수 있어요.
이처럼 미래 시점에 진행되고 있을 일을 나타낼 때 영어에서도 **미래진행** 시제를 써요.

① 미래진행 시제(will be + -ing)는 미래 시점에 진행되고 있을 일이나 동작을 표현할 때 쓰며,
'~하고 있을 것이다', '~하는 중일 것이다'라는 의미예요.

Rebecca will be picking apples at her father's orchard next autumn.
Rebecca는 내년 가을에 그녀 아버지의 과수원에서 사과를 따고 있을 것이다.

② 다음은 미래진행 시제와 함께 자주 출제되는 시간 표현이에요.

지텔프 기출 미래진행 시간 표현

when + 현재 시제 ~할 때	until / by + 미래 시점 ~까지
next + 시간 표현 다음 ~에 ★빈출	by the time + 현재 시제 ~할 무렵에
if + 현재 시제 만약 ~한다면	this + 시간 표현 이번 ~에, 오늘 ~에
tomorrow / later 내일 / 나중에	in / on + 미래 시점 ~에
starting + 미래 시점 ~부터	as soon as + 현재 시제 ~하자마자

I will be giving a presentation when you arrive at the office.
나는 네가 사무실에 도착할 때 발표를 하고 있을 것이다.

If you want to talk to him, he will be looking at the stars on the roof.
만약 네가 그와 이야기하고 싶다면, 그는 옥상에서 별을 보고 있을 것이다.

이것만은 꼭!

시간이나 조건을 나타내는 when, if, by the time 등이 이끄는 부사절에서는 현재 시제를 사용하여 미래의 의미를 나타내요. 따라서, 현재 시제가 사용되었다고 해서 무조건 현재진행 시제나 현재완료진행 시제를 정답으로 고르는 실수를 하지 않도록 주의하세요.

실력 UP! 연습문제

괄호에서 알맞은 것을 고르세요.

1 My family (will be dining / has been dining) at the new Spanish restaurant next weekend.

2 Bella (will be studying / studies) for an exam in the school's library tomorrow.

3 My mother (visited / will be visiting) her sick friend at the medical center later this afternoon.

4 If Eliza gets to the baseball diamond this afternoon, her team (is already practicing / will already be practicing).

5 The mechanic (will be repairing / has been repairing) the car until tomorrow morning.

6 Professor Wilkins (was staying / will be staying) as a guest professor over the next two months.

자신감 UP! 실전문제

보기 중 빈칸에 가장 적절한 것을 고르세요.

7 Wendy is upset because Shawn will be almost three hours late for her garden party. She is concerned that the other guests _____ by the time Shawn arrives.

(a) were probably leaving
(b) will probably be leaving
(c) had probably left
(d) are probably leaving

8 Experts predict that the population of the United States will grow significantly over the coming decades. Starting in 2039, about 400 million people _____ in the country.

(a) lived
(b) had lived
(c) will be living
(d) were living

정답 ■ 해석 ■ 해설 **p.11**

점수 UP! 빈출 어휘

1 dine 식사하다 **2** exam 시험 library 도서관 **3** medical center 병원, 의료원 later 늦게, 나중에 **4** get to ~에 도착하다, 닿다 baseball diamond 야구장, 내야 **5** mechanic 정비공 repair 수리하다 **6** guest professor 객원 교수 **7** upset 화가 난 concerned 염려하는, 우려하는 **8** expert 전문가 predict 예측하다 population 인구 significantly 상당히 decades 수십 년

HACKERS TEST

01 Louis told the real estate agent that he would not rent the property on Elm Street. This is because a large rat ran across the kitchen floor when he _____ the house.

(a) will view
(b) was viewing
(c) views
(d) is viewing

02 When Ms. Parker went for her annual medical checkup last month, she was informed that her blood pressure was high. As a result, she _____ foods that are high in salt these days.

(a) would avoid
(b) was avoiding
(c) had avoided
(d) is avoiding

03 The sales team's presentation on Tulsa Inc.'s newest smartphone has been postponed until later this afternoon because Mr. Greer, the department head, is unavailable to attend. He _____ the main production facility right now.

(a) inspected
(b) has inspected
(c) will be inspecting
(d) is inspecting

04 Many students would like to join Westport College's championship basketball team. The coach _____ tryouts until September 25, when the team's first practice is scheduled to take place.

(a) will be holding
(b) has been holding
(c) held
(d) had been holding

05 The animal rights group Greenway has raised public awareness about the mistreatment of pets. In response, the government _____ new regulations to protect these animals. Experts expect that the agenda will be discussed at the next sitting.

(a) had probably been introducing
(b) will probably be introducing
(c) had probably introduced
(d) probably introduced

06 *The King's Speech* was selected as the winner of the Academy Award for Best Picture in 2011. It was an incredibly popular film, as millions of people watched it while it _____ in theaters around the world.

(a) was playing
(b) is playing
(c) has played
(d) would play

07 Anne finds cooking to be a great way to relieve stress. She is worried about her scores on her final exams, so she _____ pizza for her friends.

(a) was currently making
(b) currently makes
(c) had currently made
(d) is currently making

08 Mr. Williams decided to make an appointment with an eye doctor as soon as possible. While he _____ to work, he noticed that he was not able to see distant objects clearly.

(a) has driven
(b) was driving
(c) drove
(d) will be driving

09 Dominic's soccer team will travel to Seattle on June 3 and play in the championship game on the following day. He feels nervous thinking about the game now. But as soon as it begins, he _____ all over the field like a wild horse.

(a) has been running
(b) was running
(c) will be running
(d) has run

10 Jenna found her biology instructor's lectures to be very difficult to understand. However, her parents _____ for a private tutor for her. So, she expects to improve her performance in the class.

(a) were now looking
(b) are now looking
(c) now look
(d) will now be looking

11 The CEO of Coleman Books was disappointed to learn that the National Publishing Convention had been canceled due to funding issues. He _____ a presentation when he heard the news.

(a) was already preparing
(b) would already prepare
(c) already prepares
(d) is already preparing

12 Matt is supposed to visit the Harborview Gallery with his friends on Thursday. However, he cannot leave the office at the usual time because of an unexpected meeting. This means that he _____ when his friends arrive at the gallery.

(a) has still worked
(b) will still work
(c) will still be working
(d) would still work

정답 ■ 해석 ■ 해설 **p.12**

시제 ② – 완료진행

기본기 다지기

완료진행 시제란 무엇인가요?

그녀는 현재 30분 동안 음악을 들어오는 중이다. (현재완료진행)

30분 전에 음악을 듣기 시작하여 현재까지 계속 듣고 있는 일은 '들어오는 중이다'라고 표현할 수 있어요. 이처럼 기준 시점보다 앞선 시점부터 발생한 일이나 동작이 기준 시점까지 계속 진행 중임을 나타내는 시제를 **완료진행 시제**라고 해요.

◉ 완료진행 시제는 어떤 형태를 가지고 있나요?

현재완료진행	have/has been + -ing	· I have been preparing **dinner all afternoon.** 나는 오후 내내 저녁을 준비해오는 중이다.
과거완료진행	had been + -ing	· I had been preparing **dinner before you called.** 나는 네가 전화하기 전에 저녁을 준비해오던 중이었다.
미래완료진행	will have been + -ing	· I will have been preparing **dinner for hours by the time you get home.** 나는 네가 집에 도착할 무렵이면 몇 시간 동안 저녁을 준비해오는 중일 것이다.

Check-Up
다음 중 과거완료진행 시제를 표현한 문장은 무엇인가요?

(a) They had been negotiating until last March. 그들은 지난 3월까지 협상해오던 중이었다.

(b) We have been eating lunch for an hour. 우리는 한 시간 동안 점심을 먹어오는 중이다.

→ 과거완료진행 시제의 형태는 'had been + -ing'예요. [정답 (a)]

◉ **완료진행 시제는 완료 시제와 어떻게 다른가요?**

완료진행 시제와 완료 시제 모두 기준 시점 이전부터 기준 시점까지 계속되는 일을 나타낼 수 있지만, 완료
진행 시제에는 그 동작이 기준 시점에도 진행되고 있다는 의미가 더해져요.

기준 시점	완료 시제	완료진행 시제
현재	· I have studied French since last year. 나는 작년부터 프랑스어를 배워왔다.	· I have been reading a book for three hours now. 나는 현재 세 시간 동안 책을 읽어오는 중이다. → 현재 시점에도 책을 읽는 동작이 진행 중이라는 의미 예요.
과거	· I had studied French before I entered college. 나는 대학에 입학하기 전에 프랑스어를 배웠었다.	· I had been reading a book until I fell asleep. 나는 잠이 들기 전까지 책을 읽어오던 중이었다. → 잠이 들던 시점에도 책을 읽는 동작이 진행 중이었다 는 의미예요.
미래	· I will have studied French by the end of the month. 나는 이달 말까지 프랑스어를 배우게 될 것이다.	· I will have been reading a book by 6 p.m. this evening. 나는 오늘 저녁 6시까지 책을 읽어오는 중일 것이다. → 오늘 저녁 6시에도 책을 읽는 동작이 진행 중일 것이 라는 의미예요.

Check-Up

괄호 안의 동사를 현재완료진행 시제로 바꾸어 문장을 완성하세요.

I _____ (wash) the dishes for a while. 나는 잠시 동안 설거지를 해오는 중이다.

_____

→ 현재완료진행 시제의 형태는 'have/has been + -ing'예요.   [정답 have been washing]

Jenny는 현재 두 시간 동안 기타를 연주해오고 있다.

현재까지 두 시간 동안 기타를 연주해오는 중인 일은 '연주해오고 있다'로 표현할 수 있어요. 이처럼 과거에 시작해서 말하고 있는 시점인 현재에도 진행 중인 일을 나타낼 때 영어에서도 **현재완료진행** 시제를 써요.

① 현재완료진행 시제(have/has been + -ing)는 과거에 시작되어 현재까지 진행 중인 일을 표현할 때 쓰며, '~해오고 있다', '~해오는 중이다'라는 의미예요.

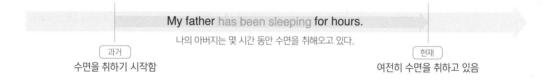

My father has been sleeping for hours.
나의 아버지는 몇 시간 동안 수면을 취해오고 있다.

과거
수면을 취하기 시작함

현재
여전히 수면을 취하고 있음

② 다음은 현재완료진행 시제와 함께 자주 출제되는 시간 표현이며, 지속 기간을 나타내는 'for + 기간 표현'이 함께 사용되는 경우가 많아요.

지텔프 기출 **현재완료진행 시간 표현**

since + 과거 시제 / 과거 시점 ~한 이래로, ~부터 ─┐ ★빈출
for + 기간 표현 + now 현재 ~ 동안 ─┘
ever since + 과거 시제 / 과거 시점 ~한 이래로 줄곧, ~부터 줄곧
lately 최근에
from that point on 그때부터

<u>Since</u> my favorite store <u>shut</u> down, I have been shopping online.
내가 가장 좋아하는 가게가 폐점했을 때부터, 나는 온라인으로 쇼핑해오는 중이다.

Ella has been writing articles <u>for several years now</u>.
Ella는 현재 몇 년 동안 기사를 써오고 있다.

✅ **이것만은 꼭!**

since는 접속사로 사용되어 뒤에 절을 이끌기도 하고, 전치사로 사용되어 뒤에 명사(구)를 이끌기도 해요. 현재완료진행 시제 문제에서는 since가 접속사와 전치사로 모두 자주 사용된다는 점을 기억하세요.

괄호에서 알맞은 것을 고르세요.

1 Jessie (has been watching / is watching) *Stranger Things* since it first aired.

2 We (were looking / have been looking) over the latest record sales for three hours already.

3 Mr. and Mrs. Franklin (have been visiting / had visited) Lake Leman for the past 20 years.

4 Due to a year-end audit, Becky (works / has been working) late for the last three weeks now.

5 Michael (has been applying / applied) to universities online for two months since he graduated.

6 Roy (has been redesigning / would have redesigned) the company's website since last Thursday.

보기 중 빈칸에 가장 적절한 것을 고르세요.

7 *King Kong* is the best movie I've ever seen. As a remake will be released soon, the original movie _____ in theaters lately.

(a) had played
(b) was playing
(c) has been playing
(d) would play

8 Marvel Comics is one of the largest comic publishers. They _____ the size of their empire steadily ever since Disney purchased them.

(a) will increase
(b) had increased
(c) increase
(d) have been increasing

정답 ■ 해석 ■ 해설 **p.14**

점수 UP! 빈출 어휘

1 air 방송하다 **2** look over ~을 살펴보다 latest 최신의 sales 판매량 **4** year-end 연말 audit 회계 감사 **5** apply 지원하다, 신청하다 graduate 졸업하다 **6** redesign 재설계하다 **7** release 개봉하다, 발매하다 **8** publisher 출판사 empire 거대 기업, 제국 steadily 꾸준히 purchase 매수하다, 구입하다 increase 확장하다

전화가 오기 전까지 Lana는 1시간 동안 운동해오고 있었다.

전화가 왔던 시점까지 1시간 동안 운동해오던 일은 '운동해오고 있었다'로 표현할 수 있어요. 이처럼 과거의 기준 시점보다 더 앞선 시점에 발생하여 기준 시점까지 계속되었던 일을 나타낼 때 영어에서도 **과거완료진행** 시제를 써요.

① 과거완료진행 시제(had been + -ing)는 과거의 기준 시점보다 더 이전 시점인 대과거에 시작된 일이 과거 기준 시점까지 진행 중이었음을 표현할 때 쓰며, '~해오고 있었다', '~해오던 중이었다'라는 의미예요.

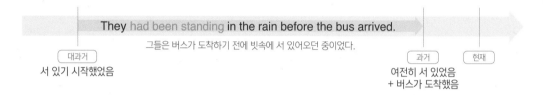

They had been standing in the rain before the bus arrived.
그들은 버스가 도착하기 전에 빗속에 서 있어오던 중이었다.

대과거 — 서 있기 시작했음
과거 — 여전히 서 있었음 + 버스가 도착했음
현재

② 다음은 과거완료진행 시제와 함께 자주 출제되는 시간 표현이며, 지속 기간을 나타내는 'for + 기간 표현'이 함께 사용되는 경우가 많아요.

지텔프 기출 과거완료진행 시간 표현

before + 과거 시제 / 과거 시점 ~ 전에
when + 과거 시제 ~했을 때 ┐ ★빈출
until + 과거 시제 / 과거 시점 ~까지
since + 과거 시제 / 과거 시점 ~부터, ~ 이래로
by the time / at the time + 과거 시제 ~했을 무렵 / ~했을 때
prior to + 과거 사건 ~ 이전에

I had been taking a science class for an hour when I heard the school bell ring.
내가 학교 종이 울리는 것을 들었을 때 나는 한 시간 동안 과학 수업을 들어오던 중이었다.

✔ **이것만은 꼭!**

접속사 since는 현재완료진행과 과거완료진행 시제 문제에 모두 자주 등장하는 표현이므로 문맥을 통해 두 시제를 구분해야 해요. 과거에 시작되어 현재 시점까지 진행 중이면 현재완료진행, 대과거에 시작되어 과거 시점까지 진행 중이면 과거완료진행이 알맞은 시제예요.

실력 UP! 연습문제

괄호에서 알맞은 것을 고르세요.

1 John (plays / had been playing) jazz piano for over 10 years until he lost interest recently.

2 By the time Sally finished the race, she (was cycling / had been cycling) for at least four hours.

3 We (are arguing / had been arguing) for an hour before my friend convinced me.

4 When I went to the hospital, my body temperature (has been rising / had been rising) for hours.

5 Daniel (had been investing / would have invested) in the stock market for 15 years prior to his retirement in 2020.

6 At the time the professor showed up, the students (had been waiting / are waiting) for nearly 30 minutes.

자신감 UP! 실전문제

보기 중 빈칸에 가장 적절한 것을 고르세요.

7 Carter finally won the national championship for basketball in April of 2021. He _____ for this event since his debut as a high school player in 2014.

  (a) had been training
  (b) is training
  (c) would train
  (d) trains

8 In November of 1812, Napoleon was forced to retreat from Moscow back to France. Before he was defeated, he _____ to conquer Russia for several months.

  (a) has been trying
  (b) tried
  (c) had been trying
  (d) would be trying

정답 ■ 해석 ■ 해설 **p.14**

점수 UP! 빈출 어휘

1 interest 흥미　recently 최근에　**2** race 경주　at least 적어도　**3** argue 다투다　convince 설득하다, 납득시키다
4 body temperature 체온　rise 상승하다　**5** invest 투자하다　stock market 주식 시장　retirement 은퇴　**6** show up 나타나다
nearly 거의　**7** finally 마침내　win 우승하다　debut 데뷔　train 훈련하다　**8** be forced to 어쩔 수 없이 ~하다, 강요받다
retreat 퇴각하다, 후퇴하다　defeat 패배시키다　conquer 정복하다

내년이면, Ben은 2년간 세계 일주를 해오고 있을 것이다.

내년까지 2년간 세계 일주를 해오는 중일 상황은 '해오고 있을 것이다'로 표현할
수 있어요. 이처럼 과거나 현재에 시작해서 미래 시점에도 계속되고 있을 일을 나
타낼 때 영어에서도 **미래완료진행** 시제를 써요.

① 미래완료진행 시제(will have been + -ing)는 과거나 현재에 시작된 일이 미래 시점까지 계속
진행 중일 것임을 표현할 때 쓰며, '~해오고 있을 것이다', '~해오는 중일 것이다'라는 의미예요.

By 2030, I will have been living in Thailand for over a decade.
2030년 무렵이면, 나는 태국에서 10년 넘게 살고 있는 중일 것이다.

| 과거 또는 현재 |
| 살기 시작함 |

| 미래 |
| 2030년 무렵임 + |
| 여전히 살고 있는 중일 것임 |

② 다음은 미래완료진행 시제와 함께 자주 출제되는 시간 표현이며, 지속 기간을 나타내는 'for +
기간 표현'이 함께 사용되는 경우가 많아요.

지텔프 기출 미래완료진행 시간 표현

by the time + 현재 시제 ~할 무렵이면 ★빈출	in + 미래 시점 ~에
by + 미래 시점 ~ 무렵이면, ~까지	by this time + 미래 시점 ~ 이때 즈음이면
when / if + 현재 시제 ~할 때 / ~한다면	until / before + 현재 시제 ~할 때까지 / ~하기 전에

By the time you arrive home, I will have been cleaning the house for two hours.
네가 집에 도착할 무렵이면, 나는 2시간 동안 집을 청소해오고 있을 것이다.

Sue will have been organizing the documents for an hour before the meeting begins.
Sue는 회의가 시작되기 전에 한 시간 동안 문서를 정리해오고 있을 것이다.

괄호에서 알맞은 것을 고르세요.

1 By the year 2050, we (will have been marketing / will be marketing) with social media for decades.

2 Paul (is writing / will have been writing) the novel for 10 years by the time he finishes it next year.

3 We (will have been partying / were partying) at the reunion for hours by this time tomorrow.

4 Before a product is launched, the company (will have been testing / tested) it for months.

5 By the end of the coming semester, the exchange students from UCLA (have studied / will have been studying) here for a year.

6 When a volcano finally erupts, small earthquakes (will have been occurring / would have occurred) for several weeks.

보기 중 빈칸에 가장 적절한 것을 고르세요.

7 Turn the slow cooker on and set it to "low" the night before. By the next morning, the meat _____ for six hours.

(a) has been cooking
(b) will cook
(c) will have been cooking
(d) cooks

8 It's taking longer than anticipated for Brandon to receive a master's degree. If he graduates in April, he _____ Braxton University for five years.

(a) would have attended
(b) has attended
(c) will be attending
(d) will have been attending

정답 ▪해석 ▪해설 **p.15**

점수 UP! 빈출 어휘

1 market 마케팅을 하다, 시장에서 거래하다 **2** novel 소설 **3** reunion 동창회, 모임 **4** launch 출시하다, 개시하다 **5** semester 학기 exchange student 교환 학생 **6** volcano 화산 erupt 분출하다 earthquake 지진 occur 발생하다 **7** slow cooker 전기 요리 냄비 set 설정하다 meat 고기 **8** anticipate 예상하다, 기대하다 receive 받다 master's degree 석사 학위 graduate 졸업하다 attend (학교 등에) 다니다, 참석하다

HACKERS TEST

01 The essay section of the college entrance test was challenging for Beth. She _____ for over three hours straight when it ended at 4 p.m.

(a) has written
(b) was writing
(c) has been writing
(d) had been writing

02 The online gaming industry is valued at over $150 billion. Because game developers are constantly releasing exciting new products, it _____ in size every year since it was first established in the early 1990s.

(a) had been expanding
(b) will expand
(c) has been expanding
(d) had expanded

03 Mr. Lewis will likely be tired after he finishes working in his yard this evening. By the end of the day, he _____ the garden for almost three hours.

(a) will have been weeding
(b) will be weeded
(c) has weeded
(d) had been weeding

04 My father is disappointed that he has to spend the weekend resting at home. Before he injured his leg yesterday, he _____ to go on a hike in Westfield National Park with his friends.

(a) will have been planning
(b) had been planning
(c) will be planning
(d) would have planned

05 As Best Buy is offering a 50 percent discount for Black Friday, Fran will go to the store first thing tomorrow morning. Until the store closes, she _____ for several hours. Hopefully, she can find some amazing deals.

(a) had been shopping
(b) has shopped
(c) is shopping
(d) will have been shopping

06 The aurora borealis is a display of lights in the nighttime sky that occurs in the northern regions. Ever since this phenomenon was first observed, people _____ myths to explain it.

(a) create
(b) are creating
(c) have been creating
(d) will be creating

07 Mr. Crenshaw was happy when his team finally developed a marketing campaign for the new laptop model. He _____ in extra hours at work for the past several weeks and was looking forward to taking some leave.

(a) has been putting
(b) puts
(c) would put
(d) had been putting

08 Local artist Ray Mason is decorating several public facilities at the request of the municipal government. For his current project, he _____ a mural on a wall of city hall for three days now.

(a) will have been painting
(b) had been painting
(c) would paint
(d) has been painting

09 Sam and Carl have been on a multiday trek through the Amazon Rainforest since May 10. By next Saturday, they _____ for almost two weeks.

(a) will have been hiking
(b) had hiked
(c) will be hiking
(d) would have hiked

10 Lyman University has announced that it will implement a strict policy regarding plagiarism. Since the announcement, professors _____ student papers for copied material very carefully.

(a) were examining
(b) will examine
(c) had examined
(d) have been examining

11 The band that was hired for the wedding reception got stuck in a traffic jam. As a result, it will not be ready to play until 8 p.m. By the time the musicians come onto the stage, the guests _____ around for over an hour.

(a) will be standing
(b) stood
(c) will have been standing
(d) have been standing

12 Online banking has greatly benefited the public. Using computers and mobile devices, it is possible to perform a wide variety of transactions. Until the technology was developed 20 years ago, people _____ a lot of time visiting banks in person.

(a) will be wasting
(b) had been wasting
(c) have wasted
(d) will have wasted

정답 ■ 해석 ■ 해설 p.16

DAY
03 가정법

기본기 다지기

가정법이란 무엇인가요?

만약 날씨가 좋다면, 우리는 소풍을 갈 텐데. (가정법 과거)

만약 날씨가 좋았다면, 우리는 소풍을 갔을 텐데. (가정법 과거완료)

첫 번째 문장은 현재 날씨가 좋지 않아서 소풍을 가지 못하는 상황에 대한 안타까움을, 두 번째 문장은 과거에 날씨가 좋지 않았기 때문에 소풍을 가지 못했던 상황에 대한 아쉬움을 나타내고 있어요. 이처럼 실제 상황과 반대되는 것을 가정하여 표현하는 것을 **가정법**이라고 해요. 가정법에는 가정법 과거와 가정법 과거완료가 있어요.

◉ 가정법 과거란 무엇인가요?

현재 학교로부터 멀리 살아서 학교에 걸어가지 못하는 상황에 대한 안타까움은 '만약 학교에 더 가까이 산다면, 그곳에 매일 걸어갈 텐데'라는 말로 표현할 수 있어요. 이와 같이 현재의 상황을 반대로 가정하여 표현할 때 쓰는 것을 가정법 과거라고 해요.

If I lived closer to school, I would walk there every day.
만약 내가 학교에 더 가까이 산다면, 나는 그곳에 매일 걸어갈 텐데.

→ 가정법 과거는 현재 상황을 반대로 가정하여 표현하는 것이므로 '학교에 가까이 살지 않는다'라는 의미예요.

Check-Up
다음 문장의 의미로 알맞은 것은 무엇인가요?

If the train stopped here, we could take it into the city.
만약 기차가 여기에 선다면, 우리는 그것을 타고 도시로 갈 수 있을 텐데.

(a) 기차가 여기에 선다.   (b) 기차가 여기에 서지 않는다.

→ 가정법 과거는 현재 상황을 반대로 가정하여 표현하는 것이므로 '기차가 여기에 서지 않는다'가 정답이에요.   [정답 (b)]

◉ 가정법 과거완료란 무엇인가요?

과거에 정장을 주문하지 않았기 때문에 무도회에 입고 가지 못했던 상황에 대한 아쉬움은 '만약 정장을 주문했다면, 그것을 무도회에 입고 갔을 텐데'라는 말로 표현할 수 있어요. 이와 같이 과거에 이미 일어난 일을 반대로 가정하여 표현할 때 쓰는 것을 가정법 과거완료라고 해요.

If he had ordered a suit, he would have worn it to the dance.

만약 그가 정장을 주문했다면, 그는 그것을 무도회에 입고 갔을 텐데.

→ 가정법 과거완료는 과거에 이미 일어난 일을 반대로 가정하여 표현하는 것이므로 '정장을 주문하지 않았다'라는 의미예요.

Check-Up

다음 문장의 의미로 알맞은 것은 무엇인가요?

If Terry had followed the directions closely, he would have found the address.
만약 Terry가 지시를 면밀하게 따랐다면, 그는 그 주소를 찾았을 텐데.
(a) Terry는 지시를 면밀하게 따랐다.　　　　(b) Terry는 지시를 면밀하게 따르지 않았다.

→ 가정법 과거완료는 과거에 이미 일어난 일을 반대로 가정하여 표현하는 것이므로 'Terry는 지시를 면밀하게 따르지 않았다'가
정답이에요.　　　　　　　　　　　　　　　　　　　　　　　　　　　　　　　　[정답 (b)]

만약 집에 재료가 있다면, 나는 요리를 할 텐데.

현재 집에 재료가 없기 때문에 요리를 할 수 없다는 말이에요. 이처럼 현재 상황의 반대를 가정하여 현재 상황에 대한 안타까움이나 우려를 나타낼 때 영어에서는 과거 동사를 사용하고 이를 **가정법 과거**라고 해요.

① 가정법 과거는 if절에 과거 동사를 사용하며, 문장 구조는 다음과 같아요.

> If + 주어 + 과거 동사*, 주어 + would/could(조동사 과거형) + 동사원형

* if절의 동사가 be동사일 경우, 주어에 관계없이 were를 사용합니다.

If today were Sunday, I could sleep all day long.
만약 오늘이 일요일이라면, 나는 하루 종일 잘 수 있을 텐데. (오늘은 일요일이 아님)

Elena would buy a house in Hawaii if she had the money.
Elena가 만약 그만한 돈이 있다면 하와이에 집을 살 텐데. (현재 Elena는 그만한 돈이 없음)

⟶ 가정법 문장에서 주절이 먼저 나오면, 뒤에 if절이 콤마(,) 없이 이어져요.

② 가정법 과거의 if절에 'were to + 동사원형'을 사용하는 경우, 주로 일어날 가능성이 적거나 거의 없는 상황을 가정해요.

> If + 주어 + were to + 동사원형, 주어 + would/could(조동사 과거형) + 동사원형

If William were to win the lottery, he would probably travel extensively.
만약 William이 복권에 당첨된다면, 그는 아마도 널리 여행을 다닐 텐데. (복권에 당첨되지 않음)

⟶ 복권에 당첨되는 것은 일어날 가능성이 적은 상황이므로, if절에 'were to + 동사원형'을 사용했어요.

이것만은 꼭!

가정법 문장에서 if 뒤에 부사 only가 함께 쓰이는 경우가 있어요. 이때 only는 if를 강조하여 '만약 ~하기만 하면'이라는 의미를 나타내요. if only가 쓰이는 경우에도 가정법의 문장 구조는 같아요.

• If only Denise were taller, she would join her school's volleyball team.
  만약 Denise가 키가 더 크기만 하면, 그녀는 학교 배구팀에 들어갈 텐데.

괄호에서 알맞은 것을 고르세요.

1 If schools raised tuition, some students (could not attend / did not attend) classes any longer.

2 If Luanne were to become CEO, she (would make / would have made) every Monday a holiday.

3 We (have not fought / would not fight) if you didn't interrupt me constantly.

4 If the firms (merged / had merged), prices would increase due to the formation of a monopoly.

5 If only Peter could find tickets for the sold-out concert, he (would pay / pays) any price.

6 Rare plant species would not disappear if people (protect / protected) their habitats.

보기 중 빈칸에 가장 적절한 것을 고르세요.

7 Whenever Sam orders pizza, it takes over an hour to arrive. If the food were delivered more quickly, he _____ frustrated.

(a) would not feel
(b) will not feel
(c) did not feel
(d) has not felt

8 Insects are important to many ecosystems. If these creatures _____, many other types of animals would be negatively affected.

(a) will be exterminated
(b) have been exterminated
(c) are being exterminated
(d) were exterminated

정답 ▪ 해석 ▪ 해설 **p.18**

점수 UP! 빈출 어휘

1 raise 올리다   tuition 등록금   attend 참석하다   **2** holiday 휴일   **3** interrupt 방해하다   constantly 끊임없이   **4** firm 회사
merge 합병하다   due to ~으로 인해   formation 형성   monopoly 독점   **5** sold-out 매진된, 품절의   **6** rare 희귀한, 드문
disappear 사라지다   habitat 서식지   **7** order 주문하다   deliver 배달하다   frustrated 불만스러워하는   **8** insect 곤충
ecosystem 생태계   creature 생물   negatively 부정적으로   affect 영향을 주다   exterminate 전멸시키다

만약 그가 파티에 왔다면, 많은 친구들을 만났을 텐데.

과거에 그가 파티에 오지 않았기 때문에 많은 친구들을 만나지 못했다는 말이에요.
이처럼 과거 상황의 반대를 가정하여 과거 상황에 대한 아쉬움이나 후회를 나타낼
때 영어에서는 과거완료 동사를 사용하고 이를 **가정법 과거완료**라고 해요.

① 가정법 과거완료는 if절에 과거완료 동사(had p.p.)를 사용하며, 문장 구조는 다음과 같아요.

> If + 수어 + had p.p., 수어 + would/could(소농사 과거형) + have p.p.

If the students had prepared, they would have understood the lecture.
만약 학생들이 준비했다면, 그들은 그 강의를 이해했을 텐데. (과거에 학생들이 준비하지 않았음)

② 가정법 과거완료에서 if가 생략될 때, if절의 동사 had가 주어 앞으로 와요.

> 가정법 과거완료
> ↓
> if 생략
> ↓
> had + 주어 + p.p.
>
> If the library had stayed open longer, I would have returned the book.
>   　　주어　　had p.p.
>
> Had the library stayed open longer, I would have returned the book.
> had　 주어　 p.p.
>
> 만약 도서관이 더 오래 열려 있었다면, 나는 그 책을 반납했을 텐데.

💙 이것만은 꼭!

지텔프에서는 주로 가정법 과거, 가정법 과거완료가 출제되며, 이 경우 if절과 주절의 시제가 같아요. 하지만 간혹 혼합가정법이 출제되기도 하는데, 이
때는 if절과 주절의 시제가 달라요. 혼합가정법은 '만약 과거에 ~했었다면, 지금 ~할 텐데'라는 의미로, 과거 상황이 현재까지 영향을 미칠 때 현재 상
황을 반대로 가정하여 말하기 위해 사용하며, 보통 주절에 현재를 나타내는 시간 표현 now 등이 있어요.

> If + 주어 + had p.p., 주어 + would/could(조동사 과거형) + 동사원형 + 현재 시간 표현

• If Chloe had gone to bed earlier last night, she would feel more rested now.
　만약 Chloe가 지난밤에 일찍 잤었다면, 그녀는 지금 더 활기찰 텐데.

　➔ if절에 가정법 과거완료(had gone)를 썼더라도, 주절의 문맥 및 현재 시간 표현 now를 통해 현재 상황을 반대로 가정하고 있음을 알 수
　　있으므로 주절에는 가정법 과거(would feel)를 사용했어요.

실력 UP! 연습문제

괄호에서 알맞은 것을 고르세요.

1 If Tara had felt more confident, she (is running / would have run) for student president.

2 If only Jason had not been scared, he (would have tried / had tried) skydiving with his friends.

3 If Thomas (had left / has left) his apartment earlier, he wouldn't have missed his flight.

4 The passengers (would have earned / will have earned) miles for the flight if they had signed up for a membership.

5 If researchers (would test / had tested) more subjects, they could have found the treatment earlier.

6 Had Nelson studied harder, he (was not failed / would not have failed) the math test.

자신감 UP! 실전문제

보기 중 빈칸에 가장 적절한 것을 고르세요.

7 The workers at Western Plastics are currently on strike. The union leader said if the company _____ wages, it would have avoided this labor dispute.

(a) had increased
(b) increased
(c) is increasing
(d) has increased

8 Kevin learned that his favorite band was not playing at Glendale Rock Festival. He _____ passes for the event if he had known this before.

(a) had not purchased
(b) will not purchase
(c) would not have purchased
(d) did not purchase

점수 UP! 빈출 어휘

1 confident 자신감 있는　run 출마하다　**2** scared 무서워하는, 겁먹은　**3** leave 나서다, 떠나다　miss 놓치다　flight 비행기, 비행
4 passenger 승객　earn 얻다, 받다　mile (항공) 마일리지, 마일(거리 단위)　sign up for ~에 가입하다, ~을 신청하다　**5** researcher 연구원
test 실험하다, 검사하다　subject 피실험자, 대상　treatment 치료법, 처치　**6** fail 낙제하다, 실패하다　**7** strike 파업　union 노동조합
wage 임금　labor dispute 노동 쟁의　**8** pass 입장권　purchase 구입하다

01 Brandon has a stomachache because he ate too much greasy food at a party to celebrate his friend's new job. If only he were able to control his appetite, he _____ digestion problems.

(a) didn't have
(b) was not having
(c) would not have had
(d) would not have

02 The Hartford Soccer Club was unable to recruit many skilled players. If the club had not offered such low signing bonuses, it probably _____ players to strengthen its offense.

(a) had attracted
(b) could be attracting
(c) could have attracted
(d) could attract

03 Sarah submitted her sociology essay a day late because she had a difficult time finding reference materials. If the deadline _____, she would have received a much higher grade for the assignment.

(a) was met
(b) had been met
(c) would be met
(d) will be met

04 Earth is greatly influenced by the Moon. For example, if the Moon did not exist, the tides _____. This is because the Moon's gravitational force affects our planet's oceans, causing water levels to rise and fall.

(a) are diminishing
(b) would have diminished
(c) would diminish
(d) will diminish

05 Many governments have passed legislation banning the use of plastic straws. This will considerably benefit the environment. However, if these policies had been put in place earlier, less plastic waste _____ already.

(a) will be accumulating
(b) would accumulate
(c) would have accumulated
(d) was accumulating

06 Pepperdine University recently installed a new fire sprinkler system in the dormitory. Campus Safety Officer Jeffrey Bolland said that if a fire _____ in the building, water from the sprinklers would extinguish it quickly.

(a) has started
(b) started
(c) will start
(d) was starting

07 The Colossus was a massive statue of a Greek god. It was 33 meters tall, which is comparable in height to the Statue of Liberty. Had it not been destroyed by an earthquake, it _____ one of the wonders of the world.

(a) is remaining
(b) has remained
(c) will remain
(d) would have remained

08 Yesterday, I saw my brother playing a virtual reality game. He seemed very excited as he explored the computer-generated world. If I _____ to go to work, I would have given the game a try as well.

(a) would not need
(b) had not needed
(c) have not needed
(d) were not needed

09 Brett and Adam had been best friends as children, so they were very happy to see each other at their high school reunion. If they did not live in different cities now, they _____ in a close relationship.

(a) would still be
(b) will still be
(c) are still being
(d) have still been

10 When Neal left the Blackstone Fitness Center on Monday after his weekly workout, he felt a pain in his shoulder. If he were to stretch his muscles before exercising, he _____ himself so often.

(a) would not injure
(b) would not have injured
(c) will not have injured
(d) will not injure

11 Torrent Catering will have to lay off some workers because it is experiencing financial difficulties. If it weren't for the poor economy, the manager claims that the company _____ all of its staff members employed.

(a) would keep
(b) keeps
(c) kept
(d) had kept

12 Polson Mobile was forced to recall its latest smartphone model due to issues with it overheating. Had the product been tested more carefully in advance, the company _____ about the problems before customers complained about them.

(a) would surely know
(b) would have surely known
(c) will have surely known
(d) had surely known

정답 ■ 해석 ■ 해설 p.19

기본기 다지기

조동사란 무엇인가요?

엄마를 <u>돕다</u>.

나는 엄마를 <u>도와야 한다</u>.

나는 엄마를 <u>도울 것이다</u>.

동사 '돕다'는 '도와야 한다', '도울 것이다' 등 다양한 의미로 활용할 수 있어요. 이처럼 '~해야 한다', '~할 것이다' 등의 보조적인 의미를 더하며 동사를 도와주는 말을 **조동사**라고 해요.

◉ 조동사는 어떤 형태를 가지고 있나요?

조동사는 '조동사 + 동사원형'의 형태로 쓰이고, 부정형을 만들 때는 조동사 뒤에 not이 와요.

Beth should (~~cleans~~ / clean) her bedroom.   Beth는 그녀의 침실을 청소해야 한다.

Our flight will not depart **on schedule.**   우리의 항공편은 예정대로 출발하지 않을 것이다.

Check-Up

둘 중 맞는 것은 무엇인가요?

The Devon Hotel (will reopen / will reopens) soon. Devon 호텔은 곧 재개장할 것이다.

➔ 조동사 다음에는 동사원형이 와요.   [정답 will reopen]

◉ 조동사에는 어떤 것들이 있나요?

조동사에는 다음과 같은 것들이 있으며, 동사에 다양한 보조적인 의미를 더해줘요.

can	가능성/능력(~할 수 있다), 허가(~해도 된다)
may	허가(~해도 된다), 약한 추측(~일지도 모른다)
might	불확실한 추측(~일지도 모른다)
will	미래/예정(~할 것이다), 의지(~하겠다)
should	의무/당위성(~해야 한다), 충고/조언(~하는 것이 좋겠다)
must	의무(~해야 한다), 강한 확신(~임에 틀림없다)

Check-Up

둘 중 해석상 맞는 것은 무엇인가요?

My older brother (should / can) ride a motorcycle. 나의 오빠는 오토바이를 탈 수 있다.

→ '~할 수 있다'를 의미하는 can이 정답이에요.   [정답 can]

1 | can/may/will

나는 달릴 수 있다. / 나는 달릴지도 모른다. / 나는 달릴 것이다.

동사 '달리다'에 '~할 수 있다', '~일지도 모른다', '~할 것이다'라는 보조적인 의미를 더하여 위와 같이 쓸 수 있어요. 영어에서는 동사 앞에 조동사 **can/may/will**을 붙이면 이와 같은 문장들을 만들 수 있어요.

① can은 동사에 '가능성/능력'이나 '허가'의 의미를 더해요.

가능성/능력
[~할 수 있다]
Some bears can climb trees easily. 어떤 곰들은 나무에 쉽게 오를 수 있다.

허가
[~해도 된다]
My mother said I could go to a movie. 나의 엄마는 내가 영화를 보러 가도 된다고 말했다.
➡ can의 과거형으로 could가 사용되었어요.

② may는 동사에 '허가'나 '약한 추측'의 의미를 더해요.

허가
[~해도 된다]
You may borrow my car tomorrow. 당신은 내일 제 차를 빌리셔도 됩니다.

약한 추측
[~일지도 모른다]
The library may be closed already. 도서관이 이미 닫았을지도 모른다.

③ will은 동사에 '미래/예정'이나 '의지'의 의미를 더해요.

미래/예정
[~할 것이다]
Catherine will graduate in three months. Catherine은 세 달 후에 졸업할 것이다.

의지
[~하겠다]
Emily told me that she would learn to swim. Emily는 수영하는 법을 배우겠다고 내게 말했다.
➡ will의 과거형으로 would가 사용되었어요.

❤️ 이것만은 꼭!

지텔프에서 조동사 could/would는 can/will의 과거형으로 출제돼요. 그런데 조동사 might는 may의 과거형으로는 출제되지 않고, 동사에 '불확실한 추측'(~일지도 모른다)의 의미를 더하는 조동사로 출제돼요. 추측을 나타내는 문맥에서는 might와 may가 구분 없이 쓰여요.

She might have a cold. (O)   She may have a cold. (O)   그녀는 감기에 걸렸을지도 모른다.

괄호에서 알맞은 것을 고르세요.

1   During the vacation, Jeremy (will / might) definitely go on a trip to the countryside.

2   Michael said he (would / will) send the package in two days, but he didn't.

3   It seems like it (must / might) rain soon because of the gray sky.

4   Many pet owners hope that dogs (should / can) understand what people say.

5   Students (may / must) use the computer equipment if they have permission.

6   My teacher told me that I (can / could) submit the report two days late.

보기 중 빈칸에 가장 적절한 것을 고르세요.

7   Experts say that jogging has numerous mental health benefits. For example, it _____ reduce people's stress and make them feel more relaxed.

(a) might
(b) should
(c) can
(d) would

8   A new regulation is currently being considered in India. Although its passage has not been confirmed, the law _____ change how property taxes are calculated.

(a) should
(b) will
(c) may
(d) shall

정답 ■해석 ■해설 **p.21**

점수 UP! 빈출 어휘

1 **definitely** 틀림없이   **go on a trip to** ~로 여행을 가다   **countryside** 시골 지역   2 **package** 소포   4 **pet owner** 반려동물 주인
5 **equipment** 장비, 장치   **permission** 허가, 승인   6 **submit** 제출하다   **report** 보고서   7 **expert** 전문가   **numerous** 수많은
mental 정신의   **benefit** 이점, 혜택   **reduce** 줄이다   **relaxed** 편안한, 느긋한   8 **regulation** 규정   **consider** 고려하다   **passage** 통과
confirm 확정하다   **property tax** 재산세   **calculate** 계산하다

2 | should/must

운전자들은 교통 신호를 준수**해야 한다**.

동사 '준수하다'에 '~해야 한다'라는 보조적인 의미를 더하여 위와 같이 쓸 수 있어요. 영어에서는 동사 앞에 조동사 **should/must**를 붙이면 이와 같은 문장을 만들 수 있어요.

① should는 동사에 '의무/당위성'이나 '충고/조언'의 의미를 더해요.

의무/당위성
[~해야 한다]

Students should wear a uniform at this school.
학생들은 이 학교에서 교복을 입어야 한다.

충고/조언
[~하는 것이 좋겠다]

You should visit France some day.
너는 언젠가 프랑스를 방문해보는 것이 좋겠다.

② must는 동사에 '의무'나 '강한 확신'의 의미를 더해요.

의무
[~해야 한다]

Subway users must pay the fare.
지하철 이용객들은 운임을 지불해야 한다.

강한 확신
[~임에 틀림없다]

Snow has been falling all day. It must be cold outside.
눈이 하루 종일 내려오고 있다. 밖이 추운 것임에 틀림없다.

③ should는 have p.p.와 함께 쓰여 '과거에 대한 후회'를 나타내고, must는 have p.p.와 함께 쓰여 '과거에 대한 강한 확신'을 나타내요.

과거에 대한 후회
[~했어야 했는데]

Martin should have taken the bus.
Martin은 그 버스를 탔어야 했는데. (타지 못했음)

과거에 대한 강한 확신
[~했음에 틀림없다]

Chloe must have enjoyed the festival.
Chloe는 그 축제를 즐겼음에 틀림없다.

✅ 이것만은 꼭!

간혹 조동사 should와 must를 구분하는 문제가 출제되기도 하는데, 이때는 주로 빈칸 뒤에 have p.p.가 있어요. 따라서 조동사 should와 must가 have p.p.와 함께 쓰일 때 어떻게 해석되는지를 파악하여 should와 must를 구분하면 돼요.

실력 UP! 연습문제

괄호에서 알맞은 것을 고르세요.

1 Students (might / should) not run in the hallway under any circumstances.

2 The upcoming election (would / must) be monitored carefully to ensure it is fair.

3 Tina (must / should) have stayed up all night studying because she got a high score on the test.

4 National leaders (should / can) guarantee basic human rights if they want to be respected.

5 Under the current company security policy, employees (could / must) change their computer passwords at least once a month.

6 Campbell (should / may) leave for the airport right now, or he will miss his flight.

자신감 UP! 실전문제

보기 중 빈칸에 가장 적절한 것을 고르세요.

7 Harwell Corporation's annual performance assessments will take place next month. Team leaders _____ submit evaluations of their staff by June 23 at the latest.

(a) can
(b) may
(c) would
(d) must

8 Regularly consuming junk food at a young age causes a variety of health issues. Therefore, children _____ be encouraged to eat nutritious food.

(a) should
(b) would
(c) can
(d) may

정답 ■ 해석 ■ 해설 **p.22**

점수 UP! 빈출 어휘

1 hallway 복도   under any circumstances 어떠한 경우에도   **2** upcoming 다가오는   election 선거   monitor 감시하다
carefully 신중하게   ensure 보장하다   fair 공정한   **3** stay up all night 밤을 새우다   **4** guarantee 보장하다   human right 인권
respect 존경하다   **5** security 보안   policy 방침, 정책   **6** miss 놓치다   **7** annual 연간의, 매년의   assessment 평가
take place 실시되다, 일어나다   evaluation 평가   at the latest 늦어도   **8** regularly 자주, 정기적으로   consume 먹다, 섭취하다
cause 일으키다, 야기하다   a variety of 다양한   issue 문제, 사안   encourage 권장하다   nutritious 영양가 높은

The doctor suggested that he (should) <u>have</u> a checkup regularly.
의사는 그가 건강검진을 정기적으로 받아야 한다고 제안했다.

주절에 '제안하다'라는 뜻의 동사 **suggest**가 쓰이면, that절에는 동사 앞에 **should**가 생략되어 **have**를 써야 해요. 이처럼 주절에 제안을 나타내는 표현이 나오면 that절에는 **should가 생략**되어 **동사원형**이 와요.

① 주절에 주장·요구·명령·제안을 나타내는 동사, 형용사, 명사가 나오면, that절에는 'should + 동사원형'에서 should가 생략되어 동사원형만 남아요.

지텔프 기출 주장·요구·명령·제안을 나타내는 동사·형용사·명사

동사	recommend 추천하다 ─┐ suggest 제안하다 ├─ ★빈출 advise 충고하다 ─┘ insist 주장하다 demand 요구하다	urge 촉구하다 request 요청하다 require 요구하다 propose 제안하다 order 명령하다	ask 요구하다 prescribe 규정하다 agree 동의하다
형용사	important 중요한 ─┐ best 제일 좋은 ├─ ★빈출 essential 필수적인 ─┘ vital 중요한	necessary 필수적인 crucial 필수적인 imperative 필수적인 advisable 바람직한	compulsory 강제적인 urgent 시급한 better 더 나은 mandatory 의무적인
명사	desire 바람		

He recommends that Carl (should) <u>be</u> the project leader.
그는 Carl이 프로젝트 대표가 될 것을 추천한다.

It is essential that passengers (should) <u>wear</u> seatbelts.
승객들이 안전띠를 매는 것은 필수적이다.

The teacher's desire is that Dave (should) <u>overcome</u> his fear of speaking in public.
선생님의 바람은 Dave가 사람들 앞에서 말하는 것에 대한 두려움을 극복하는 것이다.

실력 UP! 연습문제

괄호에서 알맞은 것을 고르세요.

1　Walter insisted that Alex (confess / confesses) his crime.

2　Jerome recommended that Liz (join / will join) the school's hockey team.

3　It's important that the truth of the case (be / to be) determined.

4　The Detroit Lions demanded that the referee (has not given / not give) a red card to Laurence.

5　When a drought occurs, it is essential that residents (conserve / to conserve) water.

6　I advised that Bill (will go / go) through Ameritech's internship program when he graduates.

자신감 UP! 실전문제

보기 중 빈칸에 가장 적절한 것을 고르세요.

7　At 3 p.m., Carla had a headache and was unable to focus. Her manager suggested that she _____ work early to get some rest.

(a) just leave
(b) is just leaving
(c) will just leave
(d) just leaves

8　Discrimination against minorities makes it difficult for them to find employment. As a result, it is urgent that the government _____ this issue promptly.

(a) addressed
(b) will address
(c) address
(d) has addressed

정답 ■ 해석 ■ 해설 **p.23**

점수 UP! 빈출 어휘

1 confess 자백하다, 고백하다　crime 범행, 범죄　**2** join 가입하다　**3** case 사건, 사례　determine 밝히다　**4** referee 심판
5 drought 가뭄　resident 주민　conserve 아껴 쓰다　**6** advise 조언하다, 충고하다　go through ~을 거치다　graduate 졸업하다
7 headache 두통　be unable to ~할 수 없다　focus 집중하다　manager 관리자　get some rest 휴식을 취하다
8 discrimination 차별　minority 소수 집단　find employment 직장을 얻다　promptly 즉시　address 처리하다, 다루다

HACKERS TEST

01 The rules for this year's debate competition were posted on Southwest University's website. The biggest change is that the time for responses has been reduced. Now, a student _____ take no more than four minutes to respond.

(a) could
(b) should
(c) might
(d) would

02 After a dog has had surgery, a plastic cone will be attached to its neck to stop it from licking or scratching the wound. It is best that the dog _____ this cone until the veterinarian gives permission for it to be removed.

(a) will wear
(b) was wearing
(c) wear
(d) wears

03 Janet has decided to bring her damaged laptop to her brother. As he knows a lot about computers, there is a chance that he _____ fix it.

(a) ought to
(b) can
(c) must
(d) has to

04 The government has passed a new law to prevent car accidents due to careless driving. According to the legislation, people _____ refrain from using their phones while driving a vehicle, and violators will face stiff penalties.

(a) can
(b) would
(c) could
(d) must

05 The CEO of Bayfield Accounting would like to improve work efficiency at her company. She proposes that each team leader _____ the number of meetings that employees are expected to attend because frequent meetings lower the productivity of workers.

(a) reduces
(b) is reducing
(c) reduce
(d) has reduced

06 The Coast Department Store has experienced a sharp decline in sales over the past year. As a result, the company _____ close several branches. However, other options are being explored before this step is taken.

(a) will
(b) must
(c) may
(d) would

07 David apologized for being rude to me. However, I _____ not forgive him right away because I want him to understand how much his inconsiderate words hurt my feelings.

(a) will
(b) can
(c) may
(d) could

08 A mural is a painting that is directly on a wall or ceiling. In medieval Europe, murals were used to decorate churches. Elaborate murals, like Michelangelo's *The Creation of Adam*, _____ take years to finish, although some were completed much faster.

(a) ought to
(b) shall
(c) could
(d) should

09 A prom is a dance held at the end of the high school year. It is a formal event, so the students will wear gowns or tuxedos. A party _____ be held after the dance, but this is not always the case.

(a) has to
(b) might
(c) must
(d) will

10 Greg did not explain why he declined my invitation to join me and my university friends for dinner. He _____ feel uncomfortable hanging out with a bunch of people he doesn't know well.

(a) might
(b) can
(c) will
(d) should

11 Danielle has put a lot of effort into preparing for the group presentation in her history class. Her desire is that her group, which includes a total of six members, _____ a good grade for the project.

(a) receive
(b) is receiving
(c) receives
(d) received

12 The Boston Seals trainer determined that star forward Brett Collins had a neck muscle injury. He prescribed that the athlete _____ in any games for three weeks to allow it to heal.

(a) will not play
(b) is not playing
(c) would not play
(d) not play

정답 ■ 해석 ■ 해설 **p.23**

기본기 다지기

to 부정사란 무엇인가요?

그녀는 노래 부르는 것을 좋아한다. (명사 역할)

그녀는 부를 노래를 결정했다. (형용사 역할)

그녀는 노래를 부르기 위해 반주를 틀었다. (부사 역할)

동사 '부르다'가 '부르는 것', '부를', '부르기 위해' 등으로 바뀌어 문장에서 여러 역할을 하고 있어요.
영어에서는 동사 앞에 to가 붙어 문장 속에서 이러한 여러 역할(명사, 형용사, 부사)을 하는데, 이것
을 **to 부정사**라고 해요.

◉ to 부정사는 어떤 형태를 가지고 있나요?

to 부정사는 'to + 동사원형'의 형태로 쓰고, 부정형을 만들 때는 to 부정사 앞에 not이 와요.

To become a writer is his goal. 작가가 되는 것이 그의 목표이다.

She told us not to worry about the test. 그녀는 우리에게 시험에 대해 걱정하지 말라고 말했다.

Check-Up

다음 동사를 to 부정사로 바꾸어 보세요.

I planned _____ (visit) my friends. 나는 내 친구들을 방문하는 것을 계획했다.

→ to 부정사의 형태는 'to + 동사원형'이에요. [정답 to visit]

◉ to 부정사는 어떤 성질을 가지고 있나요?

to 부정사는 동사의 역할을 하지는 않지만, 동사로부터 생겨났기 때문에 여전히 동사의 성질을 가지고 있어요. 따라서 동사에 준한다는 의미로 '준동사'로 분류해요. to 부정사는 동사처럼 뒤에 목적어나 보어를 가질 수 있고, 부사의 꾸밈을 받기도 해요.

She needs to find <u>a good job</u>.   그녀는 좋은 직장을 찾을 필요가 있다.
                 목적어

He wants to be <u>a teacher</u>.   그는 선생님이 되고 싶어 한다.
           보어

The company hopes to expand <u>overseas</u>.   그 회사는 해외로 사업을 확장하기를 바란다.
                            부사

Check-Up

다음 밑줄 친 것 중 to 부정사는 무엇인가요?

We <u>learned</u> many ways <u>to make</u> pasta in class.   우리는 수업에서 파스타를 만드는 많은 방법을 배웠다.
     (a)   (b)

→ to 부정사는 동사처럼 뒤에 목적어를 가질 수 있지만 문장에서 동사의 역할을 하지 않아요.   [정답 (b)]

Samuel은 책을 빌리기 위해 도서관에 갔다.

동사 '빌리다'에 '~하기 위해'가 붙어서 '빌리기 위해'라는 의미의 부사 역할을 하고 있어요. 영어에서는 동사원형 앞에 to가 붙은 **to 부정사**가 이와 같이 문장에서 다양한 역할을 해요.

① to 부정사는 명사처럼 문장에서 주어, 목적어, 보어 역할을 하며, 이때는 '~하는 것', '~하기'로 해석해요.

주어   To keep one's promises is important.   약속을 지키는 것은 중요하다.

목적어   I like to watch movies.   나는 영화를 보는 것을 좋아한다.

보어   Ray's goal is to be a soccer player.   Ray의 목표는 축구 선수가 되는 것이다.

② to 부정사는 형용사처럼 명사 뒤에서 명사를 수식하며, 이때는 '~하는', '~할'로 해석해요.

Tom showed me the way to complete the form.   Tom은 나에게 그 양식을 작성하는 방법을 보여주었다.
                 명사 ↑_____|

③ to 부정사는 부사처럼 동사, 형용사, 문장 전체를 수식하며, 이때는 행위의 목적, 결과, 이유 등을 나타내어 각각 다르게 해석해요.

목적   I went to the kitchen to prepare a meal.
[~하기 위해]   나는 식사를 준비하기 위해 부엌으로 갔다.

결과   Philip rushed to the store only to learn it was closed.
[~하게 되다]   Philip은 가게로 달려갔으나 그것이 문을 닫았다는 것을 알게 되었다.

이유   She was surprised to hear about his illness.
[~하게 되어]   그녀는 그의 병에 대해 듣게 되어 깜짝 놀랐다.

✔ 이것만은 꼭!

주어 역할을 하는 to 부정사(구)가 긴 경우에는, 보통 to 부정사(구) 대신 가주어 it을 주어 자리에 놓고 진주어인 to 부정사(구)를 문장 뒤쪽으로 보내요.

To follow the rules is necessary. → It is necessary to follow the rules.   규칙을 따르는 것이 필수적이다.

괄호에서 알맞은 것을 고르세요.

1 The government will provide financial assistance for young people (to have purchased / to purchase) their first home.

2 Kevin was relieved (having / to have) his leave request approved by his supervisor.

3 It is important (to clean / having cleaned) a wound so that it doesn't get infected.

4 My family is going on a picnic (to see / seeing) the cherry tree blossoms.

5 Mike is busy because he has several school assignments (to complete / completing).

6 The university implemented a new parking policy only (canceling / to cancel) it a week later because of student complaints.

자신감 UP! 실전문제

보기 중 빈칸에 가장 적절한 것을 고르세요.

7 Salmon is an important part of a grizzly bear's diet. When salmons spawn in rivers, a bear will spend much of its day catching fish _____.

(a) to be eating
(b) is eating
(c) to eat
(d) eating

8 Coffee includes a mild stimulant called caffeine. In the United States, as well as many other countries, people drink this beverage _____ more alert in the morning.

(a) will feel
(b) feeling
(c) to feel
(d) feel

정답 ■ 해석 ■ 해설 **p.25**

점수 UP! 빈출 어휘

1 provide 제공하다　financial 재정적인　assistance 지원, 도움　purchase 구매하다　**2** relieved 안심하는　leave 휴가
approve 승인하다　supervisor 상사, 감독관　**3** wound 상처　infect 감염시키다　**4** go on a picnic 소풍을 가다
cherry tree blossom 벚꽃　**5** assignment 과제　complete 끝내다, 완료하다　**6** implement 시행하다　policy 정책　complaint 불만
7 salmon 연어　spawn 알을 낳다　grizzly bear 회색곰　**8** mild 약한, 순한　stimulant 흥분제, 자극제　beverage 음료　alert 기민한

I hope to go on a vacation.

나는 휴가를 가기를 바란다.

동사 **hope**(바라다)의 **목적어**로는 **to 부정사** to go를 써야 해요. 이처럼 반드시 to 부정사와 함께 쓰는 다양한 동사들이 있어요.

① 다음은 to 부정사를 목적어로 가지는 동사들이에요.

지텔프 기출 to 부정사를 목적어로 가지는 동사

decide 결정하다 ┐	promise 약속하다	pretend ~인 척하다
need 필요하다 ├ ★빈출	plan 계획하다	prompt 촉발하다
intend 의도하다 ┘	make sure 확실히 하다	refuse 거절하다
want 원하다	fail 실패하다	agree 동의하다
hope 바라다	offer 제안하다	ask 요청하다

Brian decided to sign up for the course.   Brian은 그 강좌에 등록하기로 결정했다.

② 다음은 to 부정사를 목적격 보어로 가지는 동사들이에요.

지텔프 기출 to 부정사를 목적격 보어로 가지는 동사

encourage 격려하다 ┐	remind 상기시키다	cause 야기하다
allow 허용하다 ├ ★빈출	motivate 동기를 부여하다	require 요구하다
ask 요청하다 ┘	believe 믿다	expect 기대하다

The teacher encouraged **the students** to read books.   선생님은 학생들에게 책을 읽도록 격려했다.
　　　　　　　　　　 목적어　　　 목적격 보어

→ 'encourage + 목적어 + 목적격 보어(to 부정사)'의 형태로 사용되어 '~에게 -하도록 격려하다'라는 의미로 해석돼요.

✅ 이것만은 꼭!

to 부정사의 완료형 to have p.p.는 문장의 동사보다 이전에 일어난 일을 나타낼 때 사용해요. 그런데 지텔프 준동사 문제에서는 보통 문장의 동사와 to 부정사가 나타내는 일의 시제가 일치하는 문장이 많이 나오기 때문에 to 부정사의 완료형을 쓸 수 없는 경우가 대부분이에요.

• He needs ((to exercise)/ to have exercised) regularly.   그는 규칙적으로 운동하는 것이 필요하다.

→ to 부정사(to exercise)가 나타내는 일이 문장의 동사(needs)보다 이전에 일어난 일이 아니므로 to 부정사의 완료형을 쓸 수 없어요.

괄호에서 알맞은 것을 고르세요.

1 I want (holding / to hold) my wedding at a large hotel in Los Angeles.

2 The professor promised (to extend / to have extended) the deadline for the term paper.

3 Iris asked her friends (help / to help) her move into a new apartment.

4 As Ethan has little knowledge of the job market, he needs (discussing / to discuss) his career options with a university counselor.

5 The city does not allow people (bringing / to bring) a dog without a leash into parks.

6 The organization intends (to be promoting / to promote) alternative energy sources like wind power.

보기 중 빈칸에 가장 적절한 것을 고르세요.

7 George R. R. Martin is the author of a collection of novels that includes *Game of Thrones*. He has said that he hopes _____ more books for the series.

(a) will write
(b) to write
(c) to have written
(d) writing

8 Thompson Publishing will begin offering dental insurance to its staff. The company requires interested employees _____ a registration form by May 15.

(a) to have submitted
(b) submitting
(c) having submitted
(d) to submit

정답 ■ 해석 ■ 해설 **p.26**

점수 UP! 빈출 어휘

1 hold 하다, 개최하다　**2** extend 연장하다　deadline 마감 기한　term paper 학기 말 리포트　**3** move into ~로 이사하다
4 discuss 상의하다, 의논하다　career 직업　counselor 상담사　**5** leash 가죽끈　**6** organization 단체, 기관　promote 장려하다, 촉진하다
alternative 대체 가능한　wind power 풍력　**7** author 작가　**8** dental 치아의　insurance 보험　registration form 신청서
submit 제출하다

3 | to 부정사 관용 표현

He is able to play cello.
그는 첼로를 연주할 수 있다.

형용사 **able**은 **to 부정사**와 함께 'be able + to 부정사'의 형태로 쓰여 '~할 수 있다'라는 관용적 의미를 나타내요. 이처럼 to 부정사를 포함하는 다양한 관용 표현이 있어요.

① 다음은 to 부정사와 함께 관용적으로 쓰이는 표현이에요.

시텔프 기출 to 부정사 관용 표현

be able to ~할 수 있다 ┐	be willing to 기꺼이 ~하다
tend to ~하는 경향이 있다 ┘ ★빈출	be determined to ~하기로 결심하다
be likely to ~할 것 같다, ~하기 쉽다	too ··· to 너무 ···해서 ~할 수 없다
be supposed to ~해야 한다, ~하기로 되어 있다	have no choice but to ~할 수밖에 없다
stand to ~할 상황에 처하다, ~할 모양이다	have to ~해야 한다
be enough to ~하기에 충분하다	seem to ~처럼 보이다

Dina was able to get a refund.   Dina는 환불을 받을 수 있었다.

The weather tends to be stormy at this time of year.   날씨는 매년 이맘때 험악한 경향이 있다.

The situation is likely to change.   상황이 바뀔 것 같다.

💙 이것만은 꼭!

to 부정사 관용 표현인 'have no choice but to 부정사'와 유사한 의미의 표현으로는 'cannot help -ing'가 있고, 두 표현 모두 '~할 수밖에 없다', '~하지 않을 수 없다'라는 의미예요. 의미는 같지만 have no choice but 다음에는 to 부정사가, cannot help 다음에는 동명사가 온다는 것을 구분해서 알아두세요.

• Gavin had no choice but to laugh at his friend's jokes.   Gavin은 그의 친구의 농담에 웃을 수밖에 없었다.

• Gavin could not help laughing at his friend's jokes.   Gavin은 그의 친구의 농담에 웃지 않을 수 없었다.

괄호에서 알맞은 것을 고르세요.

1 Students at Seward College have (registering / to register) for next semester's classes by August 2.

2 Pixar is supposed (releasing / to release) a new animated movie in July.

3 Many older people have no choice but (to wear / will be wearing) a hearing aid.

4 Mr. Coleman is too considerate (criticizing / to criticize) his employees in front of others.

5 Lymax Electronics is willing (to offer / to have offered) after-sales service even if a warranty has expired when a customer requests it.

6 For a restaurant, serving excellent food is often enough (have retained / to retain) customer loyalty.

보기 중 빈칸에 가장 적절한 것을 고르세요.

7 Ms. Porter was appointed manager of West Coast Paper's Seattle branch. Therefore, she is likely _____ to that city next month.

(a) having relocated
(b) to have relocated
(c) will relocate
(d) to relocate

8 The invention of the Internet has been a positive development for musicians. Now, they are able _____ their music with fans more easily.

(a) would share
(b) to share
(c) sharing
(d) to have shared

정답 ■ 해석 ■ 해설 **p.27**

점수 UP! 빈출 어휘

1 register 등록하다　　**2** release 개봉하다, 발표하다　　**3** hearing aid 보청기　　**4** considerate 사려 깊은, 이해심이 많은　　criticize 비판하다, 비난하다
5 offer 제공하다　　after-sales service 애프터서비스　　warranty 품질 보증서　　expire 기한이 만료되다　　**6** serve 제공하다
retain 유지하다, 보유하다　　loyalty 충성도　　**7** appoint 임명하다　　branch 지사, 지점　　relocate 이사하다, 이전하다　　**8** invention 발명
positive 긍정적인　　development 발전, 발달　　share 공유하다

HACKERS TEST

01 David's parents encouraged him to enter
the workforce after receiving an
undergraduate degree. However, he has
decided _____ his education by going
to graduate school.

(a) having continued
(b) to continue
(c) to have continued
(d) continuing

02 As Sarah was feeling stressed out
yesterday, she opted not to study all day
for her upcoming math exam. Instead, she
went to Smith's Secondhand Books
_____ its publications.

(a) to browse
(b) had browsed
(c) to be browsing
(d) to have browsed

03 On Wednesday, Summit University
announced its plans to raise tuition rates
by 10 percent. The announcement caused
many students _____ complaints about
the proposed fee increase because it was
much higher than expected.

(a) will submit
(b) to submit
(c) submitting
(d) having submitted

04 My cousin Mandy was chosen as a finalist
in a national talent contest that will be
aired on television. She stands _____ a
grand prize of $10,000 if she is selected
as the winner.

(a) will be receiving
(b) having received
(c) to have received
(d) to receive

05 Dyson Software intends to sell its stock to
the public for the first time. However, it will
take the company several months _____
all of the necessary paperwork. An
additional update on the company's plan
will be provided next week.

(a) to have filed
(b) will be filing
(c) to file
(d) filing

06 Global warming poses a significant risk to
the Maldives. Researchers from the
National Ocean and Atmospheric
Administration conducted a study _____
how this country's islands will be affected
by rising sea levels in the coming
decades.

(a) to determine
(b) to be determining
(c) have determined
(d) will determine

07 Living in a foreign country can be a positive experience. That is why a growing number of young people choose to work abroad for a short period. A working holiday is an opportunity _____ about another culture firsthand.

(a) will learn
(b) learning
(c) having learned
(d) to learn

08 Sam was involved in a traffic accident while visiting Italy and had to pay thousands of dollars in medical expenses. To avoid this situation in the future, he will make sure _____ traveler's insurance before going on vacation.

(a) to be purchased
(b) to purchase
(c) purchasing
(d) having purchased

09 Tennis elbow occurs when the tendons of the elbow or wrist are strained, resulting in sharp pains. Individuals such as plumbers and carpenters who perform repetitive actions at work tend _____ this condition more often than others.

(a) developing
(b) to have developed
(c) having developed
(d) to develop

10 As Freeport Accounting currently has several ongoing projects, many staff members will be working overtime this month. Therefore, the office manager reminded employees who stay late in the evening _____ the security alarm before leaving the office.

(a) will activate
(b) activating
(c) to activate
(d) to have activated

11 NASA's Perseverance rover extracted oxygen from Mars' atmosphere. Although the amount was small, much larger quantities could be produced this way. NASA conducted this experiment _____ its goal of having humans spend extended periods of time on Mars.

(a) to further
(b) will further
(c) having furthered
(d) furthering

12 During the recent storm, the Barksdale Community Center's roof was severely damaged. This has caused difficulties for residents who participate in the center's various programs. In response, local business owners have offered _____ funds to rebuild the facility.

(a) having provided
(b) to be provided
(c) providing
(d) to provide

정답 ■해석 ■해설 **p.27**

06 준동사 ② - 동명사

기본기 다지기

동명사란 무엇인가요?

글을 쓰는 것은 그의 취미이다.

그는 글을 쓰는 것을 즐긴다.

그의 취미는 글을 쓰는 것이다.

동사 '쓰다'에 '~하는 것'이 붙은 '쓰는 것'이 문장에서 명사 역할을 하고 있어요. 영어에서는 동사 뒤에 -ing가 붙어 이러한 명사 역할을 하는데, 이것을 **동명사**라고 해요.

◉ 동명사는 어떤 형태를 가지고 있나요?

동명사는 '동사원형 + -ing'의 형태로 쓰고, 부정형을 만들 때는 동명사 앞에 **not**이 와요.

Helping people in need is worthwhile.   어려움에 처한 사람들을 돕는 것은 가치 있다.

The dentist advised not eating too many sweets.   치과 의사는 단 음식을 너무 많이 먹지 말 것을 조언했다.

Check-Up

다음 동사를 동명사로 바꾸어 보세요.

_____ (paint) the house took several days. 집을 페인트칠하는 것은 며칠이 걸렸다.

→ 동명사의 형태는 '동사원형 + -ing'예요.   [정답 Painting]

◉ 동명사는 어떤 성질을 가지고 있나요?

동명사는 동사의 역할을 하지는 않지만, 동사로부터 생겨났기 때문에 여전히 동사의 성질을 가지고 있어요. 따라서 동사에 준한다는 의미로 to 부정사와 함께 '준동사'로 분류해요. 동명사는 동사처럼 뒤에 목적어나 보어를 가질 수 있고, 부사의 꾸밈을 받기도 해요.

Logan loves watching <u>soccer games</u>.　　Logan은 축구 경기를 보는 것을 매우 좋아한다.
　　　　　　　　　　목적어

Becoming <u>a business owner</u> is Nancy's plan.　　경영주가 되는 것이 Nancy의 계획이다.
　　　　　　보어

My family enjoys traveling <u>abroad</u>.　　우리 가족은 해외로 여행하는 것을 즐긴다.
　　　　　　　　　　부사

Check-Up

다음 밑줄 친 것 중 동명사는 무엇인가요?

Kevin <u>started</u> <u>following</u> a strict diet.　　Kevin은 엄격한 식단을 따르는 것을 시작했다.
　　　　(a)　　　(b)

→ 동명사는 동사처럼 뒤에 목적어를 가질 수 있지만 문장에서 동사의 역할을 하지 않아요.　　　　　　[정답 (b)]

1 | 동명사의 역할

스키를 타는 것은 재미있다.

동사 '타다'에 '~하는 것'이 붙어서 '타는 것'이라는 의미의 명사 역할을 하고 있어요. 영어에서는 동사원형 뒤에 -ing가 붙은 **동명사**가 이와 같이 문장에서 명사 역할을 해요.

1 동명사는 명사 역할을 하므로 주어, 목적어, 보어 자리에 올 수 있어요.

주어　　Reducing the use of plastic is important.　　플라스틱의 사용을 줄이는 것은 중요하다.

　　　→ Reducing이 '줄이는 것'이라는 의미의 명사 역할을 하여 주어 자리에 왔어요.
　　　　주어로 쓰인 동명사는 항상 단수 취급하므로 단수 동사 is가 쓰였어요.

목적어　　She gave up learning Russian.　　그녀는 러시아어를 배우는 것을 포기했다.

　　　→ learning이 '배우는 것'이라는 의미의 명사 역할을 하여 동사 give up(gave up)의 목적어 자리에 왔어요.

　　　A bicycle is suitable for going short distances.　　자전거는 짧은 거리를 가는 것에 적합하다.

　　　→ going이 '가는 것'이라는 의미의 명사 역할을 하여 전치사 for의 목적어 자리에 왔어요.

보어　　Her dream is visiting New York.　　그녀의 꿈은 뉴욕을 방문하는 것이다.

　　　→ visiting이 '방문하는 것'이라는 의미의 명사 역할을 하여 be동사(is)의 보어 자리에 왔어요.

2 전치사의 목적어 자리에 동명사는 올 수 있지만 to 부정사는 올 수 없어요.

The band needs to concentrate on ((practicing)/ ~~to practice~~) for its upcoming tour.
그 밴드는 곧 있을 순회공연을 위해 연습하는 것에 집중할 필요가 있다.

→ to 부정사도 동사의 목적어로 쓰이는 경우가 있지만, 전치사(on)의 목적어 자리에는 동명사만 올 수 있어요.

실력 UP! 연습문제

괄호에서 알맞은 것을 고르세요.

1 (Watching / Watch) *La La Land* was a requirement for the film course.

2 Jordan eventually got used to (commuting / commute) through traffic on his way to work.

3 Joshua had difficulty in (to convince / convincing) his father to let him borrow the car.

4 An important part of the first semester of school for children is (making / having made) friends.

5 Financial experts say that (save / saving) even a little extra money each month can result in large sums through compound interest.

6 Mr. and Mrs. Franklin's goal was (having adopted / adopting) another child in a few years.

자신감 UP! 실전문제

보기 중 빈칸에 가장 적절한 것을 고르세요.

7 In 2008, researchers from the University of Arizona proposed to build a telescope on the moon. After consideration, NASA decided against _____ the plan due to cost.

(a) to be implementing
(b) implementing
(c) to implement
(d) having been implemented

8 The Shakespeare Festival could be postponed. _____ for the event may take longer than expected because of the many theater groups that have joined.

(a) Prepare
(b) Prepared
(c) Preparing
(d) Having prepared

정답 ■ 해석 ■ 해설 **p.29**

점수 UP! 빈출 어휘

1 requirement 필수 조건　**2** get used to ~에 익숙해지다　commute 통근하다　traffic 교통 체증　**3** difficulty 어려움　convince 설득하다　borrow 빌리다　**4** semester 학기　**5** financial 금융의, 재정의　expert 전문가　save 저축하다　extra 여분의　sum 액수, 합　compound interest 복리　**6** goal 목표　adopt 입양하다　**7** propose 제안하다　telescope 망원경　moon 위성　consideration 숙고　against ~에 반대하여　cost 비용　implement 시행하다　**8** postpone 연기하다, 미루다　event 행사　theater group 연극부

He imagined <u>winning</u> the race.

그는 경주에서 우승하는 것을 상상했다.

동사 **imagine**(상상하다)의 **목적어**로는 **동명사** winning을 써야 해요. 이처럼 반드시 동명사와 함께 쓰는 다양한 동사들이 있어요.

① 다음은 동명사를 목적어로 가지는 동사들이에요.

지텔프 기출 **동명사를 목적어로 가지는 동사**

enjoy 즐기다	suggest 제안하다	admit 인정하다
recommend 추천하다 ┐ ★빈출	stop 멈추다	delay 연기하다
consider 고려하다 ┘	cease 멈추다	postpone 연기하다
avoid 피하다	quit 그만두다	prevent 막다
imagine 상상하다	mind 언짢아하다	tolerate 참다
envision 상상하다	risk 위험을 무릅쓰다	give up 포기하다
involve 수반하다	prohibit 금지하다	evade 회피하다
include 포함하나	resist 저항하다	
keep 계속하다	practice 연습하다	

Many people enjoy <u>relaxing</u> in the park on weekends.   많은 사람들이 주말에 공원에서 휴식을 취하는 것을 즐긴다.

I recommend <u>taking</u> the subway.   나는 지하철을 타는 것을 추천한다.

Mr. Ames is considering <u>hiring</u> an assistant.   Mr. Ames는 조수를 고용하는 것을 고려하고 있다.

✅ **이것만은 꼭!**

동명사의 완료형 having p.p.는 문장의 동사보다 이전에 일어난 일을 나타낼 때 사용해요. 그런데 지텔프 준동사 문제에서는 보통 문장의 동사와 동명사가 나타내는 일의 시제가 일치하는 문장이 많이 나오기 때문에 동명사의 완료형을 쓸 수 없는 경우가 대부분이에요.

• She enjoys (<u>running</u>/ ~~having run~~) every morning.   그녀는 매일 아침 달리는 것을 즐긴다.

  ↳ 동명사(running)가 나타내는 일이 문장의 동사(enjoys)보다 이전에 일어난 일이 아니므로 동명사의 완료형을 쓸 수 없어요.

괄호에서 알맞은 것을 고르세요.

1 Athletes with repeated head injuries risk (becoming / becomes) dizzy later in life.

2 Doctors have long recommended (to find / finding) healthy outlets to release and manage stress.

3 Mr. Harris enjoys (reading / having read) a book at the end of the day to unwind.

4 Kyle's parents urge him to be responsible and avoid (arriving / to be arriving) late at school.

5 The zookeeper suggested (to be using / using) sign language to communicate with the chimpanzee naturally.

6 Clara considered (to switch / switching) her major to art history after taking her first elective course.

보기 중 빈칸에 가장 적절한 것을 고르세요.

7 Paula spends around $200 a month to get to and from her office. That includes _____ a taxi occasionally while she is in the city.

(a) taking
(b) will take
(c) to be taking
(d) to take

8 Samantha's mother managed to persuade her to stick with soccer. She was worried that giving up _____ soccer would cause her to spend less time with her friends on the team.

(a) to have played
(b) to play
(c) playing
(d) having played

정답 ■ 해석 ■ 해설 **p.30**

점수 UP! 빈출 어휘

1 athlete 운동선수   repeated 반복되는   injury 부상   dizzy 현기증이 나는   **2** outlet 발산 수단   release 해소하다, 방출하다
manage 다스리다, 관리하다   **3** unwind 긴장을 풀다   **4** urge 충고하다   responsible 책임감을 가지는   avoid ~을 하지 않다, 피하다
5 zookeeper 동물원 사육사   sign language 수화   communicate with ~와 의사소통하다   **6** switch 바꾸다   major 전공
art history 미술사   elective course 선택 과목   **7** spend 지출하다, 쓰다   occasionally 가끔   **8** manage to 간신히 ~하다
persuade 설득하다   stick with ~을 계속하다

DAY 06 준동사 ② - 동명사   해커스 지텔프 32-50+

3 | 동명사와 to 부정사 모두와 함께 쓰는 동사

Laura remembers locking / to lock the door.
Laura는 문을 잠근 것을 / 잠글 것을 기억한다.

동사 remember(기억하다)의 **목적어**로는 **동명사**와 **to 부정사**를 모두 쓸 수 있는데 각 경우의 의미가 달라요. 이처럼 동명사와 to 부정사 모두와 함께 쓰는 다양한 동사들이 있고, 이때 각각의 의미가 같을 수도 있고, 다를 수도 있어요.

① 다음은 동명사가 목적어일 때와 to 부정사가 목적어일 때 의미가 같은 동사들이에요.

지텔프 기출 동명사가 목적어일 때와 to 부정시가 목적어일 때 의미가 같은 동사

begin 시작하다	start 시작하다	hate 매우 싫어하다	love 매우 좋아하다
bother 애써서 ~하다	endure 견디다	believe 믿다	

My family began discussing / to discuss the house rules.   우리 가족은 집안의 규칙에 대해 논의하기 시작했다.

② 다음은 동명사가 목적어일 때와 to 부정사가 목적어일 때 의미가 다른 동사들이에요.

치텔프 기출 동명사가 목적어일 때와 to 부정사가 목적어일 때 의미가 다른 동사

remember	동명사	(과거에) ~한 것을 기억하다	She remembered saving the file. 그녀는 파일을 저장한 것을 기억했다.
	to 부정사	(미래에) ~할 것을 기억하다	She remembered to save the file. 그녀는 파일을 저장할 것을 기억했다.
forget	동명사	(과거에) ~한 것을 잊다	He forgot leaving his keys on the counter. 그는 열쇠를 카운터에 두고 온 것을 잊었다.
	to 부정사	(미래에) ~할 것을 잊다	He forgot to leave his keys on the counter. 그는 열쇠를 카운터에 두고 올 것을 잊었다.
try	동명사	(시험 삼아) ~해보다	I tried lifting the heavy bag. 나는 그 무거운 가방을 들어 올려 보았다.
	to 부정사	~하려고 노력하다	I tried to lift the heavy bag. 나는 그 무거운 가방을 들어 올리려고 노력했다.
regret	동명사	~한 것을 후회하다	I regret informing you of the problem. 나는 너에게 그 문제를 알린 것을 후회한다.
	to 부정사	~하게 되어 유감이다	I regret to inform you of the problem. 나는 너에게 그 문제를 알리게 되어 유감이다.

실력 UP! 연습문제

괄호에서 알맞은 것을 고르세요.

1 Researchers first started (clearing / to have cleared) the ruins of Pompeii in 1738.

2 The lights are on because I didn't bother (to check / having checked) them before I left.

3 Josh generally likes school but really hates (being attended / attending) gym class.

4 Elise is an American street artist who loves (painting / will paint) graffiti on walls.

5 David will never forget (meeting / to meet) the star of his favorite television series.

6 Gloria didn't remember (to put / putting) her glasses on the shelf, so she never thought to look for them there.

자신감 UP! 실전문제

보기 중 빈칸에 가장 적절한 것을 고르세요.

7 Students should prepare for a substitute teacher today. This is because Mr. Carter sent a message to them that said, "I regret _____ you that I will not be coming in to class today."

(a) telling
(b) to have told
(c) to tell
(d) being told

8 Sarah Williams won an Olympic gold medal in speed skating. Coach Wilkins attributes this to the fact that she endured _____ for several months.

(a) training
(b) to be training
(c) will train
(d) to be trained

정답 ■ 해석 ■ 해설 p.31

점수 UP! 빈출 어휘

1 clear 치우다, 깨끗이 하다　ruin 잔해, 유적　**2** check 확인하다　leave 떠나다　**3** generally 대체로, 보통　attend 참석하다
gym class 체육 수업　**4** street artist 길거리 예술가　graffiti 낙서, 그라피티　wall 벽　**5** star 주연　**6** shelf 선반　look for ~을 찾아보다
7 substitute teacher 임시 교사, 대리 교사　**8** attribute ~의 덕분이라고 말하다　fact 사실　train 훈련하다, 교육하다

HACKERS TEST

01 Mr. Lewis, the CEO of Stratford Publishing, insists that all of his staff members treat each other with respect. For example, he expects them to refrain from _____ about coworkers behind their back as it creates an atmosphere of distrust.

(a) to be talking
(b) talklng
(c) to talk
(d) to have talked

02 Students in Professor Welkin's anthropology class were supposed to visit the National Museum on May 10. Unfortunately, he will postpone _____ the field trip because the facility is scheduled to be closed for renovations that month.

(a) to have taken
(b) having taken
(c) to take
(d) taking

03 Brenda received a loan from her parents to open her own restaurant. However, when she saw that her parents were in a difficult financial situation, she regretted _____ the money and repaid them as quickly as possible.

(a) to have borrowed
(b) borrowing
(c) to borrow
(d) will borrow

04 The 2022 FIFA World Cup will be held in Qatar, a country that has an incredibly hot climate. The players who participate in this event must not forget _____ lots of water or else they may experience heatstroke and other health issues.

(a) drinking
(b) to drink
(c) to have drunk
(d) having drunk

05 Kendall majored in psychology as an undergraduate student and showed a keen interest in the subject. Thus, no one was surprised when she chose to keep _____ after graduation and pursue a master's degree.

(a) studying
(b) having studied
(c) to study
(d) to have studied

06 Nathan told all of his classmates that he had read the entire book, even though this was not true. Finally, he decided that he couldn't tolerate _____ any longer and admitted that he never finished it.

(a) to have lied
(b) had lied
(c) to lie
(d) lying

07 Eleanor has gotten too busy with homework to spend time on her usual after-school activities. In fact, she quit _____ rehearsals for the play last week.

(a) attend
(b) has attended
(c) attending
(d) to attend

08 Tony was shocked that the fine he received for his traffic ticket was so high. The police officer explained that the law prohibits _____ near schools, and the increased fines in the area are meant to deter such actions.

(a) speeding
(b) having sped
(c) to speed
(d) to be speeding

09 Scott did a lot to help his working parents take care of his brothers. _____ their lunch boxes was his primary responsibility. But he also picked them up from school while his parents were at work.

(a) Having packed
(b) Pack
(c) Packed
(d) Packing

10 Angela got hurt by the rumors being repeated throughout the office. Therefore, she asked the HR manager to raise awareness about workplace bullying. Her goal was to convince her colleagues to stop _____ rumors in the future.

(a) to be spread
(b) to spread
(c) having spread
(d) spreading

11 Many athletes retire in their 30s. The body naturally begins _____ weak as people get older, which makes it difficult to keep up with younger competitors and the demands of professional sports.

(a) grow
(b) to grow
(c) to be growing
(d) having grown

12 The training courses to become a firefighter are remarkably intense. Firefighters practice _____ fires in abandoned buildings almost every day. Additionally, they learn how to perform emergency first aid on people who are injured.

(a) extinguishing
(b) to have extinguished
(c) will extinguish
(d) to extinguish

정답 ■ 해석 ■ 해설 **p.32**

기본기 다지기

연결어란 무엇인가요?

기차는 빠르다. 그리고 편리하다.

'기차는 빠르다'와 '편리하다'라는 문장이 '그리고'로 연결되어 있어요. 이처럼 앞뒤 내용을 연결해주는 표현을 **연결어**라고 해요. 연결어의 종류에는 접속사와 접속부사가 있어요.

◉ 접속사란 무엇인가요?

접속사는 단어와 단어, 구와 구, 절과 절을 연결해요.

The room is <u>spacious</u> and <u>bright</u>. 그 방은 널찍하고 밝다.
　　　　　　단어　　　　단어

<u>Millie is tall</u>, but <u>his brother is short</u>. Millie는 키가 크지만, 그의 남동생은 키가 작다.
　　절　　　　　　　　절

<u>Nick is tired</u> because <u>he worked all day</u>. Nick은 하루 종일 일했기 때문에 피곤하다.
　　절　　　　　　　　절

Check-Up

다음 중 접속사는 어느 것인가요?

<u>Sam made a snack</u> <u>because</u> <u>she was hungry</u>. Sam은 배가 고팠기 때문에 간식을 만들었다.
　　　(a)　　　　　(b)　　　　(c)

→ 절과 절을 연결하는 것이 접속사예요.　　　　　　　　　　　　　　[정답 (b)]

◉ **전치사란 무엇인가요?**

전치사는 명사(구) 앞에 와서 시간, 장소, 이유 등을 나타내요.

The workshop began at **4 p.m.**　워크숍은 오후 4시에 시작했다.

I fell asleep quickly despite (~~noisy~~ / (the noise)).　나는 소음에도 불구하고 빨리 잠들었다.
　　　　　　　　　　　　　형용사(X)　명사구(O)

> **Check-Up**
>
> 다음 중 전치사는 어느 것인가요?
>
> <u>I arrived at the theater early</u> <u>despite</u> <u>the heavy traffic.</u>　나는 교통 체증에도 불구하고 극장에 일찍 도착했다.
> 　　　　　(a)　　　　　　　　(b)　　　　(c)
>
> ➜ 명사구 앞에 오는 것이 전치사예요.　　　　　　　　　　　　　　　　[정답 (b)]

◉ **접속부사란 무엇인가요?**

접속부사는 주로 문장의 맨 앞에 와서 앞뒤 문장의 의미를 연결해요. 접속부사 뒤에는 콤마(,)가 와요.

Audrey wants to visit her grandmother. However, **she has no time these days.**
Audrey는 그녀의 할머니를 찾아뵙고 싶다. 그러나, 그녀는 요즘 시간이 없다.

Carl woke up late this morning. As a result, **he was late for school.**
Carl은 오늘 아침에 늦게 일어났다. 그 결과, 그는 학교에 늦었다.

> **Check-Up**
>
> 다음 중 접속부사는 어느 것인가요?
>
> <u>That restaurant has great food.</u> <u>However,</u> <u>it is expensive.</u>　그 식당은 음식이 훌륭하다. 그러나, 그것은 비싸다.
> 　　　　　(a)　　　　　　　　　　(b)　　　　(c)
>
> ➜ 문장의 맨 앞에 와서 앞뒤 문장의 의미를 연결하는 것이 접속부사예요.　　　[정답 (b)]

기온이 (높아졌기 때문에 / 높아졌음에도 불구하고) 눈사람이 녹았다.

원인을 말하는 문맥에서는 '~이기 때문에'라는 표현을 써야 자연스러워요. 이처럼 앞뒤 내용을 연결할 때는 의미에 맞는 적절한 표현을 써야 하며, 영어에서도 이와 같은 역할을 하는 다양한 의미의 **접속사**가 있어요. 접속사는 **전치사**와 구별해서 사용해야 해요.

① 등위 접속사는 단어, 구, 절을 연결하며, 각각의 의미에 맞추어 사용해요.

지텔프 기출 **등위 접속사**

and 그리고	but 그러나, 하지만	so 그래서, 그러므로	yet 그렇지만

The sky is clear, and the weather is nice.　하늘이 맑고 날씨가 좋다.
　　　　　절　　　　　　　　　　절

② 부사절 접속사는 주절과 부사절을 연결하며, 각각의 의미에 맞추어 사용해요.

지텔프 기출 **부사절 접속사**

because ~이기 때문에	unless 만약 ~이 아니라면	when ~할 때
although ~에도 불구하고 ┐ ★빈출	once 일단 ~하면	after ~한 이후에
while ~인 반면, ~하는 동안	whenever ~할 때마다	since ~이기 때문에, ~ 이래로
even though ~에도 불구하고	as soon as ~하자마자	so that ~할 수 있도록
no matter how 아무리 ~해도	until ~할 때까지	

Mason sat down because he was dizzy.　Mason은 어지러웠기 때문에 자리에 앉았다.
　　　주절　　　　　　　　부사절

③ 전치사는 절과 명사(구)를 연결하며, 각각의 의미에 맞추어 사용해요.

지텔프 기출 **전치사**

despite ~에도 불구하고	in spite of ~에도 불구하고	because of ~ 때문에

He was not fired despite his huge mistake.　그는 큰 실수에도 불구하고 해고되지 않았다.
　　　절　　　　　　　　　명사구

💙 이것만은 꼭!

지텔프 접속사/전치사 문제는 대부분 문맥상 알맞은 의미의 접속사/전치사를 선택하는 문제예요. 따라서 다양한 접속사 및 전치사의 뜻을 암기해두고, 지문 내용을 바탕으로 문맥에 가장 알맞은 것을 고르면 돼요.

실력 UP! 연습문제

괄호에서 알맞은 것을 고르세요.

1 Dentists recommend flossing your teeth every day (because / unless) it prevents gum disease.

2 (Despite / Because of) her inability to dance, Nancy joined her school's cheer squad.

3 (Although / Once) he loves his job, Mr. Stevens has decided to retire due to his poor health.

4 Some experts believe that California's drought is a temporary situation, (while / because) others worry it is a long-term problem.

5 Jacob's flight to Paris was scheduled to depart at 8 a.m., (so / until) he called for a taxi at 6:30 a.m.

6 The music festival will be canceled (unless / whenever) a sponsor is found.

자신감 UP! 실전문제

보기 중 빈칸에 가장 적절한 것을 고르세요.

7 Carla had several library books that were overdue and for which she had not paid the fines. When she tried to check out another book, she was told that she could not _____ the outstanding charges.

(a) in order that
(b) in case of
(c) because of
(d) even though

8 Some dogs have very sensitive ears. This is one of the reasons they become fearful _____ they hear thunder, fireworks, and other loud noises.

(a) whenever
(b) whereas
(c) although
(d) so that

정답 ■ 해석 ■ 해설 **p.34**

점수 UP! 빈출 어휘

1 floss 치실질을 하다 **prevent** 예방하다, 막다 **gum** 잇몸 **2** inability 못함, 무능 **cheer squad** 응원단 **3** retire 은퇴하다
4 expert 전문가 **drought** 가뭄 **temporary** 일시적인 **long-term** 장기적인 **5** depart 출발하다, 떠나다 **6** cancel 취소하다
sponsor 후원자 **7** overdue 기한이 지난 **check out** (책을) 대출하다 **outstanding** 미지불된 **charge** 연체료, 요금
8 sensitive 민감한, 예민한 **fearful** 두려워하는 **thunder** 천둥 **firework** 폭죽, 불꽃놀이 **loud** (소리가) 큰, 시끄러운

그는 축구를 잘한다. (게다가 / 마침내), 그는 학교 성적이 좋다.

덧붙여 말하는 문맥에서는 '게다가'라는 표현을 써야 자연스러워요. 이처럼 앞뒤 문장을 연결할 때는 의미에 맞는 적절한 표현을 써야 하며, 영어에서도 이와 같은 역할을 하는 다양한 의미의 **접속부사**가 있어요.

 접속부사는 문장과 문장을 연결하며, 각각의 의미에 맞추어 사용해요.

지텔프 기출 접속부사

However 그러나	Naturally 당연히, 자연스럽게
In fact 사실은, 실제로 ┐ ★빈출	Besides 게다가
Moreover 게다가, 더욱이	For example 예를 들어
Otherwise 그렇지 않으면	For instance 예를 들어
On the other hand 반면에, 한편으로는	Finally 마침내, 마지막으로
In contrast 그에 반해	Eventually 결국, 마침내
In other words 즉, 다시 말해	After all 결국
Namely 즉, 다시 말해	Nevertheless 그럼에도 불구하고
Indeed 정말, 실제로	Nonetheless 그럼에도 불구하고
Therefore 따라서, 그래서	Meanwhile 그동안에
Thus 따라서, 그래서	

Paul wants to learn to paint. However, he is too busy these days.
Paul은 채색하는 것을 배우고 싶어 한다. 그러나, 그는 요즘 너무 바쁘다.

Cheetahs can run quickly. In fact, they are the fastest land animals.
치타는 빠르게 달릴 수 있다. 사실은, 그들은 가장 빠른 육지 동물이다.

This SUV model is very fuel efficient. Moreover, it includes many safety features.
이 SUV 모델은 매우 연료 효율적이다. 게다가, 그것은 많은 안전장치들을 포함하고 있다.

✅ **이것만은 꼭!**

지텔프 접속부사 문제는 대부분 문맥상 알맞은 의미의 접속부사를 선택하는 문제예요. 따라서 다양한 접속부사의 뜻을 암기해두고, 지문 내용을 바탕으로 문맥에 가장 알맞은 것을 고르면 돼요.

실력 UP! 연습문제

괄호에서 알맞은 것을 고르세요.

1 Steve's subscription to *Golf Magazine* is about to expire. (However / Therefore), he does not plan to renew it.

2 Emma is not the most popular student in class. (Nevertheless / Moreover), she was elected class president.

3 Workers with flexible schedules aren't less productive. (Thus / In fact), they complete more work.

4 Synchronized swimming is the least popular Olympic sport. (In contrast / For instance), soccer attracts millions of viewers.

5 Katherine must work overtime for her project. (After all / Nonetheless), it has to be done by Friday.

6 Having studied at Coast College for four years, Claire will attend the graduation ceremony next week. (Finally / However), she will receive her diploma.

자신감 UP! 실전문제

보기 중 빈칸에 가장 적절한 것을 고르세요.

7 The Larson Foundation recommends that all financial barriers to education be removed. _____, governments could offer students from low-income families grants to pay for their tuition.

(a) In comparison
(b) On the other hand
(c) In contrast
(d) For example

8 A building must have a strong foundation in the ground. _____, the structure will be unstable and may even collapse when a natural disaster such as an earthquake occurs.

(a) Meanwhile
(b) Consequently
(c) Besides
(d) Otherwise

정답 ■해석 ■해설 **p.35**

점수 UP! 빈출 어휘

1 subscription 구독 기간   expire 만료되다   renew 갱신하다, 연장하다   **2** elect 선출하다, 선택하다   **3** flexible 유연한
productive 생산성이 있는   complete 완료하다   **4** attract 끌어모으다   viewer 시청자   **5** work overtime 초과 근무를 하다
6 diploma 졸업장, 수료증   **7** barrier 장벽, 장애물   remove 없애다   low-income 저소득   grant 보조금   tuition 등록금, 학비
8 foundation 토대, 기반   structure 구조, 구성   unstable 불안정한   collapse 붕괴되다, 무너지다   natural disaster 자연재해

HACKERS TEST

01 Many people have stopped listening to the radio because of all the distracting advertisements that are played. _____, it is much more convenient to use online music-streaming services.

(a) Still
(b) However
(c) Similarly
(d) Besides

02 An inflamed appendix is a medical condition that often requires immediate surgery or it will pose a severe threat to the patient. _____ the swollen organ bursts, a severe infection may occur that can result in death.

(a) Unless
(b) Until
(c) Once
(d) Thus

03 Jason has a tendency to always leave everything to the last minute. He watched a movie with his friends yesterday _____ the fact that the deadline for his history class project is approaching.

(a) as soon as
(b) in spite of
(c) instead of
(d) ever since

04 The CEO of Atlantic Advertising felt that the company was not attracting enough clients. _____, all salespersons were asked to attend a communication skills workshop to improve their sales presentations to potential customers.

(a) Even so
(b) Otherwise
(c) Likewise
(d) Therefore

05 My little brother never gets in trouble when he behaves badly. _____ he often breaks my toys and bothers me while I study, my parents refuse to punish him since he is still young.

(a) Even though
(b) As if
(c) Because
(d) Provided that

06 Kyle was stressed out because the essay for his freshman composition course was due on Thursday. _____, he had to prepare for exams that were being held in two other classes on Friday.

(a) Meanwhile
(b) In short
(c) At last
(d) For instance

07 Visualization is a psychological technique used by professional hockey player Zach Hyman. It involves creating a mental image of a desired result to increase the chances of it occurring. _____, he envisions victory in order to achieve it.

(a) In other words
(b) On the other hand
(c) Even so
(d) Instead

08 The National Car Show included representatives from all of the major automobile manufacturers and received a great deal of media attention. _____, many attendees complained that the event was poorly organized.

(a) Similarly
(b) Nonetheless
(c) Naturally
(d) As a result

09 The Green World Society had to postpone its annual fundraiser after the hall it booked closed down following a fire. The new date will be announced _____ a suitable venue is found.

(a) since
(b) so that
(c) because
(d) as soon as

10 Medical experts warn that performance-enhancing drugs pose a significant health risk. _____ dramatic their short-term results are, these substances should not be used. Most major sporting events ban athletes who take these drugs.

(a) Whenever
(b) As far as
(c) No matter how
(d) In other words

11 Many silent movies from the early 20th century have been lost. The reason is that they were recorded on nitrate film. This type of film creates very clear images, _____ it catches on fire easily.

(a) because
(b) once
(c) so
(d) but

12 In recent years, there has been much debate about the death penalty. Proponents argue that it is an effective deterrent against serious crimes. _____, opponents argue that innocent people are sometimes executed after being wrongly convicted.

(a) Indeed
(b) On the other hand
(c) As a consequence
(d) In the first place

DAY 08 관계사

기본기 다지기

관계사란 무엇인가요?

내가 본 무지개는 아름다웠다.

'내가 본'이라는 절이 명사인 '무지개'를 꾸며주고 있어요. 이처럼 명사를 꾸며주는 형용사 역할을 하는 절을 관계절이라고 하고, 관계절의 꾸밈을 받는 명사를 선행사라고 해요. 영어에서는 관계절을 이끄는 특정한 단어들이 있는데 이를 **관계사**라고 불러요.

◉ **관계절은 어떤 형태를 가지고 있나요?**

관계절의 형태는 '관계사 (+ 주어) + 동사 ~'예요.

I saw a good movie <u>that</u> ran for three hours.　　나는 세 시간 동안 상영한 좋은 영화를 보았다.
　　　　　　　　　　　관계사(that) + 동사(ran) ~

July is the month <u>when</u> many tourists visit the country.　　7월은 많은 관광객이 그 나라를 방문하는 달이다.
　　　　　　　　　　　관계사(when) + 주어(many tourists) + 동사(visit) ~

Check-Up

다음 중 관계절은 무엇인가요?

He invested in a company that went bankrupt.　　그는 파산한 회사에 투자했다.
　　　　　　　　(a)　　　　　　　　(b)

→ '관계사 (+ 주어) + 동사 ~'로 이루어진 절이 관계절이에요.　　　　　　　　　　[정답 (b)]

◉ **관계사에는 어떤 것들이 있나요?**

관계사에는 '관계대명사'와 '관계부사'가 있어요. 관계절 내에서 관계대명사는 대명사 역할을 하고, 관계부사는 부사 역할을 해요.

The company seeks <u>applicants</u> who have lots of experience.   그 회사는 많은 경험이 있는 지원자를 찾는다.
　　　　　　　　　명사　　관계대명사

This is <u>the place</u> where Olivia and I first met.   이곳이 Olivia와 내가 처음 만났던 장소이다.
　　　　장소　　관계부사

Check-Up

둘 중 맞는 것은 무엇인가요?

I found someone (he / who) can help me move. 나는 내가 이사하는 것을 도와줄 수 있는 누군가를 찾았다.

→ 관계절을 이끌며 관계절 내에서 대명사 역할을 할 수 있는 관계대명사가 와야 해요.　　　　　　　　　[정답 who]

I know a man (who / ~~which~~) is a police officer.
나는 경찰관인 한 남자를 안다.

앞에 사람 명사인 **a man**이 있고 뒤에 오는 절에 주어가 없으므로, 사람을 가리키는 주격 관계대명사 **who**가 와야 해요. 이처럼 **관계대명사**는 선행사의 종류와 관계절 내에서의 역할에 따라 알맞은 것을 사용해야 해요.

① 관계대명사는 선행사의 종류와 격에 따라 다르게 써요.

선행사 \ 격	주격	목적격	소유격
사람	who	who(m)	whose
사물·동물	which	which	whose / of which
사람·사물·동물	that	that	-

Jake often goes to the store which / that sells candies.   Jake는 사탕을 파는 가게에 종종 간다.
　　　　　　　　　　　　　　　사물　　　　　　　동사　목적어
➜ 선행사가 사물이고 관계절에 주어가 없으므로, 주격 관계대명사 **which**나 **that**을 써요.

She is a political candidate whom / that I already know.   그녀는 내가 이미 아는 정치 후보자이다.
　　　　　　　　　　　사람　　　　　　　주어　　동사
➜ 선행사가 사람이고 관계절에 목적어가 없으므로, 목적격 관계대명사 **whom**이나 **that**을 써요.

Ian has a cat whose tail is long.   Ian은 꼬리가 긴 고양이를 가지고 있다.
　　　　동물　　　명사
➜ 관계대명사 뒤에 명사가 왔고 '~의 꼬리'라는 뜻이므로, 소유격 관계대명사 **whose**를 써요.

② 관계대명사 that은 콤마(,) 뒤에 올 수 없어요.

Mandy has a computer, (which / ~~that~~) is broken.   Mandy는 컴퓨터가 있는데, 그것은 고장 났다.
　　　　　　사물
➜ 관계대명사 **which**와 **that** 모두 사물 선행사 뒤에 올 수 있지만, **that**은 콤마(,) 뒤에 올 수 없으므로 **which**를 써야 해요.

✔ 이것만은 꼭!

지텔프에서는 주격, 목적격, 소유격 관계대명사 중 '주격 관계대명사'의 출제 비율이 가장 높아요.

괄호에서 알맞은 것을 고르세요.

1 The man (who / whose) opened the new Cuban restaurant used to be the Hilton Hotel's head chef.

2 The teacher (which / whom) I spoke to previously said physics is a challenging major.

3 One thing (that / where) interests Dave about visiting Egypt is seeing the pyramids.

4 The scholarship (who / that) Jane applied for is provided by the National Arts Institute.

5 CEO Jack Paulson, (who / that) is very wealthy, made a generous donation for the new library.

6 The accountant (whose / which) office is currently in Room 301 will move to the second floor.

보기 중 빈칸에 가장 적절한 것을 고르세요.

7 Google Earth presents a 3D representation of our planet. This program, _____, has generated controversy because it shows sensitive locations like military bases.

(a) when it was released in 2001
(b) that was released in 2001
(c) who was released in 2001
(d) which was released in 2001

8 Self-service kiosks are becoming increasingly common at stores such as Home Depot. The use of these devices _____ is worrying for retail workers.

(a) whose replace human employees
(b) that replace human employees
(c) where replace human employees
(d) when replace human employees

정답 ▪ 해석 ▪ 해설 **p.38**

점수 UP! 빈출 어휘

2 previously 전에   physics 물리학   challenging 아주 어려운, 도전적인   major 전공   **3** interest 흥미를 불러일으키다
4 scholarship 장학금   apply for ~을 신청하다   provide 제공하다   institute 협회   **5** wealthy 부유한   generous 후한, 관대한
donation 기부   **6** accountant 회계사   **7** present 나타내다   representation 묘사, 표현   generate 일으키다, 만들어 내다
controversy 논란   sensitive 민감한   military 군사의   base 기지   release 출시하다   **8** kiosk 키오스크(무인 정보 단말기)
increasingly 점점 더   common 흔한   worrying 걱정하게 만드는   retail 소매의   replace 대체하다

I like the store (where / ~~when~~) I bought some clothes.
나는 내가 몇몇 옷을 샀던 상점을 좋아한다.

앞에 장소인 the store가 있고 뒤에 주어, 동사, 목적어의 필수 성분을 모두 갖춘 완전한 절이 왔으므로, 장소를 나타내는 관계부사 where가 와야 해요. 이처럼 **관계부사**는 장소, 시간 등을 나타내는 선행사 뒤에서 완전한 절을 이끌어요.

① 관계부사는 선행사의 종류에 따라 다르게 써요.

선행사	관계부사
장소	where
시간	when
이유	why
방법	how

We traveled to the city where the theme park is located.   우리는 테마파크가 있는 도시로 여행했다.
　　　　　　　　 장소

Today is the day when I graduate from college.   오늘은 내가 대학을 졸업하는 날이다.
　　　　　　 시간

② 관계부사 뒤에는 주어, 동사, 목적어, 보어 등 필수 성분을 모두 갖춘 완전한 절이 오는 반면, 관계대명사 뒤에는 필수 성분을 모두 갖추지 않은 불완전한 절이 와요.

I work in a building (where / ~~that~~) the elevators are very slow.   나는 엘리베이터가 매우 느린 건물에서 일한다.
　　　　　 장소(사물)　　　　　　　　　　　　　 주어　　　　 동사　　 보어

I work in a building (~~where~~ / that) has very slow elevators.   나는 매우 느린 엘리베이터가 있는 건물에서 일한다.
　　　　　 장소(사물)　　　　　　　　　 동사　　　　　　 목적어

↪ 관계부사 where 뒤에는 주어, 동사, 보어의 필수 성분을 모두 갖춘 완전한 절이 온 반면, 관계대명사 that 뒤에는 주어가 빠진 불완전한 절이 왔어요.

✅ 이것만은 꼭!

관계부사 문제의 오답 보기로 '관계대명사 + 완전한 절'이 나오는 경우가 종종 있어요. 관계대명사 뒤에는 불완전한 절이 와야 하므로 이러한 보기들은 오답으로 소거할 수 있어요.

The students visited a gallery _____.   학생들은 지역 예술가들이 작품을 전시하는 미술관을 방문했다.
(a) which local artists display their works   (b) where local artists display their works

↪ 관계대명사 which와 관계부사 where는 모두 사물 선행사 a gallery 뒤에 올 수 있지만, 관계대명사 뒤에는 불완전한 절이 와야 하므로 (a)는 문법적으로 틀린 보기예요. 따라서 (a)는 오답으로 소거할 수 있어요.

괄호에서 알맞은 것을 고르세요.

1 The university (where / how) I met Professor Markham is quite well known in the field of linguistics.

2 World Climate Day is a time (when / which) people are made aware of global warming.

3 The Sotheby's auction house, (where / when) a painting by Monet was sold, is in New York City.

4 Mary specifically asked for a room (which / where) she would have an incredible ocean view.

5 The moment (whom / when) Isaac realized his love for singing was at a choir recital last month.

6 Since 2020, (when / why) the ancient city of Luxor was rediscovered, much of the site has been excavated.

자신감 UP! 실전문제

보기 중 빈칸에 가장 적절한 것을 고르세요.

7 Evelyn's videos provide tips on how to travel on a tight budget. She made her first one in 2021, _____.

(a) when she visited France with some friends
(b) which she visited France with some friends
(c) who she visited France with some friends
(d) where she visited France with some friends

8 Up-and-Away Burger Stop recently built a drive-through window. Excited patrons drove for hours to visit the restaurant _____.

(a) whose first burger many experienced
(b) which many experienced their first burger
(c) that many experienced their first burger
(d) where many experienced their first burger

정답 ■ 해석 ■ 해설 p.39

점수 UP! 빈출 어휘

1 field 분야 linguistics 언어학 2 climate 기후 aware 의식하는, 알고 있는 global warming 지구 온난화 3 auction house 경매장
4 specifically 특별히, 구체적으로 ask for ~을 요청하다 incredible 훌륭한, 믿을 수 없을 정도의 5 realize 깨닫다 recital 발표회
6 ancient 고대의 rediscover 재발견하다 site 장소 excavate 발굴하다 7 tight 빠듯한 budget 예산
8 drive-through 드라이브 스루(승차 구매) patron 고객, 후원자

HACKERS TEST

01 Students at Blackthorn College should review the new graduation requirements. A university policy, _____, now requires that students have 20 elective course credits to receive a degree.

(a) that was updated last month
(b) how it was updated last month
(c) what was updated last month
(d) which was updated last month

02 Every Friday evening, Greg goes bowling with several of his coworkers. As no one is very competitive, the person _____ usually buys coffee for everyone else after the game has finished.

(a) who achieves the highest score
(b) when achieves the highest score
(c) which achieves the highest score
(d) whom achieves the highest score

03 The blue whale is the largest animal on the planet. Despite this whale's great size, its primary source of nourishment is krill. These tiny crustaceans, _____, are on average only 3.5 millimeters long.

(a) which blue whales consume in vast numbers
(b) where blue whales consume in vast numbers
(c) that blue whales consume in vast numbers
(d) when blue whales consume in vast numbers

04 Lyman Supermarket has set up a new security system to protect the store after business hours. The employees _____ were instructed not to share it with anyone.

(a) when the owner gave a code to
(b) whom the owner gave a code to
(c) whose the owner gave a code to
(d) what the owner gave a code to

05 Carbon neutrality means that the amount of carbon dioxide added to the atmosphere is offset by the amount removed. Some nations have promised to become carbon neutral. The day _____ will be a historic occasion.

(a) whom all countries do this
(b) where all countries do this
(c) how this is done by all countries
(d) when all countries do this

06 In order to acquire a driver's license, a person must demonstrate that he or she can operate a vehicle. The driving test, _____, is very hard for some people.

(a) how performing some difficult maneuvers is included
(b) that includes performing some difficult maneuvers
(c) who includes performing some difficult maneuvers
(d) which includes performing some difficult maneuvers

07 Brighton University announced that the second floor of the library would be repainted over the weekend. During that time, the books _____ will be placed in temporary storage.

(a) that are shelved in this section
(b) where they are shelved in this section
(c) what are shelved in this section
(d) whose are shelved in this section

08 I hate it when people behave in a hypocritical manner. For example, my friend Julie, _____, gets very angry if someone forgets hers.

(a) which never remembers her friends' birthdays
(b) when she never remembers her friends' birthdays
(c) that never remembers her friends' birthdays
(d) who never remembers her friends' birthdays

09 Lebron James is one of the greatest professional basketball players ever. As a result of winning four NBA championships, he has become very famous. In fact, the city of Akron, _____, now has a street named after him.

(a) that Lebron James grew up
(b) which Lebron James grew up
(c) when Lebron James grew up
(d) where Lebron James grew up

10 Mr. Pearson agreed to accept a position at Tri-State Accounting. As the company deals with sensitive client information, the contract _____ includes a confidentiality clause. It also prohibits him from working with a competing company.

(a) whom he signed last week
(b) that he signed last week
(c) when he signed last week
(d) what he signed last week

11 Arsène Lupin is a fictional character created by the author Maurice Leblanc. His first appearance was in a short story published in 1905. Lupin, _____, is considered by many to be the French Sherlock Holmes.

(a) that uses his skills to solve crimes
(b) who uses his skills to solve crimes
(c) where uses his skills to solve crimes
(d) how his skills are used to solve crimes

12 Tears play an important role in protecting the eyes from potentially harmful substances. Without tears, the dust particles _____ can enter the eyes and cause irritation or even significant damage.

(a) that float around in the air
(b) when float around in the air
(c) who float around in the air
(d) why float around in the air

정답 ■ 해석 ■ 해설 p.40

독해

지텔프 독해 Level 2
최신 출제 트렌드

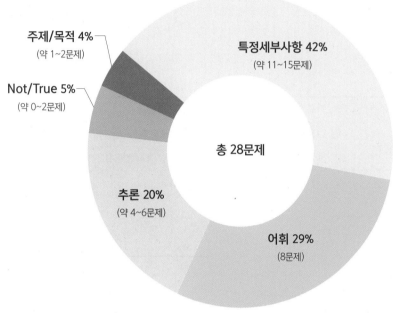

주제/목적 4%
(약 1~2문제)

Not/True 5%
(약 0~2문제)

특정세부사항 42%
(약 11~15문제)

총 28문제

추론 20%
(약 4~6문제)

어휘 29%
(8문제)

최근 5개년 기출 경향

출제 1순위 **특정세부사항 문제 (42%)**
지문에 제시된 세부 사항을 묻는 문제가 가장 많이 출제됩니다.

출제 2순위 **어휘 문제 (29%)**
지문 내 밑줄 친 어휘의 유의어를 고르는 문제가 자주 출제됩니다.

출제 3순위 **추론 문제 (20%)**
지문 내용을 토대로 추론할 수 있는 것을 묻는 문제가 출제됩니다.

* Not/True 문제(사실인 것 혹은 사실이 아닌 것을 묻는 문제), 주제/목적 문제(지문의 주제나 목적을 묻는 문제)는 간혹 출제됩니다.

09 파트별 공략 ①

1   Part 1   인물의 일대기   Biographical/Historical Article

Part 1에는 유명한 인물의 일대기를 시간의 흐름에 따라 서술하는 지문이 제시돼요. 53번부터 59번까지의 총 7문제로 구성되며, 58번과 59번은 어휘 문제예요. 시기별로 인물에게 일어난 중요한 사건 및 업적을 묻는 문제가 주로 출제돼요.

📄 빈출 주제

예술가 ★최빈출	가수, 작곡가, 화가 등의 일대기 및 시기별 대표 작품들
학자	천문학자, 발명가, 환경학자 등의 일대기 및 대표 이론
운동선수	축구 선수, 테니스 선수 등의 일대기 및 선수 생활 중 달성한 최고 기록
직업인	요리사, 기업가 등의 일대기 및 시기별 주요 업적

💬 빈출 질문 유형

· 인물이 유명한 이유를 묻는 문제가 자주 출제돼요.

  ex. **What is Dizzy Gillespie best known for?**   디지 길레스피는 무엇으로 가장 유명한가?

· 인물의 주요 업적을 묻는 문제가 자주 출제돼요.

  ex. **What did he achieve in 1921?**   그가 1921년에 성취한 것은 무엇이었는가?

🎯 학습 전략

1. '인물 소개 → 어린 시절 및 진로 선택 계기 → 청년 시절 및 초기 활동 → 주요 업적 및 활동 → 근황 및 평가'의 지문 흐름에서 출제되는 빈출 문제들을 알아두어야 해요.

2. 유명한 이유, 진로 선택 계기, 이론 업적 등을 설명할 때 사용되는 표현을 익혀두면 정답의 단서를 찾을 때 도움이 돼요.

3. 질문의 고유명사와 숫자는 보통 패러프레이징 되지 않으므로, 이것을 키워드로 잡으면 지문에서 단서를 쉽게 찾을 수 있어요.

미하엘 슈마허

미하엘 슈마허는 전략적인 카레이싱으로 가장 유명한 독일 출신의 카레이서다. F1의 황제로 불리는 그는, 모범적인 선수 생활로 인해 많은 드라이버들의 존경을 받는다.

미하엘 슈마허는 1969년 1월 3일에 독일 쾰른 현 휘르트에서 장남으로 태어났다. 슈마허가 4살이었을 때, 그는 아버지로부터 엔진이 달린 초소형 경주형 카트를 선물 받았고, 이것을 탔던 것이 슈마허가 장래에 전설적인 카레이서가 되는 계기가 된다.

슈마허는 포뮬러 원 경기를 관람하던 중 아일톤 세나를 보고 본격적으로 꿈을 키우게 되었고, 15살이던 1984년에, 독일 주니어 카트 선수권 대회에 출전해 우승을 차지하면서 미하엘 슈마허라는 이름을 알리기 시작한다.

카트계에서 정상에 오른 뒤, 슈마허는 포뮬러에 진출해 본격적으로 카레이싱의 세계에 입문한다. 슈마허는 포뮬러 원 월드 드라이버 챔피언십 대회에서 총 7회의 승리를 하며, 2004년에는 역대 최다 챔피언을 차지한 카레이서가 되었다.

슈마허는 2012년에 은퇴했는데, 그의 선수 경력뿐만 아니라 크루를 이끄는 리더십과 전술가적 면모는 그를 여전히 가장 존경받는 카레이서 중 한 명으로 만든다.

지문의 흐름	흐름에 따른 빈출 문제
인물 소개	인물이 유명한 이유를 묻는 문제가 주로 출제돼요. ex. 슈마허는 무엇으로 가장 유명한가? What is Schumacher most famous for?
어린 시절 및 진로 선택 계기	인물의 진로 선택 계기를 묻는 문제가 주로 출제돼요. ex. 슈마허는 언제 레이싱에 대한 관심을 키우기 시작했는가? When did Schumacher start developing an interest in racing?
청년 시절 및 초기 활동	인물의 초기 활동을 묻는 문제가 주로 출제돼요. ex. 슈마허의 초기 성공에 대해 무엇이라고 말할 수 있는가? What can be said about Schumacher's early success?
주요 업적 및 활동	주요 업적에 대해 묻는 문제가 주로 출제돼요. ex. 기사에 따르면, 무엇이 슈마허의 가장 큰 업적으로 여겨지는가? Based on the article, which is regarded as Schumacher's greatest achievement?
근황 및 평가	인물의 사회적 평가에 대해 묻는 문제가 주로 출제돼요. ex. 슈마허는 오늘날 무엇으로 기억되는가? What is Schumacher remembered for today?

지문의 흐름이 보이는 필수 어휘

인물 소개

- [ ] consider 여기다
- [ ] influential 영향력 있는
- [ ] contribution 기여, 이바지
- [ ] founder 창립자, 설립자
- [ ] inventor 창안자, 발명가
- [ ] essential 필수적인, 가장 중요한
- [ ] create 창조하다, 창출하다
- [ ] excel 뛰어나다, 탁월하다

어린 시절 및 진로 선택 계기

- [ ] be born 태어나다
- [ ] become ~이 되다
- [ ] undergo 경험하다, 견디다
- [ ] perform 행하다, 실시하다
- [ ] earn 얻다, 벌다
- [ ] receive 받다, 받아들이다
- [ ] graduate 졸업하다
- [ ] settle 정착하다

초기 활동 및 주요 업적

- [ ] attend 참석하다, ~에 다니다
- [ ] pursue 추구하다, 밀고 나가다
- [ ] achieve 달성하다, 성취하다
- [ ] turn (어떤 나이·시기가) 되다
- [ ] scholarship 장학금
- [ ] experience 겪다, 경험하다
- [ ] acquire 얻다, 습득하다
- [ ] establish 설립하다, 확고히 하다

근황 및 평가

- [ ] regard 여기다, 평가하다
- [ ] feature ~을 특징으로 하다
- [ ] inspire 고무하다, 격려하다
- [ ] praise 칭찬, 찬사
- [ ] involve 수반하다, 포함하다
- [ ] devote (시간·노력을) 바치다
- [ ] acknowledge 인정하다
- [ ] improve 개선하다, 향상시키다

정답의 단서가 보이는 키워드 표현

| 빈출 질문 |

1. 이 사람이 유명한 이유는 무엇인가요?

- **be best known for** ~으로 가장 잘 알려져 있다

  Neil Armstrong **is best known for** walking on the moon.

  닐 암스트롱은 달 위를 걸은 것으로 가장 잘 알려져 있다.

- **be noted as** ~으로 유명하다

  Martin Luther King **is noted as** an important civil rights leader.

  마틴 루터 킹은 중요한 민권 지도자로 유명하다.

- **be regarded as** ~으로 평가되다

  Bill Murray **is regarded as** a very funny comedian.

  빌 머레이는 매우 재미있는 코미디언으로 평가된다.

| 빈출 질문 |

2. 이 사람의 진로 선택 계기는 무엇인가요?

- **begin to dream of** ~에 대한 꿈을 꾸기 시작하다

  She **began to dream of** attending art school in Paris.

  그녀는 파리의 예술 학교에 다니는 것에 대한 꿈을 꾸기 시작했다.

- **inspire … to** …가 ~하도록 고무하다

  His father **inspired him to** become a violinist.

  그의 아버지는 그가 바이올린 연주가가 되도록 고무했다.

- **one's interest in … begin** …에 대한 관심이 시작되다

  His interest in computers began as a young child.

  컴퓨터에 대한 그의 관심은 어린 아이일 때 시작되었다.

| 빈출 질문 |

3. 이 사람이 이룬 업적은 무엇인가요?

- **be considered one's greatest accomplishment**
  ~의 가장 위대한 업적으로 여겨지다

  Designing the art museum **is considered his greatest accomplishment**.

  그 미술관을 디자인한 것이 그의 가장 위대한 업적으로 여겨진다.

- **set many records** 많은 기록을 세우다

  She **set many records** during her career as a professional soccer player.

  그녀는 프로 축구 선수로서 그녀의 경력에서 많은 기록을 세웠다.

- **receive an award** 상을 받다

  He **received an award** for his amazing acting in the film.

  그는 그 영화에서의 놀라운 연기로 상을 받았다.

지문을 읽고 보기 중 지문의 내용과 일치하는 것을 고르세요.

1 Johann Heinrich Pestalozzi was a Swiss educational reformer who is known for his philosophy of assisting needy students. In particular, he favored education systems that increased attendance among poor students and developed their talents.

(a) 페스탈로치의 교육 철학은 빈곤한 아동을 돕는 데 초점을 맞춘다.
(b) 페스탈로치의 교육적 의도는 재능 있는 예술가들을 육성하는 것이었다.

2 Later in his career, John Huston began writing screenplays in Hollywood and eventually directed movies. The first movie that he directed was *The Maltese Falcon*. Despite having a small budget and an inexperienced director, the film became an instantaneous success.

(a) *The Maltese Falcon* was Huston's final film as a director.
(b) *The Maltese Falcon* did not have a large budget.

3 In 1999, Ruby Bridges published her award-winning book, *Through My Eyes*. The work reported her frightening experience as a child during the period of desegregation. It depicted her memory of being taken through an angrily screaming mob on her first day at a previously white-only school.

(a) Bridges' book was published during segregation.
(b) Bridges' work was based on her adult experiences.
(c) Bridges' work described an angry crowd at a school.
(d) Bridges' book failed to receive any praise from critics.

점수 UP! 빈출 어휘

1 educational 교육의   reformer 개혁가   philosophy 철학   needy 어려운, 궁핍한   attendance 출석(률)   poor 가난한   talent 재능
2 screenplay 각본   direct 감독하다   budget 예산   inexperienced 경험이 부족한   instantaneous 즉각적인   **3** publish 출간하다
award-winning 수상한, 상을 받은   frightening 무서운   desegregation 인종 차별 폐지   depict 묘사하다   mob 무리, 군중
previously 이전에   segregation (인종·종교·성별 등의) 차별   describe 묘사하다, 서술하다   crowd 무리, 집단   praise 찬사, 칭찬   critic 비평가

[4-5] 지문을 읽고 보기 중 문제에 알맞은 답을 고르세요.

DUSTY SPRINGFIELD

Dusty Springfield was a prolific British singer who is considered one of the top female vocalists in British history.

Springfield was born on April 16, 1939, in West Hampstead, England to Gerard and Catherine O'Brien. She was raised in a family of music lovers, and they sometimes played a game of guessing songs by their rhythm. She loved to sing as a child and wanted to sound like American jazz singers.

After joining a band in 1960, Springfield traveled to Nashville, Tennessee, where she fell in love with rhythm and blues. Her career took a turn, and she transformed into a soul singer. Later, she returned to Tennessee to further her career in the R&B capital of Memphis, and she also helped introduce British audiences to Detroit's Motown artists.

Springfield left the band and began her solo career in 1963. The following year, her career took off with the release of her debut album. Throughout the 1960s, Springfield thrived and was one of the top-selling artists in Britain and also had tremendous success in the United States. Between 1964 and 1970, Springfield had 18 songs on the *Billboard* Hot 100 list.

Dusty Springfield died on March 2, 1999, in England.

4 What was Dusty Springfield's wish as a child?

(a) She wanted to become a professional musician.
(b) She wished to spend more time with her parents.
(c) She desired to see singers live in concert.
(d) She hoped to sing like jazz singers in America.

5 Which is NOT true of Springfield's career in the 1960s?

(a) Her first solo album kickstarted her success.
(b) Her concerts in the US were largely unsuccessful.
(c) She was a best-selling singer in Britain.
(d) She produced well over a dozen hit songs.

정답 ■ 해석 ■ 해설 **p.42**

점수 UP! 빈출 어휘

4-5 prolific 다작하는　**female** 여성　**vocalist** 가수　**raise** 기르다　**guess** (추측하여) 알아맞히다　**join** 합류하다　**career** 경력, 활동
take a turn 방향을 바꾸다　**transform** 변신하다　**further** 발전시키다　**capital** 중심지, 수도　**introduce** 접하게 하다　**take off** 급격히 인기를 얻다
release 발매　**thrive** 성공하다　**tremendous** 엄청난　**professional** 전문의, 직업의　**desire** ~하고 싶어 하다, 바라다　**kickstart** 시동을 걸다
largely 매우　**unsuccessful** 성공적이지 못한　**dozen** 십여 개

Part 2에는 새로운 연구 결과나 사회적 이슈를 다루는 잡지/인터넷 기사 지문이 제시돼요. 60번부터 66번까지의 총 7문제로 구성되며, 65번과 66번은 어휘 문제예요. 기사의 주제 및 기사에서 다루는 연구의 사회적 의의를 묻는 문제가 주로 출제돼요.

 빈출 주제

의학/건강 ★최빈출	불치병의 치료법이나 신약 등의 발견 및 사회적 기대 효과
고고학	새로운 고대 유적지, 도시, 정착지 등의 발견 및 역사적 의의
생물/환경	새로운 동식물종의 발견 및 희귀종을 보호하기 위한 방안
대중문화	스포츠, 게임, SNS 등이 대중의 인기를 끄는 요인에 대한 분석

빈출 질문 유형

· 기사의 주제 혹은 연구의 결과를 묻는 문제가 자주 출제돼요.

ex. **What is the article mainly about?**   기사는 주로 무엇에 관한 것인가?

· 연구의 시사점을 추론하는 문제가 자주 출제돼요.

ex. **What is the study most likely suggesting?**   연구가 암시하는 것은 무엇인 것 같은가?

학습 전략

1. '연구의 주제 → 연구의 계기 및 목적 → 연구의 특징 → 연구의 의의 및 시사점 → 연구의 한계 및 추후 과제' 의 지문 흐름에서 출제되는 빈출 문제들을 알아두어야 해요.

2. 연구의 주제, 특징, 시사점 등을 설명할 때 사용되는 표현을 익혀두면 정답의 단서를 찾을 때 도움이 돼요.

3. 지문의 제목에서 주로 주제가 드러나므로, 제목을 확인해두면 지문의 전반적인 내용을 이해할 때 도움이 돼요.

지문의 흐름	흐름에 따른 빈출 문제

새로운 연구는 환경친화적 플라스틱의 가능성을 제시한다

버클리 국립연구소의 연구원들이 PDK라고 불리는 새로운 플라스틱을 발명했다고 발표했다. PDK는 분자 수준으로 분해된 뒤 재활용될 수 있는 플라스틱이다.

미국인들은 매년 1인당 100kg가량의 플라스틱을 사용하는데, 그중 극히 일부만이 재활용되고 있다. 재활용이 불가능한 플라스틱의 특성으로 인해 야기되는 환경 문제를 해결하고자, 연구팀은 비싸지 않으면서도 환경친화적인 플라스틱을 개발하기로 하였다.

연구원들은 PDK에 '지속 가능성'을 부여하는 것이 이 연구의 핵심이었다고 말한다. 따라서 연구팀은 처음부터 PDK의 재활용 과정을 정밀하게 설계했고, 다양한 실험을 통해 PDK 플라스틱의 순환 가능성을 발견했다.

만약 PDK가 상용화된다면 지금까지 재활용하는 것이 어려웠던 물품들의 재활용이 가능해져, 매립지에 묻히는 플라스틱 쓰레기가 줄어들 것이다. 또한, 매년 바다에 버려지던 플라스틱 폐기물의 양도 감소하여 환경에 이롭게 될 것이다.

연구에 참여한 헬름스 박사는 앞으로 재활용 시설을 현대화하여 PDK 플라스틱을 재활용할 수 있도록 설계해야 한다고 주장한다. 앞으로 연구팀은 다양한 용도에 적합한 특성을 가진 PDK를 추가로 개발할 계획이다.

연구의 주제

연구의 주제를 묻는 문제가 주로 출제돼요.

ex. 연구는 무엇을 알아냈는가?
What did the study find out?

연구의 계기 및 목적

연구의 계기나 목적을 묻는 문제가 주로 출제돼요.

ex. 연구원들은 왜 이 연구를 실시했는가?
Why did the researchers conduct the study?

연구의 특징

연구의 특징을 묻는 문제가 주로 출제돼요.

ex. 연구원들은 어떻게 PDK의 지속 가능성을 보장하고자 했는가?
How did the researchers try to ensure PDK's sustainability?

연구의 의의 및 시사점

연구의 의의나 시사점을 묻는 문제가 주로 출제돼요.

ex. 새 재활용 가능한 플라스틱을 사용하는 것의 환경적인 영향은 무엇이겠는가?
What most likely are the environmental effects of using the new recyclable plastic?

연구의 한계 및 추후 과제

연구의 한계를 묻는 문제가 주로 출제돼요.

ex. PDK를 발전시키기 위해 아직 해야 할 일은 무엇인가?
What still needs to be done to improve PDK?

독해

DAY 09 파트별 공략 ① 해커스 지텔프 32-50+

지문의 흐름이 보이는 필수 어휘

연구의 주제

- ☐ announce 알리다, 발표하다
- ☐ discover 발견하다, 알아내다
- ☐ evidence 증거, 흔적
- ☐ result 결과
- ☐ report 발표하다, 전하다
- ☐ conclude 결론을 내리다
- ☐ reveal 드러내다, 밝히다
- ☐ symptom 증상, 징후

연구의 계기 및 목적

- ☐ aim 목표하다; 목표
- ☐ speculate 추측하다, 짐작하다
- ☐ analyze 분석하다, 검토하다
- ☐ experiment 실험하다; 실험
- ☐ intend 의도하다, 작정하다
- ☐ prove 증명하다, 입증하다
- ☐ observe 관찰하다, 관측하다
- ☐ conduct (계획하여) 수행하다

연구의 특징/ 의의/시사점

- ☐ demonstrate 입증하다
- ☐ affect 영향을 미치다
- ☐ significant 중요한, 의미 있는
- ☐ considerable 상당한, 많은
- ☐ obstacle 장애(물)
- ☐ specimen 견본, 샘플
- ☐ similar 비슷한, 유사한
- ☐ typical 전형적인, 대표적인

연구의 한계 및 추후 과제

- ☐ dismiss 묵살하다, 일축하다
- ☐ support 지지하다, 옹호하다
- ☐ challenge 도전, 난제
- ☐ shortage 부족
- ☐ argue 주장하다, 다투다
- ☐ replace 대신하다, 대체하다
- ☐ failure 실패
- ☐ drawback 결점, 문제점

정답의 단서가 보이는 키워드 표현

| 빈출 질문 |

1. 연구의 주제는 무엇인가요?

• **a study shows that** 연구는 ~을 보여준다

A study shows that the average human life span has increased significantly over the past century.
연구는 인간의 평균 수명이 지난 세기 동안 현저하게 증가했음을 보여준다.

• **recent studies have found that** 최근의 연구는 ~을 알아냈다

Recent studies have found that children consume more junk food now than in the past.
최근의 연구는 아이들이 과거에 비해 요즘 정크 푸드를 더 많이 섭취한다는 것을 알아냈다.

| 빈출 질문 |

2. 연구의 특징은 무엇인가요?

• **the researchers ruled out** 연구자들은 ~을 배제했다

The researchers ruled out noise pollution as a cause of the changes to whale songs.
연구자들은 고래 노래의 변화의 원인에서 소음 공해를 배제했다.

• **focus on proving that** ~을 증명하는 데 초점을 맞추다

Medical experts around the world **focused on proving that** the vaccine was safe and effective.
전 세계의 의학 전문가들은 백신이 안전하고 효과적이라는 것을 증명하는 데 초점을 맞췄다.

| 빈출 질문 |

3. 연구의 시사점은 무엇인가요?

• **the studies shed light on** 연구는 ~을 설명한다

The studies shed light on the benefits of reading stories to children from a young age.
연구는 어릴 때부터 아이들에게 이야기를 읽어주는 것의 장점을 설명한다.

• **the discovery suggests that** 발견은 ~을 시사한다

The discovery suggests that a major earthquake will occur within the next 50 years.
발견은 큰 지진이 다음 50년 이내에 발생할 것임을 시사한다.

• **the findings reflect that** 연구 결과는 ~을 보여준다

The findings reflect that smartphone use can have a negative effect on a child's development.
연구 결과는 스마트폰 사용이 아동의 발달에 부정적인 영향을 미칠 수 있음을 보여준다.

지문을 읽고 보기 중 지문의 내용과 일치하는 것을 고르세요.

1   The makers of the popular Fitro fitness watch are introducing a new model that will benefit children of elderly parents. Called the Fitro S, the device uses GPS to track the movements of seniors in mental decline who are prone to becoming lost.

   (a) Fitro S의 주 고객층은 고령의 부모를 둔 사람들이다.
   (b) Fitro S는 노인들의 정신적인 쇠약함을 치료하기 위해 개발되었다.

2   Scientists conducting a fish survey off the coast of New Zealand have discovered an unusual feature in three species of deep-sea sharks. Bioluminescence, whereby living organisms emit visible light, is common in marine animals but has never before been seen in sharks.

   (a) Some marine animals emit visible light as a form of self-defense.
   (b) Researchers observed bioluminescence in three kinds of sharks.

3   A new research paper examines the potential effects of the growing adoption of AI, or artificial intelligence, on economic growth. In particular, it looks at how AI facilitates automation, a function that was once performed by similarly groundbreaking technologies of the Second Industrial Revolution, such as electricity.

   (a) Research has shown that AI significantly boosts economic productivity.
   (b) Artificial intelligence shares a key similarity with older technologies.
   (c) Automation is the main advantage of artificial intelligence technology.
   (d) The discovery of electricity sparked the industrial revolution.

점수 UP! 빈출 어휘

1 introduce 출시하다, 내놓다   benefit ~에게 유익하다   elderly 연세가 있는   track 추적하다   senior 고령자   decline 감퇴
be prone to ~하기 쉽다   2 coast 해안   unusual 색다른, 특이한   deep-sea 심해의   bioluminescence 생물 발광   organism 유기체
emit 방출하다   visible light 가시광선   marine 해양의   self-defense 자기방어   observe 관찰하다   3 examine 조사하다
potential 잠재적인   adoption 채택   facilitate 촉진시키다   automation 자동화   function 기능   groundbreaking 획기적인
electricity 전기   boost 신장시키다   productivity 생산성   similarity 유사점   advantage 이점   spark 촉발시키다

[4-5] 지문을 읽고 보기 중 문제에 알맞은 답을 고르세요.

WHY HORROR MOVIES ARE BACK

Movie audiences have always been willing to pay good money to be frightened out of their seats, but this only partly explains why the horror genre has experienced a recent resurgence.

In the past, major studios used horror films as a way to turn a quick profit. No matter how cheaply the films were made, they were almost guaranteed to attract an audience. But to maximize returns, the studios had to do everything possible to keep production costs low, sacrificing quality as a result.

Today, a new generation of studios has found greater success using a similar formula but with a twist. While continuing to rely on relatively small budgets, the studios have granted filmmakers greater creative freedom as a way to attract more talented filmmakers.

The result has been a string of high-quality yet affordably made horror films such as *Paranormal Activity* or *Get Out*. The success of films like these has widened the genre's appeal. Horror films are now enjoyed by moviegoers and critics alike.

As long as standards are maintained, there seems little reason to doubt that the horror movie industry will continue to thrive for many years to come.

4 What is the article mainly about?

(a) the increase in the cost of producing horror movies

(b) the changing attitudes of horror movie audiences

(c) the recent growth in the popularity of horror movies

(d) the reasons people find horror movies frightening

5 Why most likely have new horror films been more successful than old ones?

(a) The returns from ticket sales are larger today than before.

(b) New studios are more efficient at managing their budgets.

(c) Studios are able to hire people with more skills.

(d) A greater number of people watch films compared to the past.

정답 ■ 해석 ■ 해설 p.43

점수 UP! 빈출 어휘

4-5 audience 관객   be willing to 기꺼이 ~하다   good money 애써 번 돈, 상당한 돈   partly 부분적으로   resurgence 부활
turn a profit 수익을 내다   cheaply 값싸게   guarantee 보장하다   maximize 극대화하다   return 수익   production 제작, 생산
sacrifice 희생시키다   quality 품질   generation 세대   formula 공식   twist 전환   rely on ~에 의존하다   relatively 상대적으로
grant 주다   talented 재능 있는   affordably 적당한 가격으로, 알맞게   widen 넓히다   appeal 매력   moviegoer 영화 팬
standard 수준, 기준   thrive 번성하다   cost 비용   attitude 태도   popularity 인기, 대중성   efficient 효율적인   hire 고용하다

JONATHAN PAUL IVE

Sir Jonathan Paul Ive, more familiarly known as Jony Ive, is a British industrial designer who is famous for designing several of Apple's most popular products. His work helped to make Apple's products appealing to consumers.

Born in London, England, Ive inherited a love of drawing from his father and showed an interest in art from the age of 14. He studied at Newcastle Polytechnic and, after graduating in 1989, cofounded the London-based design consultancy Tangerine, which counted Apple as a client.

In 1992, Ive was offered a permanent position at Apple and moved to its California office. It was not until 1997, however, when Steve Jobs returned as Apple's CEO, that Ive's genius truly began to emerge. An obsessive problem-solver, Ive complemented Jobs perfectly, and together they devised a design philosophy centered on ease of use and simplicity. The goal was to make devices so simple that they could not be imagined any other way.

From 1997 to 2019, Ive painstakingly supervised every aspect of a product's design, accounting for how each component might impact manufacturing costs and usability. He learned from mistakes along the way, refusing to compromise on the smallest detail.

Over his 27-year career at Apple, Ive directed the design of numerous sophisticated devices that were as stunning to look at as they were intuitive to use. His 1998 iMac set the initial high mark. Its translucent, candy-colored exterior provided stark contrast to the boxy, beige computer towers that dominated the hardware landscape. Two million iMacs sold in the first year alone, and this helped Apple make its first profit since 1995. This was followed by a succession of equally exciting and profitable releases that include the 2001 iPod, the 2007 iPhone, the 2010 iPad, and more.

For his contributions to culture and design, Ive received numerous accolades and prizes, including a British knighthood. In 2019, he departed Apple to start a new design firm.

01 What is Ive best known for?

(a) starting a famous company
(b) designing technology products
(c) reviving a struggling industry
(d) making creative advertisements

02 When did Ive probably first encounter Apple?

(a) while he was studying at a university
(b) while he was speaking at an event
(c) while he was providing them a service
(d) while he was traveling around the US

03 According to the article, which expression most likely describes the relationship between Jobs and Ive?

(a) mutual collaboration
(b) formal mentorship
(c) creative tension
(d) constructive criticism

04 Which is NOT true about Ive?

(a) He was concerned about costs.
(b) He had a long process for work.
(c) He was unable to learn from his mistakes.
(d) He was attentive to small details.

05 What distinguished Ive's first successful product?

(a) its graphical user interface
(b) its appeal to business owners
(c) its curved and colorful exterior
(d) its resemblance to later products

06 In the context of the passage, emerge means _____.

(a) enter
(b) happen
(c) appear
(d) reveal

07 In the context of the passage, departed means _____.

(a) left
(b) retired
(c) divided
(d) rejoined

THE EFFECT OF DIET ON ONE'S MENTAL HEALTH CHANGES OVER TIME

Researchers have discovered that the dietary practices of young adults and mature adults differ in how they impact mental health. In addition, according to findings published in the journal *Nutritional Neuroscience*, the brains of young adults and mature adults were mood-sensitive to different types of food.

The research began with a set of assumptions based on prior studies. First, mature adults tend to have a more positive spirit and outlook than young adults. Secondly, older adults tend to recover from stressful events more rapidly than younger adults.

The researchers correlated these principles with dietary data and developed hypotheses to gauge whether there was a connection between healthy eating practices and mental well-being. A tertiary goal was to determine whether mental well-being contributes to healthier practices like exercise.

Researchers sent out an anonymous survey via several social media platforms to various regions in the world. Participants were asked about their age, gender, and exercise frequency. They were also asked to complete a questionnaire that revealed the foods they eat and their moods. The surveys were separated into young adults aged 18 to 29 and mature adults aged 30 or older.

The researchers defined a healthy diet as one that included whole grains, fruits, vegetables, and fish. They also specified that it involved taking vitamin supplements and never skipping breakfast. If those taking the survey met the weekly recommended dietary requirements, they were rated as "high," and those who did not were rated as "low."

On average, the young adults in the study reported positive experiences when they ate red meat. Consumption of meat in these individuals generated serotonin and dopamine, which are chemicals that create energetic results in the brain and body. In contrast, older adults reported favorable sensations in relation to high-nutrient foods, such as fruits, and avoidance of things like caffeinated coffee, which can activate certain parts of the nervous system.

In the future, the researchers plan to conduct a similar study in food-mood differences between males and females. What they find could have implications for the way each gender approaches nutrition. It could also influence what kind of dietary advice physicians give.

08 What is the article all about?

(a) why many adults have mental health issues
(b) how food impacts mental health in different age groups
(c) the effects of one's mood on dietary choices
(d) the best types of foods to improve the moods of adults

09 What is an assumption the researchers made?

(a) Younger adults have more positive perspectives.
(b) Some adults have unhealthy diets.
(c) Most adults do not exercise enough.
(d) Older adults are more resilient to stress.

10 How was the information for the study gathered?

(a) by studying literature on diet and nutrition
(b) by making inquiries of people online
(c) by inviting adults to in-person interviews
(d) by sending questionnaires by mail

11 What is NOT true of the researcher's definition of a healthy diet?

(a) It includes breakfast every day.
(b) It has vegetables and fruit.
(c) It incorporates supplemental vitamins.
(d) It embraces red meat and seafood.

12 Based on the passage, what is most likely true about the diets of older adults?

(a) They were lacking in some basic nutrients.
(b) They inhibited certain chemicals in the brain.
(c) They tended to include caffeinated beverages.
(d) They were healthier than young adult diets.

13 In the context of the passage, gauge means _____.

(a) recognize
(b) fault
(c) imitate
(d) assess

14 In the context of the passage, sensations means _____.

(a) concepts
(b) feelings
(c) memories
(d) activities

파트별 공략 ②

1 | Part 3 지식 백과 Encyclopedia Article

Part 3에는 동식물, 대중문화, 역사, 스포츠 등 다양한 분야의 지식을 제공하는 지식 백과 지문
이 제시돼요. 67번부터 73번까지의 총 7문제로 구성되며, 72번과 73번은 어휘 문제예요. 소재
의 정의 및 특징을 묻는 문제가 주로 출제돼요.

빈출 주제

동식물 ★최빈출	동물 혹은 식물의 종, 생김새, 서식 지역 소개
대중문화	최근 유행하고 있는 게임, SNS, 취미 활동의 인기 요인 소개
역사	역사적으로 중요한 사건이나 장소의 의의 소개
스포츠	스포츠 종목의 기원, 경기 방식, 긍정적 효과 소개

빈출 질문 유형

· 소재의 정의를 묻는 문제가 자주 출제돼요.
  ex. **What is the Placebo Effect?**   위약 효과란 무엇인가?

· 소재의 특징을 묻는 문제가 자주 출제돼요.
  ex. **What is a characteristic of Universal Studios?**   유니버설 스튜디오의 특징은 무엇인가?

학습 전략

1. '정의 → 기원/어원 → 특징 ① → 특징 ② → 현황'의 지문 흐름에서 출제되는 빈출 문제들을 알아두어야 해요.

2. 정의, 기원, 특징 등을 설명할 때 사용되는 표현을 익혀두면 정답의 단서를 찾을 때 도움이 돼요.

3. 첫 단락에서 소재의 정의를 확인해두면 지문의 전반적인 내용을 이해할 때 도움이 돼요.

지문의 흐름	흐름에 따른 빈출 문제

콰가

콰가는 몸통의 절반에만 줄무늬가 있는 사바나얼룩말의 아종이다. 몸무게는 250~300 킬로그램 정도이고, 주로 남아프리카의 초원에 서식하며, 식물을 먹고 사는 초식 동물이다.

정의

소재의 정의를 묻는 문제가 주로 출제돼요.

ex. 콰가란 무엇인가?
What is the quagga?

이것은 울 때 '콰아 콰아'하는 특이한 소리를 낸다. 이 소리를 듣고 아프리카 원주민들이 이 얼룩말을 '콰가'라고 부르기 시작했고, 그것이 이 동물의 정식 명칭이 되었다.

기원/어원

기원이나 어원을 묻는 문제가 주로 출제돼요.

ex. 콰가의 이름은 어디에서 왔는가?
Where did the quagga get its name from?

콰가는 매우 사납고 예민하며, 무리 지어 다니는 성질을 가졌는데, 이러한 특성 때문에 인간이 콰가를 가축으로 길들이는 것은 힘들었다. 이 때문에 콰가는 인간의 사냥감이 되었다.

특징 ①

특징에 관해 묻는 문제들이 주로 출제돼요.

ex. 콰가의 특징은 무엇인가?
What is a characteristic of the quagga?

17세기 중반에 보어인들이 가죽 및 고기를 얻기 위해 콰가를 마구잡이로 사냥하면서, 1883년에 콰가는 결국 멸종되고 말았다.

특징 ②

ex. 무엇이 그것의 멸종을 초래했다고 전해지는가?
What is said to have caused its extinction?

1985년부터 '콰가 복원 사업'이 시작되었고, 사람들은 콰가를 부활시키려는 시도를 지속적으로 하고 있다. 연구자들은 박제된 사바나얼룩말과 콰가얼룩말로부터 DNA를 추출해 콰가를 복원 중이다.

현황

현황에 관해 묻는 문제가 주로 출제돼요.

ex. 오늘날의 콰가에 관해 무엇이 사실인 것 같은가?
What is probably true about the quagga today?

지문의 흐름이 보이는 필수 어휘

정의

- [ ] ancient 고대의, 아주 오래된
- [ ] theory 이론, 학설
- [ ] trigger 촉발시키다, 작동시키다
- [ ] spread 퍼지다, 확산되다
- [ ] remain 남다, 여전히 ~이다
- [ ] exist 존재하다, 현존하다
- [ ] contain ~이 들어 있다
- [ ] distinct 뚜렷한, 별개의

기원/어원

- [ ] origin 기원, 근원
- [ ] generate 발생시키다, 만들어 내다
- [ ] identify 확인하다, 발견하다
- [ ] attribute (~을 …의) 결과로 보다
- [ ] derive ~에서 비롯되다
- [ ] initial 처음의, 초기의
- [ ] obtain 얻다, 구하다
- [ ] form 형성하다, 구성하다

특징

- [ ] detail 세부 사항
- [ ] distinguish 구별하다
- [ ] reflect 반영하다, 나타내다
- [ ] associate 결부시키다, 연관 짓다
- [ ] purpose 목적, 용도
- [ ] separate 분리하다, 나누다
- [ ] surround 둘러싸다, 에워싸다
- [ ] structure 구조, 체계

현황

- [ ] relative 상대적인, 비교적인
- [ ] unique 독특한, 유일무이한
- [ ] impact 영향을 주다
- [ ] destroy 파괴하다, 말살하다
- [ ] diverse 다양한
- [ ] lead 이끌다, 안내하다
- [ ] potential 가능성 있는, 잠재적인
- [ ] endangered 멸종 위기에 처한

정답의 단서가 보이는 키워드 표현

| 빈출 질문 |

1. 정의는 무엇인가요?

- **be made up of** ~으로 구성되다

  Bronze is a metallic alloy that **is made up of** copper and tin.

  청동은 구리와 주석으로 구성된 금속 합금이다.

- **be composed of** ~으로 이루어지다

  The soil in the ground **is composed of** minerals, organic matter, and water.

  땅의 흙은 광물, 유기물, 그리고 물로 이루어져 있다.

- **consist of** ~으로 이루어지다

  Stonehenge currently **consists of** 17 upright stones and 7 horizontal stones.

  스톤헨지는 현재 17개의 수직 돌과 7개의 수평 돌로 이루어져 있다.

| 빈출 질문 |

2. 기원은 무엇인가요?

- **originate from** ~에서 비롯되다

  Biologists determined that the invasive species of hornet **originated from** Asia.

  생물학자들은 말벌의 침입종이 아시아에서 비롯되었다는 것을 알아냈다.

- **come from** ~에서 오다

  The original inhabitants of Hawaii **came from** Polynesia approximately 800 years ago.

  하와이의 원주민들은 대략 800년 전에 폴리네시아에서 왔다.

| 빈출 질문 |

3. 특징은 무엇인가요?

- **be characterized by** ~으로 특징지어지다

  Chimpanzees **are characterized by** a high level of intelligence.

  침팬지는 높은 지능 수준으로 특징지어진다.

- **be described as** ~으로 묘사되다

  The Danakil Desert has **been described as** the most inhospitable place on the planet.

  다나킬 사막은 지구상에서 가장 사람이 살기 힘든 곳으로 묘사되어 왔다.

지문을 읽고 보기 중 지문의 내용과 일치하는 것을 고르세요.

1 The Great Depression disrupted the world economy in the 1930s and created significant challenges for businesses and citizens. Unemployment reached 33 percent, and personal incomes and business profits dropped significantly. In many countries, these trends continued until World War II.

(a) 대공황은 개인 소득뿐만 아니라 영업 이익까지 낮추는 결과를 가져왔다.
(b) 대공황의 여파는 제2차 세계 대전이 끝난 후에도 계속 이어졌다.

2 Bagpipes are musical instruments that consist of a bag that acts as an air chamber and attached pipes. A trained musician plays the instrument by blowing into one of the pipes and arranging his or her fingertips on the holes of another pipe to make the bagpipes execute different sounds.

(a) Bagpipes are made up of a chamber of air and pipes.
(b) Bagpipes require extensive training to play effectively.

3 The Pantheon is a former Roman temple that now serves as a church in Rome, Italy. The main building is circular and is topped with a concrete dome that has a round opening at the top. Even today, its dome is the largest of its kind in the world.

(a) The Pantheon was designed by a former Roman emperor.
(b) The top of the Pantheon is fully enclosed.
(c) The Pantheon includes the largest concrete dome.
(d) The purpose of the Pantheon remains unknown.

점수 UP! 빈출 어휘

1 disrupt 지장을 주다   challenge 문제, 도전   unemployment 실업(률)   reach ~에 달하다, 이르다   income 소득   profit 이익
drop 떨어지다   trend 추세, 동향   **2** musical instrument 악기   consist of ~으로 이루어지다   chamber ~실, ~원   attach 부착하다
blow 바람을 불어넣다   arrange 정렬하다   fingertip 손가락 끝   execute (소리를) 내다, (악곡을) 연주하다   extensive 포괄적인
effectively 효율적으로   **3** former 과거의, 이전의   temple 신전   serve as ~으로서의 역할을 하다   circular 원형의   top 덮다, 얹다
dome 반구형 지붕   opening 구멍   emperor 황제   enclose 둘러싸다   remain (~인 채로) 남아 있다   unknown 알려지지 않은

[4-5] 지문을 읽고 보기 중 문제에 알맞은 답을 고르세요.

JUNGFRAU

Jungfrau is one of the most famous mountain peaks in the Swiss Alps. Its name means "virgin," which indicates the beauty and purity of the mountain. Jungfrau's summit is 4,158 meters above sea level.

Jungfrau is part of the Jungfrau-Aletsch protected area. This region has the largest glaciers in Europe. It remains mostly untouched and uninhabited except for a few mountain trails and cabins. Although glaciers and barren rock represent 80 percent of the area, there are also some forests and alpine meadows. These contain a substantial amount of biological diversity, including 2,500 species of plants and 1,250 species of animals.

In 2001, Jungfrau was designated as a World Natural Area by UNESCO, the first such site to receive the honor in the Alps. It has a long history as a destination for nature lovers, hikers, and mountain climbers. The Jungfrau railway, which was constructed between 1870 and 1912, still takes visitors to Jungfrau. There are no roads to Jungfrau, but the area does contain a series of shelters to host guests. These accommodations are managed by the Swiss Alpine Club and can shelter approximately 1,500 people in total.

4 Why is the mountain peak named Jungfrau?

(a) because of its fame in the region
(b) because of its height above sea level
(c) because of its many glaciers
(d) because of its unspoiled beauty

5 Which is true about the Jungfrau-Aletsch protected area?

(a) It is home to many Swiss people.
(b) It contains a variety of organisms.
(c) It is mostly covered in forests.
(d) It is the largest natural sanctuary in Europe.

정답 ■ 해석 ■ 해설 **p.48**

점수 UP! 빈출 어휘

4-5 mountain peak 산봉우리   indicate 나타내다   purity 순수성   summit 정상   above sea level 해발   glacier 빙하
untouched 자연 그대로의   uninhabited 사람이 살지 않는   except for ~을 제외하고는   mountain trail 등산로   cabin 오두막집
barren 불모의   represent ~에 해당하다   alpine meadow 고산 초원   substantial 상당한   biological 생물의   diversity 다양성
designate 지정하다   honor 영예   destination 행선지   railway 철도   construct 건설하다   shelter 오두막, 은신처; ~에게 쉴 곳을 제공하다
accommodation 숙박 시설   in total 총   fame 명성   unspoiled 훼손되지 않은   organism 생물   sanctuary 보호 구역

Part 4에는 고객 서비스나 업무 등과 관련된 다양한 비즈니스 편지 지문이 제시돼요. 74번부터 80번까지의 총 7문제로 구성되며, 79번과 80번은 어휘 문제예요. 편지를 쓴 목적이나 편지에 관한 세부 사항을 묻는 문제가 주로 출제돼요.

빈출 주제

고객 서비스 ★최빈출	불친절한 응대에 항의하거나 친절한 응대에 대해 감사함을 전하는 편지
공지/안내	새로운 정책이나 변경된 규정을 공지 혹은 안내하는 편지
제안/요청	업무 파트너십을 제안하거나 기부를 요청하는 편지
인사/입학	입사를 지원하거나 대학(원) 입학을 지망하는 편지

빈출 질문 유형

· 편지를 쓴 목적을 묻는 문제가 자주 출제돼요.

ex. **Why did Carl write a letter to Paul?**   Carl은 Paul에게 왜 편지를 썼는가?

· 필자의 요구 사항을 묻는 문제가 자주 출제돼요.

ex. **What is Clara requesting?**   Clara가 요구하고 있는 것은 무엇인가?

학습 전략

1. '편지의 목적 → 세부 사항 → 요구 사항 → 끝인사 및 연락처 전달'의 지문 흐름에서 출제되는 빈출 문제들을 알아두어야 해요.

2. 편지를 쓴 목적, 요구 사항, 연락 방법 등을 설명할 때 사용되는 표현을 익혀두면 정답의 단서를 찾을 때 도움이 돼요.

3. 수신인과 발신인의 정보를 파악해두면, 두 사람의 관계, 소속 등을 알 수 있어 세부적인 내용을 이해할 때 도움이 돼요.

2021년 8월 17일

Silverine Pictures 대표

Mr. Newman

Mr. Newman께,

저는 최근 귀사의 사이트를 통해 주문한 사진에 대해 불만을 제기하기 위해 편지를 씁니다. 저는 단 한 번도 이렇게 불친절한 고객 응대를 받아본 적이 없습니다.

저는 7월 17일에 귀사에 제가 촬영한 사진 100장의 인화를 요청했습니다. 저는 100장 모두 테두리가 없는 유광 사진으로 인화해줄 것을 요청하였으나, 제가 받은 사진은 흰색 테두리가 있는 무광 사진이었습니다.

저는 당신의 회사에 연락하여 환불을 요구했으나, 고객 응대 담당 직원으로부터 이미 사진을 받았기 때문에 반액밖에 환불이 되지 않는다는 답변을 들었습니다. 제가 요청한 것과 완전히 다른 사진이 인화되었는데 반액밖에 환불이 되지 않는다는 것은 이해하기 힘듭니다. 만약 한 달 내에 환불을 받지 못한다면 소비자원에 도움을 요청하겠습니다.

귀사의 신속한 조치를 기다리겠습니다. 이메일로 회신을 주시거나, 868-2333으로 연락주십시오.

진심을 담아,

Abigail Williams

지문의 흐름	흐름에 따른 빈출 문제
편지의 목적	편지를 쓴 목적을 묻는 문제가 주로 출제돼요. ex. Mr. Newman에게 보내는 편지의 목적은 무엇인가? What is the purpose of the letter to Mr. Newman?
세부 사항	편지를 쓰게 된 상황에 대한 세부 사항을 묻는 문제가 주로 출제돼요. ex. Abigail이 사진에 대해 기대한 것은 무엇이었던 것 같은가? What was Abigail probably expecting about the picture?
요구 사항	필자의 요구 사항을 묻는 문제가 주로 출제돼요. ex. Abigail이 요구하고 있는 것은 무엇인가? What is Abigail requesting? ex. Abigail은 만약 그녀가 환불을 받지 못한다면 어떻게 대응할 것인가? How will Abigail respond if she doesn't get a refund?
끝인사 및 연락처 전달	연락 방법에 대해 묻는 문제가 주로 출제돼요. ex. Mr. Newman은 Abigail에게 어떻게 연락할 수 있는가? How can Mr. Newman contact Abigail?

지문의 흐름이 보이는 필수 어휘

편지의 목적

☐ offer 제안하다, 권하다 ☐ inform 알리다, 통지하다

☐ host (행사를) 주최하다 ☐ demand 요구하다

☐ plan 계획하다, 의도하다 ☐ request 요청하다

☐ organize 준비하다, 조직하다 ☐ regret 유감스럽게 생각하다

세부 사항

☐ purchase 구매하다, 구입하다 ☐ order 주문하다

☐ participate 참가하다 ☐ provide 제공하다, 주다

☐ charge (요금을) 청구하다 ☐ event 행사, 중요한 일

☐ session (특정 활동의) 시간 ☐ celebrate 기념하다, 축하하다

요구 사항

☐ refund 환불하다; 환불 ☐ expect 예상하다, 기대하다

☐ exchange 교환하다; 교환 ☐ formal 공식적인, 정식의

☐ complaint 불평, 항의 ☐ position (일)자리, 직위

☐ quality (상품·서비스의) 질 ☐ application 신청서, 지원서

끝인사 및 연락처 전달

☐ response 대답, 회신 ☐ enclose 동봉하다

☐ contact 연락하다 ☐ include 포함하다

☐ qualify 자격이 있다 ☐ accept 받아들이다, 수락하다

☐ opportunity 기회 ☐ decide 결정하다

정답의 단서가 보이는 키워드 표현

| 빈출 질문 |

1. 편지를 쓴 목적은 무엇인가요?

- **I would like to** ~하고 싶습니다
  I would like to invite you to an interview on Thursday, June 15.
  귀하를 6월 15일 목요일의 면접에 초대하고 싶습니다.

- **I'm pleased to inform you that** ~을 귀하께 알려드리게 되어 기쁩니다
  I'm pleased to inform you that you've been accepted into Oakridge College.
  Oakridge 대학에 합격하셨다는 것을 귀하께 알려드리게 되어 기쁩니다.

- **we regret to** ~하게 되어 유감입니다
  We regret to tell you that the position has already been filled.
  일자리가 이미 채워졌다는 것을 알려드리게 되어 유감입니다.

| 빈출 질문 |

2. 필자의 요구 사항은 무엇인가요?

- **look forward to** ~하는 것을 기대합니다
  We **look forward to** touring your production facility next week.
  다음 주에 귀하의 생산 시설을 둘러보는 것을 기대합니다.

- **I'm urging you to** 귀하가 ~하시기를 촉구합니다
  I'm urging you to attend the investment seminar next Tuesday.
  귀하가 다음 주 화요일의 투자 세미나에 참석하시기를 촉구합니다.

- **we are kindly asking that** ~을 친히 부탁드립니다
  We are kindly asking that you pay the outstanding amount immediately.
  미지불된 금액을 즉시 납부하실 것을 친히 부탁드립니다.

| 빈출 질문 |

3. 어떻게 연락할 수 있나요?

- **don't hesitate to** 망설이지 말고 ~해주십시오
  Don't hesitate to contact me at service@venmail.com.
  망설이지 말고 service@venmail.com으로 연락해주십시오.

- **please feel free to** 편하게 ~해주십시오
  Please feel free to ask one of our staff members for assistance.
  저희 직원 중 한 명에게 편하게 도움을 요청해주십시오.

- **you may call** ~로 전화하시면 됩니다
  For additional information, **you may call** our hotline at 555-3200.
  추가 정보를 원하신다면, 저희 직통 전화인 555-3200으로 전화하시면 됩니다.

지문을 읽고 보기 중 지문의 내용과 일치하는 것을 고르세요.

1 I'd like to announce that we are renovating Astra Tower's top floors from May 10 to 15. During this period, the service elevator will be held for workers' exclusive use. As such, the elevator will be programmed to stop only on the floors that workers need access to.

(a) 아스트라 타워의 공사로 인해 작업자 전용 승강기가 운영될 것이다.
(b) 아스트라 타워의 작업자들은 모든 층에 대한 접근 권한을 갖는다.

2 I recommend you start the job one month before the date of my resignation. As my successor, you will need enough time to familiarize yourself with our internal accounting procedures and to address any concerns you may still have about the responsibilities you are assuming.

(a) The writer is leaving his job to become an accountant.
(b) The writer needs a month to prepare his successor.

3 Over the three years that I have taught Ms. Adler, she has been a prize student. She is bright, inquisitive, and highly motivated. Given the opportunity, she would make a valuable addition to Valdossia University's student community, particularly in her chosen field of science.

(a) Ms. Adler completed her schooling in three years.
(b) Ms. Adler applied for an academic scholarship.
(c) Ms. Adler is interested in studying science.
(d) Ms. Adler is looking for a teaching position.

점수 UP! 빈출 어휘

1 announce 알리다   renovate 개조하다   floor (건물의) 층   exclusive use 전용   as such 따라서, 이처럼   program 설정하다
access 접근   **2** resignation 사직   successor 후임자   familiarize oneself with ~을 익히다   internal 내부의   accounting 회계
procedure 절차   address 해결하다   concern 우려, 걱정   responsibility 책무   assume 맡다   accountant 회계사
prepare 준비시키다   **3** prize 훌륭한, 모범이 되는   bright 총명한   inquisitive 탐구심이 많은   motivated 의욕적인, 동기가 부여된
valuable 귀중한   addition 새 얼굴, 추가된 것   particularly 특히   field 분야   complete 완수하다   apply for ~을 신청하다

[4-5] 지문을 읽고 보기 중 문제에 알맞은 답을 고르세요.

Greymark Retail

Dear Ms. Beckwith:

I am writing to call your attention to a recurring problem I've experienced when attempting to buy clothing items from Greymark Retail's shopping website.

The problem is that not all of the products sold on the website are genuine. Some are fake. This might not be an issue if the products had minor flaws. However, there have been cases where products not only fail to function as advertised but also sometimes do not work at all.

To make matters worse, it is often difficult or impossible to contact the sellers to request an exchange or a refund. As a result, I have sometimes been left with goods I have bought that I cannot return.

I understand that Greymark only provides a platform for other retailers to sell their goods, but I do not believe this clears the company of the obligation to ensure that everything sold on the site is authentic.

Given these concerns, I hope you will take steps to rectify the issues I've mentioned by removing fraudulent sellers and by compensating me for my losses.

Sincerely,

Alfred Welty

4 Why did Mr. Welty write Ms. Beckwith a letter?

(a) to inquire about a product's availability
(b) to complain about a persistent issue
(c) to acknowledge a problem's existence
(d) to respond to a request for comments

5 What does Mr. Welty most likely believe about the sellers on Greymark's website?

(a) They must all be banned permanently.
(b) They post too many advertisements.
(c) They ought to be managed better.
(d) They have decent customer service.

정답 ▪ 해석 ▪ 해설 p.49

점수 UP! 빈출 어휘

4-5 call one's attention ~의 관심을 환기시키다   recurring 반복되는   attempt to ~하려고 하다   genuine 진짜의   fake 가짜의
minor 사소한   flaw 결함   function (제대로) 기능하다   advertise 광고하다   to make matters worse 설상가상으로   retailer 소매상
clear 면하다   obligation 의무   ensure 보장하다   authentic 진품인   take steps 조치를 취하다   rectify 해결하다
fraudulent 사기를 치는   compensate 보상하다   loss 손실   inquire about ~에 대해 묻다   availability 유용성   persistent 지속되는
acknowledge 인정하다   existence 존재   ban 금지하다   permanently 영구적으로   post 게재하다   decent 괜찮은

[Part 3: 01–07]

INTERNET MEMES

Internet memes are images, videos, or other forms of digital content that spread online and become part of a shared cultural experience in the process.

The word meme comes from the Greek term *mimema*, meaning "imitated." It was coined in 1976 by the British biologist Richard Dawkins. He used the concept to explain how cultural ideas evolve and mutate randomly over time through replication and transmission, similar to biological genes. Where Internet memes differ is that they do not change at random but rather are altered deliberately.

Emoticons are probably the earliest example of an Internet meme. Created in 1992 by American computer scientist Scott Fahlman, they consist of simple keyboard characters typed to look like facial expressions. Initially, they appear to bear little resemblance to the current conception of a meme but nonetheless have all the hallmarks of one given how easy they are to copy, share, and adapt to new purposes. Indeed, emoticons are now widely used by online communities around the world and have become part of a shared, global lexicon.

However, modern memes did not truly blossom until the 2000s, when the Internet began to see widespread use and people flocked to chat rooms. There, users exchanged downloaded images that they modified for humorous purposes. Suddenly, anyone with a computer, cheap software, and a sharp wit could take original content from the Internet and turn it into something new. Furthermore, people could use the same meme as a template to generate other memes, thus extending the original meme's popularity and reach.

Today, memes continue to be built on appropriated images and video. And thanks to the power of social media, they can attain virality, or widespread popularity, in a matter of weeks. They have also been increasingly hijacked by marketers and politicians to achieve specific commercial and ideological aims.

In any case, memes are a powerful tool for the propagation of ideas. As such, they will likely continue to hold a fascination for both creators and their audiences, as well as academics interested in their implications.

01 How do Internet memes differ from Dawkins' conception of memes?

(a) They degrade over time.
(b) They are highly transmissible.
(c) They grow in unpredictable ways.
(d) They are usually modified on purpose.

02 According to the passage, who came up with the first Internet meme?

(a) a linguistic expert
(b) a software developer
(c) a computer scientist
(d) an evolutionary biologist

03 Which was NOT a factor in the growth of modern memes?

(a) online message boards
(b) viral product commercials
(c) software-based editing tools
(d) rising Internet adoption

04 What has been a recent phenomenon in the history of memes?

(a) their tendency to mutate randomly
(b) their inclusion in course curricula
(c) their use by politicians
(d) their adoption of templates

05 What about memes most likely fascinates academics?

(a) what form they will take next
(b) how they can be used in teaching
(c) what impact they will have
(d) how perceptions of them are changing

06 In the context of the passage, evolve means _____.

(a) rise
(b) process
(c) endure
(d) develop

07 In the context of the passage, modified means _____.

(a) compared
(b) reduced
(c) adjusted
(d) introduced

Mr. James Crawford
212 Tulane Boulevard
New Orleans, LA 70119

Hello! I am contacting you regarding your upcoming Legacy Jazz Festival, which will be held from July 2 to July 4. We specialize in promoting events just like yours, and we'd like you to consider using our products and services.

At Eventz Plus, we specialize in making pamphlets and banners. Our award-winning team of graphic designers has many years of experience in publishing eye-catching designs that appeal to a wide range of customers. These professionally crafted materials will <u>yield</u> a lot of interest in your event and make people want to be part of it!

Regardless of the size of your festival, we have three options that will work for you. Please check out the following and let me know if you're interested, and I'll be happy to <u>accommodate</u> you!

Option 1: Text-only banners and pamphlets
Price: $75 per banner and $30 per 100 pamphlets
** $200 design fee

Option 2: Banners and pamphlets with text and images
Price: $125 per banner and $50 per 100 pamphlets
** $250 design fee

Option 3: Banners and pamphlets with text and images + online marketing (to draw more visitors to your event's website)
Price: $125 per banner and $50 per 100 pamphlets + $1,250 for online marketing
** $250 design fee

Prices do not include shipping or taxes.

Respectfully,

Sandra Williams
Sales Manager
Eventz Plus

08 What is Sandra Williams' letter to James Crawford about?

(a) an invitation to an upcoming festival
(b) a request for confirmation about the dates of an event
(c) an offer of products and services
(d) an announcement about a new client's contract

09 What is a characteristic of the company's graphic design team?

(a) They are licensed designers.
(b) They have limited experience.
(c) They provide in-person consultations.
(d) They have won awards.

10 Which is NOT an option for the recipient?

(a) banners and pamphlets with text only
(b) website design for the event
(c) banners and pamphlets with texts and pictures
(d) online marketing to attract more visitors

11 What is an advantage of choosing Option 3?

(a) more attention on the Internet
(b) lower production costs
(c) a faster turnaround time
(d) discounts on shipping

12 According to the writer, what would most likely result in the client having to pay additional charges?

(a) requesting revisions
(b) ordering 100 items
(c) using a professional designer
(d) having items delivered

13 In the context of the passage, yield means _____.

(a) record
(b) guarantee
(c) entail
(d) produce

14 In the context of the passage, accommodate means _____.

(a) contact
(b) meet
(c) assist
(d) restore

정답 ■ 해석 ■ 해설 **p.50**

어휘

해커스 지텔프 32-50⁺

어휘 100% 활용법

☑ 문법/독해 DAY 01~10 진도에 맞춰, 어휘 DAY 01~10을 암기하세요.

☑ p.18~19의 학습 플랜을 참고하여 문법/독해/어휘 학습을 병행하세요.

☑ 해커스인강에서 제공되는 무료 MP3를 들으며 학습 효과를 높이세요.
*경로 [해커스인강 HackersIngang.com → MP3/자료 → 무료 MP3/자료]

☑ 각 DAY에 수록된 QR코드를 통해서도 MP3를 들을 수 있습니다.

✅ 기초 필수 어휘들을 예문과 함께 확실히 익혀두세요.

01 change ⑧ 바꾸다 ⑲ 변화

Mr. Larkin **changed** the time of the sales meeting.
Mr. Larkin은 영업 회의의 시간을 바꿨다.

02 finish ⑧ 끝내다, 종료하다

Workers **finished** the repairs quickly.
인부들은 수리를 빨리 끝냈다.

ⓞ출제 포인트 finish는 동명사를 목적어로 가져요.

03 guess ⑧ 추측하다, 짐작하다

She correctly **guessed** his age from his appearance.
그녀는 그의 외모를 통해 그의 나이를 정확히 추측했다.

04 end ⑧ 끝내다; 끝나다

The manager **ended** the meeting after answering everyone's questions.
팀장은 모든 사람의 질문에 대답한 후 회의를 끝냈다.

05 keep ⑧ 보관하다, 유지하다

She **keeps** valuable items in a safe.
그녀는 귀중품을 금고에 보관한다.

06 give ⑧ 주다, 제공하다

My parents **gave** me $20.
부모님은 내게 20달러를 주셨다.

07 limit ⑧ 제한하다, 한정하다

All personnel were asked to **limit** their requests for office supplies.
모든 직원은 사무용품 신청을 제한할 것을 요청받았다.

08 cover ⑧ 다루다, 포함시키다; 덮다

The textbook **covers** many topics.
교과서는 많은 주제를 다룬다.

ⓞ출제 포인트 '다루다', '포함시키다'를 의미할 때 cover는 involve, include로 바꾸어 쓸 수 있어요.

09 experience ⑧ 체험하다 ⑲ 경험, 체험

Customers can **experience** the new service for free for a limited time.
고객들은 제한된 시간 동안 새로운 서비스를 무료로 체험할 수 있다.

10 cause ⑧ 유발하다, 초래하다 ⑲ 원인

The slow Internet connection is **causing** problems for the team.
느린 인터넷 연결이 팀에 문제를 유발하고 있다.

11 move ⑧ 옮기다; 움직이다

The corporation **moved** its Asian headquarters to China.
그 기업은 아시아 본사를 중국으로 옮겼다.

12 plan ⑧ 계획하다 ⑲ 계획, 구상

They are **planning** a big event.
그들은 큰 행사를 계획하고 있다.

13 see
(동) 보다; 알다, 이해하다

Passengers can **see** the schedule for the next train on the board.

승객들은 게시판에서 다음 열차의 시간표를 볼 수 있다.

19 option
(명) 선택권

None of the **options** are good.

어떤 선택권도 좋지 않다.

(출제 포인트) '선택권'을 의미할 때 option은 alternative, choice로 바꾸어 쓸 수 있어요.

14 affect
(동) 영향을 미치다

The strike **affected** the company's sales.

파업은 그 회사의 매출에 영향을 미쳤다.

20 reason
(명) 원인, 이유

One **reason** for the economic decline is a lack of overseas investment.

경제 쇠퇴의 한 가지 원인은 해외 투자의 부족이다.

15 challenge
(명) 도전 (동) 도전하다

Although managing her first project was a **challenge**, Jennifer found it very fulfilling.

첫 프로젝트를 관리하는 일이 도전이었음에도 불구하고, Jennifer는 그것이 매우 성취감을 준다는 것을 알았다.

21 store
(동) 보관하다, 저장하다 (명) 가게

If you do not properly **store** your appliances, they could become rusty.

만약 당신이 가전제품을 제대로 보관하지 않는다면, 그것들은 녹슬게 될 수 있다.

16 design
(동) 설계하다 (명) 도안, 설계

Mr. Dubray **designs** custom furniture for his customers.

Mr. Dubray는 그의 고객들을 위한 맞춤 가구를 설계한다.

22 ability
(명) 능력, 재능

Kevin is popular because of his **ability** to make people laugh.

Kevin은 사람들을 웃게 만드는 능력 때문에 인기 있다.

17 form
(동) 구성하다 (명) 형태, 방식

The event staff will be **formed** of volunteers.

그 행사의 스태프는 자원봉사자들로 구성될 것이다.

23 add
(동) 추가하다, 더하다

We can **add** dinner to the cost.

우리는 경비에 저녁 식사를 추가할 수 있다.

18 answer
(동) 대답하다 (명) 대답, 회신

No one could **answer** the teacher's question.

아무도 선생님의 질문에 대답할 수 없었다.

24 building
(명) 건물, 건축

There are two elevators in the **building**.

그 건물에는 두 개의 엘리베이터가 있다.

QUIZ 단어의 뜻을 오른쪽 보기에서 찾아 연결하세요.

1 guess ·   · ⓐ 다루다, 포함시키다
2 cover ·   · ⓑ 끝내다, 종료하다
3 finish ·   · ⓒ 추측하다, 짐작하다

4 affect ·   · ⓓ 보관하다, 저장하다
5 store ·   · ⓔ 능력, 재능
6 ability ·   · ⓕ 영향을 미치다

정답 **1** ⓒ **2** ⓐ **3** ⓑ **4** ⓕ **5** ⓓ **6** ⓔ

✅ 기초 필수 어휘들을 예문과 함께 확실히 익혀두세요.

---

01 follow 图 따르다, 뒤를 잇다

All players must **follow** the rules.
모든 선수들은 규칙을 따라야 한다.

---

02 stop 图 멈추다; (어떤 행동을) 막다

The tourists **stopped** to photograph the scenery.
관광객들은 경치 사진을 찍기 위해 멈췄다.

---

03 show 图 보여주다; 증명하다

The treatment is **showing** promising signs.
그 치료법은 좋은 조짐을 보여주고 있다.

🎯 출제 포인트 '보여주다'를 의미할 때 show는 exhibit으로 바꾸어 쓸 수 있어요.

---

04 practice 图 연습하다; 실천하다 명 관습

Debra **practices** playing the piano for an hour each day.
Debra는 매일 1시간씩 피아노 치는 것을 연습한다.

---

05 fix 图 바로잡다, 고치다

The customer service representative **fixed** a problem with the Frank's account.
고객 서비스 상담원은 Frank의 계정의 문제를 바로잡았다.

---

06 grow 图 증가하다, 커지다, 자라다

Profits **grew** because of the new product that was released.
출시된 신상품으로 인해 이익이 증가했다.

---

07 result 명 결과, 성과

The test **results** will be announced in two weeks.
시험 결과는 2주 후에 발표될 것이다.

---

08 do 图 행하다, 수행하다

She always tries hard to **do** the right thing.
그녀는 올바른 일을 행하려고 항상 열심히 노력한다.

---

09 help 图 돕다; (음식 등을) ~에게 주다

Sympathetic neighbors **helped** the family after the fire.
인정 있는 이웃들이 화재 이후 그 가족을 도왔다.

---

10 clear 형 분명한 图 정리하다, 치우다

He was able to follow the **clear** directions he received.
그는 그가 받은 분명한 지시를 따를 수 있었다.

---

11 group 명 집단 图 모으다; 모이다

She felt it was an honor to be invited to join the **group**.
그녀는 그 집단에 가입하도록 초대된 것이 영광이라고 느꼈다.

---

12 review 图 검토하다; 복습하다; 논평하다

The lawyer **reviewed** the contract before his client signed it.
변호사는 그의 고객이 서명하기 전에 계약서를 검토했다.

---

13 sell
동 (팔기 위해) 내놓다, 매각하다

The company **sells** office buildings to large clients.

그 회사는 대형 고객들에게 사무실 건물을 내놓는다.

14 agree
동 동의하다, 합의하다

Everyone **agrees** that the new song is incredible.

모든 사람이 그 신곡이 대단히 좋다는 데 동의한다.

15 choose
동 선택하다, 고르다

Conference participants can **choose** to sit wherever they like.

학회 참석자들은 앉고 싶은 어떤 자리든 선택할 수 있다.

◉ 출제 포인트 choose는 to 부정사를 목적어로 가져요.

16 discover
동 발견하다, 찾다

He **discovered** a hidden room in the castle.

그는 성에서 숨겨진 방을 발견했다.

17 idea
명 생각, 발상; 계획

It is a good **idea** to try not to be too negative.

너무 부정적이지 않으려고 노력하는 것이 좋은 생각이다.

18 lead
동 안내하다, 이끌다 명 선두, 우세

Guides **lead** tour groups through the museum.

가이드들은 여행 그룹들을 박물관 여기저기로 안내한다.

19 play
동 연주하다; 놀다

The music teacher can **play** 15 instruments.

그 음악 선생님은 15개의 악기를 연주할 수 있다.

20 return
동 돌아오다; 보상하다

He **returned** to the store to exchange his jacket for a warmer one.

그는 재킷을 더 따뜻한 것으로 교환하려고 상점으로 돌아왔다.

21 system
명 (체내의) 계통, 체계; 제도

A lack of nutrients can have long-term effects on the digestive **system**.

영양분의 부족은 소화 계통에 장기적인 영향을 미칠 수 있다.

22 accident
명 사고, 재해; 우연

Robert got into a car **accident** on the way to work.

Robert는 직장에 가는 길에 차 사고를 당했다.

23 begin
동 시작하다; 시작되다

The performance will **begin** at 6:00 p.m.

공연은 오후 6시에 시작할 것이다.

24 call
명 결정, 판단 동 부르다, 외치다

The CEO made the **call** to close down the factory.

최고 경영자는 공장을 폐쇄하기로 결정을 내렸다.

◉ 출제 포인트 '결정'을 의미할 때 call은 decision으로 바꾸어 쓸 수 있어요.

QUIZ 단어의 뜻을 오른쪽 보기에서 찾아 연결하세요.

1 discover • • ⓐ 바로잡다, 고치다
2 accident • • ⓑ 사고, 재해; 우연
3 fix • • ⓒ 발견하다, 찾다

4 lead • • ⓓ 검토하다; 복습하다
5 review • • ⓔ 안내하다, 이끌다
6 grow • • ⓕ 증가하다, 자라다

정답 1 ⓒ 2 ⓑ 3 ⓐ 4 ⓔ 5 ⓓ 6 ⓕ

DAY 03 기초 필수 어휘 ③

☑️ 기초 필수 어휘들을 예문과 함께 확실히 익혀두세요.

01 start 동시작하다, 도입하다 명시작

I **started** walking down the street.
나는 거리를 걸어 내려가기 시작했다.

02 continue 동계속하다; 계속되다

They will **continue** working on the project after the holidays.
그들은 휴일 이후에도 그 프로젝트 작업을 계속할 것이다.

03 take 동(책임 등을) 지다, 맡다; 차지하다

It was characteristic of him to avoid **taking** any responsibility for his past mistakes.
과거의 실수에 대해 어떠한 책임도 지려 하지 않는 것이 그의 특징이었다.

04 allow 동가능하게 하다, 허용하다

The Vsync mobile application **allows** users to share videos easily.
Vsync 모바일 애플리케이션은 사용자들이 영상을 쉽게 공유하는 것을 가능하게 한다.

05 gather 동모이다; 모으다, 수집하다

The team **gathered** to listen to their captain's instructions.
그 팀은 주장의 지시를 듣기 위해 모였다.

06 hold 동담다, 수용하다

The box in the hallway **holds** old books and magazines.
복도에 있는 상자는 오래된 책과 잡지들을 담는다.

07 fail 동낙제하다; 실패하다

She **failed** the exam and must take it again.
그녀는 시험에서 낙제해서 그것을 다시 치러야 한다.

08 draw 동끌다, 끌어당기다

The loud noise **drew** everyone's attention.
큰 소리가 모두의 주의를 끌었다.

09 use 동사용하다 명사용, 이용

Traditional remedies should not be **used** to treat serious diseases.
전통적인 치료법은 심각한 질병을 치료하는 데 사용되어서는 안 된다.

10 bring 동(말을) 꺼내다; 가져오다

If you have any particular ideas to share, please **bring** them up in the meeting.
공유할 어떤 특별한 아이디어라도 있다면, 회의에서 그것들에 대해 말을 꺼내 주시기 바랍니다.

11 learn 동~을 알게 되다, 배우다

Dale **learned** that the department store was closed on Sunday.
Dale은 일요일에 백화점 문이 닫혔다는 것을 알게 되었다.

12 save 동구조하다; 모으다, 저축하다

The lifeguard **saved** the small child from drowning.
안전 요원은 물에 빠진 어린 아이를 구조했다.

◎출제포인트 '구조하다'를 의미할 때 save는 rescue로 바꾸어 쓸 수 있어요.

13 act
⑧ 행동을 취하다; 작용하다

A lawyer always **acts** on behalf of his clients.
변호사는 항상 그의 고객을 위하여 행동을 취한다.

14 meet
⑧ 충족시키다; 만나다

To **meet** customer demand, Madden Fashions will produce more swimsuits.
고객의 요구를 충족시키기 위해, Madden 패션은 더 많은 수영복을 생산할 것이다.

15 decide
⑧ 결정하다, 결심하다

We must **decide** whether to stay or move.
우리는 머무를 것인지 아니면 이동할 것인지를 결정해야 한다.

◉출제 포인트 decide는 to 부정사를 목적어로 가져요.

16 expect
⑧ 예상하다, 기대하다

The firm **expects** an annual loss this year but hopes to recover next year.
그 회사는 올해 연간 손실을 예상하지만 내년에 만회하기를 희망한다.

17 important
⑱ 중요한, 중대한

Erika has an **important** role as the lead performer in the play.
Erika는 연극에서 주연으로서 중요한 역할을 맡는다.

18 catch
⑧ (병에) 걸리다; 잡다

Thousands of people **catch** the flu each year.
수천 명의 사람들이 매년 독감에 걸린다.

19 promise
⑧ 보장하다, 약속하다 ⑲ 약속

The makers of the cream **promised** that it would cure hair loss.
크림 제조업체는 그것이 탈모를 치료할 것이라고 보장했다.

20 run
⑧ 운영하다, 관리하다

Ms. Smith **runs** a small bakery.
Ms. Smith는 작은 빵집을 운영한다.

◉출제 포인트 '운영하다'를 의미할 때 run은 manage, operate 로 바꾸어 쓸 수 있어요.

21 work
⑧ 일하다, 작업하다 ⑲ 일, 직장

When I was **working** in an office, I ate snacks constantly.
사무실에서 일하고 있었을 때, 나는 계속 간식을 먹었다.

22 action
⑲ 조치, 행동

Clarissa took legal **action** against the firm for unfair dismissal.
Clarissa는 부당한 해고에 대해 회사에 법적인 조치를 취했다.

23 best
⑱ 제일 좋은, 최고의

The **best** thing about this apartment building is the view of the river.
이 아파트 건물의 제일 좋은 점은 강이 보이는 전망이다.

24 close
⑧ 끝나다; 끝내다 ⑱ 친밀한

The conference **closed** with a gathering of all the participants.
그 회의는 모든 참가자가 모이면서 끝났다.

ⓠUIZ 단어의 뜻을 오른쪽 보기에서 찾아 연결하세요.

1 allow ·   · ⓐ 끌다, 끌어당기다
2 hold ·   · ⓑ 담다, 수용하다
3 draw ·   · ⓒ 가능하게 하다, 허용하다

4 decide ·   · ⓓ 보장하다, 약속하다
5 promise ·   · ⓔ 조치, 행동
6 action ·   · ⓕ 결정하다, 결심하다

정답 1ⓒ 2ⓑ 3ⓐ 4ⓕ 5ⓓ 6ⓔ

☑️ 최빈출 어휘들을 예문과 함께 확실히 익혀두세요.

01 increase 통 증가하다; 인상시키다

Average global temperatures have **increased** in recent years.
평균적인 지구 기온이 최근 몇 년간 증가해왔다.

02 develop 통 성장하다; 발달시키다; 생기다

Children should be allowed to **develop** based on their interests.
아이들은 그들의 관심사에 맞추어 성장하도록 허용되어야 한다.

03 release 통 발표하다; 방출하다 명 발표, 공개

The studio will **release** the movie next year.
영화사는 내년에 그 영화를 발표할 것이다.

◎ 출제 포인트 '발표하다'를 의미할 때 release는 issue, publish 로 바꾸어 쓸 수 있어요.

04 advantage 명 이점, 장점

Being tall is a significant **advantage** for a basketball player.
키가 큰 것은 농구 선수에게 중요한 이점이다.

05 identify 통 (신원 등을) 알아보다, 확인하다

I could not **identify** the person in the photo.
나는 사진 속의 사람을 알아볼 수 없었다.

06 reduce 통 줄이다, 축소하다; 줄다

The factory **reduced** its production costs.
그 공장은 생산비를 줄였다.

07 confirm 통 확증하다, 확정하다

Several experiments **confirmed** the new theory.
여러 실험이 새로운 이론을 확증했다.

08 expel 통 퇴학시키다, 쫓아내다; 배출하다

As a boy, Jackson was **expelled** from school for bad behavior.
소년 시절, Jackson은 나쁜 행동으로 인해 학교에서 퇴학당했다.

09 prove 통 ~임이 드러나다; 입증하다

Renovating the new wing **proved** to be a challenging project.
새 별관을 개조하는 것은 어려운 프로젝트임이 드러났다.

10 avoid 통 피하다; 방지하다, 막다

Drivers should **avoid** the freeway during rush hour.
운전자들은 혼잡 시간대 동안 그 고속도로를 피하는 것이 좋겠다.

◎ 출제 포인트 avoid는 동명사를 목적어로 가져요.

11 correct 통 바로잡다, 정정하다

The editor **corrected** the writer's errors.
편집자가 작가의 오류를 바로잡았다.

12 force 통 (강제로) ~하다 명 물리력, 폭력

The mall was **forced** to close after a gas leak was discovered.
쇼핑몰은 가스 누출이 발견된 후 강제로 문을 닫았다.

13 order
(동) 명령하다; 주문하다 (명) 명령

The general **ordered** that his troops attack at dawn.
장군은 그의 부대에 새벽에 공격할 것을 명령했다.

🎯출제 포인트 '명령하다'를 의미할 때 order는 command로 바꾸어 쓸 수 있어요.

14 solution
(명) 해결책, 해법

Researchers have found a possible **solution** to the problem.
연구원들은 그 문제에 대해 가능한 해결책을 찾았다.

15 assert
(동) 주장하다

Many astronomers **assert** that life may have existed on Mars.
많은 천문학자들이 화성에 생명체가 존재했을 수도 있다고 주장한다.

16 conflict
(명) 갈등, (국가 간의) 물리적 충돌

World War II was **conflict** involving many countries.
제2차 세계 대전은 많은 나라가 연루된 갈등이었다.

17 depart
(동) 출발하다; (직장을) 그만두다

The container ship was fully loaded and ready to **depart**.
그 컨테이너선에는 짐이 가득 실렸고 출발할 준비가 되었다.

18 fulfill
(동) (약속을) 지키다, 이행하다

My brother **fulfilled** his promise to improve his grades.
내 남동생은 성적을 향상시키겠다는 그의 약속을 지켰다.

19 missing
(형) 분실된; 실종된

They compensated them for the **missing** luggage.
그들은 분실된 수하물에 대해 그들에게 보상했다.

20 prolonged
(형) 장기의, 오래 계속되는

The couple took a **prolonged** summer vacation.
그 커플은 장기 여름 휴가를 갔다.

21 resolve
(동) 해결하다; 결심하다

A psychologist can help you **resolve** your guilt.
심리학자는 당신의 죄책감을 해결하는 것을 도울 수 있다.

22 transport
(동) 이동시키다, 수송하다

Plants **transport** nutrients through their stems.
식물은 줄기를 통해 영양분을 이동시킨다.

23 alternative
(명) 대안, 선택 가능한 것

Solar energy may be a good **alternative** to fossil fuels.
태양 에너지는 화석 연료에 대한 좋은 대안일지도 모른다.

24 bold
(형) 대담한, 용감한

His **bold** ideas gave birth to the modern ecological movement.
그의 대담한 발상이 근대 생태 운동을 탄생시켰다.

QUIZ 단어의 뜻을 오른쪽 보기에서 찾아 연결하세요.

1 prolonged ·   · ⓐ 이점, 장점
2 advantage ·   · ⓑ 장기의, 오래 계속되는
3 fulfill   ·   · ⓒ (약속을) 지키다, 이행하다

4 confirm ·   · ⓓ 퇴학시키다, 쫓아내다
5 expel   ·   · ⓔ 확증하다, 확정하다
6 order   ·   · ⓕ 명령하다; 주문하다

정답 1 ⓑ   2 ⓐ   3 ⓒ   4 ⓔ   5 ⓓ   6 ⓕ

✅ 최빈출 어휘들을 예문과 함께 확실히 익혀두세요.

01 support 통 지원하다, 지지하다 명 후원

A scholarship fund was established to **support** needy students.
어려운 학생들을 지원하기 위해 장학 기금이 설립되었다.

02 produce 통 생산하다, 만들어 내다

Detroit used to have many factories that **produced** cars.
디트로이트에는 차를 생산하는 공장들이 많이 있었다.

03 spread 통 번지다, 확산되다; 퍼뜨리다

As the fire **spread**, the situation became extremely dangerous for residents.
불이 번지면서, 상황이 주민들에게 극도로 위험해졌다.

04 certain 형 확실한, 틀림없는

An employer has a responsibility to provide **certain** guarantees to their employees.
고용주는 직원들에게 확실한 보장을 제공할 책임이 있다.

05 ignore 통 무시하다, 못 본 체하다

He **ignored** our advice not to invest in stocks.
그는 주식에 투자하지 말라는 우리의 충고를 무시했다.

06 remove 통 해고하다, 쫓아내다; 제거하다

The vice president was **removed** from his position because of a scandal.
그 부사장은 추문 때문에 그의 직위에서 해고되었다.

07 deliver 통 배달하다, 전하다; 산출하다

Most orders are **delivered** within three days.
대부분의 주문은 3일 안에 배달된다.

🎯 출제 포인트 '배달하다', '전하다'를 의미할 때 deliver는 send, forward로 바꾸어 쓸 수 있어요.

08 influence 명 영향(력) 통 영향을 미치다

Product reviews have a profound **influence** on sales.
상품평은 매출에 엄청난 영향을 끼친다.

09 recognize 통 알아보다, 인식하다

The art dealer can **recognize** fake paintings.
미술상은 위조 그림들을 알아볼 수 있다.

10 announce 통 발표하다, 알리다

The chairperson **announced** plans to increase overseas production.
그 의장은 해외 생산을 늘린다는 계획을 발표했다.

11 damage 통 손상시키다 명 손상, 피해

Please make sure that the contents of your package are not **damaged**.
귀하의 소포 내용물이 손상되지 않았음을 확인해 주세요.

12 harmful 형 유해한, 해로운

Wear protective gear when working with **harmful** chemicals.
유해한 화학 물질로 작업할 때는 보호 장비를 착용하세요.

13 progress
(명) 진척, 진행, 진전

He logs his **progress** at the end of each day.
그는 하루의 마지막에 자신의 진척을 기록한다.

14 subject
(명) 주제, 화제; 실험 대상

The **subject** of today's lecture is the early migration of human beings.
오늘 강의의 주제는 인간의 초기 이주이다.

15 assist
(동) 돕다, 원조하다

The manager asked members of his team to **assist** him with the presentation.
팀장은 그의 팀원들에게 발표를 도와달라고 부탁했다.

16 connect
(동) 연결하다, 연관 짓다

Only guests may **connect** to the hotel's Wi-Fi.
오직 투숙객들만이 호텔의 Wi-Fi를 연결해도 된다.

17 destroy
(동) 무너뜨리다, 파괴하다

The mighty army of Napoleon was **destroyed** by the Russian winter.
나폴레옹의 강력한 군대는 러시아의 추위에 의해 무너졌다.

18 imitate
(동) 흉내 내다, 모방하다

The dog was able to **imitate** many human gestures.
그 개는 인간의 여러 몸짓을 흉내 낼 수 있었다.

📍**출제 포인트** '흉내 내다'를 의미할 때 imitate는 emulate로 바꾸어 쓸 수 있어요.

19 neglect
(동) 방치하다, 무시하다

She often ended up **neglecting** her plants.
그녀는 보통 결국은 그녀의 식물들을 방치했다.

20 provoke
(동) 불러일으키다, 유발하다

The writer's words **provoke** feelings of sadness.
그 작가의 이야기는 슬픔의 감정을 불러일으킨다.

21 retain
(동) 유지하다, 보유하다

The defending champion **retained** the title.
방어에 나선 챔피언은 타이틀을 유지했다.

📍**출제 포인트** '유지하다'를 의미할 때 retain은 keep, hold로 바꾸어 쓸 수 있어요.

22 trigger
(동) 작동시키다, 촉발시키다

The rising smoke **triggered** the fire alarm.
치솟는 연기가 화재경보기를 작동시켰다.

23 analyze
(동) 분석하다, 분해하다

It is vital that you **analyze** the results of the survey.
당신이 설문 조사의 결과를 분석하는 것은 필수적이다.

24 boundary
(명) 경계(선), 한계

An electric fence had been built along the **boundary** between the two countries.
두 나라 간의 경계를 따라 전기 철조망이 세워졌다.

QUIZ 단어의 뜻을 오른쪽 보기에서 찾아 연결하세요.

1 support ·　　　· ⓐ 무시하다, 못 본 체하다
2 ignore ·　　　· ⓑ 알아보다, 인식하다
3 recognize ·　　　· ⓒ 지원하다, 지지하다

4 assist ·　　　· ⓓ 경계(선), 한계
5 provoke ·　　　· ⓔ 불러일으키다, 유발하다
6 boundary ·　　　· ⓕ 돕다, 원조하다

정답 1 ⓒ 2 ⓐ 3 ⓑ 4 ⓕ 5 ⓔ 6 ⓓ

✅ 최빈출 어휘들을 예문과 함께 확실히 익혀두세요.

01 reject 동 거절하다, 거부하다

Sarah was **rejected** for a mortgage at Singer Bank.

Sarah는 Singer 은행에서 담보 대출을 거절당했다.

02 decline 동 감소하다; 거절하다 명 감소

The sales rate **declined** in recent years due to the recession.

경기 침체로 최근 몇 년간 판매율이 감소했다.

03 demand 명 수요, 요구 동 요구하다

The **demand** for air purifiers almost doubled due to the high levels of pollution.

높은 오염 수준으로 인해 공기 청정기에 대한 수요가 거의 두 배로 증가했다.

04 collect 동 모으다, 축적하다

The survey **collects** information about people's habits.

그 설문 조사는 사람들의 습관에 대한 정보를 모은다.

📍출제 포인트 '모으다'를 의미할 때 collect는 gather, garner로 바꾸어 쓸 수 있어요.

05 inform 동 알리다, 통지하다

Please **inform** my students that I will be unable to attend class today.

제가 오늘 수업에 참석할 수 없다고 학생들에게 알려주세요.

06 secure 동 얻다, 확보하다 형 안전한

Dyson Construction **secured** the contract to build the new stadium.

Dyson 건설은 새로운 경기장을 건설하는 계약을 얻었다.

07 expand 동 확대되다; 확장시키다

The city **expanded** to double its size over a short period.

그 도시는 짧은 기간에 두 배 크기로 확대되었다.

08 interest 명 관심, 호기심; 이자

Investors have shown great **interest** in shares of Speedy Motors.

투자자들은 Speedy Motors 사의 주식에 큰 관심을 보였다.

09 request 동 요청하다, 요구하다 명 요청

Mike **requested** a copy of the contract from the sales director.

Mike는 영업부장에게 계약서 사본을 요청했다.

10 attract 동 (마음을) 끌다, 유인하다

Children are **attracted** to bright colors.

아이들은 밝은색에 마음이 끌린다.

11 declare 동 공표하다, 선언하다

The politician **declared** his intention to run for senator.

그 정치인은 상원 의원에 출마하려는 그의 의사를 공표했다.

12 hide 동 숨기다, 감추다

Tara's parents **hid** her presents until her birthday party.

Tara의 부모님은 그녀의 생일 파티 전까지 선물을 숨겼다.

13 anticipate
동 예상하다, 기대하다

I **anticipate** that I will be very busy this month.
나는 이번 달에 아주 바쁠 것으로 예상한다.

◎출제포인트 '예상하다'를 의미할 때 anticipate는 predict, expect로 바꾸어 쓸 수 있어요.

14 trace
동 추적하다, 따라가다 명 흔적

The recent conflict can be **traced** to disagreements that began long ago.
최근의 갈등은 오래전에 시작된 다툼으로 추적될 수 있다.

15 assure
동 보장하다, 장담하다

Season ticket holders are **assured** of a seat.
정기권 소지자들은 좌석이 보장된다.

◎출제포인트 '보장하다'를 의미할 때 assure는 guarantee로 바꾸어 쓸 수 있어요.

16 contact
동 ~와 연락하다 명 연락, 접촉

Contact the supplier to request express delivery.
특급 배달을 요청하려면 공급업체와 연락하세요.

17 direct
동 지휘하다; 안내하다

Mr. Stephen **directed** the rocket launch.
Mr. Stephen은 로켓 발사를 지휘했다.

18 ineffective
형 효력이 없는, 무력한

Antibiotics are **ineffective** against viruses.
항생제는 바이러스에 효력이 없다.

19 obtain
동 얻다, 구하다

If you want to **obtain** a work visa, you must master the native language.
취업 비자를 얻기를 원한다면, 당신은 그 지역 고유의 언어에 통달해야 한다.

20 publish
동 출간하다, 발표하다

Colin Adams plans to **publish** his first novel in April.
Colin Adams는 4월에 그의 첫 소설을 출간할 계획이다.

21 reward
동 보상하다, 보답하다 명 보상

Management plans to **reward** employees' efforts with wage increases.
경영진은 임금 인상으로 직원들의 노력을 보상할 계획이다.

22 withdraw
동 물러나다, 그만두다

The company **withdrew** from the market after they faced criticism.
그 회사는 비판에 직면한 뒤 시장에서 물러났다.

23 question
동 의문을 갖다, 이의를 제기하다

The doctor **questioned** the test's results.
의사는 그 실험의 결과에 의문을 가졌다.

24 breed
동 야기하다; 새끼를 낳다

Telling lies **breeds** distrust in relationships.
거짓말을 하는 것은 관계에서 불신을 야기한다.

QUIZ 단어의 뜻을 오른쪽 보기에서 찾아 연결하세요.

1 decline · · ⓐ 공표하다, 선언하다
2 attract · · ⓑ 감소하다; 거절하다
3 declare · · ⓒ (마음을) 끌다, 유인하다
4 assure · · ⓓ 예상하다, 기대하다
5 obtain · · ⓔ 보장하다, 장담하다
6 anticipate · · ⓕ 얻다, 구하다

정답 1 ⓑ 2 ⓒ 3 ⓐ 4 ⓔ 5 ⓕ 6 ⓓ

☑ 최빈출 어휘들을 예문과 함께 확실히 익혀두세요.

01 perform 图수행하다, 실행하다

This calculator **performs** only basic functions.
이 계산기는 기본적인 기능만 수행한다.

02 improve 图향상시키다, 개선하다

A variety of incentives can **improve** staff productivity.
다양한 장려금은 직원 생산성을 향상시킬 수 있다.

03 provide 图제공하다, 공급하다

We **provide** customers with detailed product lists by e-mail.
우리는 고객들에게 상세한 제품 목록을 이메일로 제공한다.

◎출제 포인트 '제공하다', '공급하다'를 의미할 때 provide는 supply, serve, furnish로 바꾸어 쓸 수 있어요.

04 complete 图끝마치다, 완료하다

The author took years to **complete** the writing of her book.
그 작가는 책을 쓰는 것을 끝마치는 데 수년이 걸렸다.

05 limited 톙제한된, 한정된

The island nation has **limited** natural resources.
그 섬나라는 제한된 천연자원을 가지고 있다.

06 absorb 图흡수하다, 받아들이다

Solar panels must **absorb** sunlight to produce energy.
태양 전지판은 에너지를 생산하기 위해 햇빛을 흡수해야 한다.

07 disprove 图틀렸음을 입증하다

The new data **disproved** the theories that were previously believed.
새로운 자료는 이전에 믿어졌던 이론이 틀렸음을 입증했다.

08 observe 图준수하다; 관찰하다

All staff must **observe** the dress code of the company.
모든 직원은 회사의 복장 규정을 준수해야 한다.

09 satisfy 图충족시키다, 만족시키다

A driver license **satisfies** the identification requirement.
운전 면허증은 신분증 요건을 충족시킨다.

◎출제 포인트 '충족시키다'를 의미할 때 satisfy는 meet, fulfill로 바꾸어 쓸 수 있어요.

10 award 图(상 등을) 수여하다 圆상

The company **awards** a prize to the most dedicated employee.
그 회사는 가장 헌신적인 직원에게 상을 수여한다.

11 doubt 图의심하다 圆의심, 의혹

For some reason, he **doubted** that she was telling the truth.
무슨 이유에서인지, 그는 그녀가 진실을 말하고 있다는 것을 의심했다.

12 maintain 图유지하다, 지키다

The police must **maintain** law and order.
경찰은 법과 질서를 유지해야 한다.

13 unique
형 독특한, 특별한

A **unique** feature of the new mobile device is the ability to scroll using your gaze.
그 신형 휴대 기기의 독특한 특징은 시선을 이용하여 스크롤하는 기능이다.

14 recover
동 되찾다, 회복하다

The aim of the mission was to **recover** the treasures hidden in the shipwreck.
임무의 목적은 난파선에 숨겨진 보물을 되찾는 것이었다.

15 charge
동 청구하다 명 요금

The phone company **charges** high fees for installations.
그 통신 회사는 높은 설치 수수료를 청구한다.

16 contain
동 ~이 들어 있다, 함유하다

Bottled juices **contain** lots of sugar.
병에 든 주스에는 많은 당이 들어 있다.

17 display
동 전시하다, 보여주다 명 전시

The gallery will **display** the artist's paintings.
미술관은 그 화가의 그림들을 전시할 것이다.

18 inspire
동 영감을 주다, 고무하다

Great leaders **inspire** their followers.
훌륭한 지도자들은 그들의 지지자들에게 영감을 준다.

19 outcome
명 결과, 성과

The **outcome** of the study was a topic for debate.
그 연구 결과는 토론해 볼 만한 주제였다.

○ 출제 포인트 '결과'를 의미할 때 outcome은 result, effect로 바꾸어 쓸 수 있어요.

20 reach
동 연락하다; 이르다 명 범위

Brad tried to **reach** his sister by phone this morning.
Brad는 오늘 아침에 전화로 여동생에게 연락하려고 애썼다.

21 separate
동 분리되다, 나뉘다; 분리하다

The two chemicals will **separate** if they are heated to the correct temperature.
두 화학 물질은 적절한 온도로 가열되면 분리될 것이다.

22 accessible
형 접근할 수 있는, 이용 가능한

The secret code was **accessible** only to three top generals in the air force.
비밀 암호는 공군의 고위급 장군 세 명만 접근할 수 있었다.

23 argument
명 논쟁; 주장, 논거

There is an ongoing **argument** over the safety of genetically modified food.
유전자 조작 식품의 안전성에 대해 진행 중인 논쟁이 있다.

24 challenging
형 어려운, 도전적인

No one could solve the **challenging** riddle.
아무도 그 어려운 수수께끼를 풀 수 없었다.

QUIZ 단어의 뜻을 오른쪽 보기에서 찾아 연결하세요.

1 provide •		• ⓐ 제공하다, 공급하다
2 satisfy •		• ⓑ 유지하다, 지키다
3 maintain •		• ⓒ 충족시키다, 만족시키다

4 contain •		• ⓓ ~이 들어 있다, 함유하다
5 inspire •		• ⓔ 분리되다, 나뉘다
6 separate •		• ⓕ 영감을 주다, 고무하다

정답 **1** ⓐ **2** ⓒ **3** ⓑ **4** ⓓ **5** ⓕ **6** ⓔ

DAY 08 최빈출 어휘 ⑤

✅ 최빈출 어휘들을 예문과 함께 확실히 익혀두세요.

01 promote 동홍보하다, 촉진하다

The advertisement campaign aims to **promote** tourism.

그 광고 캠페인은 관광을 홍보하는 것을 목표로 한다.

02 manage 동관리하다, 다루다

Ms. Tyson **manages** a team of 25 people.

Ms. Tyson은 25명으로 구성된 팀을 관리한다.

03 adapt 동맞추다, 조정하다

Companies must **adapt** to their customers' needs.

회사는 고객들의 요구에 맞춰야 한다.

04 decrease 동감소하다, 줄다 명감소

Daylight hours **decrease** in the winter.

일광 시간은 겨울에 감소한다.

05 offer 동제공하다 명제안, 제의

The Shoppers' Club **offers** many benefits to its members.

Shoppers' Club은 회원들에게 많은 혜택을 제공한다.

06 address 동(문제·상황 등을) 다루다

There is a variety of critical issues we need to **address** in this meeting.

이 회의에서 우리가 다뤄야 할 여러 가지 중요한 문제들이 있다.

🔎 출제 포인트 '(문제·상황 등을) 다루다'를 의미할 때 address는 settle, resolve로 바꾸어 쓸 수 있어요.

07 divide 동나뉘다, 갈라지다; 나누다

The class **divided** into six groups to work on their projects.

학급은 프로젝트를 수행하기 위해 6개 그룹으로 나뉘었다.

08 overlook 동간과하다; 눈감아주다

The accountant accidentally **overlooked** some important details in the report.

회계사는 실수로 보고서의 몇몇 중요 세부 사항을 간과했다.

09 shift 동이동하다; 바꾸다 명변화

Michael was **shifted** from sales to marketing.

Michael은 영업 팀에서 마케팅 팀으로 이동되었다.

10 combine 동결합하다, 통합하다

Married couples often **combine** their savings into one account.

결혼한 부부들은 보통 저축한 돈을 하나의 계좌로 결합한다.

11 effect 명영향, 결과

People are aware of the bad **effects** of smoking.

사람들은 흡연의 나쁜 영향들을 안다.

12 name 동이름을 짓다 명이름

They **named** the ship after the Greek goddess Athena.

그들은 그리스 여신 아테나의 이름을 따서 그 배의 이름을 지었다.

13 replace
동 교체하다, 대신하다

The mechanic suggests **replacing** all four tires on the car.

정비공이 자동차의 타이어 네 개를 모두 교체할 것을 제안한다.

14 value
동 (가치를) 평가하다 명 가치

Experts have **valued** the artwork at over a million dollars.

전문가들은 그 미술품을 백만 달러 이상으로 평가했다.

15 classify
동 분류하다, 구분하다

The animal is no longer **classified** as endangered.

그 동물은 더 이상 멸종 위기의 것으로 분류되지 않는다.

16 persuade
동 설득하다, 납득시키다

Jerry **persuaded** some of his friends to go camping.

Jerry는 캠핑에 가자고 몇몇 친구들을 설득했다.

◎출제 포인트 '설득하다', '납득시키다'를 의미할 때 persuade는 convince로 바꾸어 쓸 수 있어요.

17 elevate
동 승진시키다, 향상시키다

Tyra was **elevated** to the position of supervisor in less than a year.

Tyra는 1년도 되지 않아 관리자 직위로 승진되었다.

18 introduce
동 도입하다, 시작하다

Compra Textiles **introduced** a new leave policy for its employees.

Compra Textiles 사는 직원들을 위한 새로운 휴가 정책을 도입했다.

19 contract
동 계약하다 명 계약(서)

George **contracted** a professional to help him paint his house.

George는 그의 집을 페인트칠하는 것을 도와줄 전문가와 계약했다.

20 receive
동 받다, 받아들이다

The school **receives** thousands of applications each year.

그 학교는 매년 수천 건의 지원서를 받는다.

21 serve
동 제공하다; 도움이 되다

The hotel restaurant **serves** breakfast from 6 to 10 a.m.

그 호텔 식당은 오전 6시부터 10시까지 조식을 제공한다.

22 accommodate
동 돕다; 수용하다

The bank **accommodated** him with a loan.

은행은 대출로 그를 도왔다.

◎출제 포인트 '돕다'를 의미할 때 accommodate는 assist, help로 바꾸어 쓸 수 있어요.

23 arrest
동 체포하다; 막다 명 체포

The police **arrested** the man believed to have committed the robbery.

경찰은 강도를 저지른 것으로 생각되는 남자를 체포했다.

24 clash
동 (의견 등이) 충돌하다

The two countries have **clashed** over the territory for decades.

두 국가는 영토를 두고 수십 년간 충돌했다.

QUIZ 단어의 뜻을 오른쪽 보기에서 찾아 연결하세요.

1 promote · · ⓐ 감소하다, 줄다
2 decrease · · ⓑ 홍보하다, 촉진하다
3 shift · · ⓒ 이동하다; 바꾸다

4 classify · · ⓓ 분류하다, 구분하다
5 persuade · · ⓔ 설득하다, 납득시키다
6 serve · · ⓕ 제공하다; 도움이 되다

정답 1 ⓑ 2 ⓐ 3 ⓒ 4 ⓓ 5 ⓔ 6 ⓕ

✅ 최빈출 어휘들을 예문과 함께 확실히 익혀두세요.

01 accept
통 수락하다, 받아들이다

The managers voted to **accept** the new building proposal.
관리자들은 새 건물 건립안을 수락하기로 표결했다.

02 protect
통 보호하다, 지키다

Wearing a hat can **protect** you from the heat of the sun.
모자를 쓰는 것은 태양열로부터 당신을 보호할 수 있다.

◎ 출제 포인트 '보호하다'를 의미할 때 protect는 preserve, conserve, shield로 바꾸어 쓸 수 있어요.

03 appear
통 나타나다, 보이다

The tiger **appeared** from the jungle without making a sound.
호랑이가 소리도 내지 않고 밀림에서 나타났다.

04 establish
통 설립하다, 수립하다

The firm was **established** in New York in the first year of the 20th century.
그 회사는 20세기의 첫해에 뉴욕에 설립되었다.

05 oppose
통 반대하다, 대항하다

The board **opposed** management's plan because it was too expensive.
그것은 비용이 너무 많이 들었기 때문에 이사회는 경영진의 계획에 반대했다.

06 assign
통 (일·책임 등을) 배정하다

Volunteers will be **assigned** to different tasks at the event.
자원봉사자들은 행사에서 서로 다른 업무에 배정될 것이다.

07 encourage
통 격려하다, 장려하다

The coach **encouraged** the team to work harder during practice.
코치는 연습하는 동안 더 열심히 하도록 팀을 격려했다.

08 transfer
통 옮기다; 이동하다 명 이동

Most banks charge a fee to **transfer** money between accounts.
대부분의 은행은 계좌 간에 돈을 옮기는 것에 수수료를 부과한다.

09 present
통 보여주다 형 존재하는

The team will **present** its report to management on Monday.
그 팀은 월요일에 경영진에게 보고서를 보여줄 것이다.

10 complex
형 복잡한 명 집합체

Scientists took several decades to solve the **complex** problem.
과학자들이 그 복잡한 문제를 해결하는 데 수십 년이 걸렸다.

11 endure
통 겪다, 견디다; 지속되다

Residents had to **endure** the powerful storm for over 24 hours.
주민들은 24시간 이상 강력한 폭풍을 겪어야 했다.

◎ 출제 포인트 '겪다'를 의미할 때 endure는 experience, undergo로 바꾸어 쓸 수 있어요.

12 notice
통 발견하다, 알다 명 공지

He **noticed** water dripping from the ceiling.
그는 천장에서 물이 떨어지는 것을 발견했다.

13 reserve
동 보유하다; 예약하다 명 보호 구역

The university **reserves** the right to use the content of the report for publication.
대학은 출판을 위해 보고서의 내용을 사용할 수 있는 권리를 보유한다.

14 advance
동 나아가다, 증진되다 명 진전

The army **advanced** steadily through the desert.
부대는 사막을 통과하여 꾸준히 나아갔다.

15 conclusion
명 결론, 결말

Researchers were able to reach a definite **conclusion** from the study.
연구진들은 그 연구에서 확실한 결론에 도달할 수 있었다.

16 convince
동 설득하다, 납득시키다

Troy **convinced** his parents to buy him a new laptop.
Troy는 새 노트북을 사 달라고 그의 부모님을 설득했다.

17 emerge
동 나오다, 드러나다

Some useful ideas **emerged** from the group's discussion.
그룹 토론에서 몇 가지 유용한 아이디어가 나왔다.

18 issue
명 문제; 발행 동 발부하다

The public is divided on the **issue**.
대중은 그 문제에 대해 분열되어 있다.

19 acknowledge
동 인정하다; 감사를 표하다

Mr. Bryant **acknowledged** that he had made a mistake.
Mr. Bryant는 자신이 실수했다는 것을 인정했다.

📍**출제 포인트** '인정하다'를 의미할 때 acknowledge는 recognize로 바꾸어 쓸 수 있어요.

20 refuse
동 거부하다, 거절하다

They **refuse** to sell the house for less than $350,000.
그들은 그 집을 35만 달러 이하로 팔기를 거부한다.

21 smooth
형 매끄러운 동 진정시키다

The floor's **smooth** surface makes it particularly slippery.
바닥의 매끄러운 표면은 그것을 특히 미끄럽게 만들었다.

22 plentiful
형 풍부한, 많은

The harvest of wheat is **plentiful** this year.
올해 밀 수확량이 풍부하다.

23 assume
동 추정하다; (권력·책임을) 맡다

The builders **assume** it will take around two years to complete construction.
건축업자들은 공사를 완료하는 데 약 2년이 걸릴 것으로 추정한다.

24 conduct
동 지휘하다; (특정한 일을) 하다

The band leader **conducted** the musicians.
밴드 리더가 음악가들을 지휘했다.

ⓆUIZ 단어의 뜻을 오른쪽 보기에서 찾아 연결하세요.

1 appear •   • ⓐ 옮기다; 이동하다
2 transfer •   • ⓑ 겪다, 견디다; 지속되다
3 endure •   • ⓒ 나타나다, 보이다

4 advance •   • ⓓ 추정하다; (권력·책임을) 맡다
5 refuse •   • ⓔ 나아가다, 증진되다
6 assume •   • ⓕ 거부하다, 거절하다

정답 1ⓒ 2ⓐ 3ⓑ 4ⓔ 5ⓕ 6ⓓ

✅ 최빈출 어휘들을 예문과 함께 확실히 익혀두세요.

01 control 图 관리하다, 통제하다 명 통제

Users can **control** some household appliances with their smartphones.
사용자들은 스마트폰을 가지고 일부 가전제품을 관리할 수 있다.

02 raise 图 올리다; 무 ㅇ 다; 언급하다

They **raised** the national flag on the pole.
그들은 장대에 국기를 올렸다.

03 arrange 图 마련하다; 배열하다

The travel agent **arranged** the tour packages.
그 여행사는 관광 상품들을 마련했다.

04 guarantee 图 보장하다, 확약하다 명 보장

The manufacturer **guarantees** it will replace any defective products.
그 제조업체는 결함이 있는 어떤 제품이든 교체해 줄 것임을 보장했다.

05 realize 图 실현하다; 인식하다

The UN has struggled to **realize** mankind's dream of world peace.
UN은 세계 평화라는 인류의 꿈을 실현하려고 노력해왔다.

06 claim 图 주장하다, 요구하다 명 주장

The children **claimed** they saw a UFO.
아이들은 그들이 UFO를 봤다고 주장했다.

◎출제 포인트 '주장하다'를 의미할 때 claim은 assert, profess 로 바꾸어 쓸 수 있어요.

07 enlarge 图 확대하다, 확장하다

The graphic designer **enlarged** the image to fit on a poster.
그래픽 디자이너는 포스터에 맞게 그림을 확대했다.

08 prevent 图 막다, 방지하다

Employees are expected to observe safety guidelines to **prevent** accidents.
직원들은 사고를 막기 위해 안전 지침을 따를 것이 요구된다.

09 adopt 图 채택하다, 받아들이다

The school has **adopted** a new policy on student absences.
그 학교는 학생의 결석에 대한 새로운 방침을 채택했다.

10 conceal 图 숨기다, 감추다

Small fish **conceal** themselves in the coral to avoid being eaten.
작은 물고기는 잡아 먹히지 않기 위해 산호에 몸을 숨긴다.

◎출제 포인트 '숨기다', '감추다'를 의미할 때 conceal은 hide로 바꾸어 쓸 수 있어요.

11 feature 명 특징, 특성

Pine forests are a common **feature** of the landscape in this part of Europe.
소나무 숲은 유럽의 이 지역 풍경의 흔한 특징이다.

12 occupy 图 거주하다, 차지하다

A new tenant will **occupy** the apartment.
새로운 세입자가 그 아파트에 거주할 것이다.

13 rise
동 떠오르다, 오르다 명 상승

The hot air balloon **rose** into the sky.
열기구가 하늘로 떠올랐다.

14 adjust
동 조정하다; 적응하다

The technician **adjusted** the TV antenna to improve the reception.
기술자가 수신 상태를 개선하기 위해 TV 안테나를 조정했다.

15 condition
명 상태, 환경; 조건

The used car Anne bought is in great **condition**.
Anne이 구입한 중고차는 상태가 좋다.

16 delay
동 연기하다, 미루다 명 지연

This afternoon's meeting has been **delayed** to tomorrow morning.
오늘 오후 회의는 내일 아침으로 연기되었다.

17 encounter
동 직면하다, 맞닥뜨리다

Just as they were finalizing the project, they **encountered** a big problem.
그들이 프로젝트를 막 마무리하고 있었을 때, 그들은 큰 문제에 직면했다.

18 lessen
동 줄이다, 완화하다; 줄다

The city **lessened** traffic by making it harder to own a car.
그 도시는 자동차 소유를 어렵게 만들어 교통량을 줄였다.

19 prohibit
동 금지하다, 금하다

The museum **prohibits** visitors from taking pictures.
그 박물관은 방문객들이 사진을 찍는 것을 금지한다.

20 reliable
형 믿을 만한, 신뢰할 수 있는

Justin wants to buy a **reliable** car.
Justin은 믿을 만한 차를 사기를 원한다.

> **출제 포인트** '믿을 만한', '신뢰할 수 있는'을 의미할 때 reliable은 dependable로 바꾸어 쓸 수 있어요.

21 supply
명 공급(량) 동 공급하다

The office is low on **supplies** of paper and printer ink.
사무실의 종이와 프린터 잉크의 공급량이 부족하다.

22 approve
동 인정하다, 승인하다

My team **approved** of my hard work, and I felt pleased.
나의 팀은 내 노력을 인정했고, 나는 기뻤다.

23 benefit
명 혜택, 이득 동 도움이 되다

Dental insurance is a **benefit** for employees.
치아 보험은 직원들을 위한 혜택이다.

24 consider
동 고려하다; (~을 …으로) 여기다

Mr. Clark is **considering** moving closer to his workplace.
Mr. Clark는 그의 직장과 더 가까운 곳으로 이사하는 것을 고려하고 있다.

QUIZ 단어의 뜻을 오른쪽 보기에서 찾아 연결하세요.

1 raise •		• ⓐ 올리다; 모으다
2 guarantee •		• ⓑ 막다, 방지하다
3 prevent •		• ⓒ 보장하다, 확약하다

4 approve •		• ⓓ 직면하다, 맞닥뜨리다
5 encounter •		• ⓔ 인정하다, 승인하다
6 reliable •		• ⓕ 믿을 만한, 신뢰할 수 있는

정답 **1** ⓐ **2** ⓒ **3** ⓑ **4** ⓔ **5** ⓓ **6** ⓕ

핵심만 쏙쏙! 똑똑한 청취 대비
지텔프 청취 특강

시험을 보러 가기 전 지텔프 청취 특강을 통해 지텔프 청취 영역의 핵심만을 익히세요.

청취 영역 알아보기

파트별 핵심 공략

- PART 1
- PART 2
- PART 3
- PART 4

청취 영역 알아보기

✐ 지텔프 청취는 이런 영역이에요!

4개의 파트로 이루어지고, 27~52번까지의 총 26문제로 구성됩니다. 긴 대화 혹은 담화를 듣고, 들려주는 질문에 가장 적절한 보기를 고르는 문제가 출제됩니다.

	내용	문항 수
PART 1 2인 대화	개인적이고 일상적인 경험에 대한 대화 ex. 여행을 다녀온 경험, 변호사 시험을 준비한 경험, 파티를 준비한 경험, 　　아르바이트를 한 경험, 교환학생을 다녀온 경험 등	7문항
PART 2 1인 담화	신제품/서비스/행사/기업·단체 등을 홍보하는 내용의 담화 ex. 신형 스마트시계 출시 홍보, 아파트 임대 광고, 　　의료 봉사 단체 홍보 및 후원 요청, 자전거 동호회 회원 모집 등	6문항
PART 3 2인 대화	두 가지 제품이나 상황 중 어떤 것을 선택할지 고민하며 각각의 장단점을 비교하는 대화 ex. 조기 퇴직과 정년퇴직의 장단점 비교, 기숙사와 자취방의 장단점 비교, 　　호텔과 민박의 장단점 비교, 생일 선물로서 꽃과 초콜릿의 장단점 비교 등	6 or 7문항
PART 4 1인 담화	절차나 과정, 유용한 조언을 여러 가지 항목으로 나누어 소개하는 담화 ex. 은행 계좌를 개설하는 6단계의 과정, 밴드를 만드는 7단계의 과정, 　　모조품 구매를 피하는 7가지 방법, 개인위생을 유지하는 8가지 방법 등	7 or 6문항
		총 26문항

✏️ 이런 특징이 있어요!

1. 문제지에는 보기만 인쇄되어 있습니다.

문제지에는 문제 번호와 보기만 인쇄되어 있고, 질문과 지문은 인쇄되어 있지 않아 음성으로만 들을 수 있습니다. 따라서 질문을 들려줄 때 핵심 내용을 간략히 메모해두는 것이 좋습니다.

2. 질문은 2회, 지문은 1회 들려줍니다.

음성은 '질문 → 지문 → 질문' 순서로 들려주며, 보기는 문제지에 제시되므로 들려주지 않습니다. 지문은 한 번만 들려주므로 질문과 관련된 내용이 나오면 바로 문제를 푸는 것이 좋습니다. 혹시 처음에 잘 듣지 못한 질문이 있다면, 지문이 끝난 후에 질문을 다시 듣고 지문 내용을 떠올리며 알맞은 정답을 선택합니다.

3. 대부분 지문의 흐름에 따라 문제가 순서대로 출제됩니다.

각 문제의 정답 단서는 대부분 지문의 흐름에 따라 순서대로 언급되므로, 지문을 들으면서 주어진 문제 순으로 풀이하면 됩니다.

✏️ 이렇게 대비하세요!

1. 주제가 언급되는 앞부분은 꼭 듣습니다.

지텔프 청취는 앞부분에서 대화나 담화의 주제를 언급하고, 주제가 무엇인지를 묻는 문제가 첫 번째 문제로 자주 출제됩니다. 그러므로 앞부분은 확실히 듣고 주제 문제는 꼭 맞히는 것이 좋습니다.

2. 패러프레이징 된 정답을 파악합니다.

지텔프 청취의 정답은 지문의 내용을 그대로 옮기기보다, 다른 표현으로 패러프레이징 하는 경우가 많습니다. 대화나 담화에서 들은 단어가 그대로 쓰인 보기는 오히려 오답일 가능성이 있다는 것을 염두에 두고 문제를 풀어야 합니다.

문제지 문제지에는 파트 디렉션과 보기만 인쇄되어 있습니다.

PART 1. *You will hear a conversation between two people. First you will hear questions 27 through 33. Then you will hear the conversation. Choose the best answer to each question in the time provided.*

---

27. (a) who is attending his party
    (b) what to wear to his party
    (c) how his party plans are going
    (d) where a party will be held

28. (a) a popular film
    (b) a religious holiday
    (c) a childhood pastime
    (d) an ancient practice

29. (a) It was too cold in the winter.
    (b) It marked the end of the harvest.
    (c) They were busy the rest of the year.
    (d) They followed the Christian calendar.

30. (a) It was once known as All Hallows' Eve.
    (b) It originally lasted longer than a day.
    (c) It used to be held on a different date.
    (d) It was a major Celtic holiday.

31. (a) because it has been canceled
    (b) because it requires too much work
    (c) because no one will come to the party
    (d) because the party is too far away

32. (a) to create a more inviting environment
    (b) to follow the suggestions of their guests
    (c) to attract more attendees to the event
    (d) to receive above-average reviews

33. (a) shop for something to wear
    (b) check out a recommended website
    (c) contribute some supplies for a party
    (d) buy some materials to make a costume

이런 순서로 진행돼요!

디렉션

PART 1. You will hear a conversation between two people. First you will hear questions 27 through 33. Then you will hear the conversation. Choose the best answer to each question in the time provided.

각 파트의 디렉션을 먼저 들려줘요.

질문

27. What did Stephanie ask Chris?

33. What will Stephanie most likely do after the conversation?

디렉션이 끝나고, 'Now, listen to the questions.' 라는 음성이 나온 후 질문을 들려줘요.

지문

F: Hey, Chris, how're the plans going for your Halloween party?

M: Hi, Stephanie. We're just about all set. I've bought decorations, and Brad and Melissa are helping me with food and drinks.

F: Now I'm really looking forward to the party, but I still have to go out and find a costume.

M: Try the Party Palace. They're having a sale.

F: Thanks, I'll head over there now. See you on Saturday, or All Hallows' Eve!

질문 음성이 끝난 후, 지문을 들려줘요.

질문

27. What did Stephanie ask Chris?

33. What will Stephanie most likely do after the conversation?

지문 음성이 끝난 후, 질문을 다시 한 번 들려줘요.

파트별 핵심 공략

PART 1

· 문항 수: 7문항 (27~33번)
· 내용: 개인적이고 일상적인 경험에 대한 두 사람의 대화

빈출 주제

파티/행사 ★최빈출	핼러윈/크리스마스 파티 계획 혹은 행사 후기에 대한 대화
여행/휴가	여행을 가서 겪은 일 혹은 휴가 계획에 대한 대화
대학 생활	동아리 활동, 아르바이트 혹은 교환학생/취업/시험 준비에 대한 대화
취미 생활	우표 수집, 영화 제작, 성가대 활동 등 취미 생활에 대한 대화

빈출 질문 유형

· 대화의 주제를 묻는 문제가 자주 출제돼요.

ex. **What are Jason and Irene discussing?** Jason과 Irene은 무엇을 논의하고 있는가?

· 대화 후 할 일을 묻는 문제가 자주 출제돼요.

ex. **What will Jenny most likely do after the conversation?**
대화가 끝난 후 Jenny는 무엇을 할 것 같은가?

핵심 전략

실제로 경험을 한 사람의 발언에 주목하세요!

: Part 1에서 대화를 나누는 두 사람 중 한 명은 실제로 경험을 한 사람이고, 나머지 한 명은 반응을 하거나 질문을 하는 사람입니다. 실제로 경험을 한 사람의 말에서 문제가 출제될 확률이 크므로, 실제로 경험을 한 사람의 말에 주목해서 들어야 합니다.

지문의 흐름	흐름에 따른 빈출 문제

여: 안녕, Tom! 만나서 반가워. 여행에서 돌아왔구나!

남: 응, Sally! 어제 밤 비행기로 돌아왔어.

여: 잘츠부르크 여행은 어땠니? 나는 그 지역이 정말 평화롭다고 들었어.

남: 응, 아내가 조용한 분위기를 좋아해서 잘츠부르크를 여행지로 선택했어.

도입:
대화의
주제

대화의 주제를 묻는 문제가 주로 출제돼요.

ex. Sally가 Tom에게 무엇을 물어봤는가?
What did Sally ask Tom?

여: 그렇구나. 너희 부부는 거기에 3일 동안 머물렀지? 어떤 것들을 했니?

남: 일단, 우리는 모차르트 생가에 가장 먼저 방문했어. 그곳에는 모차르트가 어렸을 때 사용했던 피아노가 전시되어 있었어.

여: 와, 너는 어렸을 때부터 모차르트 음악을 좋아했고, 그를 존경했잖아. 그것은 잊을 수 없는 경험이었겠다!

본론:
세부 사항 1

주제와 관련된 세부 사항을 묻는 문제들이 출제돼요.

ex. 모차르트 생가는 왜 Tom에게 특별한 것 같은가?
Why most likely is Mozart's birthplace special to Tom?

남: 응, 굉장히 감명 깊었어. 그다음에는 호엔잘츠부르크 성에 올라갔어. 성에서 잘츠부르크 전경을 내려다볼 수 있었는데, 눈에 덮인 도시가 정말 아름다웠어.

여: 좋았겠다. 숙소는 어땠어?

본론:
세부 사항 2

ex. 대화에 따르면, 호엔잘츠부르크 성에서 사람들은 무엇을 할 수 있는가?
Based on the conversation, what can people do at Hohensalzburg Castle?

남: 호텔에 묵었는데, 서비스가 전반적으로 좋지 않았어. 특히 마지막 날에 객실의 청소 상태가 좋지 않아서 우리는 좋던 기분을 살짝 망치고 말았지.

여: 저런, 실망스러웠겠다.

남: 응, 정말 그랬어.

본론:
세부 사항 3

ex. Tom은 왜 호텔 서비스에 실망했는가?
Why was Tom disappointed with the service at a hotel?

여: 그래도 잘츠부르크 여행은 추천할 만하지?

남: 응, 너희 부부도 기회가 된다면 꼭 가보기를 추천해. 특히 호엔잘츠부르크 성에서 보는 도시 전망은 잊지 못할 거야.

여: 그래야겠어. 잘츠부르크 여행을 갈 건지 남편에게 물어봐야겠다.

결론:
대화 이후에
할 일

대화 후 할 일을 묻는 문제가 주로 출제돼요.

ex. 대화가 끝난 후 Sally는 무엇을 할 것 같은가?
What will Sally probably do after the conversation?

PART 2

· 문항 수: 6문항 (34~39번)
· 내용: 신제품/서비스/행사/기업·단체 등을 홍보하는 내용의 담화

빈출 주제

신제품 홍보 ★최빈출	전기 자동차, 신형 스마트시계 등 신기술을 접목한 신제품을 홍보하는 담화
서비스 홍보	보육 서비스, 구독 서비스 등을 홍보하며 이용을 권고하는 담화
행사 홍보	박람회, 축제, 이벤트 등의 행사를 홍보하며 참석을 요청하는 담화
기업·단체 홍보	기업·단체를 홍보하며 투자자/회원을 모집하거나 후원을 요청하는 담화

빈출 질문 유형

· 중심 소재에 대해 사실이 아닌 것을 묻는 문제가 자주 출제돼요.

ex. **Which of the following is not an option for the product?**   다음 중 제품에 딸린 옵션이 아닌 것은?

· 제품을 구매하는 방법이나 서비스/행사 등에 참여하는 방법을 묻는 문제가 자주 출제돼요.

ex. **How can people purchase the new items?**   새로운 물품들을 어떻게 구매할 수 있는가?

핵심 전략

홍보 대상의 장점에 주목하세요!

: Part 2에서는 홍보 대상이 되는 중심 소재의 장점이나 주요 기능과 관련된 세부 사항이 문제로 출제될 확률이 높습니다. 따라서 담화에서 강조하고 있는 홍보 대상의 장점을 주목해서 들어야 합니다.

지문의 흐름	흐름에 따른 빈출 문제

여러분, 좋은 아침입니다! 저는 ENT 전자의 마케팅 담당자입니다. ENT 전자는 스마트폰 시장을 선도하는 기업입니다. 오늘은 우리 회사의 신형 스마트폰인 사파이어12에 대해 소개하고 싶네요.

도입:
담화의 목적

담화의 목적을 묻는 문제가 주로 출제돼요.

ex. 담화의 목적은 무엇인가?
What is the purpose of the speech?

사파이어12의 주요 기능부터 말씀드리도록 하죠. 사파이어12는 한 번 충전해두면, 최대 3일까지 지속되는 대용량 배터리를 내장하고 있습니다. 따라서 배터리를 자주 충전해야 하는 불편함이 없습니다.

본론:
세부 사항 1

중심 소재와 관련된 세부 사항을 묻는 문제들이 출제돼요.

ex. 사파이어12의 배터리의 좋은 점은 무엇인가?
What is good about the batteries of the Sapphire12?

또한, 128GB가 최대 제공 용량이었던 사파이어11과 달리 사파이어12는 256GB의 용량을 제공하는 모델이 추가되었습니다. 사파이어12를 이용하면 대용량의 영상도 휴대폰에 손쉽게 소장할 수 있어, 휴대폰으로 영상 편집을 하시는 분들께 특히 편리할 것입니다.

본론:
세부 사항 2

ex. 화자에 따르면, 누가 사파이어12의 용량을 선호할 것 같은가?
According to the speaker, who would most likely prefer the capacity of the Sapphire12?

사파이어12는 검은색, 흰색, 에메랄드색, 보라색의 네 가지 색상으로 출시되며, 평평한 6.9인치의 디스플레이를 탑재합니다. 두께는 9mm이며, 무게는 220g으로 매우 가볍고 얇아 휴대하기에 편리합니다.

본론:
세부 사항 3

ex. 다음 중 사파이어12에 관해 사실이 아닌 것은?
Which of the following is not true about the Sapphire12?

사파이어12는 오는 7월 1일부터 각 대리점에서 정식 출시됩니다. 정식 출시 전에 선주문하여 20퍼센트 할인 혜택을 받으시려면, 지금 바로 저희 웹사이트 sapphire12.ez.com에 접속하세요!
들어주셔서 감사합니다.

결론:
제안 사항

구매 방법이나 참여 방법을 묻는 문제가 주로 출제돼요.

ex. 청자들은 사파이어12를 어떻게 구매할 수 있는가?
How can listeners purchase the Sapphire12?

PART 3

- · 문항 수: 6 or 7문항 (40~45번 or 40~46번)
- · 내용: 두 가지의 제품이나 상황 중 어떤 것을 선택할지 고민하며 각각의 장단점을 비교하는 두 사람의 대화

빈출 주제

기술 ★최빈출	아날로그 방식과 디지털 방식의 장단점을 비교하는 대화
진로 결정	두 가지 전공, 두 가지 학교, 두 가지 회사의 장단점을 비교하는 대화
제품	두 가지 제품의 장단점을 비교하는 대화
기타	두 가지 운동, 두 가지 교통수단, 두 가지 주거 형태 등의 장단점을 비교하는 대화

빈출 질문 유형

- · 대화의 주제를 묻는 문제가 자주 출제돼요.
  - ex. **What is Harry's problem?**   Harry의 문제는 무엇인가?

- · 장단점을 묻는 문제가 자주 출제돼요.
  - ex. **What is one benefit of riding a bus?**   버스를 타는 것의 한 가지 장점은 무엇인가?
  - ex. **What is a drawback of moving to Atlanta?**   애틀랜타로 이사하는 것의 단점은 무엇인가?

- · 화자의 결정을 추론하는 문제가 자주 출제돼요.
  - ex. **Based on the conversation, what will Justin most likely decide to do?**
    대화에 따르면, Justin은 무엇을 하기로 결정할 것 같은가?

핵심 전략

최종 결정을 언급하는 마지막 발언에 주목하세요!

: Part 3에서는 마지막에 화자가 두 가지 중 최종적으로 무엇을 결정할 것인지를 언급합니다. 마지막 발언을 확실하게 들으면, 마지막 문제로 출제될 확률이 높은 화자의 결정을 맞힐 수 있으니, 마지막 발언은 꼭 들어야 합니다.

남: 안녕, Haley! 스페인어 강의 등록했니?

여: 안녕, Billy! 아니, 아직 못했어. 현장 강의와 온라인 강의 중에서 고민 중이야.

남: 왜 둘 중에 고르는 데 어려움을 겪고 있어?

여: 각각의 장단점이 있거든.

남: 그럼, 장단점을 한번 비교해보자.

여: 좋아. 우선 현장 강의의 한 가지 장점은 그것이 수업에 집중을 더 잘 할 수 있도록 돕는다는 거야.

남: 네가 단기간에 스페인어 자격증을 따야 한다는 것을 고려하면 그건 큰 장점이다.

여: 맞아. 또, 현장 강의를 들으면 수강생들과 함께 그룹 스터디를 할 수 있는데, 그건 내 스페인어 실력을 빠르게 향상시키는 데 도움이 될 거야.

남: 오, 그거 좋다!

여: 하지만 현장 강의의 단점은 수강료가 온라인 강의보다 비싸다는 거지. 가격이 두 배나 차이가 나.

남: 네가 아직 학생이고 용돈이 부족하다는 점을 고려하면, 두 배는 너무 큰 차이다.

여: 응, 또 스페인어 학원이 꽤 멀리 있어서 나는 매일 왕복 1시간씩을 이동해야 해.

남: 온라인 강의를 들으면 그 시간에 공부를 할 수 있을 텐데.

여: 그래서, 너라면 어떤 강의를 선택하겠니?

남: 내가 생각하기에, 선택은 네가 얼마나 빨리 스페인어 자격증을 취득해야 하는가에 달려 있을 것 같아.

여: 그래. 나는 스페인어 자격증을 빨리 취득하는 게 더 중요하니까, 아무래도 돈을 더 투자해야 할 것 같아.

지문의 흐름 / 흐름에 따른 빈출 문제

도입: 대화의 주제

대화의 주제를 묻는 문제가 주로 출제돼요.

ex. Haley는 무슨 결정을 내리려고 하는가?
What decision is Haley trying to make?

본론: 장점

화자들이 논의하는 장점에 대해 묻는 문제가 주로 출제돼요.

ex. Haley에 따르면, 현장 강의를 듣는 것의 장점은 무엇인가?
According to Haley, what is an advantage of taking an off-line class?

본론: 단점

화자들이 논의하는 단점에 대해 묻는 문제가 주로 출제돼요.

ex. Haley는 현장 강의를 듣는 것의 단점이 무엇이라고 말하는가?
What does Haley say is a disadvantage of taking an off-line class?

결론: 화자의 결정

화자의 최종 결정을 추론하는 문제가 주로 출제돼요.

ex. 대화에 따르면, Haley는 무엇을 하기로 결정할 것 같은가?
Based on the conversation, what will Haley most likely decide to do?

PART 4

- 문항 수: 7 or 6문항 (46~52번 or 47~52번)
- 내용: 절차나 과정, 유용한 조언을 여러 가지 항목으로 나누어 소개하는 담화

 ### 빈출 주제

자기 계발 ★최빈출	좋은 습관의 계발 혹은 효율적인 업무 방법에 대한 5~7가지 조언
환경	재활용을 하는 5~7단계의 절차, 환경 보호를 위해 할 수 있는 5~7가지 행동
건강	응급 처치의 5~7가지 단계, 건강을 관리하는 방법에 대한 5~7가지 조언
취미	음식을 만드는 5~7단계의 과정, 동호회를 결성하는 5~7가지 절차

 ### 빈출 질문 유형

- 첫 번째로 언급한 절차/과정/조언을 묻는 문제가 자주 출제돼요.

  ex. **What is the first thing to consider when disposing of plastic?**
  플라스틱을 버릴 때 첫 번째로 고려해야 할 것은 무엇인가?

- 마지막으로 언급한 절차/과정/조언을 묻는 문제가 자주 출제돼요.

  ex. **What is the final step discussed in the talk?**   담화에서 논의된 마지막 절차는 무엇인가?

핵심 전략

순서를 나타내는 말에 주목하세요!

: Part 4에서는 화자가 first(첫 번째로), second(두 번째로), third(세 번째로), fourth(네 번째로), fifth(다섯 번째로), finally(마지막으로) 등을 언급하며 여러 가지 절차나 조언을 나열합니다. 각 순서에서 언급하는 주요 내용에 대한 문제가 나올 확률이 높으므로, 위와 같이 순서를 나타내는 말을 주목해서 들어야 합니다.

안녕하세요, 여러분! 현대 사회에서 성공하기 위해서는 시간 관리가 매우 중요합니다. 그런데, 많은 대학생 여러분에게 스스로 시간 관리를 효율적으로 하는 것은 어렵죠. 오늘, 저는 시간을 잘 관리하는 몇 가지 방법에 관해 말씀드리겠습니다!

지문의 흐름	흐름에 따른 빈출 문제
도입: 담화의 주제	담화의 주제를 묻는 문제가 주로 출제돼요. ex. 화자가 청중에게 공유하고 있는 것은 무엇인가? What is the speaker sharing with the audience?

첫 번째 조언입니다. 스스로가 가장 기민하고 깨어 있는 시간대를 파악하고, 그 시간에 가장 중요한 일을 하세요. 이를테면, 자신이 아침에 가장 활동적인 편이고 현재 어학 공부를 하는 것이 가장 중요하다면, 아침에 어학 공부를 하는 것이 좋겠죠. 이것을 위해서는 어느 시간대에 가장 공부나 일이 잘되는지 시험해보는 것이 필요합니다.

본론: 세부 사항 1	조언과 관련된 세부 사항을 묻는 문제들이 출제돼요. ex. 훌륭한 시간 관리를 위한 첫 번째 조언은 무엇인가? What is the first tip for good time management?

두 번째 조언입니다. 자투리 시간을 활용하세요. 대표적인 자투리 시간은 이동 시간일 것입니다. 대중교통에서의 시간은 특히 낭비되기가 쉬운데, 이 시간을 활용해 책을 읽거나 동영상 강의를 들으세요. 아니면 어학 학습을 위한 음성을 들어도 좋습니다. 이 자투리 시간이 쌓이면 여러분에게 엄청난 발전을 가져다 줄 것입니다.

본론: 세부 사항 2	ex. 자투리 시간을 활용해서 무엇을 할 수 있는가? What can people do using their spare time?

마지막 조언입니다. 일의 우선순위를 정하세요. 공부나 업무의 우선순위를 정해서 먼저 처리해야 할 것부터 차근차근 처리하세요. 우선순위를 정하는 습관을 기른다면, 할 일이 많을 때도 당황하지 않고 효과적으로 시간을 활용할 수 있을 것입니다.

본론: 세부 사항 3	ex. 화자의 마지막 조언은 무엇인가? What is the speaker's final tip?

이러한 조언들을 따른다면 여러분은 분명 효율적으로 시간 관리를 하실 수 있을 겁니다. 시간 관리를 잘하는 것은 여기에 계신 대학생 여러분이 미래에 원하는 직장에 취업하는 것을 도울 수 있습니다.

결론: 주제의 강조	담화의 청자를 추론하는 문제가 주로 출제돼요. ex. 이 담화로부터 이익을 얻을 사람은 누구일 것 같은가? Who is most likely to benefit from this talk?

실전모의고사

실제 지텔프 시험과 동일한 형태의 '실전모의고사'입니다.
교재 학습을 모두 끝낸 후, 실전모의고사를 통해 최종 마무리를 해보세요.

잠깐! 실전모의고사 풀이 전 확인 사항 🖍

1. 휴대전화의 전원을 끄셨나요?
2. OMR 답안지, 컴퓨터용 사인펜, 수정테이프를 준비하셨나요?
3. 아날로그시계가 준비되셨나요? (제한 시간: 90분)

*OMR 답안지는 203쪽에 수록되어 있습니다.

←— 청취 영역 음성 무료 스트리밍 바로 듣기
(HackersIngang.com)

GRAMMAR SECTION

DIRECTIONS:

A word or words must be added to each of the following items to complete the sentence. Select the best answer from the four choices provided for each question. Then, fill in the correct circle on your answer sheet.

Example:

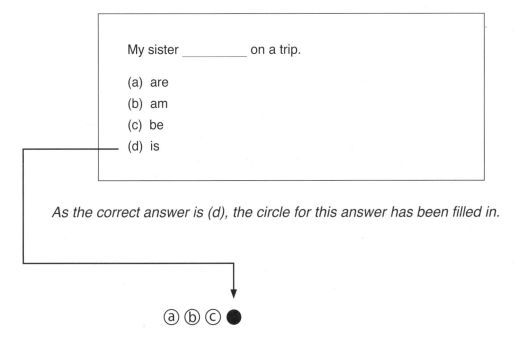

My sister _____ on a trip.

(a) are
(b) am
(c) be
(d) is

As the correct answer is (d), the circle for this answer has been filled in.

ⓐ ⓑ ⓒ ⬤

TURN THE PAGE TO BEGIN
THE GRAMMAR SECTION

1. Lucy applied to live in a student co-op near her university to reduce her monthly living expenses. Before she submitted the application last week, she _____ a studio apartment for six months that cost $1,200 per month.

   (a) will rent
   (b) had been renting
   (c) has rented
   (d) would have rented

2. Sky Tech has been experiencing a significant decline in sales for six consecutive years now. The company would generate more profits if it _____ higher-quality products.

   (a) will manufacture
   (b) manufactured
   (c) is manufacturing
   (d) has manufactured

3. The Metropolitan Transit Authority in New York has requested that more police officers be assigned to subway stations. The reason is that many people evade _____ fares by jumping over the turnstiles.

   (a) will pay
   (b) paying
   (c) to have paid
   (d) to pay

4. Polson Academy had its students take an aptitude test to identify any individuals with special talents. The school urges that parents _____ their children in programs they are well suited for.

   (a) are enrolling
   (b) have enrolled
   (c) enroll
   (d) to enroll

5. The coach of the Seattle Tigers has called a timeout in the game against the Boston Explorers. Currently, the team members _____ a short rest before playing the final 10 minutes of the game.

   (a) are taking
   (b) have taken
   (c) would take
   (d) took

6. King Midas is a monarch from Greek mythology who wished for everything he touched to turn to gold. If he had known he would turn his lovely daughter into gold, he _____ such a dangerous power.

   (a) has not asked for
   (b) did not ask for
   (c) would not ask for
   (d) would not have asked for

7. The Belmont Tower parking garage is only for residents of the building. People who park in the facility _____ display a pass on their vehicle or else it will be towed.

(a) can
(b) could
(c) might
(d) must

8. The World Robot Olympiad is a competition that attracts students from around the world. It includes a number of contests such as robot football. The participants compete _____ that they have designed the best robot.

(a) having showed
(b) to be shown
(c) to show
(d) showing

9. *The Good Place* is a popular television comedy about humans living in the afterlife. After death, people _____ for morality are sent to the "good place," a heaven-like utopia.

(a) whom have been assigned a high score
(b) which have been assigned a high score
(c) who have been assigned a high score
(d) that the high score has been assigned

10. Computer-generated imagery (CGI) has become increasingly common in films. The technology allows for the creation of spectacular special effects. The use of CGI usually involves _____ actors perform in front of blank screens and then adding the effects later.

(a) having
(b) will have
(c) to have
(d) having had

11. Michelle has waited until the very last day of winter vacation to begin working on the book report that her teacher gave the class as homework. If she were to go back to the first day of vacation, she _____ the assignment right away.

(a) will start
(b) had started
(c) would start
(d) would have started

12. The city government has implemented a number of measures to reduce greenhouse gas emissions. _____, it has launched a bike-sharing program to encourage residents to drive less often. Participants can use bicycles provided by the city for a minimal fee.

(a) However
(b) For instance
(c) On the other hand
(d) Nevertheless

13. Many experts agree that 2035 is the year in which electric cars will account for one-quarter of all new vehicle sales. By then, electronics manufacturers _____ high-capacity batteries for several years.

(a) have been produced
(b) will have been producing
(c) will be producing
(d) had been producing

14. Pearson Financial has introduced a flexible work schedule that allows employees to vary their hours in the office each day. The manager requires that team leaders _____ any problems with the new system to him directly.

(a) were reporting
(b) reporting
(c) report
(d) will report

15. Jensen Cosmetics released a new cream to prevent skin blemishes. Unfortunately, many customers experienced a severe allergic reaction to this product. Had it been tested more carefully, the company _____ to provide financial compensation.

(a) wouldn't be forced
(b) hadn't been forced
(c) wasn't forced
(d) wouldn't have been forced

16. The presentation given by the CEO of Wilson Electronics dealt with many complex matters related to the company's future marketing plans. Some employees pretended _____ the content because they were embarrassed to ask questions during the meeting.

(a) to be understood
(b) understanding
(c) having understood
(d) to understand

17. Geoff is trying to make a reservation at Le Patio, a trendy French restaurant with three Michelin stars. If he manages to book a table, he _____ his best friend Brad to invite him to dinner.

(a) has called
(b) had been calling
(c) will be calling
(d) will have called

18. Despite the danger of injury, rock climbing has become an increasingly popular hobby. When engaging in this activity, it is vital that people _____ all of the recommended safety procedures and wear protective gear.

(a) follow
(b) will follow
(c) to follow
(d) would follow

19. The American poet Emily Dickinson intentionally used idiosyncratic spelling, punctuation, and capitalization when writing. Her poems, _____, sometimes include revisions made by editors believing that these stylistic elements were errors in need of correction.

(a) why were mostly published after her death
(b) when were mostly published after her death
(c) which were mostly published after her death
(d) that were mostly published after her death

20. The water main on Green Street has burst several times over the past few years, causing extensive damage to nearby buildings. If the water system were better maintained, the pipe _____ constant repairs.

(a) has not been required
(b) had not required
(c) will not have required
(d) would not require

21. Yesterday, the CEO of Corville Pharmaceuticals informed the marketing team that the online advertising campaign had been canceled due to budget issues. During the meeting, several staff members expressed disappointment while he _____ the reason for the decision.

(a) provides
(b) has been providing
(c) was providing
(d) will be providing

22. Sandra's family put a lot of effort into organizing a surprise party for her 16th birthday. Unfortunately, one of Sandra's friends couldn't resist _____ her about the planned event, so all their efforts came to nothing.

(a) having told
(b) telling
(c) to tell
(d) to be telling

23. Nelson Publishing has updated its policy for recently hired employees. This is because management would like the opportunity to evaluate them more thoroughly. Starting next month, a new worker will have probationary status _____ the first three months of employment have ended.

(a) since
(b) instead of
(c) as if
(d) until

24. Brian was forced to cancel his trip to Spain because he did not renew his passport on time. If only he _____ his application two weeks earlier, he could have received his passport before his departure date.

(a) submits
(b) has submitted
(c) will submit
(d) had submitted

25. The UN Refugee Agency is an
    organization dedicated to protecting the
    rights of refugees. Since 1950, it _____
    people who have been forced to flee their
    home countries. This is most commonly
    due to war, famine, or natural disaster.

    (a) assists
    (b) is assisting
    (c) has been assisting
    (d) had assisted

26. A solar eclipse occurs when the Moon
    passes between Earth and the Sun. This
    causes the Moon's shadow to block the
    light from the Sun. People _____ look
    directly at a solar eclipse if they wear
    protective viewing glasses.

    (a) would
    (b) should
    (c) must
    (d) can

THIS IS THE END OF THE GRAMMAR SECTION
DO NOT GO ON UNTIL TOLD TO DO SO

LISTENING SECTION

DIRECTIONS:

There are four parts in the Listening Section. Each part includes a spoken passage and several questions about the passage. You will hear the questions first, and then you will hear the passage. Select the best answer from the four choices provided for each question. Then, fill in the correct circle on your answer sheet.

You will now hear an example question followed by an example passage.

Now listen to the example question.

(a) San Francisco
(b) Los Angeles
(c) London
(d) Detroit

Brenda Kenwood was born in Detroit, so the best answer is (d). As the correct answer is (d), the circle for this answer has been filled in.

*TURN THE PAGE TO BEGIN
THE LISTENING SECTION*

27. (a) preparing for job interviews
    (b) cleaning up a café
    (c) conducting surveys of customers
    (d) implementing a company program

28. (a) because the company has a large amount of capital
    (b) because the company consumes a lot of plastic worldwide
    (c) because the company has a sizable carbon footprint
    (d) because the company's actions could inspire other firms

29. (a) They include less paper.
    (b) They are easy to recycle.
    (c) They are highly affordable.
    (d) They have no effect on flavor.

30. (a) the high cost of replacing them
    (b) the problem of disposing of them
    (c) the process of making sustainable paper cups
    (d) the negative opinions of loyal customers

31. (a) by reducing energy use
    (b) by working with green suppliers
    (c) by recycling paper and plastic
    (d) by buying second-hand equipment

32. (a) reading books about sustainability
    (b) competing for a possible promotion
    (c) discussing the environment in more depth
    (d) watching a program about a topic

33. (a) look for a full-time position
    (b) volunteer for an organization
    (c) register for a class
    (d) mail a letter to a friend

PART 2. *You will hear a woman talking about a service. First you will hear questions 34 through 39. Then you will hear the talk. Choose the best answer to each question in the time provided.*

34. (a) to promote the launch of a clothing line
    (b) to offer a fashion magazine subscription
    (c) to introduce a personalized shopping service
    (d) to give listeners expert advice on what to wear

35. (a) by collecting orders from different websites
    (b) by reviewing answers to a questionnaire
    (c) by consulting customers over the phone
    (d) by taking note of which items are returned

36. (a) fill out a refund request form
    (b) mail them back at no cost
    (c) ask for a different personal stylist
    (d) change their account preferences

37. (a) They become eligible for special offers.
    (b) They accumulate greater savings over time.
    (c) They can choose from a wider range of brands.
    (d) They receive more accurate suggestions.

38. (a) order tailored outfits
    (b) create personalized lists
    (c) suggest recommendations to friends
    (d) pay using a gift card

39. (a) a $500 gift card
    (b) a 25 percent discount
    (c) a box of clothes
    (d) a visit from a stylist

40. (a) looking for a job with better hours
    (b) whether to resign from his current job
    (c) choosing between two different job offers
    (d) whether to request a higher salary

41. (a) becoming unhappy with the employer
    (b) feeling overworked and unappreciated
    (c) getting an illness and becoming seriously sick
    (d) being under pressure and having monetary problems

42. (a) the prospect of missing a paycheck
    (b) the lack of full insurance coverage
    (c) the inconvenience of the hours
    (d) the absence of any paid vacation

43. (a) He saves most of his money.
    (b) He frequently shops at the local mall.
    (c) He has some costly pastimes.
    (d) He rents an expensive apartment.

44. (a) It would limit Jack's standard of living initially.
    (b) Its total compensation would be significantly lower.
    (c) It would require Jack to work overtime frequently.
    (d) Its potential for offering a long-term career is small.

45. (a) having job security
    (b) having available cash
    (c) having extra free time
    (d) having good health

46. (a) building a successful career
    (b) how to impress a manager
    (c) getting along with colleagues
    (d) how to make better decisions

47. (a) the revision of a choice
    (b) the establishment of a rule
    (c) the alteration of the process
    (d) the treatment of a symptom

48. (a) seeking advice from others
    (b) reading magazine articles
    (c) visiting trusted websites
    (d) going to a library

49. (a) as potentially better options for later in life
    (b) as the options that should be at the bottom of the list
    (c) as the options that are hardest to implement
    (d) as the least likely options to offer positive results

50. (a) after eliminating the worst ones
    (b) after assessing each of them
    (c) before considering their pros and cons
    (d) before conducting research on them

51. (a) because it is the final step in the process
    (b) because it is often neglected by people
    (c) because it is the hardest part to achieve
    (d) because it is not mentioned in other guides

52. (a) by repeating some steps
    (b) by consulting an expert
    (c) by making concessions
    (d) by abandoning the decision

THIS IS THE END OF THE LISTENING SECTION
DO NOT GO ON UNTIL TOLD TO DO SO

READING AND VOCABULARY SECTION

DIRECTIONS:

There are four passages in the Reading and Vocabulary Section. Comprehension and vocabulary questions follow each passage. Select the best answer from the four choices provided for each question. Then, fill in the correct circle on your answer sheet.

Read the following example passage and question.

Example:

> Brenda Kenwood was born in Detroit. After finishing university in Los Angeles, she settled in San Francisco.
>
> Where was Brenda Kenwood born?
>
> (a) San Francisco
> (b) Los Angeles
> (c) London
> (d) Detroit

As the correct answer is (d), the circle for this answer has been filled in.

TURN THE PAGE TO BEGIN
THE READING AND VOCABULARY SECTION

PART 1. Read the biography article below and answer the questions. The two underlined words are for vocabulary questions.

CARL EDWARD SAGAN

Carl Edward Sagan was an American astronomer and cosmologist who became famous in the latter half of the 20th century. He is best known for his contributions to planetary studies and inquiries into the possibility of extraterrestrial life. Sagan made significant advances in the field of space research and is held in high esteem by the scientific community and the general public alike.

Sagan was born in Brooklyn, New York on November 9, 1934. His father was an immigrant from Russia and worked in the garment industry, and his mother was a housewife who was deeply religious. Like many Americans, the Sagan family struggled during the Great Depression. They also experienced the ravages of World War II and often worried about their Jewish kinfolk in Europe during the Holocaust.

Inquisitive by nature, Sagan began frequenting the public library at age 5 when his mother got him a library card. He was fascinated by stars and asked for a book about them. Discovering that the sun was a star and that the other stars were suns that were much farther away, his interest in the universe deepened.

Sagan was further impacted by a visit to the 1939 World's Fair, where he saw scientific exhibits and witnessed the burial of a time capsule. It contained items from the 1930s, and it was to be opened by humans a thousand years in the future. These experiences coincided with Sagan's growing obsessions with works of science fiction and further inspired him to go down the career path he chose.

In 1977, Sagan published *The Dragons of Eden*, a book which combined perspectives from biology, psychology, and computer science. In the work, Sagan sought to trace the origins of human intelligence. The book won Sagan the Pulitzer Prize and gave him national attention. This attention led to Sagan getting the chance to host the television series *Cosmos: A Personal Voyage*. At the time, it was the most-watched public television show in history.

Sagan worked as a consultant to NASA throughout his adult life and urged the agency to expand its exploration of the universe. He also held professor positions at multiple universities. Shocked by being denied tenure at Harvard University in 1968, he transferred to Cornell University, where he was given more freedom to explore unconventional ideas. He served there as director of the Laboratory for Planetary Studies until his death. Sagan died in December 1996 in Seattle.

53. What is Carl Sagan best known for?

(a) being the founder of modern cosmology
(b) being a contributor to research on the planets
(c) being a celebrity in science and popular culture
(d) being a believer in extraterrestrial life

54. Which is true about the Sagan family?

(a) They moved to New York in the early 1930s.
(b) They left Russia because of the Great Depression.
(c) They owned a successful garment factory.
(d) They had relatives in Europe during the war.

55. What heightened Sagan's interest in the universe?

(a) his trips to the school library
(b) his work on scientific exhibits
(c) his newfound knowledge of stars
(d) his encouragement by his mother

56. Which is NOT true about *The Dragons of Eden*?

(a) It resulted in an award for Sagan.
(b) It had an interdisciplinary point of view.
(c) It brought Sagan a TV opportunity.
(d) It made the 1977 best-seller list.

57. Based on the article, what could be the reason Sagan ended up at Cornell University?

(a) He preferred working in a laboratory environment.
(b) He was offended by Harvard's decision.
(c) He was impressed by the Cornell faculty.
(d) He received a higher salary than at Harvard.

58. In the context of the passage, inspired means _____.

(a) impeded
(b) encouraged
(c) suppressed
(d) prohibited

59. In the context of the passage, trace means _____.

(a) copy
(b) record
(c) follow
(d) ensure

PART 2. *Read the magazine article below and answer the questions. The two underlined words are for vocabulary questions.*

RESEARCHERS CLAIM A CONNECTION BETWEEN VIDEO GAME PLAY AND WELL-BEING

The *Royal Society Open Science* journal published a study in February of 2021 in which the authors claim to have found a positive correlation between playing video games and well-being. This suggests that a potential benefit of playing video games is improved mental health.

In the study, the researchers surveyed players of two games, *Plants vs. Zombies: Battle for Neighborville* and *Animal Crossing: New Horizons*. They asked about the players' well-being, motivations for playing, and level of satisfaction with the games. They then merged the responses with real data collected during play time. For the latter, they collaborated with video game manufacturers, who tracked when and how long gamers played the games.

More than 3,200 gamers participated in the survey, and they were all over the age of 18. The gamers spent two weeks playing video games at their leisure and afterwards were asked to think about how they had felt. Specifically, they were asked to report how often they felt each of six positive and negative emotions. The frequency was indicated by a numerical system, with one being "very rarely or never" and seven being "very often or always."

To avoid potential errors, the researchers eliminated some respondents. For example, they removed results in which gamers responded to all of the positive and negative experiences with the same answer. With the remaining respondents, they identified the means for positive and negative responses. By subtracting the mean negative score from the positive one, the researchers discovered there was a net positive, which they <u>recognized</u> as a small increase in well-being.

The study is <u>consistent</u> with some other studies that indicate video games can create positive mental health. This is in contrast to the widely held belief that playing video games leads to addiction and depression. However, the researchers admit that using only two video games represents a tiny sample. Moreover, by going through the game manufacturers to choose the participants, they reduced the chance of getting negative responses.

Previous studies have used online game rooms and forums, where issues such as gaming addiction are likely to be higher. Thus, the effect of video games on mental health remains a subject of debate. Nevertheless, the World Health Organization has included gaming disorder in its International Classification of Diseases.

60. What is the article mainly about?

(a) the link between video games and mental health
(b) how to become a better video game player
(c) two kinds of new and popular video games
(d) the problems with playing video games excessively

61. How did the researchers gather real data during play time?

(a) by observing gamers in a laboratory setting
(b) by requiring gamers to log their playing time
(c) by taking regular screenshots of the video games
(d) by cooperating with video game companies

62. What did gamers do to indicate how often they had positive or negative feelings?

(a) They attached a series of emoticons.
(b) They posted on an online forum.
(c) They used a system of numbers.
(d) They sent text messages to the researchers.

63. What is a reason the researchers removed some participants from the data?

(a) They failed to answer every question.
(b) They used the same answer in all responses.
(c) They did not participate until the end of the study.
(d) They did not play video games frequently enough.

64. Based on the article, what is most likely the drawback of the study?

(a) Its selection of participants limited negative answers.
(b) Some participants gave false information.
(c) There are no other studies to support the conclusions.
(d) Few people participated in the survey.

65. In the context of the passage, recognized means _____.

(a) denied
(b) identified
(c) misunderstood
(d) applauded

66. In the context of the passage, consistent means _____.

(a) agreeing
(b) permanent
(c) dependable
(d) equal

PEACOCKS

Peacocks are brightly colored birds that belong to the pheasant family. Their name derives from the Old English "pea," for *pavo*, which is the bird's Latin name. Strictly speaking, only the male is called a peacock, and the female is called a peahen. The two most famous species are the blue peacock of India and Sri Lanka, and the green peacock of Southeast Asia.

In blue and green peacocks, the male grows up to 120 centimeters long and features both a decorative crown of feathers and a 150-centimeter train of tail feathers. The train is composed mainly of elongated, metallic green coverts—feathers that cover other feathers. Normally, the train hangs folded behind the bird, but, during courtship, the peacock lifts its tail from beneath the train and causes it to fan outward in a huge multicolored display. At the end of this display, the fan is made to vibrate rapidly, causing it to rustle and shimmer in the light.

On the body of the blue peacock, the feathers are mostly metallic blue green. In the green peacock, they are green and bronze. Peahens, typically smaller, have mostly brown feathers and a shorter train. Both blue and green peacocks prefer to live in open lowland forests, flocking during the day and roosting in trees at night. Occasionally, peacocks develop a <u>rare</u> genetic mutation that renders their entire bodies a brilliant white.

Because of their impressive bearing, peacocks are <u>valued</u> as ornamental birds and have been found in many of the world's zoos and gardens since olden times. Blue peacocks, although native to warm climates, can survive in the cold northern regions where many of zoos are located. Green peacocks are less tolerant of the cold and must also be kept apart from other fowl in captivity due to their aggressive nature.

From a conservation standpoint, blue peacocks are classified as a species of least concern, while the green peacock is endangered. Populations of green peacocks declined dramatically in the second half of the 20th century due to excessive hunting and the destruction of its natural habitat. Fewer than 20,000 adults remain.

67. Where did the peacock get its name?

    (a) from its pea-like coloration
    (b) from an Indian word for "male bird"
    (c) from a Latin derivation
    (d) from its geographic origin

68. Why most likely does the peacock vibrate its train?

    (a) to signal the presence of danger
    (b) to rid itself of dirt and insects
    (c) to call the attention of females
    (d) to rapidly cool down its body

69. Which is NOT a characteristic of peahens?

    (a) a short train
    (b) duller feathers
    (c) a small body
    (d) a white fan

70. What makes green peacocks difficult to keep in captivity?

    (a) their low tolerance of heat
    (b) their conservation status
    (c) their hostility toward other birds
    (d) their excessive noisemaking

71. Why is the green peacock endangered?

    (a) They are an easy prey for other animals.
    (b) They have fewer places to inhabit.
    (c) They are highly sought after by zoos.
    (d) They are less adaptable than other varieties.

72. In the context of the passage, rare means _____.

    (a) standard
    (b) exclusive
    (c) attractive
    (d) uncommon

73. In the context of the passage, valued means _____.

    (a) used
    (b) prized
    (c) ignored
    (d) honored

February 20

Ms. Corrine Silver
President, Silver Sports Management
401 NW 29th St
Miami, FL 33127

Dear Ms. Silver,

On behalf of AVN Global Marketing, I would like to invite you to participate as a guest speaker at our company's annual executive summit, which is being held this year in Miami, Florida, from May 26 to 28.

The event gathers AVN's top executives from around the world for three days of learning and reflection. It consists of two to four talks per day, along with workshops and various other activities, and ends with a banquet dinner on the last day to which all guest speakers are invited. The event provides our executives with an opportunity to align their goals, develop solutions to problems, and promote collaboration across our organization.

It would be our privilege if you could join us as one of our featured speakers. Your previous experience as the captain of a championship team and as a successful business owner makes you a good model of focused and effective leadership. I am positive that our executives will have much to learn from your talk.

Barring other terms you may wish to discuss, our basic agreement includes a speaker's fee, travel expenses, and complete logistical assistance. We would also seek your permission to record the talk on video solely for our internal use. We leave it up to you to decide which one-hour time slot works best for you.

In closing, I hope you will be able to fit this engagement into your busy schedule. If you have further inquiries, you may call me anytime at 555-2039.

Sincerely,

Ronald Gilmore
Event organizer
AVN Global Marketing

74. Why did Ronald Gilmore write Corrine Silver a letter?

    (a) because he is promoting a new company service
    (b) because he wants to ask her to speak at an event
    (c) because he needs to confirm the details of a plan
    (d) because he is interested in interviewing her for an article

75. What has been planned for the end of the executive summit?

    (a) problem-solving exercises
    (b) autograph-signing sessions
    (c) a closing dinner celebration
    (d) an exclusive photo opportunity

76. What will AVN's executives most likely learn from Ms. Silver?

    (a) how to manage conflict
    (b) how to lead teams of people
    (c) how to develop new skills
    (d) how to give presentations

77. What will AVN most likely do with the video?

    (a) post it on social media
    (b) include it in a documentary film
    (c) show it to its own employees
    (d) broadcast it live from the event

78. According to Gilmore, what is AVN willing to do for Ms. Silver?

    (a) publicize her participation in an event
    (b) book her for three nights in a hotel
    (c) allow her to determine her schedule
    (d) make a contribution to a sports team

79. In the context of the passage, gathers means _____.

    (a) distributes
    (b) assigns
    (c) lists
    (d) collects

80. In the context of the passage, positive means _____.

    (a) certain
    (b) correct
    (c) informed
    (d) questionable

ANSWER SHEET

※ TEST DATE

MO.	DAY	YEAR

등급 ① ② ③ ④ ⑤

감독관인 / 확인

성 명	

성명란

성	초성 중성 종성
명	초성 중성 종성
란	초성 중성 종성

수 험 번 호

1) Code 1.

2) Code 2.

3) Code 3.

주민등록번호 앞자리 / 고유번호

password

문항	답 란	문항	답 란	문항	답 란	문항	답 란	문항	답 란
1	ⓐⓑⓒⓓ	21	ⓐⓑⓒⓓ	41	ⓐⓑⓒⓓ	61	ⓐⓑⓒⓓ	81	ⓐⓑⓒⓓ
2	ⓐⓑⓒⓓ	22	ⓐⓑⓒⓓ	42	ⓐⓑⓒⓓ	62	ⓐⓑⓒⓓ	82	ⓐⓑⓒⓓ
3	ⓐⓑⓒⓓ	23	ⓐⓑⓒⓓ	43	ⓐⓑⓒⓓ	63	ⓐⓑⓒⓓ	83	ⓐⓑⓒⓓ
4	ⓐⓑⓒⓓ	24	ⓐⓑⓒⓓ	44	ⓐⓑⓒⓓ	64	ⓐⓑⓒⓓ	84	ⓐⓑⓒⓓ
5	ⓐⓑⓒⓓ	25	ⓐⓑⓒⓓ	45	ⓐⓑⓒⓓ	65	ⓐⓑⓒⓓ	85	ⓐⓑⓒⓓ
6	ⓐⓑⓒⓓ	26	ⓐⓑⓒⓓ	46	ⓐⓑⓒⓓ	66	ⓐⓑⓒⓓ	86	ⓐⓑⓒⓓ
7	ⓐⓑⓒⓓ	27	ⓐⓑⓒⓓ	47	ⓐⓑⓒⓓ	67	ⓐⓑⓒⓓ	87	ⓐⓑⓒⓓ
8	ⓐⓑⓒⓓ	28	ⓐⓑⓒⓓ	48	ⓐⓑⓒⓓ	68	ⓐⓑⓒⓓ	88	ⓐⓑⓒⓓ
9	ⓐⓑⓒⓓ	29	ⓐⓑⓒⓓ	49	ⓐⓑⓒⓓ	69	ⓐⓑⓒⓓ	89	ⓐⓑⓒⓓ
10	ⓐⓑⓒⓓ	30	ⓐⓑⓒⓓ	50	ⓐⓑⓒⓓ	70	ⓐⓑⓒⓓ	90	ⓐⓑⓒⓓ
11	ⓐⓑⓒⓓ	31	ⓐⓑⓒⓓ	51	ⓐⓑⓒⓓ	71	ⓐⓑⓒⓓ		
12	ⓐⓑⓒⓓ	32	ⓐⓑⓒⓓ	52	ⓐⓑⓒⓓ	72	ⓐⓑⓒⓓ		
13	ⓐⓑⓒⓓ	33	ⓐⓑⓒⓓ	53	ⓐⓑⓒⓓ	73	ⓐⓑⓒⓓ		
14	ⓐⓑⓒⓓ	34	ⓐⓑⓒⓓ	54	ⓐⓑⓒⓓ	74	ⓐⓑⓒⓓ		
15	ⓐⓑⓒⓓ	35	ⓐⓑⓒⓓ	55	ⓐⓑⓒⓓ	75	ⓐⓑⓒⓓ		
16	ⓐⓑⓒⓓ	36	ⓐⓑⓒⓓ	56	ⓐⓑⓒⓓ	76	ⓐⓑⓒⓓ		
17	ⓐⓑⓒⓓ	37	ⓐⓑⓒⓓ	57	ⓐⓑⓒⓓ	77	ⓐⓑⓒⓓ		
18	ⓐⓑⓒⓓ	38	ⓐⓑⓒⓓ	58	ⓐⓑⓒⓓ	78	ⓐⓑⓒⓓ		
19	ⓐⓑⓒⓓ	39	ⓐⓑⓒⓓ	59	ⓐⓑⓒⓓ	79	ⓐⓑⓒⓓ		
20	ⓐⓑⓒⓓ	40	ⓐⓑⓒⓓ	60	ⓐⓑⓒⓓ	80	ⓐⓑⓒⓓ		

한 권으로 끝내는
해커스 지텔프

Level 2

문법+독해+어휘 +청취특강

32-50+

초판 5쇄 발행 2024년 9월 2일
초판 1쇄 발행 2021년 9월 1일

지은이	해커스 어학연구소
펴낸곳	㈜해커스 어학연구소
펴낸이	해커스 어학연구소 출판팀

주소	서울특별시 서초구 강남대로61길 23 ㈜해커스 어학연구소
고객센터	02-537-5000
교재 관련 문의	publishing@hackers.com
동영상강의	HackersIngang.com

ISBN	978-89-6542-427-7 (13740)
Serial Number	01-05-01

외국어인강 1위,
해커스인강 HackersIngang.com

IHI 해커스인강

- QR로 만나는 밀착 코칭! 떠먹여주는 G-TELP 무료 강의
- 효과적인 지텔프 학습을 돕는 무료 MP3

영어 전문 포털,
해커스영어 Hackers.co.kr

IHI 해커스영어

- 무료 G-TELP 단기 고득점 비법강의 및 학습자료
- 무료 단어시험지 자동생성기
- 무료 지텔프/공무원 시험정보

한 권으로 끝내는

해커스
지텔프

Level 2

문법+독해+어휘 [+청취특강]

32-50⁺

점수 잡는 해설집

해커스 어학연구소

한 권으로 끝내는
해커스 지텔프
Level 2

문법+독해+어휘 +청취특강

32·50⁺

점수 잡는 해설집

해커스 어학연구소

문법

1	(b)	**2**	(d)	**3**	(c)	**4**	(a)	**5**	(d)
6	(a)	**7**	(c)	**8**	(a)	**9**	(b)	**10**	(a)
11	(c)	**12**	(d)							

독해 및 어휘

13	(c)	**14**	(b)	**15**	(d)	**16**	(b)	**17**	(b)
18	(d)	**19**	(b)	**20**	(c)	**21**	(a)	**22**	(b)
23	(b)	**24**	(a)	**25**	(c)	**26**	(d)	**27**	(c)
28	(c)	**29**	(a)	**30**	(b)	**31**	(b)	**32**	(a)

문법

1 현재진행 시제 정답 (b)

해석 유감스럽게도, Mr. Wallace는 오늘 오후 영업팀의 발표에 참석할 수 없다. 그는 다른 부서로의 이동에 대해 논의하기 위해 지금 그의 관리자와 만나는 중이다.

해설 현재진행 시제와 함께 쓰이는 시간 표현 now가 있으므로, 지금 그의 관리자와 만나는 중이라는 의미를 만드는 현재진행 시제 (b) is meeting이 정답입니다.

어휘 unfortunately 유감스럽게도, 불행하게도 be unable to ~할 수 없다 attend 참석하다 presentation 발표 transfer 이동, 환승

2 가정법 과거완료 정답 (d)

해석 Janice는 그녀의 이탈리아 여행을 미루기로 결정했는데 이는 그녀가 호텔 방을 찾을 수 없었기 때문이다. 만약 그녀가 여행을 더 일찍 계획하기 시작했다면, 그녀는 아마 방을 쉽게 예약했을 것이다.

해설 if절에 'had p.p.' 형태의 had begun이 있으므로, 주절에는 이와 짝을 이루어 가정법 과거완료를 만드는 'would(조동사 과거형) + have p.p.'가 와야 합니다. 따라서 (d) would have probably booked가 정답입니다.

어휘 decide 결정하다 put off 미루다, 연기하다 probably 아마 book 예약하다

3 조동사 should 생략 정답 (c)

해석 술에 취한 운전자들에 의해 야기된 교통사고는 많은 언론의 주목을 받아 왔다. 결과적으로, 대중은 정부가 이 범죄에 대해 더 엄격한 처벌을 부과할 것을 요구하고 있다.

해설 주절에 요구를 나타내는 동사 ask가 있으므로 that절에는 '(should +) 동사원형'이 와야 합니다. 따라서 동사원형 (c) impose가 정답입니다.

어휘 traffic accident 교통사고 drunk 술에 취한 receive 받다, 얻다 attention 주목, 주의 the public 대중, 국민 ask 요구하다, 요청하다 strict 엄격한 penalty 처벌 crime 범죄 impose 부과하다, 도입하다

4 동명사를 목적어로 가지는 동사 정답 (a)

해석 Danielle은 그녀가 토요일 저녁 만찬에 그녀의 친구들과 함께할 수 없다는 것을 알게 되었다. 따라서, 그녀는 그들이 그다음 날 저녁으로 모임을 미루는 것을 언짢아하는지 알아보았다.

해설 동사 mind(언짢아하다)는 동명사를 목적어로 가질 수 있습니다. 따라서 (a) postponing이 정답입니다.

> **오답 분석**
> (b) 동명사의 완료형 having postponed는 '언짢아하는'(mind) 시점보다 '미루는' 시점이 앞선다는 것을 나타내므로 문맥상 적합하지 않아 오답입니다.

어휘 join 함께하다, 합류하다 mind 언짢아하다, 꺼리다 gathering 모임 following 그다음 날의 postpone 미루다

5 미래완료진행 시제 정답 (d)

해석 러시아에서 가장 유망한 체조 선수 중 한 명인 Sarah는 내년의 올림픽 경기를 준비하고 있다. 그때 즈음이면, 그녀는 이미 7년 동안 훈련해오고 있을 것이다.

해설 미래완료진행 시제와 함께 쓰이는 시간 표현 'by + 미래 시점'(By that time)과 'for + 기간 표현'(for seven years)이 있으므로, 미래 시점인 그때(내년) 즈음이면 Sarah가 이미 7년 동안 훈련해오고 있을 것이라는 의미를 만드는 미래완료진행 시제 (d) will have been training이 정답입니다. 참고로, 첫 문장의 next year(내년)가 '그때'가 미래 시점임을 나타내고 있습니다.

어휘 promising 유망한, 촉망되는 gymnast 체조 선수 prepare for ~을 준비하다 train 훈련하다

6 관계대명사 that 정답 (a)

해석 「Coffee Break」는 텔레비전에서 하는 가장 인기 있는 토크쇼 중 하나이다. 이 프로그램에서 논의되는 주제들은 그 나라의 많은 사람에게 영향을 미치는 중요한 사회적 이슈와 관련되어 있다.

해설 사물 선행사 The topics를 꾸며주면서 관계절 내에서 동사 are discussed의 주어가 될 수 있는 주격 관계대명사가 필요하므로, (a) that are discussed on this program이 정답입니다.

어휘 popular 인기 있는 be related to ~과 관련되어 있다 affect 영향을 미치다 discuss 논의하다, 토의하다

7 가정법 과거완료
정답 (c)

해석 David는 알람이 울리지 않았기 때문에 오늘 아침 기말시험에 지각했다. 만약 그가 자기 전에 알람 시계를 <u>확인했다면</u>, 그는 제시간에 학교에 도착했을 것이다.

해설 주절에 'would(조동사 과거형) + have p.p.' 형태의 would have arrived가 있으므로, if절에는 이와 짝을 이루어 가정법 과거완료를 만드는 'had p.p.'가 와야 합니다. 따라서 (c) had checked가 정답입니다.

어휘 go off (경보기 등이) 울리다 　go to bed 자다, 취침하다 arrive 도착하다 　on time 제시간에, 정각에

8 과거진행 시제
정답 (a)

해석 Brenda는 집주인이 가능한 한 빨리 그녀의 아파트에 배관공을 보낼 것을 강력히 요구했다. 지난밤에 그녀가 집에 돌아왔을 때, 부엌의 송수관이 <u>새고 있었다.</u>

해설 과거진행 시제와 함께 쓰이는 시간 표현 'when + 과거 시제'(When ~ returned)와 'last + 시간 표현'(last night)이 있으므로, Brenda가 지난밤에 집에 돌아왔을 때 부엌의 송수관이 새고 있었다는 의미를 만드는 과거진행 시제 (a) was leaking이 정답입니다.

> **오답 분석**
> (d) 과거 시제는 과거 시점에 한창 진행 중이었던 일을 표현할 수 없으므로 오답입니다.

어휘 insist 강력히 요구하다, 주장하다 　landlord 집주인 plumber 배관공 　as soon as possible 가능한 한 빨리 water pipe 송수관 　leak (액체·기체가) 새다

9 조동사 should
정답 (b)

해석 Coleman 출판사는 병가를 사용한 어떤 직원에게든 진단서를 요구한다. 직원들은 업무에 복귀하자마자 곧 이 문서를 <u>제출해야 한다.</u>

해설 문맥상 병가를 사용한 직원들은 업무에 복귀하자마자 곧 회사에 진단서를 제출해야 한다는 의미가 되어야 자연스러우므로, '~해야 한다'를 뜻하면서 의무를 나타내는 조동사 (b) should가 정답입니다.

어휘 publishing 출판(사) 　require 요구하다 medical certificate 진단서 　employee 직원 submit 제출하다 　document 문서 　upon -ing ~하자마자 곧

10 가정법 과거
정답 (a)

해석 Adrian은 고개를 돌릴 때마다 극심한 목 통증을 겪는다. 만약 그가 책상에 앉아 있는 동안 좋은 자세를 유지한다면, 그는 이 신체적 불편함을 <u>느끼지 않을 것이다.</u>

해설 if절에 과거 동사(maintained)가 있으므로, 주절에는 이와 짝을 이루어 가정법 과거를 만드는 'would(조동사 과거형) + 동사원형'이 와야 합니다. 따라서 (a) would not feel이 정답입니다.

어휘 experience 겪다, 경험하다 　severe 극심한, 심각한 neck 목 　pain 통증, 고통 　maintain 유지하다 　posture 자세 physical 신체적인 　discomfort 불편(함), 고생

11 접속사
정답 (c)

해석 갓 난 순록은 어미에게 완전히 의존한다. 그것은 45일의 기간을 살아온 이후에, 스스로 먹이를 찾기 시작한다. 그것은 두 살 무렵이면 완전히 독립하게 될 것이다.

해설 문맥상 갓 난 순록이 45일을 살아온 이후에 스스로 먹이를 찾기 시작한다는 의미가 되어야 자연스럽습니다. 따라서 '~한 이후에'라는 의미의 시간을 나타내는 접속사 (c) After가 정답입니다.

> **오답 분석**
> (a) Whereas는 '~하는 반면', (b) Although는 '~에도 불구하고', (d) Whenever는 '~할 때마다'라는 의미로, 문맥상 적합하지 않아 오답입니다.

어휘 newborn 갓 난, 신생아의 　reindeer 순록 　completely 완전히 be reliant on ~에 의존하다, 의지하다 　look for ~을 찾다 on one's own 스스로 　independent 독립한, 자립적인

12 to 부정사를 목적어로 가지는 동사
정답 (d)

해석 Sam은 온라인 강의를 수강하는 것이 힘들다고 생각했다. 이것은 그의 가족 구성원이 집중을 방해하는 요소였기 때문이다. 다행스럽게도, 그들은 그가 공부하는 동안에는 소음을 내는 것을 피하는 것에 동의했다.

해설 동사 agree(동의하다)는 to 부정사를 목적어로 가질 수 있습니다. 따라서 (d) to avoid가 정답입니다.

> **오답 분석**
> (a) to 부정사의 완료형 to have avoided는 '동의하는'(agree) 시점보다 '피하는' 시점이 앞선다는 것을 나타내므로 문맥상 적합하지 않아 오답입니다.

어휘 challenging 힘든, 간단하지 않은 　distraction 집중을 방해하는 요소 fortunately 다행스럽게도, 운 좋게도 　agree 동의하다 make noise 소음을 내다 　avoid 피하다, 방지하다

독해 및 어휘

[Part 1: 13-17]

엘리자베스 비숍

엘리자베스 비숍은 20세기의 재능 있는 미국 시인이었다. [13]그녀는 세련되고도 정밀한 표현법으로 유명하다. 그녀의 작품은 책으로 출간되었고 「뉴요커」와 같은 잡지에 게재됐다.

1911년에 외동으로 태어난 비숍은 어린 나이에 부모님 두 분을 잃었다. 그녀는 그 후에 조부모님에 의해 양육되었고 명문 바사르 대학에서 교육을 받았으며, 그곳에서 시를 창작했다. 졸업 후, 그녀는 의료직에 종사할 계획을 세웠다. 하지만, 그녀는 바사르에서 비숍의 초기 작품을 접한 인정받는 현대주의 시인인 마리안 무어에 의해 달리 하도록 설득되었다.

돌아가신 아버지로부터 물려받은 재산을 사용하여, [14]비숍은 그녀의 경력 초기에 널리 여행을 다녔고 미국과 브라질 두 곳에 집을 보유했다. 그녀의 초기 작품은 그녀의 여행 경험이 중심이 되었지만, 그녀의 다소 분리된 생활은 그녀가 대조와 관련된 주제들에 대해 집필하도록 만들기도 했다. 이 시들은 후에 그녀의 첫 두 권의 모음집인 1946년의 『남과 북』과 풀리처상을 받은 1955년의 『시:

남과 북: 추운 봄』에 수록되었다.

　　다음 20년간, 비숍은 1965년의 『여행에 대한 질문들』과 1976년의 『지리 3』을 포함한 더 많은 여러 작품들을 지어 광범위한 찬사를 받았다. [15]이 후기 작품들은 비숍이 예리한 관찰 감각과 객관적인 거리를 유지하면서 자기 탐구와 정체성에 대해 보다 내향적인 주제들을 다루는 성숙한 스타일을 반영한다.

　　[16]당연하게도, 세부적인 것에 대한 그녀의 세심한 몰두를 고려해 볼 때, 비숍은 미국의 주요 시인치고는 비교적 적은 수의 시를 지었는데, 전체가 101편뿐이었다. 1970년부터, 그녀는 하버드에서 작문을 가르쳤고, 1979년에 사망하기 바로 3년 전에 미국 문학예술아카데미 회원으로 선정되었다.

어휘　gifted 재능 있는　poet 시인　be famous for ~으로 유명하다　polished 세련된　precise 정밀한, 정확한　wording 표현법, 문구　publish 출간하다　appear 게재되다, 실리다　at an early age 어린 나이에　subsequently 그 후에, 나중에　raise 양육하다　produce (시 등을) 창작하다, 짓다　poetry 시　graduation 졸업　pursue 종사하다　medical 의료의　career 직업 (생활), 경력　persuade 설득하다　otherwise (~과는) 달리, 다르게　established 인정받는　encounter 접하다　fortune 재산, 부　inherit 물려받다, 상속받다　late 돌아가신, 고인이 된　widely 널리　maintain 보유하다, 유지하다　initial 초기의　center on ~이 중심이 되다　somewhat 다소　existence 생활　contrast 대조　gather (글을) 수록하다, 모으다　earn 받다, 얻다　acclaim 찬사　reflect 반영하다　discuss 다루다, 논하다　inward-looking 내향적인, 자기 성찰적인　self-exploration 자기 탐구　identity 정체성　retain 유지하다, 보유하다　keen 예리한　observation 관찰　objective 객관적인　unsurprisingly 당연하게도　meticulous 세심한　devotion 몰두, 전념　comparatively 비교적　elect (회원 등을) 선정하다, 선출하다

13 특정세부사항　　　　　　　　　　　정답 (c)

문제　비숍은 무엇으로 유명한가?

(a) 새로운 세대의 시인들에게 영감을 준 것
(b) 시의 언어를 상세히 탐구한 것
(c) 세련되고 정확한 표현들을 사용한 것
(d) 다른 시인들의 작품을 장려한 것

해설　질문의 키워드 famous for가 지문에서 그대로 언급되었으므로 그 주변에서 정답의 단서를 찾습니다. 단서 [13]에서 비숍이 세련되고도 정밀한 표현법으로 유명하다고 했으므로, **(c)**가 정답입니다.

　패러프레이징
polished and precise wording 세련되고도 정밀한 표현법
→ refined and exact expressions 세련되고 정확한 표현들

어휘　inspire 영감을 주다, 고무하다　generation 세대　explore 탐구하다, 분석하다　in detail 상세히　refined 세련된, 정제된　exact 정확한　promote 장려하다

14 특정세부사항　　　　　　　　　　　정답 (b)

문제　기사에 따르면, 어떤 것이 비숍의 초기 시의 주제에 영감을 주었는가?

(a) 그녀의 아버지의 삶
(b) 그녀의 잦은 여행

(c) 그녀의 특권을 가진 성장
(d) 그녀의 무어와의 관계

해설　질문의 키워드 Bishop's early poetry가 지문에서 Her initial work로 패러프레이징 되었으므로 그 주변에서 정답의 단서를 찾습니다. 단서 [14]에서 비숍이 경력 초기에 널리 여행을 다녔으며 그녀의 초기 작품은 그녀의 여행 경험이 중심이 되었다고 했으므로, **(b)**가 정답입니다.

　패러프레이징
her travel experiences 그녀의 여행 경험
→ her ~ trips 그녀의 여행

어휘　frequent 잦은, 빈번한　privileged 특권을 가진　upbringing 성장, 양육　association 관계, 연계

15 특정세부사항　　　　　　　　　　　정답 (d)

문제　무엇이 비숍의 후기 시들을 구별 짓는가?

(a) 그것들은 그녀의 매우 유동적인 생활 방식을 반영한다.
(b) 그것들은 점점 더 장난기를 드러낸다.
(c) 그것들은 목적지들을 더 상세하게 설명한다.
(d) 그것들은 보다 개인적인 주제들을 분석한다.

해설　질문의 키워드 Bishop's later poems가 지문에서 These later works로 패러프레이징 되었으므로 그 주변에서 정답의 단서를 찾습니다. 단서 [15]에서 후기 작품들은 비숍이 예리한 관찰 감각과 객관적인 거리를 유지하면서 자기 탐구와 정체성에 대해 보다 내향적인 주제들을 다루는 성숙한 스타일을 반영한다고 했으므로, **(d)**가 정답입니다.

　패러프레이징
more inward-looking themes 보다 내향적인 주제들
→ more personal themes 보다 개인적인 주제들

어휘　distinguish 구별 짓다　highly 매우　mobile 유동적인　exhibit 드러내다, 보이다　playfulness 장난기　describe 설명하다　destination 목적지　intimately 상세하게　personal 개인적인

16 추론　　　　　　　　　　　　　　　정답 (b)

문제　비숍은 왜 적은 양의 작품을 창작했을 것 같은가?

(a) 그녀가 많은 시간을 개인적인 문제들을 처리하는 데 썼기 때문에
(b) 그녀가 그녀의 집필에 대해 매우 까다로웠기 때문에
(c) 그녀가 교직에 그녀의 시간을 분배해야 했기 때문에
(d) 그녀가 비교적 젊은 나이에 사망했기 때문에

해설　질문의 키워드 a small body of work와 관련된 사실을 추론하는 문제이므로 이와 관련된 부분에서 정답의 단서를 찾습니다. 단서 [16]에서 세부적인 것에 대한 그녀의 세심한 몰두를 고려해 볼 때 당연하게도 비숍이 미국의 주요 시인치고는 비교적 적은 수의 시를 지었다고 했으므로, 그녀가 그녀의 집필에 대해 매우 까다로웠기 때문에 적은 양의 작품을 창작했다는 사실을 추론할 수 있습니다. 따라서 **(b)**가 정답입니다.

　패러프레이징
her meticulous devotion to detail 세부적인 것에 대한 그녀의 세심한 몰두 → highly particular in her writing 그녀의 집필에 대해 매우 까다로운

어휘 deal with ~을 처리하다　　particular 까다로운　　divide 분배하다
pass away 사망하다　　relatively 비교적

17 어휘
정답 (b)

문제 지문의 문맥에서, 'encountered'는 -을 의미한다.

(a) 감지했다
(b) 경험했다
(c) 겪었다
(d) 사로잡았다

해설 2단락의 encountered가 포함된 문장 'she was persuaded to do otherwise by Marianne Moore, ~ who had encountered Bishop's earlier work at Vassar'는 그녀가 바사르에서 비숍의 초기 작품을 접한 현대주의 시인인 마리안 무어에 의해 달리 하도록 설득되었다는 뜻이므로, encountered가 '접했다'라는 의미로 사용된 것을 알 수 있습니다. 따라서 '경험했다'라는 비슷한 의미의 (b) experienced가 정답입니다.

오답 분석
(c) '경험했다' 외에 '겪었다'라는 의미를 가진 undergone은 주로 어떤 일이나 사건을 겪었다는 의미로 쓰이므로 문맥에 어울리지 않아 오답입니다.

[Part 2: 18-22]

연구원들이 사라진 왕국의 증거를 발견하다

[18]터키의 연구원들이 사라진 왕국의 존재에 대한 단서를 제공하는 고대 석판을 찾아냈다. 이 왕국은 그리스 신화에서 묘사된 '황금 손'을 가진 전설적인 통치자 미다스 왕과 한때 싸운 적이 있었을지도 모른다.

한 지역 농부가 처음 발견했는데, [19]관개 수로를 따라 부분적으로 묻혀 있던, 고대 상형 문자가 새겨진 무거운 돌이었다. 그 돌의 독특한 글씨에 대해 알고 싶어서, 농부는 인근의 고고학 유적지에서 작업 중인 연구원들에게 알렸다.

시카고 대학의 제임스 오즈번과 영국 연구소의 미셸 마사가 이끄는 연구원들은 그 돌의 중요성을 인식했다. 그들은 그것이 청동기 시대 언어로 쓰였다는 것을 알았다. 게다가, 한쪽 면에 있는 기호는 그것의 메시지가 왕에 의해 받아쓰게 해졌음을 나타냈다.

[20]그 불가사의한 메시지는 연구팀에 의해 쉽게 해석되었다. 투르크멘-카라호유크의 고고학 유적지를 조사하는 더 큰 프로젝트에 2년 동안 종사해 온 덕분에 그들은 그것의 글씨에 친숙했다. [20]그것은 '폭풍의 신들이 왕들을 국왕 폐하에게 인도했다'라고 쓰여 있었다.

그 돌의 시대와 글씨 모양에 근거하여, [20]연구원들은 '국왕 폐하'가 아마도 8세기 아나톨리아의 왕 하타푸였을 것이라는 점을 밝혀냈다. 만약 그 메시지가 사실이라면, 그것은 하타푸가 무스카의 적수들을 패배시켰다는 의미일 가능성이 있다. 무스카는 프리지아로도 알려져 있으며 미다스 왕을 포함한 몇몇 전설적인 통치자들의 고향이다.

이외에 하타푸 왕에 대해서는 알려진 것이 거의 없지만, 그 돌의 발견은 다른 발견들과 관련하여 그것의 위치 때문에 투르크멘-카라호유크에 대한 이론에 힘을 실어준다. [21]투르크멘-카라호유크 주변에 흩어져 있는 다른 인공 유물들은 그곳이 거대한 왕국의 행정 수도였음을 시사한다.

어휘 evidence 증거, 흔적　　uncover 찾아내다, 뚜껑을 열다
ancient 고대의　　stone tablet 석판　　provide 제공하다
clue 단서　　existence 존재　　battle 싸우다, 투쟁하다
legendary 전설적인　　ruler 통치자　　golden 황금의
describe 묘사하다, 기술하다　　mythology 신화
initial 처음의　　inscribe 새기다　　hieroglyphic 상형 문자
partially 부분적으로, 불완전하게　　bury 묻다, 매장하다
irrigation canal 관개 수로　　curious 알고 싶은, 궁금한
unconventional 독특한, 색다른　　script 글씨　　notify 알리다
nearby 인근의　　archeological 고고학의　　recognize 인식하다
significance 중요성　　Bronze Age 청동기 시대
symbol 기호, 상징　　indicate 나타내다　　dictate 받아쓰게 하다
mysterious 불가사의한　　interpret 해석하다　　familiar 친숙한
investigate 조사하다　　deliver 인도하다, 전달하다
his majesty 국왕 폐하　　determine 밝혀내다
defeat 패배시키다, 꺾다　　opponent 적수, 상대
in relation to ~과 관련하여　　artifact 인공 유물
scatter 흩어지게 하다　　suggest 시사하다, 암시하다
administrative 행정의　　capital 수도

18 특정세부사항
정답 (d)

문제 연구원들이 발견했던 것은 무엇인가?

(a) 묻혀 있는 보물에 대한 단서들
(b) 그리스 신에 대한 문서
(c) 오직 전설에서만 언급된 물건
(d) 불가사의한 왕국에 대한 증거

해설 질문의 키워드 find가 지문에서 have uncovered로 패러프레이징 되었으므로 그 주변에서 정답의 단서를 찾습니다. 단서 [18]에서 터키의 연구원들이 사라진 왕국의 존재에 대한 단서를 제공하는 고대 석판을 찾아냈다고 했으므로, (d)가 정답입니다.

패러프레이징
clues to the existence of a lost kingdom 사라진 왕국의 존재에 대한 단서 → evidence of a mysterious kingdom 불가사의한 왕국에 대한 증거

어휘 treasure 보물　　document 문서　　refer to ~을 언급하다
legend 전설

19 특정세부사항
정답 (b)

문제 석판은 어디에서 발견되었는가?

(a) 농부의 집에서
(b) 수로에서
(c) 언덕 꼭대기에서
(d) 묘지에서

해설 질문의 키워드 the stone tablet이 지문에서 a heavy stone으로 패러프레이징 되었으므로 그 주변에서 정답의 단서를 찾습니다. 단서 [19]에서 석판이 관개 수로를 따라 부분적으로 묻혀 있었다고 했으므로, (b)가 정답입니다.

패러프레이징
an irrigation canal 관개 수로 → a water channel 수로

어휘 discover 발견하다　　water channel 수로　　hill 언덕
grave site 묘지

20 특정세부사항 정답 (c)

문제 석판의 메시지가 기술했던 것은 무엇인가?

(a) 마을이 어떻게 폭풍 속에서 파괴되었는지
(b) 미다스가 어떻게 프리지아의 통치자가 되었는지
(c) 하타푸가 어떻게 그의 적수들을 패배시켰는지
(d) 무스카가 어떻게 투르크멘-카라호유크를 통치했는지

해설 질문의 키워드 the tablet's message가 지문에서 The mysterious message로 패러프레이징 되었으므로 그 주변에서 정답의 단서를 찾습니다. 단서 [20]에서 그 불가사의한 메시지가 연구팀에 의해 '폭풍의 신들이 왕들을 국왕 폐하에게 인도했다'라고 쓰여 있었던 것으로 쉽게 해석되었으며, 연구원들은 '국왕 폐하'가 아마도 8세기 아나톨리아의 왕 하타푸였을 것이라는 점을 밝혀냈고 그것이 하타푸가 무스카의 적수들을 패배시켰다는 의미일 가능성이 있다고 했으므로, (c)가 정답입니다.

패러프레이징

defeated opponents 적수들을 패배시켰다
> defeated his rivals 그의 적수들을 패배시켰다

어휘 destroy 파괴하다   rival 적수, 경쟁자   rule 통치하다, 다스리다

21 추론 정답 (a)

문제 연구원들이 투르크멘-카라호유크에 대해 믿는 것은 무엇일 것 같은가?

(a) 그곳은 하타푸의 왕국에서 중요한 역할을 했다.
(b) 그곳의 이름은 역사를 통틀어 여러 번 바뀌었다.
(c) 그곳은 루비어 상형 문자의 최초 근원지이다.
(d) 그곳의 거주민들은 농업에 매우 숙련되어 있었다.

해설 질문의 키워드 Turkmen-Karahoyuk와 관련된 사실을 추론하는 문제이므로 이와 관련된 부분에서 정답의 단서를 찾습니다. 단서 [21]에서 투르크멘-카라호유크 주변에 흩어져 있는 다른 인공 유물들은 그곳이 거대한 왕국의 행정 수도였음을 시사한다고 했으므로, 연구원들이 투르크멘-카라호유크가 하타푸의 왕국에서 중요한 역할을 했다고 믿는다는 사실을 추론할 수 있습니다. 따라서 (a)가 정답입니다.

패러프레이징

it was the administrative capital of a great kingdom
그곳은 거대한 왕국의 행정 수도였다 → It played an important role in Hartapu's kingdom 그곳은 하타푸의 왕국에서 중요한 역할을 했다

어휘 play a role in ~에서 역할을 하다   throughout history 역사를 통틀어   original 최초의, 본래의   source 근원지, 원천   inhabitant 거주민   skilled 숙련된   farming 농업

22 어휘 정답 (b)

문제 지문의 문맥에서, 'unconventional'은 –을 의미한다.

(a) 인정받는
(b) 특이한
(c) 효과 없는
(d) 비정상적인

해설 2단락의 unconventional이 포함된 문장 'Curious about the stone's unconventional script, ~ archeological

site.'는 그 돌의 독특한 글씨에 대해 알고 싶어서 농부가 인근의 고고학 유적지에서 작업 중인 연구원들에게 알렸다는 뜻이므로, unconventional이 '독특한'이라는 의미로 사용된 것을 알 수 있습니다. 따라서 '특이한'이라는 비슷한 의미의 (b) unusual이 정답입니다.

오답 분석

(d) '특이한' 외에 '비정상적인'이라는 의미를 가진 abnormal은 주로 이상하고 예외적이라는 의미로 쓰이므로 문맥에 어울리지 않아 오답입니다.

[Part 3: 23-27]

리마 증후군

[23]리마 증후군은 납치범이나 학대하는 사람이 피해자와 긍정적인 유대감을 만들어 내서, 그 또는 그녀의 상황에 동정하게 되는 심리적 반응을 말한다.

이 증후군은 1966년 페루 리마에서 발생한 위기에서 이름을 따온다. 일본 대사관이 주최한 파티 중에, 한 반군 단체의 구성원들이 감옥에 있는 동지들의 석방을 요구하기 위해 손님들을 인질로 잡았다. 놀랍게도, 그리고 그들 자신의 이익에 반하여, 반군은 그들의 어떤 요구도 충족되기 전에 가장 쓸모 있는 포로가 떠나는 것을 허락했다.

인질범에 대한 그 이후의 심문은 영향을 미쳤을지도 모르는 요소들을 드러냈다. 이것들은 주로 [24-b]납치범들의 상대적인 젊음과 미숙함, 그리고 [24-d]강한 이념의 결여로 이루어졌다. 게다가, [24-c]그 파티에 참석한 외교관들은 협상에 능숙했고 납치범들과 우호적인 관계를 형성하는 것이 대부분의 사람들보다 더 쉬웠을지도 모른다. 페루에서의 요인은 아니지만, [24-b]인질들과 보낸 시간도 리마 증후군의 다른 사례들에서 하나의 역할을 할 수 있다.

리마 증후군은 때때로 스톡홀름 증후군과 혼동된다. 하지만 스톡홀름 증후군에서, 납치범들과 밀접한 관계를 만들어 내는 사람은 바로 피해자들이다. 게다가, 스톡홀름 증후군은 형성되는 데 보통 더 오랜 시간이 걸린다. 이러한 뚜렷한 특징들에도 불구하고, [25]스톡홀름 증후군은 리마 증후군과 한 가지 유사점을 공통적으로 가진다. 어떤 경우든, 피해자들은 줄어든 피해 위험에 직면한다.

[26]전반적으로, 리마 증후군은 직접적인 연구 보고의 부족으로 인해 여전히 불충분하게 이해된다. 추가 연구는 관련될 수도 있는 다른 조건들을 밝혀줄 것이다.

어휘 syndrome 증후군   psychological 심리적인   response 반응   captor 납치범   abuser 학대하는 사람   develop 만들어 내다, 형성하다   positive 긍정적인   bond 유대감   victim 피해자, 희생자   sympathetic 동정하는, 공감하는   crisis 위기   occur 발생하다   host (파티를) 주최하다   embassy 대사관   rebel 반군, 반역자   hostage 인질   demand 요구하다; 요구   release 석방   comrade 동지, 동료   prison 감옥   surprisingly 놀랍게도   valuable 쓸모 있는, 유익한   captive 포로   meet 충족시키다   subsequent 그 이후의   interrogation 심문   reveal 드러내다, 보이다   factor 요소, 요인   mainly 주로   consist of ~으로 이루어지다   relative 상대적인   inexperience 미숙함, 경험 부족   lack 결여, 부족   ideology 이념   diplomat 외교관   present 참석한   negotiation 협상   friendly 우호적인   rapport (친밀한) 관계   confuse 혼동시키다   form 형성되다; 형성하다   distinguishing 뚜렷한   feature 특징   share 공통적으로 가지다   similarity 유사점   face 직면하다   overall 전반적으로   poorly 불충분하게

firsthand 직접적인; 직접, 바로   additional 추가의
shed light on ~을 밝히다, 명백히 하다   involved 관련된

23 주제/목적   정답 (b)

문제 리마 증후군은 무엇인가?

(a) 불안정한 상황을 처리하기 위한 전략
(b) 납치범들이 피해자들에 대해 만들어 내는 연민
(c) 서서히 위기가 되는 문제
(d) 직장에서 흔한 모욕적인 행동

해설 지문의 주제를 묻는 문제이므로, 주제가 주로 언급되는 첫 단락을 주의 깊게 읽습니다. 단서 [23]에서 리마 증후군은 납치범이나 학대하는 사람이 피해자와 긍정적인 유대감을 만들어 내서 그 또는 그녀의 상황에 동정하게 되는 심리적 반응을 말한다고 했으므로, (b)가 정답입니다.

> 패러프레이징
> a positive bond with the victim, becoming sympathetic to his or her situation 그 또는 그녀의 상황에 동정하게 되는 피해자와의 긍정적인 유대감
> → a sympathy that captors develop for victims 납치범들이 피해자들에 대해 만들어 내는 연민

어휘 strategy 전략   address 처리하다, 다루다   unstable 불안정한   sympathy 연민   slowly 서서히   grow into ~이 되다   abusive 모욕적인   common 흔한

24 Not True   정답 (a)

문제 다음 중 리마 증후군의 발생 요인이 아닌 것은?

(a) 언어상의 어려움
(b) 사람들의 상대적 경험
(c) 우호적인 관계를 형성하는 능력
(d) 잘 형성된 신념의 결여

해설 질문의 키워드 factor에 관해 사실이 아닌 것을 묻는 문제이므로, 각 보기와 관련된 내용을 지문에서 찾아 대조합니다. (a)는 지문에 언급되지 않은 내용이므로, (a)가 정답입니다.

> 오답 분석
> (b) 단서 [24-b]에서 영향을 미쳤을지도 모르는 요소들 중 납치범들의 상대적인 젊음과 미숙함이 있고, 인질들과 보낸 시간도 리마 증후군의 다른 사례들에서 하나의 역할을 할 수 있다고 했으므로 지문의 내용과 일치합니다.
> (c) 단서 [24-c]에서 파티에 참석한 외교관들은 협상에 능숙했고 납치범들과 우호적인 관계를 형성하는 것이 대부분의 사람들보다 더 쉬웠을지도 모른다고 했으므로 지문의 내용과 일치합니다.
> (d) 단서 [24-d]에서 영향을 미쳤을지도 모르는 요소들 중 납치범들의 강한 이념의 결여가 있었다고 했으므로 지문의 내용과 일치합니다.

어휘 occurrence 발생   relative 상대적인   ability 능력   relation 관계   belief 신념, 확신

25 특정세부사항   정답 (c)

문제 리마 증후군과 스톡홀름 증후군이 어떻게 비슷한가?

(a) 둘 다 불안감을 만들어 낸다.
(b) 둘 다 외교관을 포로로 잡는 것을 수반한다.
(c) 둘 다 위험의 가능성을 완화한다.
(d) 둘 다 여전히 불충분하게 이해되고 있다.

해설 질문의 키워드 similar가 지문에서 does share one similarity로 패러프레이징 되었으므로 그 주변에서 정답의 단서를 찾습니다. 단서 [25]에서 스톡홀름 증후군이든 리마 증후군이든 피해자들이 줄어든 피해 위험에 직면한다는 한 가지 유사점을 공통적으로 가진다고 했으므로, (c)가 정답입니다.

> 패러프레이징
> a reduced risk of harm 줄어든 피해 위험
> → mitigate the potential for danger 위험의 가능성을 완화하다

어휘 similar 비슷한, 유사한   anxiety 불안(감), 염려   involve 수반하다   capture 포로로 잡다   mitigate 완화하다   potential 가능성   danger 위험   remain 여전히 ~이다

26 추론   정답 (d)

문제 지문에 따르면, 리마 증후군에 대한 우리의 이해를 돕는 것은 무엇일 것 같은가?

(a) 그것을 직접 경험하는 것
(b) 학교에서 그것에 대해 배우는 것
(c) 폭력적인 성격을 연구하는 것
(d) 추가 사례들을 고려하는 것

해설 질문의 키워드 understanding과 관련된 사실을 추론하는 문제이므로 이와 관련된 부분에서 정답의 단서를 찾습니다. 단서 [26]에서 리마 증후군은 직접적인 연구 보고의 부족으로 인해 여전히 불충분하게 이해되며, 추가 연구가 관련될 수도 있는 다른 조건들을 밝혀줄 것이라고 했으므로, 추가 사례들을 고려하는 것이 리마 증후군에 대한 우리의 이해를 돕는 것이라는 사실을 추론할 수 있습니다. 따라서 (d)가 정답입니다.

> 패러프레이징
> Additional research 추가 연구
> → additional examples 추가 사례들

어휘 aid 돕다   abusive 폭력적인, 학대하는   personality 성격, 인격   consider 고려하다

27 어휘   정답 (c)

문제 지문의 문맥에서, 'interrogation'은 –을 의미한다.

(a) 사찰
(b) 시위
(c) 심문
(d) 대화

해설 3단락의 interrogation이 포함된 문장 'Subsequent interrogation of the hostage-takers revealed factors that may have had an influence.'는 인질범에 대한 그 이후의 심문이 영향을 미쳤을지도 모르는 요소들을 드러냈다는 뜻이므로, interrogation이 '심문'이라는 의미로 사용

된 것을 알 수 있습니다. 따라서 '심문'이라는 같은 의미의 (c) questioning이 정답입니다.

어휘　protest 시위, 항의　　questioning 심문, 질의

[Part 4: 28-32]

2022년 4월 4일

Mr. Bernard Esposo
브라이어로 4860번지
미주리 주 엘도라도 스프링스 64744

Mr. Esposo께,

[28]귀하의 「Plus-Ultra」 연간 구독이 5월 24일에 만료됨을 알려드리기 위해 서신을 보냅니다. 만약 귀하께서 중단 없이 계속해서 잡지를 받기를 원하신다면, 해당 날짜 또는 그 이전에 구독을 갱신하십시오.

만약 월말 전에 연장하신다면, 귀하께서는 정가의 25퍼센트를 절약할 것입니다. 2년 패키지를 구매하시고 25퍼센트 추가 할인을 누려 보십시오. [29]또는 한 달에 단 4.99달러인 디지털 전용 옵션을 선택함으로써 훨씬 더 많은 비용을 절약해 보십시오.

모든 할인은 실외 스포츠 및 레크리에이션의 모든 것을 다루는, 「Plus-Ultra」의 수상 경력이 있는 신문 잡지에 대한 이용권을 포함합니다. [30]귀하는 또한 저희의 전문가들에 의해 일 년 내내 테스트되는 최고의 상품들을 특집으로 다루는 연간 「휴가 카탈로그」의 무료 사본도 계속해서 받으실 것입니다.

계속 진행하시려면, 정규 업무 시간인 월요일부터 금요일, 오전 8시에서 오후 4시 사이에 1-800-DUGGAN으로 전화 주시거나, 동봉된 우편 요금이 지불된 카드를 작성하여 돌려보내십시오. 카드는 귀하의 만료일 2주 전까지 우편 발송되어야 합니다. 만약 귀하가 이미 그렇게 하신 게 아니라면, [31]모든 구독을 한 곳에서 관리할 수 있도록 저희의 웹 사이트에 계정을 만드실 수도 있습니다.

진심을 담아,

Cathy Yandell
고객 관리 담당자
Duggan Media

어휘　inform 알리다　　annual 연간의　　subscription 구독
expire 만료되다　　continue 계속해서 ~하다　　receive 받다
interruption 중단　　renew 갱신하다　　extend 연장하다
save 절약하다　　cover price 정가　　additional 추가의
pick 선택하다, 고르다　　offer 할인, 제공 가격　　access 이용권
award-winning 수상 경력이 있는　　journalism 신문 잡지
cover 다루다, 포함하다　　outdoor 실외의
feature 특집으로 다루다　　expert 전문가　　proceed 계속 진행하다
regular 정규의　　fill out ~을 작성하다　　enclose 동봉하다
postage-paid 우편 요금이 지불된　　expiration 만료, 만기
account 계정, 계좌　　manage 관리하다　　sincerely 진심을 담아

28 주제/목적　　　　　　　　　　　　　　정답 (c)

문제　왜 Ms. Yandell은 Mr. Esposo에게 서신을 보냈는가?

(a) 그에게 방침에 대한 가장 최근의 정보를 알려주기 위해
(b) 그에게 청구서 지불 기한이 지났음을 알리기 위해
(c) 그에게 구독이 끝나가고 있음을 상기시키기 위해
(d) 그를 고가의 행사에 초대하기 위해

해설　편지의 목적을 묻는 문제이므로, 목적이 주로 언급되는 첫 단락을 주의 깊게 읽습니다. 단서 [28]에서 수신인의 「Plus-Ultra」 연간 구독이 5월 24일에 만료됨을 알리기 위해 서신을 보낸다고 했으므로, (c)가 정답입니다.

　패러프레이징
annual subscription to *Plus-Ultra* is expiring 「Plus-Ultra」 연간 구독이 만료된다 → a subscription is ending 구독이 끝나가고 있다

어휘　update 가장 최근의 정보를 알려주다　　policy 방침, 정책
notify 알리다　　bill 청구서, 계산서　　overdue (지불 등의) 기한이 지난
remind 상기시키다, 다시 한번 알려주다　　exclusive 고가의, 전용의

29 특정세부사항　　　　　　　　　　　　　정답 (a)

문제　Mr. Esposo는 어떻게 가장 많은 돈을 절약할 수 있는가?

(a) 잡지를 온라인으로 읽음으로써
(b) 2년짜리 옵션을 선택함으로써
(c) 별개의 할인을 결합함으로써
(d) 기한 전에 회신함으로써

해설　질문의 키워드 save the most money가 지문에서 save even more로 패러프레이징 되었으므로 그 주변에서 정답의 단서를 찾습니다. 단서 [29]에서 한 달에 단 4.99달러인 디지털 전용 옵션을 선택함으로써 훨씬 더 많은 비용을 절약해 보라고 했으므로, (a)가 정답입니다.

　패러프레이징
picking a digital-only option 디지털 전용 옵션을 선택함 → reading a magazine online 잡지를 온라인으로 읽음

어휘　combine 결합하다　　separate 별개의, 서로 다른
respond 회신하다　　deadline 기한

30 특정세부사항　　　　　　　　　　　　　정답 (b)

문제　Mr. Esposo가 현재 누리고 있는 혜택은 어느 것인가?

(a) 무료 이용권
(b) 상품 안내 책자
(c) 여행 할인
(d) 고객 카드

해설　질문의 키워드 benefit이 지문에서 offers로 패러프레이징 되었으므로 그 주변에서 정답의 단서를 찾습니다. 단서 [30]에서 수신인은 Duggan Media의 전문가들에 의해 일 년 내내 테스트되는 최고의 상품들을 특집으로 다루는 연간 「휴가 카탈로그」의 무료 사본도 계속해서 받을 것이라고 했으므로, (b)가 정답입니다.

　패러프레이징
our annual *Holiday Catalog*, which features the best products 최고의 상품들을 특집으로 다루는 연간 「휴가 카탈로그」 → a product guide 상품 안내 책자

어휘　benefit 혜택, 이득　　currently 현재　　free pass 무료 이용권
guide 안내 책자　　discount 할인　　loyalty card 고객 카드

31 추론 　　　　　　　　　　　　　　　　정답 (b)

문제　Duggan Media에 대해 말할 수 있는 것은 무엇인 것 같은가?

(a) 그것은 여행사와 연계되어 있다.
(b) 그것은 다양한 출판물을 제공한다.
(c) 그것은 자체적인 실외 제품군을 판매한다.
(d) 그것은 여러 사무실 위치를 보유한다.

해설　질문의 키워드 **Duggan Media**와 관련된 사실을 추론하는 문제이므로 이와 관련된 부분에서 정답의 단서를 찾습니다. 단서 [31]에서 모든 구독을 한 곳에서 관리할 수 있도록 회사의 웹 사이트에 계정을 만들 수도 있다고 했으므로, **Duggan Media**가 다양한 출판물을 제공한다는 것을 추론할 수 있습니다. 따라서 (b)가 정답입니다.

어휘　associate 연계하다　　multiple 다양한, 다수의
publication 출판물, 발행　　maintain 보유하다, 유지하다

32 어휘 　　　　　　　　　　　　　　　　정답 (a)

문제　지문의 문맥에서, 'manage'는 –을 의미한다.

(a) 관리하다
(b) 가르치다
(c) 감독하다
(d) 수행하다

해설　4단락의 **manage**가 포함된 문장 'you may also create an account on our website to manage all of your subscriptions in one place'는 모든 구독을 한 곳에서 관리할 수 있도록 웹 사이트에 계정을 만들 수도 있다는 뜻이므로, **manage**가 '관리하다'라는 의미로 사용된 것을 알 수 있습니다. 따라서 '관리하다'라는 같은 의미의 **(a) administer**가 정답입니다.

어휘　instruct 가르치다, 지시하다　　direct 감독하다, 지휘하다

문법

DAY 01 시제 ① - 진행

1. 현재진행   p.37

연습문제

1 is speaking   2 is currently looking
3 are waiting   4 is watching
5 is causing   6 is recruiting

실전문제

7 (a)   8 (c)

1

해석   Martin은 그의 역사 지도 교수와 **바로 지금** 이야기하고 있다.

해설   현재진행 시제와 함께 쓰이는 시간 표현 **right now**가 있으므로, 바로 지금 이야기하고 있다는 의미를 만드는 현재진행 시제 **is speaking**이 정답입니다.

2

해석   William은 **현재** 새 아파트를 구하고 있다.

해설   보기에 현재진행 시제와 함께 쓰이는 시간 표현 **currently**가 있으므로, 현재 새 아파트를 구하고 있다는 의미를 만드는 현재진행 시제 **is currently looking**이 정답입니다.

3

해석   **현재**, 차량들이 교통 신호가 바뀌기를 기다리고 있다.

해설   현재진행 시제와 함께 쓰이는 시간 표현 **At present**가 있으므로, 현재 차량들이 기다리고 있다는 의미를 만드는 현재진행 시제 **are waiting**이 정답입니다.

4

해석   Nathan은 **바로 지금** 유튜브에서 운동 영상들을 보고 있다.

해설   현재진행 시제와 함께 쓰이는 시간 표현 **at the moment**가 있으므로, 바로 지금 운동 영상들을 보고 있다는 의미를 만드는 현재진행 시제 **is watching**이 정답입니다.

5

해석   **요즘**, 공해가 공기의 질이 악화되게 만들고 있다.

해설   현재진행 시제와 함께 쓰이는 시간 표현 **These days**가 있으므로, 요즘 공해가 공기의 질이 악화되게 만들고 있다는 의미를 만드는 현재진행 시제 **is causing**이 정답입니다.

6

해석   애틀랜타 의학 협회는 이 순간 연사를 모집하고 있다.

해설   현재진행 시제와 함께 쓰이는 시간 표현 **as of this moment**가 있으므로, 협회가 이 순간 연사를 모집하고 있다는 의미를 만드는 현재진행 시제 **is recruiting**이 정답입니다.

7

해석   Belmont 호텔의 연례 크리스마스 파티가 **지금** 진행 중이다. 현재, 많은 사람이 유명한 재즈 밴드에 의해 연주되고 있는 음악에 맞춰 춤을 추고 있다.

해설   현재진행 시제와 함께 쓰이는 시간 표현 **currently**와 **At this time**이 있으므로, 현재 많은 사람이 춤을 추고 있다는 의미를 만드는 현재진행 시제 **(a) are dancing**이 정답입니다.

[오답 분석]
(c) 현재 시제는 반복되는 일이나 습관, 일반적인 사실을 나타내므로, 현재 시점에 한창 진행 중인 일을 표현할 수 없어 오답입니다.

8

해석   전자책의 판매량은 그것의 편의성으로 인해 증가하고 있다. 그 결과, **요즘** 다수의 출판사들이 책의 전자 형태를 발간하고 있다.

해설   현재진행 시제와 함께 쓰이는 시간 표현 **nowadays**가 있으므로, 요즘 다수의 출판사들이 책의 전자 형태를 발간하고 있다는 의미를 만드는 현재진행 시제 **(c) are releasing**이 정답입니다.

2. 과거진행   p.39

연습문제

1 was planting   2 was buying
3 was performing   4 was cleaning
5 was walking   6 were watching

실전문제

7 (c)   8 (a)

1

해석   내가 오늘 아침에 엄마에게 **전화했을 때**, 그녀는 정원에서 꽃을 심고 있었다.

해설   과거진행 시제와 함께 쓰이는 시간 표현 'when + 과거 시제'(When ~ called)가 있으므로, 엄마에게 전화했던 과거 시점인 오늘 아침에 그녀는 꽃을 심고 있었다는 의미를 만드는 과거진행 시제 **was planting**이 정답입니다.

2

해석 Greg는 슈퍼마켓에서 과일을 <u>사고 있던</u> 도중에 그의 옛 친구를 우연히 만났다.

해설 과거진행 시제와 함께 쓰이는 시간 표현 'while + 과거 시제'(ran ~ while)가 있으므로, Greg는 옛 친구를 우연히 만났던 과거 시점에 슈퍼마켓에서 과일을 사고 있던 도중이었다는 의미를 만드는 과거진행 시제 **was buying**이 정답입니다.

3

해석 밴드는 지진이 발생했던 바로 그 순간에 <u>공연하고 있었다</u>.

해설 과거진행 시제와 함께 쓰이는 시간 표현 'at the exact moment + 과거 시제'(at the exact moment ~ occurred)가 있으므로, 밴드는 지진이 발생했던 바로 그 순간에 공연하고 있었다는 의미를 만드는 과거진행 시제 **was performing**이 정답입니다.

4

해석 David는 그의 차고를 <u>청소하고 있던</u> 도중에, 그의 이웃집 밖에서 이동 중인 트럭을 발견했다.

해설 과거진행 시제와 함께 쓰이는 시간 표현 'while + 과거 시제'(While ~ noticed)가 있으므로, David가 이동 중인 트럭을 발견했던 과거 시점에 차고를 청소하고 있던 도중이었다는 의미를 만드는 과거진행 시제 **was cleaning**이 정답입니다.

5

해석 내가 Jim을 만났을 때마다, 그는 그의 개를 <u>산책시키고 있었다</u>.

해설 과거진행 시제와 함께 쓰이는 시간 표현 'every time + 과거 시제'(Every time ~ met)가 있으므로, Jim을 만났을 때마다 그는 개를 산책시키고 있었다는 의미를 만드는 과거진행 시제 **was walking**이 정답입니다.

6

해석 아이들이 2시간 전에 「컨저링」을 <u>보고 있었을</u> 때, 전기가 나갔다.

해설 과거진행 시제와 함께 쓰이는 시간 표현 'when + 과거 시제'(When ~ went)와 '기간 표현 + ago'(two hours ago)가 있으므로, 전기가 나갔던 과거 시점인 2시간 전에 아이들이 「컨저링」을 보고 있었다는 의미를 만드는 과거진행 시제 **were watching**이 정답입니다.

7

해석 Kelly는 그녀의 아버지가 그녀 뒤에 있다는 것을 몰랐다. 그가 그녀에게 몰래 접근했을 때 그녀는 간식을 찾으려고 서랍을 <u>뒤지고 있었다</u>.

해설 과거진행 시제와 함께 쓰이는 시간 표현 'when + 과거 시제'(when ~ approached)가 있으므로, 아버지가 Kelly에게 접근했던 과거 시점에 그녀는 서랍을 뒤지고 있었다는 의미를 만드는 과거진행 시제 (c) **was searching**이 정답입니다.

오답 분석
(d) 과거 시제는 과거 시점에 한창 진행 중이었던 일을 표현할 수 없으므로 오답입니다.

8

해석 Brad는 어제 회사에서 집으로 오는 길에 소방서에 전화를 했다. 그가 그의 사무실 건물을 나서고 있던 도중에, 그는 근처 건물에서 연기가 쏟아져 나오기 시작하는 것을 보았다.

해설 과거진행 시제와 함께 쓰이는 시간 표현 'while + 과거 시제'(While ~ saw)가 있으므로, Brad가 근처 건물에서 연기가 쏟아져 나오기 시작하는 것을 보았던 과거 시점에 사무실 건물을 나서고 있던 도중이었다는 의미를 만드는 과거진행 시제 (a) **was coming**이 정답입니다.

---

3. 미래진행 p.41

연습문제

1 will be dining **2** will be studying
3 will be visiting **4** will already be practicing
5 will be repairing **6** will be staying

실전문제

7 (b) **8** (c)

1

해석 나의 가족은 <u>다음 주말에</u> 새로 생긴 스페인 식당에서 <u>식사하고 있을 것이다</u>.

해설 미래진행 시제와 함께 쓰이는 시간 표현 'next + 시간 표현'(next weekend)이 있으므로, 미래 시점인 다음 주말에 식당에서 식사하고 있을 것이라는 의미를 만드는 미래진행 시제 **will be dining**이 정답입니다.

2

해석 Bella는 <u>내일</u> 학교 도서관에서 시험 공부를 하고 있을 것이다.

해설 미래진행 시제와 함께 쓰이는 시간 표현 tomorrow가 있으므로, 미래 시점인 내일 시험 공부를 하고 있을 것이라는 의미를 만드는 미래진행 시제 **will be studying**이 정답입니다.

3

해석 나의 엄마는 <u>오늘 오후 늦게</u> 병원에 있는 그녀의 아픈 친구를 병문안하고 있을 것이다.

해설 미래진행 시제와 함께 쓰이는 시간 표현 later와 'this + 시간 표현'(this afternoon)이 있으므로, 미래 시점인 오늘 오후 늦게 아픈 친구를 병문안하고 있을 것이라는 의미를 만드는 미래진행 시제 **will be visiting**이 정답입니다.

4

해석 만약 Eliza가 <u>오늘 오후에</u> 야구장에 <u>도착한다면</u>, 그녀의 팀은 이미 연습하고 있을 것이다.

해설 미래진행 시제와 함께 쓰이는 시간 표현 'if + 현재 시제'(If ~ gets)가 있으므로, 미래 시점인 오늘 오후에 야구장에 도착한다면 Eliza의 팀은 이미 연습하고 있을 것이라는 의미를 만드는 미래진행 시제 **will already be practicing**이 정답입니다.

5

해석 정비공은 내일 아침까지 차를 수리하고 있을 것이다.

해설 미래진행 시제와 함께 쓰이는 시간 표현 'until + 미래 시점'(until tomorrow morning)이 있으므로, 미래 시점인 내일 아침까지 차를 수리하고 있을 것이라는 의미를 만드는 미래진행 시제 **will be repairing**이 정답입니다.

6

해석 Wilkins 교수는 앞으로 두 달 동안 객원 교수로 머무르고 있을 것이다.

해설 미래진행 시제와 함께 쓰이는 시간 표현 'next + 시간 표현'(next two months)이 있으므로, Wilkins 교수가 앞으로 두 달 동안 객원 교수로 머무르고 있을 것이라는 의미를 만드는 미래진행 시제 **will be staying**이 정답입니다.

7

해석 Wendy는 Shawn이 그녀의 가든파티에 거의 세 시간을 늦을 예정이라 화가 나 있다. 그녀는 Shawn이 도착할 무렵에 다른 손님들은 아마 떠나고 있을 것임을 염려한다.

해설 미래진행 시제와 함께 쓰이는 시간 표현 'by the time + 현재 시제'(by the time ~ arrives)가 있으므로, Shawn이 도착할 무렵인 미래 시점에 다른 손님들은 아마 떠나고 있을 것이라는 의미를 만드는 미래진행 시제 **(b) will probably be leaving**이 정답입니다.

8

해석 전문가들은 미국의 인구가 앞으로 수십 년간 상당히 증가할 것이라고 예측한다. 2039년부터는, 약 4억 명의 사람들이 그 나라에 살고 있을 것이다.

해설 미래진행 시제와 함께 쓰이는 시간 표현 'starting + 미래 시점'(Starting in 2039)이 있으므로, 2039년부터는 약 4억 명의 사람들이 미국에 살고 있을 것이라는 의미를 만드는 미래진행 시제 **(c) will be living**이 정답입니다.

HACKERS TEST
p. 42

01 (b)	**02** (d)	**03** (d)	**04** (a)	**05** (b)
06 (a)	**07** (d)	**08** (b)	**09** (c)	**10** (b)
11 (a)	**12** (c)			

01 과거진행 시제 정답 (b)

해석 Louis는 부동산 중개인에게 Elm 가에 있는 건물에 세 들지 않겠다고 말했다. 이것은 그가 그 집을 보고 있었을 때 커다란 쥐 한 마리가 부엌 바닥을 가로질러 달려갔기 때문이다.

해설 과거진행 시제와 함께 쓰이는 시간 표현 'when + 과거 시제'(ran ~ when)가 있으므로, 쥐가 부엌을 가로질러 달려갔던 과거 시점에 Louis가 집을 보고 있었다는 의미를 만드는 과거진행 시제 **(b) was viewing**이 정답입니다.

어휘 real estate 부동산   agent 중개인, 대리인   rent 세 들다, 임차하다   property 건물, 부동산   rat 쥐   run across 가로질러 달려가다   view 보다

02 현재진행 시제 정답 (d)

해석 Ms. Parker가 지난달에 그녀의 연례 건강 검진을 하러 갔을 때, 그녀는 혈압이 높다는 것을 알게 되었다. 그 결과, 그녀는 요즘 고염분 음식을 피하고 있다.

해설 현재진행 시제와 함께 쓰이는 시간 표현 these days가 있으므로, Ms. Parker는 혈압이 높아서 요즘 고염분 음식을 피하고 있다는 의미를 만드는 현재진행 시제 **(d) is avoiding**이 정답입니다.

어휘 annual 연례의   medical checkup 건강 검진   inform 알리다   blood pressure 혈압   avoid 피하다

03 현재진행 시제 정답 (d)

해석 Tulsa 사의 최신 스마트폰에 대한 영업팀의 발표는 오늘 오후 늦게로 연기되었는데 이는 부서장인 Mr. Greer가 참석할 수 없기 때문이다. 그는 바로 지금 주요 생산 시설을 점검하고 있다.

해설 현재진행 시제와 함께 쓰이는 시간 표현 right now가 있으므로, Mr. Greer가 바로 지금 주요 생산 시설을 점검하고 있다는 의미를 만드는 현재진행 시제 **(d) is inspecting**이 정답입니다.

어휘 postpone 연기하다, 미루다   unavailable ~할 수 없는   attend 참석하다   production 생산   facility 시설   inspect 점검하다

04 미래진행 시제 정답 (a)

해석 많은 학생이 Westport 대학의 선수권 우승 보유 농구팀에 들어가고 싶어 한다. 감독은 팀의 첫 번째 연습이 실시되기로 예정된 9월 25일까지 선발전을 치르고 있을 것이다.

해설 미래진행 시제와 함께 쓰이는 시간 표현 'until + 미래 시점'(until September 25)이 있으므로, 미래 시점인 9월 25일까지 선발전을 치르고 있을 것이라는 의미를 만드는 미래진행 시제 **(a) will be holding**이 정답입니다. 참고로, 'when + 현재 시제'(when ~ is scheduled)가 9월 25일이 미래 시점임을 나타내고 있습니다.

어휘 join 들어가다, 가입하다   tryout 선발전   take place 실시되다

05 미래진행 시제 정답 (b)

해석 동물 권리 단체 Greenway는 반려동물 학대에 대한 대중의 의식을 고취시켜 왔다. 이에 대응하여, 정부는 이 동물들을 보호하기 위해 아마도 새로운 규정을 도입하고 있을 것이다. 전문가들은 그 안건이 다음 회기에서 논의될 것이라고 예상한다.

해설 미래진행 시제와 함께 쓰이는 시간 표현 'next + 시간 표현'(next sitting)이 있고, 문맥상 반려동물 학대에 대한 대중의식 고취에 대응하여 정부가 다음 회기에 아마도 새로운 규정을 도입하고 있을 것이라는 의미가 되어야 자연스러우므로, 미래 시점에 진행되고 있을 일을 표현하는 미래진행 시제 **(b) will probably be introducing**이 정답입니다.

어휘 raise 고취시키다　awareness 의식, 인식　mistreatment 학대
in response 이에 대응하여　regulation 규정
protect 보호하다　agenda 안건　sitting 회기, 개정 기간
probably 아마도　introduce 도입하다

06 과거진행 시제　정답 (a)

해석 「킹스 스피치」는 2011년에 아카데미 최우수 작품상의 수상작으로 선정되었다. 그것은 엄청나게 인기 있는 영화였는데, 이는 그것이 전 세계 극장에서 상영되고 있는 동안 수백만 명의 사람들이 그것을 보았기 때문이다.

해설 과거진행 시제와 함께 쓰이는 시간 표현 'while + 과거 시제'(watched ~ while)가 있으므로, 수백만 명의 사람들이 킹스 스피치를 보았던 과거 시점에 전 세계 극장에서 그 영화가 상영되고 있었다는 의미를 만드는 과거진행 시제 (a) was playing이 정답입니다.

어휘 select 선정하다, 고르다　incredibly 엄청나게　theater 극장
around the world 전 세계

07 현재진행 시제　정답 (d)

해석 Anne은 요리가 스트레스를 푸는 탁월한 방법이라는 것을 안다. 그녀는 기말고사 점수가 걱정되어, 지금 친구들을 위해 피자를 만들고 있다.

해설 보기에 현재진행 시제와 함께 쓰이는 시간 표현 currently가 있으므로, Anne이 지금 피자를 만들고 있다는 의미를 만드는 현재진행 시제 (d) is currently making이 정답입니다.

어휘 relieve 풀다, 완화하다　worried 걱정하는

08 과거진행 시제　정답 (b)

해석 Mr. Williams는 가능한 한 빨리 안과 의사와 약속을 잡기로 결심했다. 그는 직장까지 운전하고 있던 도중에, 멀리 떨어져 있는 물체들을 또렷이 볼 수 없다는 것을 알아차렸다.

해설 과거진행 시제와 함께 쓰이는 시간 표현 'while + 과거 시제'(While ~ noticed)가 있으므로, Mr. Williams는 멀리 떨어져 있는 물체들을 또렷이 볼 수 없다는 것을 알아차렸던 과거 시점에 운전하고 있던 도중이었다는 의미를 만드는 과거진행 시제 (b) was driving이 정답입니다.

어휘 make an appointment 약속을 잡다　notice 알아차리다
distant 멀리 떨어져 있는　clearly 또렷이, 분명히

09 미래진행 시제　정답 (c)

해석 Dominic의 축구팀은 6월 3일에 시애틀로 이동할 것이고 그다음 날에 결승전에 참가할 것이다. 그는 현재 그 경기에 대해 생각하며 긴장된다. 하지만 그것이 시작되자마자, 그는 온 운동장을 야생마처럼 달리고 있을 것이다.

해설 미래진행 시제와 함께 쓰이는 시간 표현 'as soon as + 현재 시제'(as soon as ~ begins)가 있으므로, 미래 시점인 시애틀로 이동한 다음 날에 경기가 시작되자마자 Dominic은 온 운동장을 야생마처럼 달리고 있을 것이라는 의미를 만드는 미래진행 시제 (c) will be running이 정답입니다.

어휘 travel 이동하다, 여행하다　championship game 결승전
nervous 긴장되는, 초조한

10 현재진행 시제　정답 (b)

해석 Jenna는 생물학 교사의 강의가 이해하기 매우 어렵다는 것을 알게 되었다. 하지만, 그녀의 부모님이 현재 그녀를 위해 과외 교사를 찾고 있다. 따라서, 그녀는 반에서 그녀의 성적을 향상시키기를 기대한다.

해설 보기에 현재진행 시제와 함께 쓰이는 시간 표현 now가 있으므로, 현재 Jenna의 부모님이 그녀의 과외 교사를 찾고 있다는 의미를 만드는 현재진행 시제 (b) are now looking이 정답입니다.

어휘 biology 생물학　instructor 교사, 강사　lecture 강의
improve 향상시키다　performance 성적, 성과

11 과거진행 시제　정답 (a)

해석 Coleman Books 사의 최고 경영자는 자금 문제로 인해 전국 출판 총회가 취소된 것을 알고는 실망했다. 그는 그 소식을 들었을 때 이미 발표를 준비하고 있었다.

해설 과거진행 시제와 함께 쓰이는 시간 표현 'when + 과거 시제'(when ~ heard)가 있으므로, 출판 총회의 취소 소식을 들었던 과거 시점에 이미 발표를 준비하고 있었다는 의미를 만드는 과거진행 시제 (a) was already preparing이 정답입니다.

어휘 disappointed 실망한　cancel 취소하다　funding 자금
prepare 준비하다

12 미래진행 시제　정답 (c)

해석 Matt는 목요일에 친구들과 Harborview 미술관을 방문하기로 되어 있다. 하지만, 그는 예상치 못한 회의로 인해 평상시의 시간에 퇴근할 수 없다. 이것은 그의 친구들이 미술관에 도착할 때 그는 여전히 일하고 있을 것임을 의미한다.

해설 미래진행 시제와 함께 쓰이는 시간 표현 'when + 현재 시제'(when ~ arrive)가 있으므로, Matt의 친구들이 미술관에 도착하는 미래 시점에 그는 여전히 일하고 있을 것이라는 의미를 만드는 미래진행 시제 (c) will still be working이 정답입니다.

오답 분석
(b) 미래 시제는 미래에 대한 단순한 약속, 제안, 예측을 나타내므로, 미래 시점에 한창 진행되고 있을 일을 표현할 수 없어 오답입니다.

어휘 be supposed to ~하기로 되어 있다　unexpected 예상치 못한

1. 현재완료진행　　　　　　　　　　p. 47

연습문제

1 has been watching　　**2** have been looking
3 have been visiting　　**4** has been working
5 has been applying　　**6** has been redesigning

실전문제

7 (c)　　　　**8** (d)

1

해석　Jessie는 「기묘한 이야기」를 그것이 처음 **방송한 이래로** 시청해오는 중이다.

해설　현재완료진행 시제와 함께 쓰이는 시간 표현 'since + 과거 시제'(since ~ aired)가 있으므로, 과거에 「기묘한 이야기」가 처음 방송된 시점부터 현재까지 계속 그 프로그램을 시청해오는 중이라는 의미를 만드는 현재완료진행 시제 **has been watching**이 정답입니다.

2

해석　우리는 이미 **세 시간 동안** 최신 음반 판매량을 살펴봐 오고 있다.

해설　완료진행 시제와 함께 쓰여 지속 기간을 나타내는 'for + 기간 표현'(for three hours)이 있으므로, 과거 시점인 세 시간 전부터 현재까지 계속 최신 음반 판매량을 살펴봐 오고 있다는 의미를 만드는 현재완료진행 시제 **have been looking**이 정답입니다.

3

해석　Franklin 부부는 **지난 20년 동안** 레만 호수에 방문해오고 있다.

해설　완료진행 시제와 함께 쓰여 지속 기간을 나타내는 'for + 기간 표현'(for the past 20 years)이 있으므로, 과거 시점인 20년 전부터 현재까지 계속 레만 호수에 방문하고 있다는 의미를 만드는 현재완료진행 시제 **have been visiting**이 정답입니다.

4

해석　연말 회계 감사로 인해, Becky는 **현재 지난 3주 동안** 늦게까지 일해오고 있다.

해설　현재완료진행 시제와 함께 쓰이는 시간 표현 'for + 기간 표현 + now'(for the last three weeks now)가 있으므로, 과거 시점인 3주 전부터 현재까지 계속 늦게까지 일해오고 있다는 의미를 만드는 현재완료진행 시제 **has been working**이 정답입니다.

5

해석　Michael은 그가 **졸업한 이래로** 두 달 동안 온라인으로 대학에 지원해오고 있다.

해설　현재완료진행 시제와 함께 쓰이는 시간 표현 'since + 과거 시제'(since ~ graduated)와 'for + 기간 표현'(for two months)이 있으므로, 과거에 졸업한 시점부터 현재까지 두 달 동안 계속 온라인으로 대학에 지원해오고 있다는 의미를 만드는 현재완료진행 시제 **has been applying**이 정답입니다.

6

해석　Roy는 **지난 목요일부터** 회사의 웹 사이트를 재설계해오고 있다.

해설　현재완료진행 시제와 함께 쓰이는 시간 표현 'since + 과거 시점'(since last Thursday)이 있으므로, 과거 시점인 지난 목요일부터 현재까지 계속 웹 사이트를 재설계해오고 있다는 의미를 만드는 현재완료진행 시제 **has been redesigning**이 정답입니다.

7

해석　「킹콩」은 내가 지금껏 보았던 것 중 최고의 영화이다. 리메이크 작이 곧 개봉될 것이어서, **최근에** 그 원작 영화가 극장에서 상영되어오고 있다.

해설　현재완료진행 시제와 함께 쓰이는 시간 표현 lately가 있으므로, 과거 시점부터 최근까지 계속 원작 영화가 극장에서 상영되어 오고 있다는 의미를 만드는 현재완료진행 시제 **(c) has been playing**이 정답입니다.

8

해석　마블 코믹스 사는 대형 만화책 출판사 중 하나이다. 그들은 디즈니 사가 그들을 **매수한 이래로** 줄곧 거대 기업의 규모를 꾸준히 확장해오고 있다.

해설　현재완료진행 시제와 함께 쓰이는 시간 표현 'ever since + 과거 시제'(ever since ~ purchased)가 있으므로, 과거에 디즈니 사가 마블 코믹스 사를 매수한 시점부터 현재까지 계속 기업 규모를 확장해오고 있다는 의미를 만드는 현재완료진행 시제 **(d) have been increasing**이 정답입니다.

2. 과거완료진행　　　　　　　　　　p. 49

연습문제

1 had been playing　　**2** had been cycling
3 had been arguing　　**4** had been rising
5 had been investing　　**6** had been waiting

실전문제

7 (a)　　　　**8** (c)

1

해석　John은 최근에 그가 **흥미를 잃어버렸을 때까지** 10년이 넘는 기간 동안 재즈 피아노를 연주해오고 있었다.

해설　과거완료진행 시제와 함께 쓰이는 시간 표현 'until + 과거 시제'(until ~ lost)와 'for + 기간 표현'(for over 10 years)이 있으므로, 대과거에 재즈 피아노 연주를 시작했던 시점부터 과거에 흥미를 잃어버렸던 시점까지 10년이 넘는 기간 동안 계속 재즈 피아노를 연주해오고 있었다는 의미를 만드는 과거완료진행 시제 **had been playing**이 정답입니다.

2

해석 Sally가 경주를 끝냈을 무렵, 그녀는 적어도 네 시간 동안 <u>자전 거를 타고 있었다.</u>

해설 과거완료진행 시제와 함께 쓰이는 시간 표현 'by the time + 과거 시제'(By the time ~ finished)와 'for + 기간 표현'(for at least four hours)이 있으므로, 대과거에 경주를 시작했던 시점부터 과거에 경주를 끝냈던 무렵까지 적어도 네 시간 동안 계속 자전거를 타고 있었다는 의미를 만드는 과거완료진행 시제 **had been cycling**이 정답입니다.

3

해석 내 친구가 나를 설득하기 전에 우리는 한 시간 동안 <u>다퉈오고 있 었다.</u>

해설 과거완료진행 시제와 함께 쓰이는 시간 표현 'before + 과거 시 제'(before ~ convinced)와 'for + 기간 표현'(for an hour) 이 있으므로, 대과거에 다투기 시작했던 시점부터 과거에 친구 가 나를 설득했던 시점까지 한 시간 동안 계속 다퉈오고 있었다 는 의미를 만드는 과거완료진행 시제 **had been arguing**이 정답입니다.

4

해석 내가 병원에 갔을 때, 내 체온은 몇 시간 동안 <u>상승해오고 있었 다.</u>

해설 과거완료진행 시제와 함께 쓰이는 시간 표현 'when + 과거 시 제'(When ~ went)와 'for + 기간 표현'(for hours)이 있으므 로, 대과거 시점부터 과거에 병원에 갔던 시점까지 체온이 몇 시 간 동안 계속 상승해오고 있었다는 의미를 만드는 과거완료진행 시제 **had been rising**이 정답입니다.

5

해석 Daniel은 2020년 그의 은퇴 이전에 15년 동안 주식 시장에 투 <u>자해오고 있었다.</u>

해설 과거완료진행 시제와 함께 쓰이는 시간 표현 'prior to + 과거 사건'(prior to his retirement in 2020)과 'for + 기간 표 현'(for 15 years)이 있으므로, 대과거 시점부터 과거(2020 년)에 은퇴했던 시점까지 15년 동안 계속 주식 시장에 투자해 오고 있었다는 의미를 만드는 과거완료진행 시제 **had been investing**이 정답입니다.

6

해석 교수님이 <u>나타났을</u> 때, 학생들은 거의 30분 동안 <u>기다려오던 중 이었다.</u>

해설 과거완료진행 시제와 함께 쓰이는 시간 표현 'at the time + 과거 시제'(At the time ~ showed)와 'for + 기간 표현'(for nearly 30 minutes)이 있으므로, 대과거 시점부터 과거에 교 수님이 나타났던 시점까지 학생들이 거의 30분 동안 계속 기 다려오던 중이었다는 의미를 만드는 과거완료진행 시제 **had been waiting**이 정답입니다.

7

해석 Carter는 2021년 4월에 농구 전국 선수권 대회에서 마침내 우 승했다. 그는 2014년에 고등학생 선수로서의 <u>데뷔 이래로</u> 이 경기를 위해 훈련해오고 있었다.

해설 과거완료진행 시제와 함께 쓰이는 시간 표현 'since + 과거 시 점'(since his debut ~ in 2014)이 있으므로, 대과거(2014 년)에 데뷔한 시점부터 과거(2021년 4월)에 우승했던 시점까지 경기를 위해 계속 훈련해오고 있었다는 의미를 만드는 과거완료 진행 시제 (a) **had been training**이 정답입니다.

8

해석 1812년 11월에, 나폴레옹은 모스크바에서 프랑스로 어쩔 수 없 이 퇴각했다. 그가 <u>패배하기 전에</u>, 그는 <u>수개월 동안</u> 러시아를 정복하려고 <u>노력해오고 있었다.</u>

해설 과거완료진행 시제와 함께 쓰이는 시간 표현 'before + 과거 시제'(Before ~ was defeated)와 'for + 기간 표현'(for several months)이 있으므로, 대과거에 전투를 시작했던 시 점부터 과거에 패배했던 시점까지 수개월 동안 계속 러시아를 정복하려고 노력해오고 있었다는 의미를 만드는 과거완료진행 시제 (c) **had been trying**이 정답입니다.

---

3. 미래완료진행 p.51

연습문제

1 will have been marketing **2** will have been writing
3 will have been partying **4** will have been testing
5 will have been studying **6** will have been occurring

실전문제

7 (c) **8** (d)

1

해석 2050년까지, 우리는 수십 년 동안 소셜 미디어로 마케팅을 해 <u>오고 있을 것이다.</u>

해설 미래완료진행 시제와 함께 쓰이는 시간 표현 'by + 미래 시 점'(By the year 2050)과 'for + 기간 표현'(for decades) 이 있으므로, 미래 시점인 2050년까지 수십 년 동안 계속 소셜 미디어로 마케팅을 해오고 있을 것이라는 의미를 만드는 미래완 료진행 시제 **will have been marketing**이 정답입니다.

오답분석
미래진행 시제는 특정 미래 시점에 진행 중일 일을 나타냅니다. 과거 또는 현재 시점부터 미래 시점까지 지속될 기간을 나타내 는 'for + 기간 표현'과 함께 쓰기에 더 적절한 것은 미래완료진 행 시제이므로 미래진행 시제는 오답입니다.

2

해석 Paul은 그가 내년에 그것(소설)을 마무리 지을 무렵이면 10년 <u>동안 그 소설을 집필해오고 있을 것이다.</u>

해설 미래완료진행 시제와 함께 쓰이는 시간 표현 'by the time + 현재 시제'(by the time ~ finishes)와 'for + 기간 표현'(for 10 years)이 있으므로, 미래 시점인 내년에 소설을 마무리 지을 무렵까지 10년 동안 계속 소설을 집필해오고 있을 것이라는 의미를 만드는 미래완료진행 시제 will have been writing이 정답입니다.

3

해석 우리는 내일 이때 즈음이면 동창회에서 몇 시간 동안 파티를 해오는 중일 것이다.

해설 미래완료진행 시제와 함께 쓰이는 시간 표현 'by this time + 미래 시점'(by this time tomorrow)과 'for + 기간 표현'(for hours)이 있으므로, 미래 시점인 내일 이때 즈음이면 몇 시간 동안 계속 파티를 해오는 중일 것이라는 의미를 만드는 미래완료진행 시제 will have been partying이 정답입니다.

4

해석 제품이 출시되기 전에, 회사는 수개월 동안 그것을 검사해오는 중일 것이다.

해설 미래완료진행 시제와 함께 쓰이는 시간 표현 'before + 현재 시제'(Before ~ is launched)와 'for + 기간 표현'(for months)이 있으므로, 제품이 출시되는 미래 시점까지 수개월 동안 계속 그것을 검사해오는 중일 것이라는 의미를 만드는 미래완료진행 시제 will have been testing이 정답입니다.

5

해석 다음 학기 말 무렵이면, UCLA의 교환 학생들이 이곳에서 일 년 동안 공부해오는 중일 것이다.

해설 미래완료진행 시제와 함께 쓰이는 시간 표현 'by + 미래 시점'(By the end of the coming semester)과 'for + 기간 표현'(for a year)이 있으므로, 미래 시점인 다음 학기 말 무렵이면 교환 학생들이 UCLA에서 일 년 동안 계속 공부해오는 중일 것이라는 의미를 만드는 미래완료진행 시제 will have been studying이 정답입니다.

6

해석 화산이 마침내 분출할 때는, 작은 지진들이 몇 주 동안 발생해오는 중일 것이다.

해설 미래완료진행 시제와 함께 쓰이는 시간 표현 'when + 현재 시제'(When ~ erupts)와 'for + 기간 표현'(for several weeks)이 있으므로, 화산이 마침내 분출하는 미래 시점에는 작은 지진들이 몇 주 동안 계속 발생해오는 중일 것이라는 의미를 만드는 미래완료진행 시제 will have been occurring이 정답입니다.

7

해석 전날 밤에 전기 요리 냄비를 켜고 '저온'으로 설정하라. 다음 날 아침까지, 고기는 6시간 동안 요리되어오고 있을 것이다.

해설 미래완료진행 시제와 함께 쓰이는 시간 표현 'by + 미래 시점'(By the next morning)과 'for + 기간 표현'(for six hours)이 있으므로, 미래 시점인 다음 날 아침까지 고기가 6시간 동안 계속 요리되어오고 있을 것이라는 의미를 만드는 미래완료진행 시제 (c) will have been cooking이 정답입니다.

8

해석 Brandon이 석사 학위를 받는 것이 예상된 것보다 더 오래 걸리고 있다. 그가 4월에 졸업한다면, 그는 Braxton 대학에 5년 동안 다녀오고 있을 것이다.

해설 미래완료진행 시제와 함께 쓰이는 시간 표현 'if + 현재 시제'(If ~ graduates)와 'for + 기간 표현'(for five years)이 있으므로, 미래 시점에 졸업할 때까지 Brandon이 대학에 5년 동안 다녀오고 있을 것이라는 의미를 만드는 미래완료진행 시제 (d) will have been attending이 정답입니다.

HACKERS TEST

p. 52

01 (d)	02 (c)	03 (a)	04 (b)	05 (d)
06 (c)	07 (d)	08 (d)	09 (a)	10 (d)
11 (c)	12 (b)			

01 과거완료진행 시제
정답 (d)

해석 대학 입학시험의 에세이 영역은 Beth에게 몹시 어려웠다. 그것이 오후 4시에 끝났을 때 그녀는 3시간이 넘는 시간 동안 계속해서 글을 써오고 있었다.

해설 과거완료진행 시제와 함께 쓰이는 시간 표현 'when + 과거 시제'(when ~ ended)와 'for + 기간 표현'(for over three hours)이 있으므로, 대과거에 시험을 시작했던 시점부터 과거(오후 4시)에 시험이 끝났던 시점까지 3시간이 넘는 시간 동안 계속 글을 써오고 있었다는 의미를 만드는 과거완료진행 시제 (d) had been writing이 정답입니다.

어휘 entrance test 입학시험   challenging 몹시 어려운, 도전적인   straight (잇달아) 계속해서

02 현재완료진행 시제
정답 (c)

해석 온라인 게임 산업은 1,500억 달러 이상으로 평가된다. 게임 개발자들이 끊임없이 재미있는 신제품들을 출시하고 있기 때문에, 그것은 1990년대 초 처음 설립된 이래로 매년 규모가 확대되어오고 있다.

해설 현재완료진행 시제와 함께 쓰이는 시간 표현 'since + 과거 시제'(since ~ was first established)가 있으므로, 과거(1990년대 초)에 게임 산업이 처음 설립된 시점부터 현재까지 계속 매년 규모가 확대되어오고 있다는 의미를 만드는 현재완료진행 시제 (c) has been expanding이 정답입니다.

어휘 industry 산업   value 평가하다, 값을 매기다   constantly 끊임없이   release 출시하다   establish 설립하다   expand 확대되다

03 미래완료진행 시제
정답 (a)

해석 Mr. Lewis는 오늘 저녁 그의 마당에서 작업을 끝낸 후에 아마도 피곤할 것이다. 하루의 끝 무렵이면, 그는 거의 세 시간 동안 정원의 잡초를 뽑아오는 중일 것이다.

해설 미래완료진행 시제와 함께 쓰이는 시간 표현 'by + 미래 시점'(By the end of the day)과 'for + 기간 표현'(for almost three hours)이 있으므로, 미래 시점인 오늘 하루의 끝 무렵까지 Mr. Lewis가 거의 세 시간 동안 계속 잡초를 뽑아오는 중일 것이라는 의미를 만드는 미래완료진행 시제 (a) will have been weeding이 정답입니다.

어휘 likely 아마도   tired 피곤한   yard 마당, 뜰   weed 잡초를 뽑다

---

04 과거완료진행 시제   정답 (b)

해석 나의 아버지는 그가 주말을 집에서 쉬면서 보내야 한다는 것에 실망했다. 그가 어제 다리에 부상을 입기 전에, 그는 친구분들과 Westfield 국립공원으로 도보 여행을 가기로 계획해오고 있었다.

해설 과거완료진행 시제와 함께 쓰이는 시간 표현 'before + 과거 시제'(Before ~ injured)가 있으므로, 대과거 시점부터 과거에 부상을 입은 시점(어제)까지 계속 도보 여행을 계획해오고 있었다는 의미를 만드는 과거완료진행 시제 (b) had been planning이 정답입니다.

어휘 disappointed 실망한   spend (시간을) 보내다   rest 쉬다
injure ~에 부상을 입다   hike 도보 여행

---

05 미래완료진행 시제   정답 (d)

해석 Best Buy가 블랙 프라이데이에 50퍼센트 할인을 제공하고 있기 때문에, Fran은 내일 아침에 무엇보다도 먼저 가게로 갈 것이다. 가게가 문을 닫을 때까지, 그녀는 몇 시간 동안 쇼핑을 해오고 있을 것이다. 잘하면, 그녀는 몇몇 놀라운 가격들을 찾을 수 있을 것이다.

해설 미래완료진행 시제와 함께 쓰이는 시간 표현 'until + 현재 시제'(Until ~ closes)와 'for + 기간 표현'(for several hours)이 있으므로, 미래 시점에 가게가 문을 닫을 때까지 Fran이 몇 시간 동안 계속 쇼핑을 해오고 있을 것이라는 의미를 만드는 미래완료진행 시제 (d) will have been shopping이 정답입니다.

어휘 offer 제공하다   discount 할인   first thing 무엇보다도 먼저
hopefully 잘하면, 바라건대   deal 가격, 거래

---

06 현재완료진행 시제   정답 (c)

해석 북극광은 북쪽 지역에서 발생하는 밤하늘 속 빛의 표시이다. 이 현상이 처음 관측된 이래로 줄곧, 사람들은 그것을 설명하기 위해 신화들을 만들어내 오고 있다.

해설 현재완료진행 시제와 함께 쓰이는 시간 표현 'ever since + 과거 시제'(Ever since ~ was first observed)가 있으므로, 과거에 북극광이 처음 관측된 시점부터 현재까지 계속 사람들이 신화들을 만들어내 오고 있다는 의미를 만드는 현재완료진행 시제 (c) have been creating이 정답입니다.

어휘 aurora borealis 북극광   display 표시   phenomenon 현상
observe 관측하다   myth 신화, 근거 없는 믿음

---

07 과거완료진행 시제   정답 (d)

해석 Mr. Crenshaw는 그의 팀이 마침내 새로운 노트북 모델을 위한 마케팅 캠페인을 개발했을 때 기뻤했다. 그는 지난 몇 주 동안

업무에 추가 시간을 들여오고 있었고 며칠의 휴가를 쓰기를 고대하고 있었다.

해설 과거완료진행 시제와 함께 쓰이는 시간 표현 'when + 과거 시제'(when ~ developed)와 'for + 기간 표현'(for the past several weeks)이 있으므로, 대과거 시점부터 과거에 마케팅 캠페인을 개발한 시점까지 몇 주 동안 계속 업무에 추가 시간을 들여오고 있었다는 의미를 만드는 과거완료진행 시제 (d) had been putting이 정답입니다.

어휘 develop 개발하다   laptop 노트북   extra 추가의, 가외의
look forward to ~을 고대하다   leave 휴가

---

08 현재완료진행 시제   정답 (d)

해석 지역 예술가인 Ray Mason은 시 당국의 요청으로 여러 공공시설들을 꾸미는 중이다. 그의 지금의 프로젝트를 위해, 그는 현재 3일 동안 시청 벽에 벽화를 그려오는 중이다.

해설 현재완료진행 시제와 함께 쓰이는 시간 표현 'for + 기간 표현 + now'(for three days now)가 있으므로, 과거 시점인 3일 전부터 현재까지 계속 시청 벽에 벽화를 그려오는 중이라는 의미를 만드는 현재완료진행 시제 (d) has been painting이 정답입니다.

어휘 decorate 꾸미다, 장식하다   public 공공의   facility 시설
request 요청   municipal 시의   current 지금의, 현재의
mural 벽화   city hall 시청

---

09 미래완료진행 시제   정답 (a)

해석 Sam과 Carl은 5월 10일부터 아마존 열대 우림을 지나 수일간의 트레킹을 하고 있다. 다음 주 토요일 무렵이면, 그들은 거의 2주 동안 하이킹을 해오고 있을 것이다.

해설 미래완료진행 시제와 함께 쓰이는 시간 표현 'by + 미래 시점'(By next Saturday)과 'for + 기간 표현'(for almost two weeks)이 있으므로, 미래 시점인 다음 주 토요일까지 거의 2주 동안 계속 하이킹을 해오고 있을 것이라는 의미를 만드는 미래완료진행 시제 (a) will have been hiking이 정답입니다.

어휘 trek 트레킹, 오지 여행   rainforest 열대 우림   hike 하이킹을 하다

---

10 현재완료진행 시제   정답 (d)

해석 Lyman 대학은 표절과 관련된 엄격한 정책을 시행할 것이라고 발표했다. 그 발표 이래로, 교수들은 베낀 자료가 있는지 학생 논문들을 매우 주의 깊게 검토해오고 있다.

해설 현재완료진행 시제와 함께 쓰이는 시간 표현 'since + 과거 시점'(Since the announcement)이 있으므로, 과거 시점인 표절 관련 정책이 발표된 때부터 현재까지 계속 교수들이 논문들을 매우 주의 깊게 검토해오고 있다는 의미를 만드는 현재완료진행 시제 (d) have been examining이 정답입니다.

어휘 implement 시행하다   strict 엄격한   policy 정책
regarding ~과 관련된   plagiarism 표절   paper 논문
copy 베끼다, 복사하다   material 자료   examine 검토하다

11 미래완료진행 시제   정답 (c)

해석   결혼식 피로연을 위해 고용된 밴드가 교통 체증에 갇혔다. 그 결과, 그것(밴드)은 오후 8시가 되어서야 연주할 준비가 될 것이다. 음악가들이 무대에 오를 무렵이면, 하객들은 한 시간이 넘는 시간 동안 서 있어오는 중일 것이다.

해설   미래완료진행 시제와 함께 쓰이는 시간 표현 'by the time + 현재 시제'(By the time ~ come)와 'for + 기간 표현'(for over an hour)이 있으므로, 미래 시점에 음악가들이 무대에 오를 무렵까지 하객들이 한 시간이 넘는 시간 동안 계속 서 있어오는 중일 것이라는 의미를 만드는 미래완료진행 시제 (c) will have been standing이 정답입니다.

어휘   hire 고용하다   wedding reception 결혼식 피로연   get stuck 갇히다   traffic jam 교통 체증   stage 무대

12 과거완료진행 시제   정답 (b)

해석   온라인 뱅킹은 대중들에게 대단히 유익하다. 컴퓨터와 모바일 기기를 사용하여, 매우 다양한 거래를 수행하는 것이 가능하다. 그 기술이 20년 전에 개발됐을 때까지, 사람들은 은행을 직접 방문하는 데 많은 시간을 허비해오고 있었다.

해설   과거완료진행 시제와 함께 쓰이는 시간 표현 'until + 과거 시제'(Until ~ was developed)가 있으므로, 대과거 시점부터 과거(20년 전)에 온라인 뱅킹이 개발된 시점까지 직접 은행을 방문하는 데 사람들이 계속 시간을 허비해오고 있었다는 의미를 만드는 과거완료진행 시제 (b) had been wasting이 정답입니다.

어휘   greatly 대단히, 크게   benefit ~에게 유익하다   device 기기, 장치   perform 수행하다   a variety of 다양한   transaction 거래, 매매   in person 직접   waste 허비하다, 낭비하다

DAY 03   가정법

1. 가정법 과거   p.57

연습문제

1 could not attend   2 would make
3 would not fight   4 merged
5 would pay   6 protected

실전문제

7 (a)   8 (d)

1

해석   만약 학교가 등록금을 올린다면, 몇몇 학생들은 더 이상 수업에 참석할 수 없을 것이다.

해설   if절에 과거 동사(raised)가 있으므로, 주절에는 이와 짝을 이루어 가정법 과거를 만드는 'could(조동사 과거형) + 동사원형'이 와야 합니다. 따라서 could not attend가 정답입니다.

2

해석   만약 Luanne이 최고 경영자가 된다면, 그녀는 모든 월요일을 휴일로 만들 것이다.

해설   if절에 'were to + 동사원형' 형태의 were to become이 있으므로, 주절에는 이와 짝을 이루어 가정법 과거를 만드는 'would(조동사 과거형) + 동사원형'이 와야 합니다. 따라서 would make가 정답입니다.

3

해석   우리는 만약 당신이 나를 끊임없이 방해하지 않는다면 싸우지 않을 것이다.

해설   if절에 과거 동사(didn't interrupt)가 있으므로, 주절에는 이와 짝을 이루어 가정법 과거를 만드는 'would(조동사 과거형) + 동사원형'이 와야 합니다. 따라서 would not fight가 정답입니다.

4

해석   만약 회사들이 합병한다면, 독점의 형성으로 인해 가격이 상승할 것이다.

해설   주절에 'would(조동사 과거형) + 동사원형' 형태의 would increase가 있으므로, if절에는 이와 짝을 이루어 가정법 과거를 만드는 과거 동사가 와야 합니다. 따라서 merged가 정답입니다.

5

해석   만약 Peter가 매진된 콘서트의 표를 구할 수 있기만 하면, 그는 어떤 값도 지불할 것이다.

해설   if절에 과거 동사(could find)가 있으므로, 주절에는 이와 짝을 이루어 가정법 과거를 만드는 'would(조동사 과거형) + 동사원형'이 와야 합니다. 따라서 would pay가 정답입니다.

6

해석   희귀종 식물들은 만약 사람들이 그것들의 서식지를 보호한다면 사라지지 않을 것이다.

해설   주절에 'would(조동사 과거형) + 동사원형' 형태의 would not disappear가 있으므로, if절에는 이와 짝을 이루어 가정법 과거를 만드는 과거 동사가 와야 합니다. 따라서 protected가 정답입니다.

7

해석   Sam이 피자를 주문할 때마다, 도착하는 데 한 시간이 넘게 걸린다. 만약 그 음식이 더 빨리 배달된다면, 그는 불만스럽게 느끼지 않을 것이다.

해설   if절에 과거 동사(were delivered)가 있으므로, 주절에는 이와 짝을 이루어 가정법 과거를 만드는 'would(조동사 과거형) + 동사원형'이 와야 합니다. 따라서 (a) would not feel이 정답입니다.

8

해석   곤충들은 많은 생태계에 중요하다. 만약 이 생물들이 전멸된다면, 다른 여러 종류의 동물들이 부정적인 영향을 받을 것이다.

해설　주절에 'would(조동사 과거형) + 동사원형' 형태의 would be ~ affected가 있으므로, if절에는 이와 짝을 이루어 가정법 과거를 만드는 과거 동사가 와야 합니다. 따라서 (d) were exterminated가 정답입니다.

2. 가정법 과거완료　　　　　　　　　　　p.59

연습문제

1 would have run
2 would have tried
3 had left
4 would have earned
5 had tested
6 would not have failed

실전문제

7 (a)　　　　　8 (c)

1

해석　만약 Tara가 더 자신감을 가졌다면, 그녀는 학생회장으로 출마했을 것이다.

해설　if절에 'had p.p.' 형태의 had felt가 있으므로, 주절에는 이와 짝을 이루어 가정법 과거완료를 만드는 'would(조동사 과거형) + have p.p.'가 와야 합니다. 따라서 would have run이 정답입니다.

2

해석　만약 Jason이 무서워하지만 않았다면, 그는 친구들과 함께 스카이다이빙을 시도했을 것이다.

해설　if절에 'had p.p.' 형태의 had not been scared가 있으므로, 주절에는 이와 짝을 이루어 가정법 과거완료를 만드는 'would(조동사 과거형) + have p.p.'가 와야 합니다. 따라서 would have tried가 정답입니다.

3

해석　만약 Thomas가 아파트를 더 일찍 나섰다면, 그는 비행기를 놓치지 않았을 것이다.

해설　주절에 'would(조동사 과거형) + have p.p.' 형태의 wouldn't have missed가 있으므로, if절에는 이와 짝을 이루어 가정법 과거완료를 만드는 'had p.p.'가 와야 합니다. 따라서 had left가 정답입니다.

4

해석　승객들은 만약 멤버십에 가입했다면 그 비행에 대한 마일리지를 얻었을 것이다.

해설　if절에 'had p.p.' 형태의 had signed가 있으므로, 주절에는 이와 짝을 이루어 가정법 과거완료를 만드는 'would(조동사 과거형) + have p.p.'가 와야 합니다. 따라서 would have earned가 정답입니다.

5

해석　만약 연구원들이 더 많은 피실험자를 실험했다면, 그들은 치료

법을 더 빨리 발견할 수 있었을 것이다.

해설　주절에 'could(조동사 과거형) + have p.p.' 형태의 could have found가 있으므로, if절에는 이와 짝을 이루어 가정법 과거완료를 만드는 'had p.p.'가 와야 합니다. 따라서 had tested가 정답입니다.

6

해석　Nelson이 더 열심히 공부했다면, 그는 수학 시험에서 낙제하지 않았을 것이다.

해설　if가 생략된 절에 'had p.p.' 형태의 Had ~ studied가 있으므로, 주절에는 이와 짝을 이루어 가정법 과거완료를 만드는 'would(조동사 과거형) + have p.p.'가 와야 합니다. 따라서 would not have failed가 정답입니다.

7

해석　Western Plastics 사의 노동자들은 현재 파업 중이다. 노동조합 대표는 만약 회사가 임금을 인상했다면, 그것(회사)은 이 노동 쟁의를 막았을 것이라고 말했다.

해설　주절에 'would(조동사 과거형) + have p.p.' 형태의 would have avoided가 있으므로, if절에는 이와 짝을 이루어 가정법 과거완료를 만드는 'had p.p.'가 와야 합니다. 따라서 (a) had increased가 정답입니다.

8

해석　Kevin은 그가 가장 좋아하는 밴드가 Glendale 록 페스티벌에서 공연하지 않는다는 것을 알게 되었다. 그가 만약 이것을 미리 알았다면 행사 입장권을 구입하지 않았을 것이다.

해설　if절에 'had p.p.' 형태의 had known이 있으므로, 주절에는 이와 짝을 이루어 가정법 과거완료를 만드는 'would(조동사 과거형) + have p.p.'가 와야 합니다. 따라서 (c) would not have purchased가 정답입니다.

HACKERS TEST　　　　　　　　　　　p.60

01 (d)	02 (c)	03 (b)	04 (c)	05 (c)
06 (b)	07 (d)	08 (b)	09 (a)	10 (a)
11 (a)	12 (b)			

01　가정법 과거　　　　　　　　　　　정답 (d)

해석　Brandon은 친구의 새로운 일을 축하하기 위한 파티에서 기름진 음식을 너무 많이 먹어서 배탈이 났다. 만약 그가 그의 식욕을 자제할 수만 있다면, 그는 소화 불량을 겪지 않을 것이다.

해설　if절에 과거 동사(were able to control)가 있으므로, 주절에는 이와 짝을 이루어 가정법 과거를 만드는 'would(조동사 과거형) + 동사원형'이 와야 합니다. 따라서 (d) would not have가 정답입니다.

어휘　stomachache 배탈, 복통　greasy 기름진　celebrate 축하하다　appetite 식욕　digestion 소화

02 가정법 과거완료
정답 (c)

해석 Hartford 축구 구단은 숙련된 선수들을 많이 모집할 수 없었다. **만약** 구단이 그렇게 낮은 계약 보너스를 **제시하지 않았다면**, 그 것은 아마 공격진을 강화할 선수들을 **끌어들일 수 있었을 것이 다.**

해설 if절에 'had p.p.' 형태의 had not offered가 있으므로, 주절에는 이와 짝을 이루어 가정법 과거완료를 만드는 'could(조동사 과거형) + have p.p.'가 와야 합니다. 따라서 (c) could have attracted가 정답입니다.

어휘 recruit 모집하다   skilled 숙련된, 능숙한   offer 제시하다, 제공하다   strengthen 강화하다   offense 공격진   attract 끌어들이다

03 가정법 과거완료
정답 (b)

해석 Sarah는 참고 자료를 찾는 데 어려움을 겪어서 사회학 에세이 를 하루 늦게 제출했다. **만약** 기한이 지켜졌다면, 그녀는 그 과제 에 대해 훨씬 더 높은 점수를 **받았을 것이다.**

해설 주절에 'would(조동사 과거형) + have p.p.' 형태의 would have received가 있으므로, if절에는 이와 짝을 이루어 가정 법 과거완료를 만드는 'had p.p.'가 와야 합니다. 따라서 (b) had been met이 정답입니다.

어휘 submit 제출하다   sociology 사회학   reference materials 참고 자료   deadline 기한   assignment 과제, 임무   meet (기한을) 지키다

04 가정법 과거
정답 (c)

해석 지구는 달에 의해 크게 영향을 받는다. 예를 들어, **만약** 달이 존 **재하지 않는다면**, 조류는 약해질 것이다. 이는 달의 중력이 우리 행성의 바다에 영향을 미쳐, 수위를 오르락내리락하게 만들기 때문이다.

해설 if절에 과거 동사(did not exist)가 있으므로, 주절에는 이와 짝 을 이루어 가정법 과거를 만드는 'would(조동사 과거형) + 동 사원형'이 와야 합니다. 따라서 (c) would diminish가 정답입 니다.

어휘 influence 영향을 주다   exist 존재하다   tide 조류, 밀물과 썰물   gravitational force 중력   planet 행성   water level 수위   rise 올라가다   fall 내려가다   diminish 약해지다, 줄어들다

05 가정법 과거완료
정답 (c)

해석 많은 정부들이 플라스틱 빨대의 사용을 금지하는 법안을 통과시 켰다. 이것은 환경에 상당히 유익할 것이다. 그러나, **만약** 이러한 정책이 더 일찍 **시행됐다면**, 이미 더 적은 플라스틱 폐기물이 축 적되었을 것이다.

해설 if절에 'had p.p.' 형태의 had been put이 있으므로, 주절에는 이와 짝을 이루어 가정법 과거완료를 만드는 'would(조동사 과 거형) + have p.p.'가 와야 합니다. 따라서 (c) would have accumulated가 정답입니다.

어휘 legislation 법안   ban 금지하다   straw 빨대   benefit ~에 유익하다   be put in place 시행되다   accumulate 축적되다, 쌓이다

06 가정법 과거
정답 (b)

해석 Pepperdine 대학은 최근 기숙사에 새로운 화재 스프링클러 장 치를 설치했다. 캠퍼스 안전 요원인 Jeffrey Bolland는 **만약** 건 물에서 화재가 발생한다면, 스프링클러에서 나오는 물이 그것을 빠르게 **진압할 것이라고** 말했다.

해설 주절에 'would(조동사 과거형) + 동사원형' 형태의 would extinguish가 있으므로, if절에는 이와 짝을 이루어 가정법 과 거를 만드는 과거 동사가 와야 합니다. 따라서 (b) started가 정답입니다.

어휘 install 설치하다   dormitory 기숙사   extinguish (화재를) 진압하다

07 가정법 과거완료
정답 (d)

해석 Colossus는 그리스 신의 거대한 조각상이었다. 그것은 높이가 33미터였고, 이는 자유의 여신상의 높이와 비슷하다. 그것이 지 진으로 **파괴되지 않았다면**, 세계 불가사의 중 하나로 **남았을 것 이다.**

해설 if가 생략된 절에 'had p.p.' 형태의 Had ~ not been destroyed가 있으므로, 주절에는 이와 짝을 이루어 가정법 과 거완료를 만드는 'would(조동사 과거형) + have p.p.'가 와야 합니다. 따라서 (d) would have remained가 정답입니다.

어휘 massive 거대한   statue 조각상   comparable 비슷한, 비교할 만한   destroy 파괴하다   wonder 불가사의, 경이로운 것   remain 남다

08 가정법 과거완료
정답 (b)

해석 어제, 나는 남동생이 가상 현실 게임을 하는 것을 보았다. 그는 컴퓨터가 만들어 낸 세계를 탐험하며 몹시 신나 보였다. **만약** 내 가 일하러 갈 필요가 없었다면, 나도 게임을 한번 **해봤을 것이** 다.

해설 주절에 'would(조동사 과거형) + have p.p.' 형태의 would have given이 있으므로, if절에는 이와 짝을 이루어 가정법 과 거완료를 만드는 'had p.p.'가 와야 합니다. 따라서 (b) had not needed가 정답입니다.

어휘 virtual 가상의   reality 현실   explore 탐험하다   computer-generated 컴퓨터가 만들어 낸   give a try 한번 해보다   as well ~도, 또한

09 가정법 과거
정답 (a)

해석 Brett와 Adam은 어렸을 때 가장 친한 친구였기 때문에, 고등 학교 동창회에서 서로 만나게 되어 매우 기뻤다. **만약** 그들이 지 금 다른 도시에 살고 있지 않다면, 그들은 여전히 친한 관계를 유지하고 있을 것이다.

해설 if절에 과거 동사(did not live)가 있으므로, 주절에는 이와 짝 을 이루어 가정법 과거를 만드는 'would(조동사 과거형) + 동사 원형'이 와야 합니다. 따라서 (a) would still be가 정답입니다.

어휘 reunion 동창회, 친목 모임   close 친한, 가까운   relationship 관계

10 가정법 과거
정답 (a)

해석 Neal이 월요일에 매주 하는 운동을 마치고 Blackstone 헬스클

럽을 나섰을 때, 그는 어깨에 통증을 느꼈다. **만약 그가 운동하기 전에 근육을 풀어준다면, 그는 이렇게 자주 다치지 않을 것이다.**

해설 if절에 'were to + 동사원형' 형태의 were to stretch가 있으므로, 주절에는 이와 짝을 이루어 가정법 과거를 만드는 'would (조동사 과거형) + 동사원형'이 와야 합니다. 따라서 (a) would not injure가 정답입니다.

어휘 **pain** 통증, 고통　　**stretch** (근육을) 풀어주다, 늘이다　　**muscle** 근육
injure oneself 다치다, 부상을 입다

11 가정법 과거　　　　　　　　　　　　　　　정답 (a)

해석 Torrent Catering 사는 재정적인 어려움을 겪고 있기 때문에 일부 근로자를 해고해야 할 것이다. **만약 침체된 경기만 아니라면, 관리자는 회사가 모든 직원의 고용을 유지할 것이라고 주장한다.**

해설 if절에 과거 동사(weren't)가 있으므로, 주절에는 이와 짝을 이루어 가정법 과거를 만드는 'would(조동사 과거형) + 동사원형'이 와야 합니다. 따라서 (a) would keep이 정답입니다.

어휘 **lay off** 해고하다　　**experience** 겪다, 경험하다　　**financial** 재정적인
poor 침체된, 어려운　　**economy** 경기, 경제　　**claim** 주장하다

12 가정법 과거완료　　　　　　　　　　　　　정답 (b)

해석 Polson Mobile 사는 그것이 과열되는 문제로 인해 최신 스마트폰 모델을 회수할 수밖에 없었다. **제품이 사전에 더 주의 깊게 테스트되었다면, 회사는 고객들이 불만을 제기하기 전에 그 문제에 대해 확실히 알았을 것이다.**

해설 if가 생략된 절에 'had p.p.' 형태의 Had ~ been tested가 있으므로, 주절에는 이와 짝을 이루어 가정법 과거완료를 만드는 'would(조동사 과거형) + have p.p.'가 와야 합니다. 따라서 (b) would have surely known이 정답입니다.

어휘 **recall** 회수하다　　**overheat** 과열되다　　**in advance** 사전에, 미리
customer 고객　　**complain** 불만을 제기하다, 항의하다

DAY 04　조동사

1. can/may/will　　　　　　　　　　　　　　p.65

연습문제

1 will　　　　　　　2 would
3 might　　　　　　4 can
5 may　　　　　　　6 could

실전문제

7 (c)　　　　8 (c)

1

해석 방학 동안, Jeremy는 틀림없이 시골 지역으로 여행을 갈 것이다.

해설 문맥상 Jeremy가 미래 시점인 방학에 여행을 갈 예정이라는 의미가 되어야 자연스러우므로, '~할 것이다'를 뜻하면서 미래/예정을 나타내는 조동사 will이 정답입니다.

오답분석
조동사 might는 불확실한 추측을 나타내므로, 문장 내 부사 definitely(틀림없이)와 문맥상 어울리지 않아 오답입니다.

2

해석 Michael은 소포를 이틀 내에 발송하겠다고 말했지만, 그는 발송하지 않았다.

해설 문맥상 Michael이 과거에 소포를 이틀 내에 발송하겠다고 말했다는 의미가 되어야 자연스러우므로, '~하겠다'를 뜻하면서 의지를 나타내는 조동사 will의 과거형 would가 정답입니다.

오답분석
조동사 will은 문장 내 과거 동사 said와 시제가 일치하지 않으므로 오답입니다.

3

해석 잿빛 하늘 때문에 곧 비가 올지도 모르는 것처럼 보인다.

해설 문맥상 비가 올지도 모른다는 것을 추측하는 의미가 되어야 자연스러우므로, '~일지도 모른다'를 뜻하면서 불확실한 추측을 나타내는 조동사 might가 정답입니다.

오답분석
조동사 must는 강한 확신을 나타내므로, 추측을 나타내는 표현 It seems like(~처럼 보인다)와 문맥상 어울리지 않아 오답입니다.

4

해석 많은 반려동물 주인은 개가 사람들이 말하는 것을 이해할 수 있기를 바란다.

해설 문맥상 개가 사람들의 말을 이해할 수 있기를 바란다는 의미가 되어야 자연스러우므로, '~할 수 있다'를 뜻하면서 가능성/능력을 나타내는 조동사 can이 정답입니다.

5

해석 학생들은 허가를 받으면 컴퓨터 장비를 사용해도 된다.

해설 문맥상 허가를 받으면 컴퓨터 장비를 사용해도 된다는 의미가 되어야 자연스러우므로, '~해도 된다'를 뜻하면서 허가를 나타내는 조동사 may가 정답입니다.

6

해석 선생님은 내게 보고서를 이틀 늦게 제출해도 된다고 말씀하셨다.

해설 문맥상 선생님이 과거에 내게 보고서를 이틀 늦게 제출해도 된다고 말씀하셨다는 의미가 되어야 자연스러우므로, '~해도 된다'를 뜻하면서 허가를 나타내는 조동사 can의 과거형 could가 정답입니다.

오답분석
조동사 can은 문장 내 과거 동사 told와 시제가 일치하지 않으므로 오답입니다.

7

해석 전문가들은 조깅이 수많은 정신 건강상의 이점들을 가지고 있다고 말한다. 예를 들어, 그것은 사람들의 스트레스를 줄이고 그들이 더욱 편안하게 느끼도록 만들 <u>수 있다</u>.

해설 문맥상 조깅이 사람들의 스트레스를 줄이고 편안하게 느끼도록 만들 수 있다는 의미가 되어야 자연스러우므로, '~할 수 있다'를 뜻하면서 가능성/능력을 나타내는 조동사 (c) can이 정답입니다.

오답 분석
(a) 조깅의 효과에 대한 전문가들의 견해를 설명하고 있으므로, 불확실한 추측을 나타내는 조동사 might는 문맥상 적합하지 않아 오답입니다.

8

해석 새로운 규정이 현재 인도에서 고려되고 있다. 그것의 통과가 확정되지는 않았지만, 그 법률은 재산세가 계산되는 방식을 바꿀 <u>지도 모른다</u>.

해설 문맥상 규정의 통과가 확정되지는 않았지만 그 법률은 재산세가 계산되는 방식을 바꿀지도 모른다는 의미가 되어야 자연스러우므로, '~일지도 모른다'를 뜻하면서 약한 추측을 나타내는 조동사 (c) may가 정답입니다.

오답 분석
(b) 아직 새로운 규정의 통과가 확정되지 않은 상황에서 법률의 효과를 추측하고 있으므로, 미래/예정을 나타내는 조동사 will은 문맥상 적합하지 않아 오답입니다.
(d) 조동사 shall은 미래/예정 혹은 각오/명령/지시를 나타내므로 문맥상 적합하지 않아 오답입니다.

---

2. should/must
p.67

연습문제

1 should	**2** must
3 must	**4** should
5 must	**6** should

실전문제

7 (d)	**8** (a)

1

해석 학생들은 어떠한 경우에도 복도에서 뛰지 말아<u>야 한다</u>.

해설 문맥상 학생들은 복도에서 뛰지 말아야 한다는 의미가 되어야 자연스러우므로, '~해야 한다'를 뜻하면서 의무/당위성을 나타내는 조동사 should가 정답입니다.

2

해석 다가오는 선거는 그것이 공정하다는 것을 보장하기 위해 신중하게 감시되어<u>야 한다</u>.

해설 문맥상 선거가 신중하게 감시되어야 한다는 의미가 되어야 자연스러우므로, '~해야 한다'를 뜻하면서 의무를 나타내는 조동사

must가 정답입니다.

오답 분석
조동사 will의 과거형 would는 문장 내 현재 동사 is와 시제가 일치하지 않으므로 오답입니다.

3

해석 Tina는 공부하면서 밤을 새웠음에 틀림없는데 이는 그녀가 시험에서 높은 성적을 받았기 때문이다.

해설 문맥상 Tina가 높은 성적을 받은 것을 근거로 그녀가 공부하면서 밤을 새웠다고 확신하는 의미가 되어야 자연스러우므로, have p.p.와 함께 쓰여 '~했음에 틀림없다'를 뜻하면서 과거에 대한 강한 확신을 나타내는 조동사 must가 정답입니다.

4

해석 국가의 지도자들은 만약 그들이 존경받고 싶다면 기본 인권을 보장해야 한다.

해설 문맥상 국가의 지도자들이 기본 인권을 보장해야 한다는 의미가 되어야 자연스러우므로, '~해야 한다'를 뜻하면서 의무/당위성을 나타내는 조동사 should가 정답입니다.

5

해석 현재의 회사 보안 방침 하에서는, 직원들은 적어도 한 달에 한 번씩은 그들의 컴퓨터 비밀번호를 바꿔야 한다.

해설 문맥상 회사 보안 방침 하에서 직원들은 적어도 한 달에 한 번씩은 컴퓨터 비밀번호를 바꿔야 한다는 의미가 되어야 자연스러우므로, '~해야 한다'를 뜻하면서 의무를 나타내는 조동사 must가 정답입니다.

6

해석 Campbell은 지금 바로 공항으로 출발하는 것이 좋겠는데, 그렇지 않으면 그는 비행기를 놓칠 것이다.

해설 문맥상 Campbell이 비행기를 놓치지 않으려면 지금 바로 공항으로 출발하는 것이 좋겠다는 의미가 되어야 자연스러우므로, '~하는 것이 좋겠다'를 뜻하면서 충고/조언을 나타내는 조동사 should가 정답입니다.

7

해석 Harwell 사의 연간 실적 평가는 다음 달에 실시될 것이다. 팀장들은 늦어도 6월 23일까지 그들의 팀원들에 대한 평가를 제출해<u>야 한다</u>.

해설 문맥상 팀장들이 6월 23일까지 팀원 평가를 제출해야 한다는 의미가 되어야 자연스러우므로, '~해야 한다'를 뜻하면서 의무를 나타내는 조동사 (d) must가 정답입니다.

8

해석 어린 나이에 자주 정크 푸드를 먹는 것은 다양한 건강 문제들을 일으킨다. 그러므로, 아이들은 영양가 높은 음식을 먹도록 권장<u>되는 것이 좋겠다</u>.

해설 문맥상 아이들이 영양가 높은 음식을 먹도록 권장되는 것이 좋겠다는 의미가 되어야 자연스러우므로, '~하는 것이 좋겠다'를

뜻하면서 충고/조언을 나타내는 조동사 (a) should가 정답입니다.

3. 조동사 should 생략

연습문제

1 confess	**2** join
3 be	**4** not give
5 conserve	**6** go

실전문제

7 (a)	**8** (c)

1

해석 Walter는 Alex가 그의 범행을 자백해야 한다고 주장했다.

해설 주절에 주장을 나타내는 동사 insist가 있으므로, that절에는 '(should +) 동사원형'이 와야 합니다. 따라서 동사원형 confess가 정답입니다.

2

해석 Jerome은 Liz가 학교의 하키팀에 가입할 것을 추천했다.

해설 주절에 제안을 나타내는 동사 recommend가 있으므로, that절에는 '(should +) 동사원형'이 와야 합니다. 따라서 동사원형 join이 정답입니다.

3

해석 사건의 진상이 밝혀지는 것은 중요하다.

해설 주절에 주장을 나타내는 형용사 important가 있으므로, that절에는 '(should +) 동사원형'이 와야 합니다. 따라서 동사원형 be가 정답입니다.

4

해석 Detroit Lions는 심판이 Laurence에게 레드카드를 주지 않을 것을 요구했다.

해설 주절에 요구를 나타내는 동사 demand가 있으므로, that절에는 '(should +) 동사원형'이 와야 합니다. 따라서 동사원형 not give가 정답입니다.

5

해석 가뭄이 발생할 때, 주민들이 물을 아껴 쓰는 것이 필수적이다.

해설 주절에 주장을 나타내는 형용사 essential이 있으므로, that절에는 '(should +) 동사원형'이 와야 합니다. 따라서 동사원형 conserve가 정답입니다.

6

해석 나는 Bill이 졸업하면 Ameritech 사의 인턴사원 프로그램을 거쳐야 한다고 조언했다.

해설 주절에 제안을 나타내는 동사 advise가 있으므로, that절에는

'(should +) 동사원형'이 와야 합니다. 따라서 동사원형 go가 정답입니다.

7

해석 오후 3시에, Carla는 두통이 있었고 집중할 수 없었다. 그녀의 관리자는 그녀가 휴식을 취하기 위해 그냥 일찍 퇴근할 것을 제안했다.

해설 주절에 제안을 나타내는 동사 suggest가 있으므로, that절에는 '(should +) 동사원형'이 와야 합니다. 따라서 동사원형 (a) just leave가 정답입니다.

8

해석 소수 집단에 대한 차별은 그들이 직장을 얻는 것을 어렵게 만든다. 따라서, 정부가 이 문제를 즉시 처리하는 것이 시급하다.

해설 주절에 주장을 나타내는 형용사 urgent가 있으므로, that절에는 '(should +) 동사원형'이 와야 합니다. 따라서 동사원형 (c) address가 정답입니다.

HACKERS TEST

01 (b)	**02** (c)	**03** (b)	**04** (d)	**05** (c)
06 (c)	**07** (a)	**08** (c)	**09** (b)	**10** (a)
11 (a)	**12** (d)			

01 조동사 should
정답 (b)

해석 올해의 토론 대회 규정이 Southwest 대학의 웹 사이트에 게시되었다. 가장 큰 변화는 응답 시간이 단축되었다는 것이다. 이제, 학생은 응답하는 데 4분 이내의 시간을 써야 한다.

해설 문맥상 토론 대회 규정에 따라 학생이 응답하는 데 4분 이내의 시간을 써야 한다는 의미가 되어야 자연스러우므로, '~해야 한다'를 뜻하면서 의무/당위성을 나타내는 조동사 (b) should가 정답입니다.

어휘 debate 토론   competition 대회, 경쟁   post 게시하다
response 응답   reduce 단축하다, 줄이다
take (시간을) 쓰다, (시간이) 걸리다   no more than ~ 이내의
respond 응답하다

02 조동사 should 생략
정답 (c)

해석 개가 수술을 받은 후, 상처를 핥거나 긁는 것을 막기 위해 플라스틱으로 된 원뿔이 목에 부착될 것이다. 수의사가 그것(원뿔)이 제거되도록 허가할 때까지 개는 이 원뿔을 착용하는 것이 제일 좋다.

해설 주절에 주장을 나타내는 형용사 best가 있으므로, that절에는 '(should +) 동사원형'이 와야 합니다. 따라서 동사원형 (c) wear가 정답입니다.

어휘 surgery 수술   cone 원뿔   attach 부착하다, 붙이다
lick 핥다   scratch 긁다   wound 상처   veterinarian 수의사
permission 허가   remove 제거하다   wear 착용하다

DAY 04 조동사 **23**

해커스 지텔프 32-50+

03 조동사 can   정답 (b)

해석   Janet은 하자가 생긴 그녀의 노트북을 남동생에게 가지고 가기로 결정했다. 그는 컴퓨터에 대해 많은 것을 알기 때문에, 그가 그것을 고칠 수 있는 가능성이 있다.

해설   문맥상 컴퓨터를 잘 아는 Janet의 남동생이 하자가 생긴 그녀의 노트북을 고칠 수 있는 가능성이 있다는 의미가 되어야 자연스러우므로, '~할 수 있다'를 뜻하면서 가능성/능력을 나타내는 조동사 (b) can이 정답입니다.

오답 분석
(a) ought to, (d) has to는 의무/당위성을 나타내므로 문맥상 적합하지 않아 오답입니다.

어휘   damaged 하자가 생긴, 손상된   chance 가능성   fix 고치다

04 조동사 must   정답 (d)

해석   정부가 부주의한 운전으로 인한 자동차 사고를 방지하기 위한 새로운 법을 통과시켰다. 법안에 따르면, 사람들은 차량을 운전하는 동안 휴대폰을 사용하는 것을 삼가야 하며, 위반자들은 엄중한 처벌에 직면하게 될 것이다.

해설   문맥상 새로운 법안에 따르면 사람들은 운전 중 휴대폰 사용을 삼가야 한다는 의미가 되어야 자연스러우므로, '~해야 한다'를 뜻하면서 의무를 나타내는 조동사 (d) must가 정답입니다.

어휘   pass 통과시키다   prevent 방지하다, 예방하다   careless 부주의한   legislation 법안, 입법   refrain from ~을 삼가다   vehicle 차량   violator 위반자   face 직면하다   stiff 엄중한, 강한   penalty 처벌, 벌금

05 조동사 should 생략   정답 (c)

해석   Bayfield Accounting 사의 최고 경영자는 그녀의 회사에서 업무 효율을 개선하기를 원한다. 그녀는 잦은 회의가 근로자들의 생산성을 떨어뜨리기 때문에 각 팀장은 직원들이 참석하도록 요구되는 회의의 횟수를 줄일 것을 제안한다.

해설   주절에 제안을 나타내는 동사 propose가 있으므로, that절에는 '(should +) 동사원형'이 와야 합니다. 따라서 동사원형 (c) reduce가 정답입니다.

어휘   would like to ~하기를 원하다   improve 개선하다, 향상시키다   efficiency 효율   attend 참석하다   frequent 잦은, 빈번한   lower 떨어뜨리다, 낮추다   productivity 생산성

06 조동사 may   정답 (c)

해석   Coast 백화점은 지난해 동안 매출액의 급격한 감소를 겪었다. 그 결과, 그 회사는 여러 지점들을 닫을지도 모른다. 하지만, 이 조치가 취해지기 전에 다른 선택권들도 조사되고 있다.

해설   문맥상 지난해 매출액의 급격한 감소를 겪은 Coast 백화점이 여러 지점들을 닫을지도 모른다는 의미가 되어야 자연스러우므로, '~일지도 모른다'를 뜻하면서 약한 추측을 나타내는 조동사 (c) may가 정답입니다.

오답 분석
(a), (b) 마지막 문장에서 지점들을 닫는 조치가 취해지기 전에 다른 선택권들도 조사되고 있다고 했으므로, 지점들을 닫는 것은 확실히 결정된 내용이 아님을 알 수 있습니다. 따라서 미래/예정을 나타내는 조동사 will과 의무를 나타내는 조동사 must는 문맥상 적합하지 않아 오답입니다.

어휘   department store 백화점   sharp 급격한, 예리한   decline 감소   sales 매출액   branch 지점   option 선택권   explore 조사하다, 탐구하다   step 조치, 단계

07 조동사 will   정답 (a)

해석   David는 내게 무례하게 군 것에 대해 사과했다. 하지만, 나는 그의 사려 깊지 못한 말이 얼마나 내 감정을 상하게 하는지 그가 알기를 원하기 때문에 그를 곧바로 용서하지 않겠다.

해설   문맥상 David를 곧바로 용서하지 않겠다는 의미가 되어야 자연스러우므로, '~하겠다'를 뜻하면서 의지를 나타내는 조동사 (a) will이 정답입니다.

오답 분석
(b) David가 본인의 사려 깊지 못한 말이 얼마나 화자의 감정을 상하게 하는지 알기를 원하기 때문에 그를 곧바로 용서하지 않겠다는 화자의 의지를 나타내고 있습니다. 따라서 가능성/능력을 나타내는 조동사 can은 문맥상 적합하지 않아 오답입니다.

어휘   apologize 사과하다   rude 무례한   forgive 용서하다   right away 곧바로, 즉시   inconsiderate 사려 깊지 못한   hurt 상하게 하다, 다치게 하다   feeling 감정, 느낌

08 조동사 could   정답 (c)

해석   벽화는 벽이나 천장에 직접 그려진 그림이다. 중세 유럽에서는, 벽화가 교회를 장식하기 위해 사용되었다. 어떤 벽화들은 훨씬 더 빨리 완성되었지만, 미켈란젤로의 「아담의 창조」와 같은 정교한 벽화는 완성하는 데 몇 년이 걸렸을 수 있다.

해설   문맥상 정교한 벽화는 완성하는 데 몇 년이 걸렸을 가능성이 있다는 의미가 되어야 자연스러우므로, '~할 수 있다'를 뜻하면서 가능성/능력을 나타내는 조동사 can의 과거형 (c) could가 정답입니다.

어휘   mural 벽화   painting 그림   directly 직접, 바로   wall 벽   ceiling 천장   medieval 중세의   decorate 장식하다, 꾸미다   elaborate 정교한   complete 완성하다

09 조동사 might   정답 (b)

해석   프롬은 고등학교 시절의 마지막에 열리는 무도회이다. 이것은 격식을 차린 행사이기 때문에, 학생들은 드레스나 턱시도를 입을 것이다. 무도회가 끝난 후에 파티가 열릴지도 모르지만, 항상 그런 것은 아니다.

해설   문맥상 무도회가 끝난 후에 파티가 열릴지도 모르지만 항상 그런 것은 아니라는 의미가 되어야 자연스러우므로, '~일지도 모른다'를 뜻하면서 불확실한 추측을 나타내는 (b) might가 정답입니다.

(d) 마지막 문장에서 무도회가 끝난 후에 항상 파티가 열리는 것은 아니라고 했으므로, 미래/예정을 나타내는 조동사 will은 문맥상 적합하지 않아 오답입니다.

어휘 prom 프롬, 무도회 formal 격식을 차린, 공식적인 gown 드레스

10 조동사 might 정답 (a)

해석 Greg은 그가 나와 내 대학 친구들과의 저녁 식사에 함께하자는 내 초대를 거절한 이유를 설명하지 않았다. 그는 잘 모르는 다수의 사람들과 어울리는 것에 불편함을 느낄지도 모른다.

해설 문맥상 Greg가 잘 모르는 사람들과 어울리는 것에 불편함을 느낄지도 모른다고 추측하는 의미가 되어야 자연스러우므로, '~일지도 모른다'를 뜻하면서 불확실한 추측을 나타내는 (a) might가 정답입니다.

(b), (c) Greg가 거절한 이유를 설명하지 않았으므로, 그가 불편함을 느낄지도 모른다는 것은 필자의 불확실한 추측임을 알수 있습니다. 따라서 가능성/능력을 나타내는 조동사 can과 미래/예정을 나타내는 조동사 will은 문맥상 적합하지 않아 오답입니다.

어휘 explain 설명하다 decline 거절하다 invitation 초대(장)
join 함께하다 uncomfortable 불편한
hang out with ~와 어울리다 a bunch of 다수의

11 조동사 should 생략 정답 (a)

해석 Danielle은 역사 수업의 조별 발표를 준비하는 것에 많은 노력을 들였다. 그녀의 바람은 총 6명의 구성원을 포함한 그녀의 조가 그 프로젝트에서 좋은 성적을 받는 것이다.

해설 주절에 요구를 나타내는 명사 desire가 있으므로, that절에는 '(should +) 동사원형'이 와야 합니다. 따라서 동사원형 (a) receive가 정답입니다.

어휘 effort 노력 prepare for ~을 준비하다 presentation 발표
desire 바람 a total of 총 ~의 grade 성적 receive 받다

12 조동사 should 생략 정답 (d)

해석 Boston Seals 트레이너는 스타 포워드인 Brett Collins가 목근육 부상을 입었다고 확정했다. 그는 그것(부상)이 낫도록 하기 위해 그 선수가 3주 동안 어떤 경기도 하지 않아야 한다고 지시했다.

해설 주절에 명령을 나타내는 동사 prescribe가 있으므로, that절에는 '(should +) 동사원형'이 와야 합니다. 따라서 동사원형 (d) not play가 정답입니다.

어휘 determine 확정하다, 결정하다 muscle 근육 injury 부상
prescribe 지시하다, 규정하다 athlete 선수 heal 낫다

DAY 05 준동사 ① - to 부정사

1. to 부정사의 역할 p. 75

연습문제

1 to purchase 2 to have
3 to clean 4 to see
5 to complete 6 to cancel

실전문제

7 (c) 8 (c)

1

해석 정부는 젊은 사람들이 그들의 첫 주택을 구매할 재정적인 지원을 제공할 것이다.

해설 형용사처럼 명사 financial assistance(재정적인 지원)를 뒤에서 수식하면서, '구매할'이라는 의미를 만드는 to 부정사가 와야 합니다. 따라서 to purchase가 정답입니다. 참고로 for young people은 to 부정사의 의미상 주어입니다.

to 부정사의 완료형 to have purchased는 '제공하는'(provide) 시점보다 '구매하는' 시점이 앞선다는 것을 나타내므로 문맥상 적합하지 않아 오답입니다.

2

해석 Kevin은 그의 상사로부터 휴가 요청을 승인받게 되어 안심했다.

해설 부사처럼 형용사 relieved(안심하는)를 뒤에서 수식하면서, '~하게 되어'라는 의미를 만드는 to 부정사가 와야 합니다. 따라서 to have가 정답입니다.

3

해석 그것(상처)이 감염되지 않도록 상처를 소독하는 것이 중요하다.

해설 주어 자리에 가주어 It이 있고 문맥상 '상처를 소독하는 것이 중요하다'라는 의미가 되어야 자연스러우므로, 빈칸에는 동사 is의 진주어 '소독하는 것'이 와야 합니다. 따라서 진주어 자리에 올수 있는 to 부정사 to clean이 정답입니다.

4

해석 나의 가족은 벚꽃을 보기 위해 소풍을 갈 예정이다.

해설 부사처럼 문장을 수식하면서, '보기 위해'라는 의미를 만드는 to 부정사가 와야 합니다. 따라서 to see가 정답입니다.

5

해석 Mike는 끝낼 몇몇 학교 과제가 있어서 바쁘다.

해설 형용사처럼 명사 assignments(과제)를 뒤에서 수식하면서, '끝낼'이라는 의미를 만드는 to 부정사가 와야 합니다. 따라서 to complete가 정답입니다.

6

해석 그 대학은 새로운 주차 정책을 시행했으나 학생들의 불만 때문에 일주일 후에 그것을 취소하게 되었다.

해설 부사처럼 문장을 수식하면서, '취소하게 되었다'라는 의미를 만드는 to 부정사가 와야 합니다. 따라서 to cancel이 정답입니다.

7

해석 연어는 회색곰의 먹이의 중요한 부분이다. 연어가 강에 알을 낳으면, 곰은 하루 중 대부분을 먹을 물고기를 잡으며 보낼 것이다.

해설 형용사처럼 명사 fish(물고기)를 뒤에서 수식하면서, '먹을'이라는 의미를 만드는 to 부정사가 와야 합니다. 따라서 (c) to eat이 정답입니다.

오답 분석
(a) to 부정사의 진행형 'to be -ing'를 쓰는 경우, 문장의 의미가 어색해지므로 오답입니다.

8

해석 커피에는 카페인이라고 불리는 약한 흥분제가 들어 있다. 많은 다른 국가들과 마찬가지로 미국에서도, 사람들은 아침에 더 기민한 느낌을 받기 위해 이 음료를 마신다.

해설 부사처럼 문장을 수식하면서, '느낌을 받기 위해'라는 의미를 만드는 to 부정사가 와야 합니다. 따라서 (c) to feel이 정답입니다.

---

2. to 부정사와 함께 쓰는 동사   p.77

연습문제

1 to hold	**2** to extend
3 to help	**4** to discuss
5 to bring	**6** to promote

실전문제

7 (b)	**8** (d)

1

해석 나는 로스앤젤레스에 있는 한 대형 호텔에서 내 결혼식을 하기를 원한다.

해설 동사 want(원하다)는 to 부정사를 목적어로 가질 수 있습니다. 따라서 to hold가 정답입니다.

2

해석 교수님이 학기 말 리포트의 마감 기한을 연장하겠다고 약속하셨다.

해설 동사 promise(약속하다)는 to 부정사를 목적어로 가질 수 있습니다. 따라서 to extend가 정답입니다.

오답 분석
to 부정사의 완료형 to have extended는 '약속하는' (promise) 시점보다 '연장하는' 시점이 앞선다는 것을 나타내므로 문맥상 적합하지 않아 오답입니다.

3

해석 Iris는 그녀의 친구들에게 새 아파트로 이사하는 것을 도와달라고 요청했다.

해설 동사 ask(요청하다)는 목적어 her friends 뒤에 to 부정사를 목적격 보어로 가질 수 있습니다. 따라서 to help가 정답입니다.

4

해석 Ethan이 고용 시장에 대해 거의 모르기 때문에, 그는 그의 직업 선택을 대학 상담사와 상의하는 것이 필요하다.

해설 동사 need(필요하다)는 to 부정사를 목적어로 가질 수 있습니다. 따라서 to discuss가 정답입니다.

5

해석 그 도시는 사람들이 가죽끈 없이 개를 공원에 데려오는 것을 허용하지 않는다.

해설 동사 allow(허용하다)는 목적어 people 뒤에 to 부정사를 목적격 보어로 가질 수 있습니다. 따라서 to bring이 정답입니다.

6

해석 그 단체는 풍력과 같은 대체 가능한 에너지원을 장려하고자 의도한다.

해설 동사 intend(의도하다)는 to 부정사를 목적어로 가질 수 있습니다. 따라서 to promote가 정답입니다.

7

해석 George R. R. Martin은 「왕좌의 게임」을 포함하는 소설 모음집의 작가이다. 그는 그 시리즈를 위해 더 많은 책을 쓰기를 바란다고 말했다.

해설 동사 hope(바라다)는 to 부정사를 목적어로 가질 수 있습니다. 따라서 (b) to write가 정답입니다.

오답 분석
(c) to 부정사의 완료형 to have written은 '바라는'(hope) 시점보다 '쓰는' 시점이 앞선다는 것을 나타내므로 문맥상 적합하지 않아 오답입니다.

8

해석 Thompson 출판사는 직원들에게 치아 보험을 제공하기 시작할 것이다. 그 회사는 관심 있는 직원들에게 5월 15일까지 신청서를 제출할 것을 요구한다.

해설 동사 require(요구하다)는 목적어 interested employees 뒤에 to 부정사를 목적격 보어로 가질 수 있습니다. 따라서 (d) to submit이 정답입니다.

3. to 부정사 관용 표현　　p. 79

연습문제

1 to register　　**2** to release
3 to wear　　**4** to criticize
5 to offer　　**6** to retain

실전문제

7 (d)　　**8** (b)

1

해석　Seward 대학의 학생들은 8월 2일까지 다음 학기 수업에 <u>등록해야 한다</u>.

해설　동사 have는 'have + to 부정사'의 형태로 쓰여 '~해야 한다'라는 관용적 의미를 나타내므로, to 부정사 to register가 정답입니다.

2

해석　픽사는 7월에 새 애니메이션 영화를 <u>개봉하기로 되어 있다</u>.

해설　동사 suppose는 'be supposed + to 부정사'의 형태로 쓰여 '~하기로 되어 있다'라는 관용적 의미를 나타내므로, to 부정사 to release가 정답입니다.

3

해석　많은 고령자들은 보청기를 <u>착용할 수밖에 없다</u>.

해설　동사 have는 'have no choice but + to 부정사'의 형태로 쓰여 '~할 수밖에 없다'라는 관용적 의미를 나타내므로, to 부정사 to wear가 정답입니다.

4

해석　Mr. Coleman은 너무 사려 깊어서 다른 사람들 앞에서 그의 직원들을 <u>비판할 수 없다</u>.

해설　부사 too는 'too … + to 부정사'의 형태로 쓰여 '너무 …해서 ~할 수 없다'라는 관용적 의미를 나타내므로, to 부정사 to criticize가 정답입니다.

5

해석　Lymax 전자는 품질 보증서의 기한이 만료되었더라도 고객이 애프터서비스를 요청하면 <u>기꺼이 제공한다</u>.

해설　형용사 willing은 'be willing + to 부정사'의 형태로 쓰여 '기꺼이 ~하다'라는 관용적 의미를 나타내므로, to 부정사 to offer가 정답입니다.

6

해석　식당에 있어, 훌륭한 음식을 제공하는 것은 고객 충성도를 <u>유지하기에</u> 대개 <u>충분하다</u>.

해설　형용사 enough는 'be enough + to 부정사'의 형태로 쓰여 '~하기에 충분하다'라는 관용적 의미를 나타내므로, to 부정사 to retain이 정답입니다.

7

해석　Ms. Porter는 West Coast Paper 시애틀 지사의 관리자로 임명되었다. 그러므로, 그녀는 다음 달에 그 도시로 <u>이사할</u> 것 같다.

해설　형용사 likely는 'be likely + to 부정사'의 형태로 쓰여 '~할 것 같다'라는 관용적 의미를 나타내므로, to 부정사 (d) to relocate가 정답입니다.

8

해석　인터넷의 발명은 음악가들에게 긍정적인 발전이었다. 이제, 그들은 팬들과 그들의 음악을 더 쉽게 <u>공유할</u> 수 있다.

해설　형용사 able은 'be able + to 부정사'의 형태로 쓰여 '~할 수 있다'라는 관용적 의미를 나타내므로, to 부정사 (b) to share가 정답입니다.

HACKERS TEST　　p. 80

01 (b)　**02** (a)　**03** (b)　**04** (d)　**05** (c)
06 (a)　**07** (d)　**08** (b)　**09** (d)　**10** (c)
11 (a)　**12** (d)

01　to 부정사를 목적어로 가지는 동사　　정답 (b)

해석　David의 부모님은 그가 학사 학위를 받은 후 직장에 들어갈 것을 권했다. 하지만, 그는 대학원에 들어감으로써 그의 교육을 <u>계속하기로</u> 결정했다.

해설　동사 decide(결정하다)는 to 부정사를 목적어로 가질 수 있습니다. 따라서 (b) to continue가 정답입니다.

> [오답 분석]
> (c) to 부정사의 완료형 to have continued는 '결정하는'(decide) 시점보다 '계속하는' 시점이 앞선다는 것을 나타내므로 문맥상 적합하지 않아 오답입니다.

어휘 encourage 권하다, 부추기다　　undergraduate degree 학사 학위
graduate school 대학원

02 to 부정사의 부사 역할
정답 (a)

해석 Sarah는 어제 스트레스를 받았기 때문에, 그녀는 곧 있을 수학 시험을 위해 하루 종일 공부하지는 않기로 했다. 그 대신, 그녀는 간행물을 둘러보기 위해 Smith 중고 서점에 갔다.

해설 부사처럼 문장을 수식하면서, '둘러보기 위해'라는 의미를 만드는 to 부정사가 와야 합니다. 따라서 (a) to browse가 정답입니다.

> [오답 분석]
> (d) to 부정사의 완료형 to have browsed는 '가는'(go) 시점보다 '둘러보는' 시점이 앞선다는 것을 나타내므로 문맥상 적합하지 않아 오답입니다.

어휘 opt ~하기로 하다, 택하다　　upcoming 곧 있을, 다가오는
secondhand 중고의　　publication 간행물　　browse 둘러보다

03 to 부정사를 목적격 보어로 가지는 동사
정답 (b)

해석 수요일에, Summit 대학은 등록금을 10퍼센트 올리겠다는 계획을 발표했다. 그 발표는 많은 학생들이 제안된 수업료 인상에 대해 불만을 제기하는 것을 야기했는데 이는 그것이 예상했던 것보다 훨씬 더 높았기 때문이다.

해설 동사 cause(야기하다)는 목적어 many students 뒤에 to 부정사를 목적격 보어로 가질 수 있습니다. 따라서 (b) to submit이 정답입니다.

어휘 announce 발표하다　　raise 올리다　　tuition rate 등록금
complaint 불만, 불평　　propose 제안하다　　fee 수업료, 요금
expect 예상하다　　submit 제기하다, 제출하다

04 to 부정사 관용 표현
정답 (d)

해석 내 사촌 Mandy는 텔레비전에서 방송될 전국 장기 대회에서 결승전 진출자로 선정되었다. 만약 그녀가 우승자로 선발된다면 그녀는 1만 달러 상당의 최우수상을 받게 될 모양이다.

해설 동사 stand는 'stand + to 부정사'의 형태로 쓰여 '~할 모양이다'라는 관용적 의미를 나타내므로, to 부정사 (d) to receive가 정답입니다.

> [오답 분석]
> (c) to 부정사의 완료형 to have received는 '~할 모양인'(stand) 시점보다 '받는' 시점이 앞선다는 것을 나타내므로 문맥상 적합하지 않아 오답입니다.

어휘 finalist 결승전 진출자　　talent 장기, 재능　　air 방송하다
grand prize 최우수상　　select 선발하다, 선택하다

05 to 부정사의 진주어 역할
정답 (c)

해석 Dyson 소프트웨어 사는 처음으로 일반인들에게 주식을 판매할 예정이다. 그러나, 그 회사가 모든 필수 서류를 제출하는 것은 몇 달이 걸릴 것이다. 회사의 계획에 대한 추가 최신 정보는 다음 주에 제공될 것이다.

해설 주어 자리에 가주어 it이 있고 문맥상 '모든 필수 서류를 제출하는 것은 몇 달이 걸릴 것이다'라는 의미가 되어야 자연스러우므로, 빈칸에는 동사 will take의 진주어 '제출하는 것'이 와야 합니다. 따라서 진주어 자리에 올 수 있는 to 부정사 (c) to file이 정답입니다.

> [오답 분석]
> (a) to 부정사의 완료형 to have filed는 '걸리는'(take) 시점보다 '제출하는' 시점이 앞선다는 것을 나타내므로 문맥상 적합하지 않아 오답입니다.

어휘 intend 예정이다, 의도하다　　stock 주식　　paperwork 서류
additional 추가의　　file (정식으로) 제출하다, (서류를) 철하다

06 to 부정사의 부사 역할
정답 (a)

해석 지구 온난화는 몰디브에 중대한 위험 요소를 제기한다. 미국 해양 대기청의 연구진들은 앞으로 수십 년간 이 국가의 섬들이 해수면 상승에 의해 어떠한 영향을 받을지를 알아내기 위해 연구를 수행했다.

해설 부사처럼 문장을 수식하면서, '알아내기 위해'라는 의미를 만드는 to 부정사가 와야 합니다. 따라서 (a) to determine이 정답입니다.

어휘 global warming 지구 온난화　　pose (문제 등을) 제기하다
significant 중대한　　atmospheric 대기의　　conduct 수행하다
affect 영향을 미치다　　sea level 해수면　　determine 알아내다

07 to 부정사의 형용사 역할
정답 (d)

해석 외국에서 사는 것은 긍정적인 경험이 될 수 있다. 그것은 점점 더 많은 수의 젊은이들이 짧은 기간 동안 해외에서 일하기를 선택하는 이유이다. 워킹 홀리데이는 또 다른 문화에 대해 직접 배울 기회이다.

해설 형용사처럼 명사 opportunity(기회)를 뒤에서 수식하면서, '배울'이라는 의미를 만드는 to 부정사가 와야 합니다. 따라서 (d) to learn이 정답입니다.

어휘 foreign 외국의　　positive 긍정적인　　abroad 해외에서
period 기간　　opportunity 기회　　firsthand 직접, 바로

08 to 부정사를 목적어로 가지는 동사
정답 (b)

해석 Sam은 이탈리아를 방문하던 중에 교통사고에 연루되었고 의료비로 수천 달러를 내야 했다. 향후 이런 상황을 피하기 위해서, 그는 휴가를 가기 전에 여행자 보험을 구입하는 것을 확실히 할 것이다.

해설 동사 make sure(확실히 하다)는 to 부정사를 목적어로 가질 수 있습니다. 따라서 (b) to purchase가 정답입니다.

(a) to 부정사의 수동형 'to be p.p.'를 쓰는 경우, 문장의 의미가 어색해지므로 오답입니다.

어휘　be involved in ~에 연루되다　medical expense 의료비
avoid 피하다, 방지하다　situation 상황　insurance 보험
go on vacation 휴가를 가다

09 to 부정사 관용 표현　　　　정답 (d)

해석　테니스 엘보는 팔꿈치나 손목의 힘줄이 무리하게 사용될 때 발생하며, 그 결과 찌르는 듯한 통증을 낳는다. 배관공이나 목수와 같이 직장에서 반복적인 행동을 하는 사람들은 다른 사람들보다 이 질환에 더 자주 걸리는 경향이 있다.

해설　동사 tend는 'tend + to 부정사'의 형태로 쓰여 '~하는 경향이 있다'라는 관용적 의미를 나타내므로, to 부정사 (d) to develop이 정답입니다.

(b) to 부정사의 완료형 to have developed는 '경향이 있는'(tend) 시점보다 '걸리는' 시점이 앞선다는 것을 나타내는데, 이 지문은 테니스 엘보에 대한 일반적인 사실을 서술하고 있으므로 완료형은 문맥상 적합하지 않아 오답입니다.

어휘　elbow 팔꿈치　tendon 힘줄　wrist 손목
strain 무리하게 사용하다　sharp 찌르는 듯한, 날카로운
individual 사람, 개인　plumber 배관공　carpenter 목수
repetitive 반복적인　condition 질환, 상태　develop (병에) 걸리다

10 to 부정사를 목적격 보어로 가지는 동사　　정답 (c)

해석　Freeport Accounting 사는 현재 진행 중인 몇몇 프로젝트가 있기 때문에, 많은 직원들이 이번 달에 초과 근무를 할 것이다. 그러므로, 사무실 관리자는 저녁 늦게까지 있는 직원들에게 퇴근하기 전에 보안 경보를 작동시키라고 상기시켰다.

해설　동사 remind(상기시키다)는 목적어 employees 뒤에 to 부정사를 목적격 보어로 가질 수 있습니다. 따라서 (c) to activate가 정답입니다.

(d) to 부정사의 완료형 to have activated는 '상기시키는'(remind) 시점보다 '작동시키는' 시점이 앞선다는 것을 나타내므로 문맥상 적합하지 않아 오답입니다.

어휘　ongoing 진행 중인　work overtime 초과 근무를 하다
remind 상기시키다　activate 작동시키다, 활성화시키다

11 to 부정사의 부사 역할　　　　정답 (a)

해석　미 항공우주국의 Perseverance rover는 화성의 대기에서 산소를 추출했다. 비록 그 양은 적었지만, 훨씬 더 많은 양이 이러한 방식으로 생산될 수 있었다. 미 항공우주국은 인간이 화성에서 긴 시간을 보내게 한다는 목표를 추진하기 위해 이 실험을 수행했다.

해설　부사처럼 문장을 수식하면서, '추진하기 위해'라는 의미를 만드는 to 부정사가 와야 합니다. 따라서 (a) to further가 정답입니다.

어휘　extract 추출하다　oxygen 산소　atmosphere 대기
amount 양　quantity 양　conduct 수행하다
experiment 실험　extended 긴, 연장된
further 추진하다, 발전시키다

12 to 부정사를 목적어로 가지는 동사　　정답 (d)

해석　최근의 폭풍우 동안, Barksdale 지역 문화 센터의 지붕이 심하게 손상되었다. 이것은 센터의 각종 프로그램에 참여하는 주민들에게 어려움을 유발했다. 이에 대응하여, 지역의 사업주들은 시설을 재건할 자금을 제공하겠다고 제안했다.

해설　동사 offer(제안하다)는 to 부정사를 목적어로 가질 수 있습니다. 따라서 (d) to provide가 정답입니다.

어휘　severely 심하게　resident 주민　participate in ~에 참여하다
various 각종의, 다양한　local 지역의　rebuild 재건하다
facility 시설　provide 제공하다

DAY 06　준동사 ② - 동명사

1. 동명사의 역할　　　　　　p. 85

연습문제

1 Watching		2 commuting
3 convincing		4 making
5 saving		6 adopting

실전문제

7 (b)	8 (c)

1

해석　「라라랜드」를 보는 것은 영화 강의의 필수 조건이었다.

해설　주어 자리에 올 수 있으면서 '보는 것'이라는 의미를 만드는 동명사가 와야 합니다. 따라서 Watching이 정답입니다.

2

해석　Jordan은 출근길에 교통 체증을 뚫고 통근하는 것에 결국 익숙해졌다.

해설　전치사(to)의 목적어 자리에 올 수 있는 동명사가 와야 합니다. 따라서 commuting이 정답입니다.

3

해석　Joshua는 그가 차를 빌리는 것을 허락하도록 그의 아버지를 설득하는 것에 어려움을 겪었다.

해설　전치사(in)의 목적어 자리에 올 수 있는 동명사가 와야 합니다. 따라서 convincing이 정답입니다.

4

해석 아이들에게 학교에서의 첫 학기에 있어 중요한 부분은 친구를 <u>사귀는 것</u>이다.

해설 be동사(is)의 보어 자리에 올 수 있으면서 '사귀는 것'이라는 의미를 만드는 동명사가 와야 합니다. 따라서 **making**이 정답입니다.

5

해석 금융 전문가들은 매달 약간의 여분의 돈이라도 <u>저축하는 것</u>이 복리를 통해 큰 액수가 될 수 있다고 말한다.

해설 주어 자리에 올 수 있으면서 '저축하는 것'이라는 의미를 만드는 동명사가 와야 합니다. 따라서 **saving**이 정답입니다.

6

해석 Franklin 부부의 목표는 몇 년 후에 또 다른 아이를 <u>입양하는 것</u>이었다.

해설 be동사(was)의 보어 자리에 올 수 있으면서 '입양하는 것'이라는 의미를 만드는 동명사가 와야 합니다. 따라서 **adopting**이 정답입니다.

7

해석 2008년에, 애리조나 대학의 연구원들은 위성에 망원경을 설치하자고 제안했다. 숙고 끝에, NASA는 비용으로 인해 그 계획을 <u>시행하는 것</u>에 반대하기로 결정했다.

해설 전치사(against)의 목적어 자리에 올 수 있는 동명사가 와야 합니다. 따라서 (b) **implementing**이 정답입니다.

8

해석 셰익스피어 축제는 연기될 수 있다. 참가한 많은 연극부들로 인해 그 행사를 <u>준비하는 것</u>은 예상보다 더 오래 걸릴지도 모른다.

해설 주어 자리에 올 수 있으면서 '준비하는 것'이라는 의미를 만드는 동명사가 와야 합니다. 따라서 (c) **Preparing**이 정답입니다.

---

2. 동명사와 함께 쓰는 동사
p.87

연습문제

1 becoming	**2** finding
3 reading	**4** arriving
5 using	**6** switching

실전문제

7 (a)   **8** (c)

1

해석 반복되는 머리 부상을 입은 운동선수들은 말년에 현기증이 나게 <u>되는 위험</u>을 무릅쓴다.

해설 동사 risk(위험을 무릅쓰다)는 동명사를 목적어로 가질 수 있습니다. 따라서 **becoming**이 정답입니다.

2

해석 의사들은 스트레스를 해소하고 다스릴 건강한 발산 수단을 <u>찾아내는 것</u>을 오랫동안 추천해 왔다.

해설 동사 recommend(추천하다)는 동명사를 목적어로 가질 수 있습니다. 따라서 **finding**이 정답입니다.

3

해석 Mr. Harris는 긴장을 풀기 위해 하루가 끝날 무렵에 책을 <u>읽는 것</u>을 즐긴다.

해설 동사 enjoy(즐기다)는 동명사를 목적어로 가질 수 있습니다. 따라서 **reading**이 정답입니다.

오답 분석
동명사의 완료형 having read는 '즐기는'(enjoy) 시점보다 책을 '읽는' 시점이 앞선다는 것을 나타내는데, 이 지문은 책을 읽는 일반적인 습관을 서술하고 있으므로 완료형은 문맥상 적합하지 않아 오답입니다.

4

해석 Kyle의 부모님은 그에게 책임감을 가지고 학교에 늦게 <u>도착하지 않을 것</u>을 충고한다.

해설 동사 avoid(~을 하지 않다)는 동명사를 목적어로 가질 수 있습니다. 따라서 **arriving**이 정답입니다.

5

해석 동물원 사육사는 침팬지와 자연스럽게 의사소통하기 위해 수화를 <u>사용하는 것</u>을 제안했다.

해설 동사 suggest(제안하다)는 동명사를 목적어로 가질 수 있습니다. 따라서 **using**이 정답입니다.

6

해석 Clara는 첫 번째 선택 과목을 수강한 이후 그녀의 전공을 미술사로 <u>바꾸는 것</u>을 고려했다.

해설 동사 consider(고려하다)는 동명사를 목적어로 가질 수 있습니다. 따라서 **switching**이 정답입니다.

7

해석 Paula는 그녀의 사무실을 오가는 데 매달 약 200달러를 지출한다. 그것은 그녀가 그 도시에 있는 동안 가끔 택시를 <u>타는 것</u>을 포함한다.

해설 동사 include(포함하다)는 동명사를 목적어로 가질 수 있습니다. 따라서 (a) **taking**이 정답입니다.

8

해석 Samantha의 어머니는 그녀가 축구를 계속하도록 간신히 설득했다. 그녀(어머니)는 축구를 <u>하는 것</u>을 포기하는 것이 그녀(Samantha)가 팀의 친구들과 더 적은 시간을 보내게 할 것을 걱정했다.

해설 동사 give up(포기하다)은 동명사를 목적어로 가질 수 있습니다. 따라서 (c) **playing**이 정답입니다.

(d) 동명사의 완료형 having played는 '포기하는'(give up) 시점보다 축구를 '하는' 시점이 앞선다는 것을 나타내므로 문맥상 적합하지 않아 오답입니다.

3. 동명사와 to 부정사 모두와 함께 쓰는 동사 p. 89

연습문제

1 clearing 　　　　2 to check
3 attending 　　　　4 painting
5 meeting 　　　　　6 putting

실전문제

7 (c) 　　　　8 (a)

1

해석　연구원들은 1738년에 처음으로 폼페이의 잔해를 치우는 것을 시작했다.

해설　동사 start(시작하다)는 동명사와 to 부정사 모두를 목적어로 가질 수 있는데, 두 경우 모두 의미에 차이가 없습니다. 보기에 동명사가 제시되었으므로, 동명사 clearing이 정답입니다.

오답분석

to 부정사의 완료형 to have cleared는 '시작한'(start) 시점보다 '치우는' 시점이 앞선다는 것을 나타내므로 문맥상 적합하지 않아 오답입니다.

2

해석　내가 떠나기 전에 애써서 그것(불)을 확인하지 않았기 때문에 불이 켜져 있다.

해설　동사 bother(애써서 ~하다)는 동명사와 to 부정사 모두를 목적어로 가질 수 있는데, 두 경우 모두 의미에 차이가 없습니다. 보기에 to 부정사가 제시되었으므로, to 부정사 to check가 정답입니다.

오답분석

동명사의 완료형 having checked는 '애써서 하는'(bother) 시점보다 '확인하는' 시점이 앞선다는 것을 나타내므로 문맥상 적합하지 않아 오답입니다.

3

해석　Josh는 대체로 학교를 좋아하지만 체육 수업에 참석하는 것은 매우 싫어한다.

해설　동사 hate(매우 싫어하다)는 동명사와 to 부정사 모두를 목적어로 가질 수 있는데, 두 경우 모두 의미에 차이가 없습니다. 보기에 동명사가 제시되었으므로, 동명사 attending이 정답입니다.

오답분석

Josh가 참석하는 주체이므로 동명사의 수동형 being attended를 쓰면 문장의 의미가 어색해지므로 오답입니다.

4

해석　Elise는 벽에 낙서를 그리는 것을 매우 좋아하는 미국의 길거리 예술가이다.

해설　동사 love(매우 좋아하다)는 동명사와 to 부정사 모두를 목적어로 가질 수 있는데, 두 경우 모두 의미에 차이가 없습니다. 보기에 동명사가 제시되었으므로, 동명사 painting이 정답입니다.

5

해석　David는 그가 가장 좋아하는 텔레비전 시리즈의 주연을 만난 것을 절대 잊지 못할 것이다.

해설　동사 forget(잊다)은 동명사가 목적어일 때와 to 부정사가 목적어일 때의 의미가 다르므로 문맥을 파악해야 합니다. 문맥상 David가 과거에 가장 좋아하는 텔레비전 시리즈의 주연을 '만난 것'을 절대 잊지 못할 것이라는 의미가 되어야 자연스러우므로, 동명사 meeting이 정답입니다.

오답분석

to 부정사 to meet은 동사 forget과 함께 쓰일 때 '(미래에) ~할 것을 잊다'라는 의미를 나타내므로, 과거에 가장 좋아하는 텔레비전 시리즈의 주연을 만난 것에 대해 말하고 있는 문맥에 적합하지 않아 오답입니다.

6

해석　Gloria는 그녀의 안경을 선반 위에 둔 것을 기억하지 못했고, 그래서 그것(안경)을 거기서 찾아볼 것은 전혀 생각하지 못했다.

해설　동사 remember(기억하다)는 동명사가 목적어일 때와 to 부정사가 목적어일 때의 의미가 다르므로 문맥을 파악해야 합니다. 문맥상 Gloria가 과거에 그녀의 안경을 선반 위에 '둔 것'을 기억하지 못했다는 의미가 되어야 자연스러우므로, 동명사 putting이 정답입니다.

오답분석

to 부정사 to put은 동사 remember와 함께 쓰일 때 '(미래에) ~할 것을 기억하다'라는 의미를 나타내므로, 과거에 안경을 선반 위에 둔 것에 대해 말하고 있는 문맥에 적합하지 않아 오답입니다.

7

해석　학생들은 오늘 임시 교사에 대비해야 한다. 이것은 Mr. Carter가 "오늘 제가 수업에 들어가지 않을 것임을 여러분께 말씀드리게 되어 유감입니다."라고 말하는 문자를 그들에게 발송했기 때문이다.

해설　동사 regret(~하게 되어 유감이다)은 동명사가 목적어일 때와 to 부정사가 목적어일 때의 의미가 다르므로 문맥을 파악해야 합니다. 문맥상 오늘 수업에 들어가지 않을 것이라고 '말하게 되어 유감이다'라는 의미가 되어야 자연스러우므로, to 부정사 (c) to tell이 정답입니다.

오답분석

(a) 동명사 telling은 동사 regret과 함께 쓰일 때 '~한 것을 후회하다'라는 의미를 나타내므로, 미래에 수업에 들어가지 않을 예정이라고 말하고 있는 문맥에 적합하지 않아 오답입니다.

8

해석 Sarah Williams는 스피드 스케이팅에서 올림픽 금메달을 땄다. Wilkins 코치는 이것이 그녀가 수개월간 훈련하는 것을 견딘 사실 덕분이라고 말한다.

해설 동사 endure(견디다)는 동명사와 to 부정사 모두를 목적어로 가질 수 있는데, 두 경우 모두 의미에 차이가 없습니다. 보기에 동명사가 제시되었으므로, 동명사 (a) training이 정답입니다.

> 오답 분석
> (b) to 부정사의 진행형 'to be -ing'를 쓰는 경우, 문장의 의미가 어색해지므로 오답입니다.
> (d) to 부정사의 수동형 'to be p.p.'를 쓰는 경우, 문장의 의미가 어색해지므로 오답입니다.

HACKERS TEST   p. 90

01 (b)	**02** (d)	**03** (b)	**04** (b)	**05** (a)
06 (d)	**07** (c)	**08** (a)	**09** (d)	**10** (d)
11 (b)	**12** (a)			

---

01 동명사의 전치사의 목적어 역할   정답 (b)

해석 Stratford 출판사의 최고 경영자인 Mr. Lewis는 그의 직원들 모두가 서로를 정중히 대해야 한다고 주장한다. 예를 들어, 그는 그들이 동료들에 대해 뒤에서 험담하는 것을 삼가기를 기대하는데 이는 그것이 불신의 분위기를 조성하기 때문이다.

해설 전치사(from)의 목적어 자리에 올 수 있는 동명사가 와야 합니다. 따라서 (b) talking이 정답입니다.

어휘 insist 주장하다   treat 대하다   with respect 정중히
refrain from ~을 삼가다   coworker 동료
talk behind one's back 뒤에서 험담하다, 뒷말을 하다
atmosphere 분위기, 대기   distrust 불신

---

02 동명사를 목적어로 가지는 동사   정답 (d)

해석 Welkin 교수의 인류학 수업의 학생들은 5월 10일에 국립 박물관을 방문하기로 되어 있었다. 안타깝게도, 그는 현장 학습을 가는 것을 연기할 것인데 이는 그 시설이 그달에 보수 공사를 위해 폐쇄될 예정이기 때문이다.

해설 동사 postpone(연기하다)은 동명사를 목적어로 가질 수 있습니다. 따라서 (d) taking이 정답입니다.

> 오답 분석
> (b) 동명사의 완료형 having taken은 '연기하는'(postpone) 시점보다 '가는' 시점이 앞선다는 것을 나타내므로 문맥상 적합하지 않아 오답입니다.

어휘 anthropology 인류학   be supposed to ~하기로 되어 있다
national 국립의   unfortunately 안타깝게도, 불행히도
postpone 연기하다, 미루다   field trip 현장 학습   facility 시설
be scheduled to ~할 예정이다   renovation 보수 공사, 수리

---

03 동명사와 to 부정사 모두를 목적어로 가지는 동사   정답 (b)

해석 Brenda는 그녀 소유의 레스토랑을 개업하기 위해 부모님으로부터 대출금을 받았다. 하지만, 그녀가 부모님이 힘든 재정 상황에 놓인 것을 보았을 때, 그녀는 돈을 빌린 것을 후회했고 가능한 한 빨리 그들에게 돈을 갚았다.

해설 동사 regret(~한 것을 후회하다)은 동명사가 목적어일 때와 to 부정사가 목적어일 때의 의미가 다르므로 문맥을 파악해야 합니다. 문맥상 부모님이 힘든 재정 상황에 놓인 것을 보고 과거에 부모님께 돈을 '빌린 것을 후회했다'라는 의미가 되어야 자연스러우므로, 동명사 (b) borrowing이 정답입니다.

> 오답 분석
> (c) to 부정사 to borrow는 동사 regret과 함께 쓰일 때 '~하게 되어 유감이다'라는 의미를 나타내므로, 과거에 돈을 빌린 것에 대해 말하고 있는 문맥에 적합하지 않아 오답입니다.

어휘 receive 받다   loan 대출(금)   financial 재정의
repay (돈을) 갚다, 상환하다   as quickly as possible 가능한 한 빨리
borrow 빌리다

---

04 동명사와 to 부정사 모두를 목적어로 가지는 동사   정답 (b)

해석 2022년 FIFA 월드컵은 엄청나게 더운 기후를 가지고 있는 나라인 카타르에서 개최될 것이다. 이 행사에 참가하는 선수들은 많은 수분을 섭취할 것을 잊어서는 안 되며 그렇지 않으면 그들은 열사병과 다른 건강 문제들을 겪을지도 모른다.

해설 동사 forget(잊다)은 동명사가 목적어일 때와 to 부정사가 목적어일 때의 의미가 다르므로 문맥을 파악해야 합니다. 문맥상 미래 시점인 2022년에 월드컵이 개최될 때 선수들은 수분을 '섭취할 것을 잊어서는 안 된다는 의미가 되어야 자연스러우므로, to 부정사 (b) to drink가 정답입니다.

> 오답 분석
> (a) 동명사 drinking은 동사 forget과 함께 쓰일 때 '(과거에) ~한 것을 잊다'라는 의미를 나타내므로, 미래에 수분을 섭취할 것에 대해 말하고 있는 문맥에 적합하지 않아 오답입니다.
> (c) to 부정사의 완료형 to have drunk는 '잊는'(forget) 시점보다 '섭취하는' 시점이 앞선다는 것을 나타내므로 문맥상 적합하지 않아 오답입니다.

어휘 hold 개최하다   incredibly 엄청나게, 믿을 수 없을 정도로
climate 기후   participate in ~에 참가하다   experience 겪다
heatstroke 열사병   issue 문제, 사안

---

05 동명사를 목적어로 가지는 동사   정답 (a)

해석 Kendall은 대학생으로서 심리학을 전공했고 그 과목에 깊은 관심을 보였다. 따라서, 그녀가 졸업 후에 공부하는 것을 계속하고 석사 학위를 추구하기로 선택했을 때 그 누구도 놀라지 않았다.

해설 동사 keep(계속하다)은 동명사를 목적어로 가질 수 있습니다. 따라서 (a) studying이 정답입니다.

> 오답 분석
> (b) 동명사의 완료형 having studied는 '계속하는'(keep) 시점보다 '공부하는' 시점이 앞선다는 것을 나타내므로 문맥상 적합하지 않아 오답입니다.

어휘 **major in** ~을 전공하다　**psychology** 심리학
undergraduate student 대학생　**keen** 깊은, 열렬한
pursue 추구하다　**master's degree** 석사 학위

06 동명사를 목적어로 가지는 동사　　정답 (d)

해석 Nathan은 이것이 사실이 아니었음에도 불구하고, 그의 모든 학급 친구들에게 그가 책 전체를 읽었다고 말했다. 결국, 그는 더 이상 거짓말하는 것을 참을 수 없다고 결심했고 그가 그것(책)을 끝낸 적이 없다는 것을 인정했다.

해설 동사 tolerate(참다)는 동명사를 목적어로 가질 수 있습니다. 따라서 (d) lying이 정답입니다.

어휘 **entire** 전체의　**tolerate** 참다, 용인하다　**admit** 인정하다

07 동명사를 목적어로 가지는 동사　　정답 (c)

해석 Eleanor는 숙제로 인해 너무 바빠져서 그녀의 일상적인 방과 후 활동에 시간을 쓸 수 없었다. 사실, 그녀는 지난주에 연극 예행연습에 참여하는 것을 그만두었다.

해설 동사 quit(그만두다)는 동명사를 목적어로 가질 수 있습니다. 따라서 (c) attending이 정답입니다.

어휘 **busy** 바쁜　**usual** 일상적인　**after-school** 방과 후의
activity 활동　**rehearsal** 예행연습, 리허설　**attend** 참여하다

08 동명사를 목적어로 가지는 동사　　정답 (a)

해석 Tony는 그가 교통 위반 딱지로 받은 벌금이 너무 많다는 사실에 충격을 받았다. 경찰은 법이 학교 근처에서 과속하는 것을 금지하며, 그 지역의 인상된 벌금은 그러한 행위들을 방지하기 위한 것이라고 설명했다.

해설 동사 prohibit(금지하다)은 동명사를 목적어로 가질 수 있습니다. 따라서 (a) speeding이 정답입니다.

오답 분석

(b) 동명사의 완료형 having sped는 '금지하는'(prohibit) 시점보다 '과속하는' 시점이 앞선다는 것을 나타내므로 문맥상 적합하지 않아 오답입니다.

어휘 **shocked** 충격을 받은　**fine** 벌금　**traffic ticket** 교통 위반 딱지
explain 설명하다　**deter** 방지하다, 막다　**speed** 과속하다

09 동명사의 주어 역할　　정답 (d)

해석 Scott은 직장인인 부모님이 그의 형제들을 돌보는 것을 돕기 위해 많은 것을 했다. 그들의 점심 도시락을 싸는 것이 그의 주된 책임이었다. 하지만 그는 또한 부모님이 직장에 계시는 동안 학교에서 그들을 태워 왔다.

해설 주어 자리에 올 수 있으면서 '싸는 것'이라는 의미를 만드는 동명사가 와야 합니다. 따라서 (d) Packing이 정답입니다.

어휘 **take care of** ~를 돌보다　**primary** 주된　**responsibility** 책임
pick up ~를 (차로) 태우다　**pack** 싸다, 포장하다

10 동명사를 목적어로 가지는 동사　　정답 (d)

해석 Angela는 사무실 도처에 전해지고 있는 소문으로 인해 상처받았다. 그래서, 그녀는 인사과 관리자에게 직장 내 괴롭힘에 대한 인식을 증진시킬 것을 요청했다. 그녀의 목표는 앞으로는 그녀의 동료들이 소문을 퍼뜨리는 것을 멈추도록 설득하는 것이었다.

해설 동사 stop(멈추다)은 동명사를 목적어로 가질 수 있습니다. 따라서 (d) spreading이 정답입니다.

오답 분석

(b) stop 뒤에 to 부정사 to spread가 오면, to 부정사(구)가 부사 역할을 하여 '소문을 퍼뜨리기 위해 멈추다'라는 어색한 의미가 되므로 오답입니다.
(c) 동명사의 완료형 having spread는 '멈추는'(stop) 시점보다 '퍼뜨리는' 시점이 앞선다는 것을 나타내므로 문맥상 적합하지 않아 오답입니다.

어휘 **rumor** 소문　**repeat** (말을) 전하다, 옮기다
HR(human resources) (회사의) 인사과　**raise** 증진시키다
awareness 인식, 의식　**workplace bullying** 직장 내 괴롭힘
convince 설득하다　**colleague** 동료　**spread** 퍼뜨리다

11 동명사와 to 부정사 모두를 목적어로 가지는 동사　정답 (b)

해석 많은 운동선수들은 그들이 30대일 때 은퇴한다. 신체는 사람이 나이가 들면서 자연스럽게 약해지기 시작하는데, 이는 더 어린 경쟁 상대들과 프로 스포츠의 요구 사항들에 뒤지지 않는 것을 힘들게 만든다.

해설 동사 begin(시작하다)은 동명사와 to 부정사 모두를 목적어로 가질 수 있는데, 두 경우 모두 의미에 차이가 없습니다. 보기에 to 부정사가 제시되었으므로, to 부정사 (b) to grow가 정답입니다.

오답 분석

(d) 동명사의 완료형 having grown은 '시작하는'(begin) 시점보다 '약해지는' 시점이 앞선다는 것을 나타내므로 문맥상 적합하지 않아 오답입니다.

어휘 **retire** 은퇴하다　**naturally** 자연스럽게　**weak** 약한
keep up with ~에 뒤지지 않다　**competitor** 경쟁 상대, 참가자
demand 요구 (사항)

12 동명사를 목적어로 가지는 동사　　정답 (a)

해석 소방관이 되기 위한 훈련 과정은 매우 치열하다. 소방관들은 버려진 건물에서 거의 매일 불을 끄는 것을 연습한다. 추가로, 그들은 다친 사람에게 어떻게 응급 처치를 하는지를 배운다.

해설 동사 practice(연습하다)는 동명사를 목적어로 가질 수 있습니다. 따라서 (a) extinguishing이 정답입니다.

어휘 **remarkably** 매우　**intense** 치열한, 극심한　**abandon** 버리다
additionally 추가로, 게다가　**emergency first aid** 응급 처치
injured 다친, 부상을 입은　**extinguish** (불을) 끄다

1. 접속사/전치사 p.95

연습문제

1 because **2** Despite
3 Although **4** while
5 so **6** unless

실전문제

7 (c) **8** (a)

1

해석 치과 의사들은 매일 당신의 치아에 치실질을 하는 것을 추천하는데 이는 그것이 잇몸 질환을 예방하기 <u>때문이다</u>.

해설 문맥상 치과 의사들은 치실 사용을 추천하는데 이는 잇몸 질환을 예방하기 때문이라는 의미가 되어야 자연스럽습니다. 따라서 '~이기 때문에'라는 의미의 이유를 나타내는 접속사 **because**가 정답입니다.

오답 분석
unless는 '만약 ~이 아니라면'이라는 의미로, 문맥상 적합하지 않아 오답입니다.

2

해석 춤을 잘 추지 <u>못함에도 불구하고</u>, Nancy는 학교 응원단에 들어갔다.

해설 문맥상 Nancy가 춤을 잘 추지 못함에도 불구하고 학교 응원단에 들어갔다는 의미가 되어야 자연스럽습니다. 따라서 '~에도 불구하고'라는 의미의 양보를 나타내는 전치사 **Despite**가 정답입니다.

오답 분석
Because of는 '~ 때문에'라는 의미로, 문맥상 적합하지 않아 오답입니다.

3

해석 그의 직업을 사랑함<u>에도 불구하고</u>, Mr. Stevens는 좋지 않은 건강으로 인해 은퇴하기로 결정했다.

해설 문맥상 Mr. Stevens가 그의 직업을 사랑함에도 불구하고 건강이 좋지 않아 은퇴하기로 결정했다는 의미가 되어야 자연스럽습니다. 따라서 '~에도 불구하고'라는 의미의 양보를 나타내는 접속사 **Although**가 정답입니다.

오답 분석
Once는 '일단 ~하면'이라는 의미로, 문맥상 적합하지 않아 오답입니다.

4

해석 몇몇 전문가들은 캘리포니아의 가뭄이 일시적인 상황이라고 여기는 <u>반면</u>, 다른 이들은 그것이 장기적인 문제라고 걱정한다.

해설 문맥상 몇몇 전문가들은 캘리포니아의 가뭄이 일시적인 상황이라고 여기는 반면, 다른 이들은 그것이 장기적인 문제라고 걱정한다는 의미가 되어야 자연스럽습니다. 따라서 '~인 반면'이라는 의미의 대조를 나타내는 접속사 **while**이 정답입니다.

오답 분석
because는 '~이기 때문에'라는 의미로, 문맥상 적합하지 않아 오답입니다.

5

해석 Jacob의 파리행 비행기는 오전 8시에 출발하기로 예정되어 있었고, <u>그래서</u> 그는 오전 6시 30분에 택시를 불렀다.

해설 문맥상 Jacob의 비행기는 오전 8시에 출발하기로 예정되어 있었고, 그래서 그는 오전 6시 30분에 택시를 불렀다는 의미가 되어야 자연스럽습니다. 따라서 '그래서'라는 의미의 결과를 나타내는 접속사 **so**가 정답입니다.

오답 분석
until은 '~할 때까지'라는 의미로, 문맥상 적합하지 않아 오답입니다.

6

해석 음악 축제는 <u>만약</u> 후원자가 구해지지 <u>않는다면</u> 취소될 것이다.

해설 문맥상 음악 축제는 만약 후원자가 구해지지 않는다면 취소될 것이라는 의미가 되어야 자연스럽습니다. 따라서 '만약 ~이 아니라면'이라는 의미의 조건을 나타내는 접속사 **unless**가 정답입니다.

오답 분석
whenever는 '~할 때마다'라는 의미로, 문맥상 적합하지 않아 오답입니다.

7

해석 Carla는 (반납) 기한이 지난 여러 권의 도서관 책을 가지고 있는데 그녀는 한 번도 벌금을 지불하지 않았다. 그녀가 또 다른 책을 대출하려고 했을 때, 그녀는 **미지불된 연체료** 때문에 대출할 수 없다는 말을 들었다.

해설 빈칸 뒤에 the outstanding charges라는 명사구가 있으므로 빈칸은 전치사 자리입니다. 문맥상 미지불된 연체료 때문에 그녀가 또 다른 책을 대출할 수 없다는 말을 들었다는 의미가 되어야 자연스럽습니다. 따라서 '~ 때문에'라는 의미의 이유를 나타내는 전치사 (c) **because of**가 정답입니다.

오답 분석
(a) in order that(~하기 위해), (d) even though(~에도 불구하고)는 접속사이므로, 명사구 앞에 올 수 없어 오답입니다.
(b) in case of는 '~의 경우에'라는 의미로, 문맥상 적합하지 않아 오답입니다.

8

해석 어떤 개들은 매우 민감한 귀를 가지고 있다. 이것은 그들이 천둥, 폭죽, 그리고 다른 큰 소리를 <u>들을 때마다</u> 두려워하게 되는 이유 중 하나이다.

해설 문맥상 어떤 개들이 매우 민감한 귀를 가지고 있는 것은 그들이 큰 소리를 들을 때마다 두려워하게 되는 이유 중 하나라는 의미가 되어야 자연스럽습니다. 따라서 '~할 때마다'라는 의미의 시간을 나타내는 접속사 (a) whenever가 정답입니다.

오답분석

(b) whereas는 '~하는 반면', (c) although는 '~에도 불구하고', (d) so that은 '~할 수 있도록'이라는 의미로, 문맥상 적합하지 않아 오답입니다.

2. 접속부사
p.97

연습문제

1 However
2 Nevertheless
3 In fact
4 In contrast
5 After all
6 Finally

실전문제

7 (d)
8 (d)

1

해석 Steve의 「Golf Magazine」 구독 기간이 곧 만료된다. 그러나, 그는 그것을 갱신하려고 계획하지 않는다.

해설 괄호 앞 문장은 Steve의 잡지 구독 기간이 곧 만료된다는 내용이고 뒤 문장은 그가 그것을 갱신할 계획이 없다는 내용으로, 뒤 문장이 앞 문장에서 말한 것과 대조되는 내용을 설명하고 있습니다. 따라서 '그러나'라는 의미의 대조를 나타내는 접속부사 However가 정답입니다.

오답분석

Therefore는 '따라서'라는 의미로, 문맥상 적합하지 않아 오답입니다.

2

해석 Emma는 학급에서 가장 인기 있는 학생이 아니다. 그럼에도 불구하고, 그녀가 학급 회장으로 선출되었다.

해설 괄호 앞 문장은 Emma가 학급에서 가장 인기 있는 학생이 아니라는 내용이고 뒤 문장은 그녀가 학급 회장으로 선출되었다는 내용으로, 뒤 문장이 앞 문장에서 말한 것과 반대되는 내용을 설명하고 있습니다. 따라서 '그럼에도 불구하고'라는 의미의 양보를 나타내는 접속부사 Nevertheless가 정답입니다.

오답분석

Moreover는 '게다가'라는 의미로, 문맥상 적합하지 않아 오답입니다.

3

해석 일정이 유연한 근로자들은 생산성이 떨어지지 않는다. 실제로, 그들은 더 많은 업무를 완료한다.

해설 괄호 앞 문장은 일정이 유연한 근로자들의 생산성이 떨어지지 않는다는 내용이고 뒤 문장은 그들이 더 많은 업무를 완료한다는 내용으로, 뒤 문장이 앞 문장에서 말한 것의 근거를 제시하여 앞 문장의 내용을 강조하고 있습니다. 따라서 '실제로'라는 의미의 강조를 나타내는 접속부사 In fact가 정답입니다.

오답분석

Thus는 '따라서'라는 의미로, 문맥상 적합하지 않아 오답입니다.

4

해석 수중 발레는 가장 인기 없는 올림픽 종목이다. 그에 반해, 축구는 수백만 명의 시청자들을 끌어모은다.

해설 괄호 앞 문장은 수중 발레가 가장 인기 없는 올림픽 종목이라는 내용이고 뒤 문장은 축구는 수백만 명의 시청자들을 끌어모은다는 내용으로, 뒤 문장이 앞 문장에서 말한 것과 대조되는 예시를 들고 있습니다. 따라서 '그에 반해'라는 의미의 대조를 나타내는 접속부사 In contrast가 정답입니다.

오답분석

For instance는 '예를 들어'라는 의미로, 문맥상 적합하지 않아 오답입니다.

5

해석 Katherine은 그녀의 프로젝트를 위해 초과 근무를 해야 한다. 결국, 그것은 금요일까지 완료되어야 한다.

해설 괄호 앞 문장은 Katherine이 프로젝트를 위해 초과 근무를 해야 한다는 내용이고 뒤 문장은 그것(프로젝트)이 금요일까지 완료되어야 한다는 내용으로, 뒤 문장이 앞 문장에서 말한 것의 최종적인 결과를 설명하고 있습니다. 따라서 '결국'이라는 의미의 결론을 나타내는 접속부사 After all이 정답입니다.

오답분석

Nonetheless는 '그럼에도 불구하고'라는 의미로, 문맥상 적합하지 않아 오답입니다.

6

해석 Coast 대학에서 4년 동안 공부한 끝에, Claire는 다음 주에 졸업식에 참석할 것이다. 마침내, 그녀는 졸업장을 받을 것이다.

해설 괄호 앞 문장은 Claire가 다음 주에 졸업식에 참석할 것이라는 내용이고 뒤 문장은 그녀가 졸업장을 받을 것이라는 내용으로, 뒤 문장이 앞 문장에서 말한 것의 결과를 설명하고 있습니다. 따라서 '마침내'라는 의미의 결론을 나타내는 접속부사 Finally가 정답입니다.

오답분석

However는 '그러나'라는 의미로, 문맥상 적합하지 않아 오답입니다.

7

해석 Larson 재단은 교육에 대한 모든 재정적인 장벽이 없어져야 한다고 권고한다. 예를 들어, 정부는 저소득 가정의 학생들이 그들의 등록금을 낼 수 있도록 보조금을 제공할 수 있다.

해설 빈칸 앞 문장은 Larson 재단이 교육에 대한 모든 재정적 장벽이 없어져야 한다고 권고한다는 내용이고 뒤 문장은 정부가 저소득 가정의 학생들이 등록금을 낼 수 있도록 보조금을 제공할 수 있다는 내용으로, 뒤 문장이 앞 문장에서 말한 내용에 대한 예시를 들고 있습니다. 따라서 '예를 들어'라는 의미의 예시를 나타내는 접속부사 (d) For example이 정답입니다.

(a) In comparison은 '그에 비하면', (b) On the other hand는 '반면에', (c) In contrast는 '그에 반해'라는 의미로, 문맥상 적합하지 않아 오답입니다.

8

해석 건물은 지면에 튼튼한 토대를 가지고 있어야 한다. 그렇지 않으면, 구조는 불안정할 것이고 지진과 같은 자연재해가 발생할 때 심지어 붕괴될지도 모른다.

해설 빈칸 앞 문장은 건물이 지면에 튼튼한 토대를 가지고 있어야 한다는 내용이고 뒤 문장은 불안정한 구조는 자연재해가 발생할 때 심지어 붕괴될지도 모른다는 내용으로, 뒤 문장이 앞 문장에서 말한 내용의 반대 상황을 가정하고 있습니다. 따라서 '그렇지 않으면'이라는 의미의 조건을 나타내는 접속부사 (d) Otherwise가 정답입니다.

(a) Meanwhile은 '그동안에', (b) Consequently는 '결과적으로', (c) Besides는 '게다가'라는 의미로, 문맥상 적합하지 않아 오답입니다.

HACKERS TEST

p.98

01 (d)	**02** (c)	**03** (b)	**04** (d)	**05** (a)
06 (a)	**07** (a)	**08** (b)	**09** (d)	**10** (c)
11 (d)	**12** (b)			

01 접속부사

정답 (d)

해석 많은 사람들이 송출되는 모든 집중을 방해하는 광고 때문에 라디오를 듣는 것을 중단했다. 게다가, 온라인 음악 스트리밍 서비스를 이용하는 것이 훨씬 더 편리하다.

해설 빈칸 앞 문장은 집중을 방해하는 광고 때문에 사람들이 라디오를 듣는 것을 중단했다는 내용이고 뒤 문장은 라디오보다 온라인 음악 스트리밍 서비스를 이용하는 것이 더 편리하다는 내용으로, 뒤 문장이 앞 문장에서 말한 것에 부가 내용을 덧붙여 설명하고 있습니다. 따라서 '게다가'라는 의미의 첨언을 나타내는 접속부사 (d) Besides가 정답입니다.

(a) Still은 '아직도', '그런데도', (b) However는 '그러나', (c) Similarly는 '비슷하게'라는 의미로, 문맥상 적합하지 않아 오답입니다.

어휘 distracting 집중을 방해하는   advertisement 광고
convenient 편리한

02 접속사

정답 (c)

해석 염증이 생긴 맹장은 보통 즉각적인 수술을 필요로 하고 그렇지 않으면 환자에게 심각한 위협을 가할 의학적 질환이다. 일단 부어오른 장기가 파열되면, 사망에 이를 수 있는 심각한 감염이 발생할 수 있다.

해설 문맥상 일단 부어오른 장기가 파열되면 사망에 이를 수 있는 심각한 감염이 발생할 수 있다는 의미가 되어야 자연스럽습니다. 따라서 '일단 ~하면'이라는 의미의 조건을 나타내는 접속사 (c) Once가 정답입니다.

(a) Unless는 '만약 ~이 아니라면', (b) Until은 '~할 때까지'라는 의미로, 문맥상 적합하지 않아 오답입니다.
(d) Thus(따라서)는 접속부사이므로, 부사절을 이끌 수 없어 오답입니다.

어휘 inflamed 염증이 생긴   appendix 맹장   condition 질환, 상태
immediate 즉각적인   surgery 수술   pose 가하다, 제기하다
severe 심각한   threat 위협, 위험   swollen 부어오른
organ 장기   burst 파열되다, 터지다   infection 감염

03 전치사

정답 (b)

해석 Jason은 항상 모든 것을 마지막 순간까지 미루는 경향이 있다. 그는 역사 수업 프로젝트의 마감일이 다가오고 있다는 사실에도 불구하고 어제 친구들과 영화를 봤다.

해설 빈칸 뒤에 the fact라는 명사구가 있으므로 빈칸은 전치사 자리입니다. 문맥상 Jason이 프로젝트 마감일이 다가오고 있다는 사실에도 불구하고 어제 영화를 봤다는 의미가 되어야 자연스럽습니다. 따라서 '~에도 불구하고'라는 의미의 양보를 나타내는 전치사 (b) in spite of가 정답입니다.

(a) as soon as(~하자마자), (d) ever since(~한 이래로 줄곧)는 접속사이므로, 명사구 앞에 올 수 없어 오답입니다.
(c) instead of는 '~ 대신에'라는 의미로, 문맥상 적합하지 않아 오답입니다.

어휘 tendency 경향, 성향   leave 미루다, 놓아두다
deadline 마감일, 기한   approach 다가오다

04 접속부사

정답 (d)

해석 Atlantic 광고사의 최고 경영자는 회사가 충분한 고객을 유치하지 못하고 있다고 느꼈다. 그래서, 모든 영업 사원들은 잠재적인 고객에 대한 그들의 제품 소개를 개선하기 위해 커뮤니케이션 기술 연수에 참석할 것을 요청받았다.

해설 빈칸 앞 문장은 최고 경영자가 회사가 충분한 고객을 유치하지 못하고 있음을 느꼈다는 내용이고 뒤 문장은 모든 영업 사원들이 커뮤니케이션 기술 연수에 참석할 것을 요청받았다는 내용으로, 뒤 문장이 앞 문장에서 말한 것의 결과를 설명하고 있습니다. 따라서 '그래서'라는 의미의 결과를 나타내는 접속부사 (d) Therefore가 정답입니다.

(a) Even so는 '그렇기는 하지만', (b) Otherwise는 '그렇지 않으면', (c) Likewise는 '비슷하게'라는 의미로, 문맥상 적합하지 않아 오답입니다.

어휘 attract 유치하다, 끌어모으다   client 고객   improve 개선하다
sales presentation 제품 소개   potential 잠재적인

05 접속사 정답 (a)

해석 내 남동생은 나쁘게 행동해도 절대 혼나지 않는다. 내가 공부하는 동안 그가 종종 내 장난감을 부수고 나를 괴롭힘에도 불구하고, 부모님께서는 그가 아직 어리기 때문에 그를 벌주는 것을 거부하신다.

해설 문맥상 남동생이 종종 장난감을 부수고 괴롭힘에도 불구하고, 부모님께서는 그가 아직 어리기 때문에 그를 벌주는 것을 거부하신다는 의미가 되어야 자연스럽습니다. 따라서 '~에도 불구하고'라는 의미의 양보를 나타내는 접속사 (a) Even though가 정답입니다.

> **오답 분석**
> (b) As if는 '마치 ~인 것처럼', (c) Because는 '~이기 때문에', (d) Provided that은 '~하는 경우에만'이라는 의미로, 문맥상 적합하지 않아 오답입니다.

어휘 get in trouble 혼나다, 곤란에 처하다　behave 행동하다, 처신하다　bother 괴롭히다　refuse 거부하다, 거절하다　punish 벌주다

06 접속부사 정답 (a)

해석 Kyle은 신입생 작문 강의의 에세이가 목요일에 마감이어서 스트레스를 받았다. 그동안에, 그는 금요일에 다른 두 개의 수업에서 치러지는 시험에 대비해야 했다.

해설 빈칸 앞 문장은 Kyle이 에세이가 목요일에 마감이어서 스트레스를 받았다는 내용이고 뒤 문장은 그가 금요일에 치러지는 다른 시험에 대비해야 했다는 내용으로, 뒤 문장이 앞 문장에서 말한 일이 이루어진 시간 동안 일어난 다른 일을 설명하고 있습니다. 따라서 '그동안에'라는 의미의 시간을 나타내는 접속부사 (a) Meanwhile이 정답입니다.

> **오답 분석**
> (b) In short는 '요컨대', (c) At last는 '마침내', (d) For instance는 '예를 들어'라는 의미로, 문맥상 적합하지 않아 오답입니다.

어휘 stressed out 스트레스를 받은　freshman 신입생　composition 작문, 작곡　course 강의　prepare 대비하다

07 접속부사 정답 (a)

해석 시각화는 프로 하키 선수 Zach Hyman이 사용하는 심리적 기법이다. 그것은 원하는 결과의 발생 가능성을 높이기 위해 그것(원하는 결과)의 심적 이미지를 만들어 내는 것을 수반한다. 즉, 그는 그것(원하는 결과)을 달성하기 위해 승리를 상상한다.

해설 빈칸 앞 문장은 시각화는 원하는 결과의 발생 가능성을 높이기 위해 그것(원하는 결과)의 심적 이미지를 만들어 내는 것을 수반한다는 내용이고 뒤 문장은 Zach Hyman이 그것(원하는 결과)을 달성하기 위해 승리를 상상한다는 내용으로, 뒤 문장이 앞 문장에서 말한 것을 부연 설명하고 있습니다. 따라서 '즉'이라는 의미의 강조를 나타내는 접속부사 (a) In other words가 정답입니다.

> **오답 분석**
> (b) On the other hand는 '반면에', (c) Even so는 '그렇기는 하지만', (d) Instead는 '대신에'라는 의미로, 문맥상 적합하지 않아 오답입니다.

어휘 visualization 시각화　psychological 심리적인　technique 기법, 기술　involve 수반하다, 포함하다　desired 원하는　envision 상상하다, 마음속에 그리다　victory 승리　achieve 달성하다

08 접속부사 정답 (b)

해석 전국 자동차 쇼에는 모든 주요 자동차 제조사의 대표들이 참여했으며 언론의 많은 관심을 받았다. 그럼에도 불구하고, 많은 참석자들이 행사가 제대로 준비되지 않았다고 불평했다.

해설 빈칸 앞 문장은 전국 자동차 쇼에 주요 자동차 제조사 대표들이 참여했으며 언론의 많은 관심을 받았다는 내용이고 뒤 문장은 많은 참석자들이 행사가 제대로 준비되지 않았다고 불평했다는 내용으로, 뒤 문장이 앞 문장에서 말한 것과 반대되는 내용을 설명하고 있습니다. 따라서 '그럼에도 불구하고'라는 의미의 양보를 나타내는 접속부사 (b) Nonetheless가 정답입니다.

> **오답 분석**
> (a) Similarly는 '비슷하게', (c) Naturally는 '당연히', (d) As a result는 '결과적으로'라는 의미로, 문맥상 적합하지 않아 오답입니다.

어휘 representative 대표　manufacturer 제조사　attention 관심　attendee 참석자　complain 불평하다　organize 준비하다

09 접속사 정답 (d)

해석 Green World Society는 예약했던 홀이 화재로 인해 폐쇄되어 연례 모금 행사를 연기해야 했다. 적합한 장소가 구해지자마자 새로운 날짜가 공지될 것이다.

해설 문맥상 적합한 장소가 구해지자마자 연기된 연례 모금 행사의 새로운 날짜가 공지될 것이라는 의미가 되어야 자연스럽습니다. 따라서 '~하자마자'라는 의미의 시간을 나타내는 접속사 (d) as soon as가 정답입니다.

> **오답 분석**
> (a) since는 '~이기 때문에', '~ 이래로', (b) so that은 '~하도록', (c) because는 '~이기 때문에'라는 의미로, 문맥상 적합하지 않아 오답입니다.

어휘 postpone 연기하다　fundraiser 모금 행사　book 예약하다　announce 공지하다　suitable 적합한　venue 장소

10 접속사 정답 (c)

해석 의료 전문가들은 운동 능력을 향상시키는 약물이 심각한 건강 위험을 제기한다고 경고한다. 아무리 단기 효과가 극적이라 해도, 이 물질들은 사용되어서는 안 된다. 대부분의 주요 스포츠 경기는 이러한 약물을 복용하는 운동선수를 금지한다.

해설 문맥상 아무리 단기 효과가 극적이라 해도 이 물질들(운동 능력을 향상시키는 약물)이 사용되어서는 안 된다는 의미가 되어야 자연스럽습니다. 따라서 'no matter how + 형용사 + 주어 + 동사'의 형태로 쓰이면서 '아무리 ~해도'라는 의미의 양보를 나타내는 접속사 (c) No matter how가 정답입니다.

(a) Whenever(~할 때마다), (b) As far as(~하는 한)는 '부사절 접속사 + 주어 + 동사 ~'의 형태로 사용되므로, 형용사 dramatic 앞에 위치한 빈칸에 들어갈 수 없어 오답입니다. (d) In other words(다시 말해)는 접속부사이므로, 부사절을 이끌 수 없어 오답입니다.

어휘 performance-enhancing (약물 등이) 운동 능력을 향상시키는 significant 심각한, 상당한   dramatic 극적인   substance 물질 ban 금지하다   athlete 운동선수

11 접속사   정답 (d)

해석 20세기 초의 많은 무성 영화들이 소실되었다. 그 이유는 그것들이 질산염 필름에 기록되었기 때문이다. 이 유형의 필름은 매우 선명한 이미지를 만들어 내지만, 쉽게 불이 붙는다.

해설 문맥상 질산염 필름은 매우 선명한 이미지를 만들어 내지만 쉽게 불이 붙는다는 의미가 되어야 자연스럽습니다. 따라서 '하지만'이라는 의미의 대조를 나타내는 접속사 (d) but이 정답입니다.

(a) because는 '~이기 때문에', (b) once는 '일단 ~하면', (c) so는 '그래서'라는 의미로, 문맥상 적합하지 않아 오답입니다.

어휘 silent 무성의, 고요한   record 기록하다   nitrate 질산염 catch on fire 불이 붙다

12 접속부사   정답 (b)

해석 최근 몇 년 동안, 사형 제도에 대한 상당한 논쟁이 있어왔다. 지지자들은 이것이 심각한 범죄에 대한 효과적인 억제책이라고 주장한다. 반면에, 반대자들은 무고한 사람들이 부당하게 유죄 판결을 받은 후 때때로 처형된다고 주장한다.

해설 빈칸 앞 문장은 사형 제도 지지자들이 이것을 효과적인 억제책이라고 주장한다는 내용이고 뒤 문장은 반대자들은 무고한 사람들이 부당한 판결로 처형된다고 주장한다는 내용으로, 뒤 문장이 앞 문장에서 말한 것과 대조되는 내용을 설명하고 있습니다. 따라서 '반면에'라는 의미의 대조를 나타내는 접속부사 (b) On the other hand가 정답입니다.

(a) Indeed는 '실제로', (c) As a consequence는 '그 결과', (d) In the first place는 '우선'이라는 의미로, 문맥상 적합하지 않아 오답입니다.

어휘 debate 논쟁   death penalty 사형 (제도)   proponent 지지자 argue 주장하다   effective 효과적인   deterrent 억제책, 제지하는 것 crime 범죄   opponent 반대자   innocent 무고한, 결백한 execute 처형하다   convict 유죄 판결을 내리다

DAY 08   관계사

1. 관계대명사   p. 103

연습문제

1 who		**2** whom	
3 that		**4** that	
5 who		**6** whose	

실전문제

7 (d)   **8** (b)

1

해석 쿠바 레스토랑을 개업한 사람인 그 남자는 Hilton 호텔의 주방장이었다.

해설 사람 선행사 The man을 꾸며주면서 관계절 내에서 동사 opened의 주어가 될 수 있는 주격 관계대명사가 필요하므로, who가 정답입니다.

2

해석 내가 전에 이야기를 나눈 사람인 그 선생님은 물리학이 아주 어려운 전공이라고 말했다.

해설 사람 선행사 The teacher를 꾸며주면서 관계절 내에서 전치사 to의 목적어가 될 수 있는 목적격 관계대명사가 필요하므로, whom이 정답입니다.

3

해석 이집트를 방문하는 것에 대해 Dave에게 흥미를 불러일으키는 것인 한 가지는 피라미드를 보는 것이다.

해설 사물 선행사 One thing을 꾸며주면서 관계절 내에서 동사 interests의 주어가 될 수 있는 주격 관계대명사가 필요하므로, that이 정답입니다.

4

해석 Jane이 신청한 것인 장학금은 국립예술협회에 의해 제공된다.

해설 사물 선행사 The scholarship을 꾸며주면서 관계절 내에서 전치사 for의 목적어가 될 수 있는 목적격 관계대명사가 필요하므로, that이 정답입니다.

5

해석 최고 경영자 Jack Paulson은, 매우 부유한 사람인데, 신설 도서관에 후한 기부를 했다.

해설 사람 선행사 Jack Paulson을 꾸며주면서 콤마(,) 뒤에 올 수 있는 주격 관계대명사가 필요하므로, who가 정답입니다.

관계대명사 that도 사람 선행사를 꾸며줄 수 있지만, 콤마 뒤에 올 수 없으므로 오답입니다.

6

해석 (그의) 사무실이 현재 301호에 있는 **회계사**는 2층으로 이사할 것이다.

해설 사람 선행사 **The accountant**를 꾸며주면서 관계절 내에서 office의 소유를 나타낼 수 있는 소유격 관계대명사가 필요하므로, **whose**가 정답입니다.

7

해석 구글 어스는 우리 행성의 3차원 묘사를 나타낸다. **이 프로그램**은, 2001년에 출시되었는데, 군사 기지와 같은 민감한 장소들을 보여주기 때문에 논란을 일으켰다.

해설 사물 선행사 **This program**을 꾸며주면서 콤마(,) 뒤에 올 수 있는 주격 관계대명사가 필요하므로, **(d) which was released in 2001**이 정답입니다.

> 오답 분석
> (b) 관계대명사 **that**도 사물 선행사를 꾸며줄 수 있지만, 콤마 뒤에 올 수 없으므로 오답입니다.

8

해석 셀프 서비스식 키오스크는 Home Depot과 같은 상점들에서 점점 더 흔해지고 있다. 사람 직원들을 대체하는 **이러한 기기들**의 사용은 소매업자들을 걱정하게 만들고 있다.

해설 사물 선행사 **these devices**를 꾸며주면서 관계절 내에서 동사 replace의 주어가 될 수 있는 주격 관계대명사가 필요하므로, **(b) that replace human employees**가 정답입니다.

---

2. 관계부사
p. 105

연습문제

1 where		2 when	
3 where		4 where	
5 when		6 when	

실전문제

7 (a)		8 (d)

1

해석 내가 Markham 교수님을 만났던 **곳인** 그 대학은 언어학 분야에서 상당히 잘 알려져 있다.

해설 장소 선행사 **The university**를 꾸며주면서 주어(I), 동사(met), 목적어(Professor Markham)를 모두 갖춘 완전한 절을 이끌 수 있는 관계부사가 필요하므로, **where**가 정답입니다.

2

해석 세계 기후의 날은 사람들이 지구 온난화에 대해 의식하게 되는 **때인** 시기이다.

해설 시간 선행사 **a time**을 꾸며주면서 주어(people), 동사(are

made), 보어(aware)를 모두 갖춘 완전한 절을 이끌 수 있는 관계부사가 필요하므로, **when**이 정답입니다.

3

해석 소더비 경매장은, 모네의 그림이 팔렸던 **곳인데**, 뉴욕시에 있다.

해설 장소 선행사 **The Sotheby's auction house**를 꾸며주면서 주어(a painting), 동사(was sold)를 모두 갖춘 완전한 절을 이끌 수 있는 관계부사가 필요하므로, **where**가 정답입니다.

4

해석 Mary는 그녀가 바다가 보이는 훌륭한 전망을 갖게 될 **곳인** 방을 특별히 요청했다.

해설 장소 선행사 **a room**을 꾸며주면서 주어(she), 동사(would have), 목적어(an ~ ocean view)를 모두 갖춘 완전한 절을 이끌 수 있는 관계부사가 필요하므로, **where**가 정답입니다.

5

해석 Isaac이 노래하는 것에 대한 그의 애정을 깨달았던 **때인** 그 순간은 지난달의 합창단 발표회에서였다.

해설 시간 선행사 **The moment**를 꾸며주면서 주어(Isaac), 동사(realized), 목적어(his love)를 모두 갖춘 완전한 절을 이끌 수 있는 관계부사가 필요하므로, **when**이 정답입니다.

6

해석 고대 도시 룩소르가 재발견된 **때인**, 2020년 이래로 그 장소의 상당 부분이 발굴되었다.

해설 시간 선행사 **2020**를 꾸며주면서 주어(the ancient city), 동사(was rediscovered)를 모두 갖춘 완전한 절을 이끌 수 있는 관계부사가 필요하므로, **when**이 정답입니다.

7

해석 Evelyn의 영상들은 빠듯한 예산으로 여행하는 방법에 대한 팁을 제공한다. 그녀가 몇몇 친구들과 프랑스를 방문했던 **때인**, 2021년에 그녀는 자신의 첫 번째 영상을 만들었다.

해설 시간 선행사 **2021**을 꾸며주면서 보기의 주어(she), 동사(visited), 목적어(France)를 모두 갖춘 완전한 절을 이끌 수 있는 관계부사가 필요하므로, **(a) when she visited France with some friends**가 정답입니다.

8

해석 Up-and-Away 버거 가게는 최근에 드라이브 스루 창구를 만들었다. 많은 이들이 자신의 첫 버거를 경험했던 **곳인** 그 식당을 방문하기 위해 신이 난 고객들은 몇 시간 동안이나 운전했다.

해설 장소 선행사 **the restaurant**를 꾸며주면서 보기의 주어(many), 동사(experienced), 목적어(their first burger)를 모두 갖춘 완전한 절을 이끌 수 있는 관계부사가 필요하므로, **(d) where many experienced their first burger**가 정답입니다.

01 (d)	**02** (a)	**03** (a)	**04** (b)	**05** (d)
06 (d)	**07** (a)	**08** (d)	**09** (d)	**10** (b)
11 (b)	**12** (a)			

01 관계대명사 which 정답 (d)

해석 Blackthorn 대학의 학생들은 새로운 졸업 요건을 확인해야 한다. 대학 정책은, 지난달에 갱신되었는데, 이제 학생들이 학위를 받기 위해 선택 과목 20학점을 보유할 것을 요구한다.

해설 사물 선행사 A university policy를 꾸며주면서 콤마(,) 뒤에 올 수 있는 주격 관계대명사가 필요하므로, (d) which was updated last month가 정답입니다.

오답 분석

(a) 관계대명사 that도 사물 선행사를 꾸며줄 수 있지만, 콤마 뒤에 올 수 없으므로 오답입니다.

어휘 review 확인하다, 검토하다   requirement 요건   policy 정책
require 요구하다   elective course 선택 과목   credit 학점
receive 받다   degree 학위   update 갱신하다

02 관계대명사 who 정답 (a)

해석 매주 금요일 저녁에, Greg는 그의 몇몇 동료들과 볼링을 치러 간다. 누구도 경쟁심이 아주 강하지 않기 때문에, 가장 높은 점수를 달성하는 사람은 대개 경기가 끝난 후에 나머지 모든 사람을 위해 커피를 산다.

해설 사람 선행사 the person을 꾸며주면서 관계절 내에서 동사 achieves의 주어가 될 수 있는 주격 관계대명사가 필요하므로, (a) who achieves the highest score가 정답입니다.

어휘 bowling 볼링   coworker 동료   competitive 경쟁심이 강한
achieve 달성하다, 이루다   score 점수

03 관계대명사 which 정답 (a)

해석 흰긴수염고래는 지구상에서 가장 큰 동물이다. 이 고래의 엄청난 크기에도 불구하고, 그것의 영양분의 주요 원천은 크릴새우이다. 이 아주 작은 갑각류들은, 흰긴수염고래가 엄청난 수로 섭취하는데, 평균적으로 길이가 단 3.5밀리미터에 불과하다.

해설 동물 선행사 These tiny crustaceans를 꾸며주면서 콤마(,) 뒤에 올 수 있는 목적격 관계대명사가 필요하므로, (a) which blue whales consume in vast numbers가 정답입니다.

오답 분석

(c) 관계대명사 that도 동물 선행사를 꾸며줄 수 있지만, 콤마 뒤에 올 수 없으므로 오답입니다.

어휘 blue whale 흰긴수염고래   primary 주요한   source 원천
nourishment 영양분   krill 크릴새우   tiny 아주 작은
crustacean 갑각류   on average 평균적으로
consume 섭취하다, 소비하다   vast 엄청난

04 관계대명사 whom 정답 (b)

해석 Lyman 슈퍼마켓은 영업시간 이후에 가게를 지키기 위해 새로운 보안 장치를 설치했다. 주인이 암호를 준 직원들은 누구와도 그것을 공유하지 않도록 지시받았다.

해설 사람 선행사 The employees를 꾸며주면서 관계절 내에서 전치사 to의 목적어가 될 수 있는 목적격 관계대명사가 필요하므로, (b) whom the owner gave a code to가 정답입니다.

어휘 set up 설치하다   security system 보안 장치
business hour 영업시간   employee 직원   instruct 지시하다
share 공유하다   owner 주인   code 암호

05 관계부사 when 정답 (d)

해석 탄소 중립은 대기에 더해진 이산화탄소의 양이 없어진 이산화탄소의 양에 의해 상쇄되는 것을 의미한다. 일부 국가들은 탄소 중립적이 될 것을 약속했다. 모든 국가들이 이것을 행하는 날은 역사적인 때가 될 것이다.

해설 시간 선행사 The day를 꾸며주면서 보기의 주어(all countries), 동사(do), 목적어(this)를 모두 갖춘 완전한 절을 이끌 수 있는 관계부사가 필요하므로, (d) when all countries do this가 정답입니다.

어휘 carbon 탄소   neutrality 중립   amount 양
carbon dioxide 이산화탄소   atmosphere 대기
offset 상쇄하다   remove 없애다   neutral 중립적인
historic 역사적인   occasion 때, 경우

06 관계대명사 which 정답 (d)

해석 운전면허를 취득하기 위해, 사람은 자신이 차량을 가동할 수 있다는 것을 보여주어야 한다. 주행 시험은, 몇몇 어려운 조작들을 수행하는 것을 포함하는데, 어떤 사람들에게는 매우 어렵다.

해설 사물 선행사 The driving test를 꾸며주면서 콤마(,) 뒤에 올 수 있는 주격 관계대명사가 필요하므로, (d) which includes performing some difficult maneuvers가 정답입니다.

오답 분석

(b) 관계대명사 that도 사물 선행사를 꾸며줄 수 있지만, 콤마 뒤에 올 수 없으므로 오답입니다.

어휘 acquire 취득하다   driver's license 운전면허
demonstrate 보여주다, 증명하다   operate 가동하다
include 포함하다   perform 수행하다   maneuver 조작, 동작

07 관계대명사 that 정답 (a)

해석 Brighton 대학은 도서관의 2층이 주말 동안 다시 칠해질 것이라고 공지했다. 그 기간 동안, 이 구역의 선반에 놓여 있는 도서들은 임시 보관소에 놓일 것이다.

해설 사물 선행사 the books를 꾸며주면서 관계절 내에서 동사 are shelved의 주어가 될 수 있는 주격 관계대명사가 필요하므로, (a) that are shelved in this section이 정답입니다.

어휘 announce 공지하다   repaint 다시 칠하다   place 놓다, 두다
temporary 임시의, 일시적인   storage 보관소, 창고
shelve 선반에 놓다   section 구역

08 관계대명사 who　　　　　　　　　　정답 (d)

해석 나는 사람들이 위선적인 방식으로 행동하는 것을 아주 싫어한다. 예를 들어, 내 친구 Julie는, 그녀 친구들의 생일을 절대 기억하지 못하는데, 만약 누군가가 그녀의 것(생일)을 잊어버리면 아주 화를 낸다.

해설 사람 선행사 my friend Julie를 꾸며주면서 콤마(,) 뒤에 올 수 있는 주격 관계대명사가 필요하므로, (d) who never remembers her friends' birthdays가 정답입니다.

> **오답분석**
> (c) 관계대명사 that도 사람 선행사를 꾸며줄 수 있지만, 콤마 뒤에 올 수 없으므로 오답입니다.

어휘 hate 아주 싫어하다　behave 행동하다　hypocritical 위선적인　manner 방식　forget 잊어버리다　remember 기억하다

09 관계부사 where　　　　　　　　　　정답 (d)

해석 Lebron James는 역대 가장 훌륭한 프로 농구 선수 중 한 명이다. 네 번의 NBA 선수권 대회에서 우승한 것의 결과로, 그는 매우 유명해졌다. 실제로, 애크런이라는 도시는, Lebron James가 자란 곳인데, 현재 그의 이름을 딴 거리가 있다.

해설 장소 선행사 the city of Akron을 꾸며주면서 보기의 주어(Lebron James), 동사(grew up)를 모두 갖춘 완전한 절을 이끌 수 있는 관계부사가 필요하므로, (d) where Lebron James grew up이 정답입니다.

어휘 result 결과　championship 선수권 대회　famous 유명한　in fact 실제로　name after ~의 이름을 따다

10 관계대명사 that　　　　　　　　　　정답 (b)

해석 Mr. Pearson은 Tri-State Accounting 사의 일자리를 받아들이는 데 합의했다. 그 회사는 민감한 고객 정보를 다루기 때문에, 그가 지난주에 서명한 **계약서**는 비밀 조항을 포함한다. 그것은 그가 경쟁사와 일하는 것도 금지한다.

해설 사물 선행사 the contract를 꾸며주면서 관계절 내에서 동사 signed의 목적어가 될 수 있는 목적격 관계대명사가 필요하므로, (b) that he signed last week가 정답입니다.

어휘 agree 합의하다, 동의하다　accept 받아들이다　position 일자리　deal with ~을 다루다　sensitive 민감한　client 고객　contract 계약서　confidentiality clause 비밀 조항　prohibit 금지하다　compete 경쟁하다　sign 서명하다

11 관계대명사 who　　　　　　　　　　정답 (b)

해석 아르센 뤼팽은 작가 모리스 르블랑에 의해 만들어진 소설의 등장인물이다. 그의 최초의 출현은 1905년에 출간된 짧은 이야기에서였다. 뤼팽은, 그의 재주를 사용하여 범죄를 해결하는데, 많은 사람들에 의해 프랑스의 셜록 홈스라고 여겨진다.

해설 사람 선행사 Lupin을 꾸며주면서 콤마(,) 뒤에 올 수 있는 주격 관계대명사가 필요하므로, (b) who uses his skills to solve crimes가 정답입니다.

> **오답분석**
> (a) 관계대명사 that도 사람 선행사를 꾸며줄 수 있지만, 콤마 뒤에 올 수 없으므로 오답입니다.

어휘 fictional 소설의　create 만들다　author 작가　appearance 출현, 등장　publish 출간하다　consider 여기다　skill 재주, 기술　solve 해결하다　crime 범죄

12 관계대명사 that　　　　　　　　　　정답 (a)

해석 눈물은 잠재적으로 유해한 물질들로부터 눈을 보호하는 데 중요한 역할을 한다. 눈물이 없으면, 공중에 떠다니는 **먼지 입자들**이 눈에 들어가서 자극이나 심지어 중대한 손상을 일으킬 수 있다.

해설 사물 선행사 the dust particles를 꾸며주면서 관계절 내에서 동사 float의 주어가 될 수 있는 주격 관계대명사가 필요하므로, (a) that float around in the air가 정답입니다.

어휘 tear 눈물　play an important role 중요한 역할을 하다　potentially 잠재적으로　harmful 유해한　substance 물질　dust 먼지　particle 입자　enter 들어가다　irritation 자극　significant 중대한　damage 손상　float around 떠다니다

해커스 지텔프 32-50+

독해

DAY 09　파트별 공략 ①

1. Part 1 인물의 일대기　　　p.114

연습문제

1 (a)　　　　**2** (b)　　　　**3** (c)

실전문제

4 (d)　　　　**5** (b)

1

해석　요한 하인리히 페스탈로치는 어려운 학생들을 돕는 그의 철학으로 유명한 스위스의 교육 개혁가였다. 특히, 그는 가난한 학생들의 출석률을 높이고 그들의 재능을 발달시키는 교육 제도를 선호했다.

해설　페스탈로치가 가난한 학생들의 출석률을 높이고 그들의 재능을 발달시키는 교육 제도를 선호했다고 했으므로, (a)가 정답입니다.

2

해석　그의 경력 후반에, 존 휴스턴은 할리우드에서 각본을 쓰기 시작했고 마침내 영화를 감독했다. 그가 감독했던 첫 번째 영화는 「몰타의 매」였다. 적은 예산과 경험이 부족한 감독을 보유했음에도 불구하고, 그 영화는 즉각적인 성공을 거두었다.

　　　(a) 「몰타의 매」는 감독으로서 휴스턴의 마지막 영화였다.
　　　(b) 「몰타의 매」는 많은 예산을 보유하지 않았다.

해설　「몰타의 매」가 적은 예산을 보유했다고 했으므로, (b)가 정답입니다.

　　　패러프레이징
　　　having a small budget 적은 예산을 보유함
　　　→ **did not have a large budget** 많은 예산을 보유하지 않았다

3

해석　1999년에, 루비 브릿지는 그녀가 수상한 도서인 『내 눈을 통해』를 출간했다. 그 작품은 어린 시절 인종 차별 폐지 기간 동안의 그녀의 무서운 경험을 전했다. 그것은 이전에 백인만 다니던 학교에서의 첫날에 화가 나서 괴성을 지르는 무리에게 끌려간 것에 대한 그녀의 기억을 묘사했다.

　　　(a) 브릿지의 책은 인종 차별 기간에 출간되었다.
　　　(b) 브릿지의 작품은 그녀의 성인으로서의 경험을 바탕으로 했다.
　　　(c) 브릿지의 작품은 학교의 성난 무리를 묘사했다.
　　　(d) 브릿지의 책은 비평가들로부터 어떠한 찬사도 받지 못했다.

해설　루비 브릿지의 『내 눈을 통해』가 이전에 백인만 다니던 학교에서의 첫날에 화가 나서 괴성을 지르는 무리에게 끌려간 것에 대

한 그녀의 기억을 묘사했다고 했으므로, (c)가 정답입니다.

패러프레이징
an angrily screaming mob 화가 나서 괴성을 지르는 무리
→ **an angry crowd** 성난 무리

[4-5]

> ### 더스티 스프링필드
>
> 　더스티 스프링필드는 영국 역사상 최고의 여성 가수 중 한 명으로 여겨지는 다작한 영국 가수였다.
> 　스프링필드는 1939년 4월 16일에 영국 웨스트 햄스테드에서 제라드 오브라이언과 캐서린 오브라이언 사이에서 태어났다. 그녀는 음악을 사랑하는 사람들의 가정에서 길러졌고, 그들은 때때로 리듬으로 노래를 알아맞히는 게임을 했다. 그녀는 어렸을 때 노래하는 것을 매우 좋아했고 [4]미국 재즈 가수들처럼 소리 내고 싶어 했다.
> 　1960년에 한 밴드에 합류한 후, 스프링필드는 테네시 주의 내슈빌을 여행했고, 그곳에서 리듬 앤드 블루스에 빠져들었다. 그녀의 경력은 방향을 바꾸었고, 그녀는 소울 가수로 변신했다. 이후, 그녀는 R&B의 중심지인 멤피스에서 그녀의 경력을 발전시키기 위해 테네시 주로 돌아왔고, 영국의 청중들이 디트로이트의 모타운 예술가들을 접하게 하는 데 도움을 주기도 했다.
> 　스프링필드는 1963년에 밴드를 떠나 솔로 활동을 시작했다. 다음 해에, [5-a]그녀의 활동은 데뷔 앨범의 발매와 함께 급격히 인기를 얻었다. 1960년대 내내, 스프링필드는 성공했고 [5-c]영국에서 최고의 음반 판매량을 기록한 예술가들 중 한 명이었으며 미국에서도 엄청난 성공을 거두었다. 1964년과 1970년 사이에, [5-d]스프링필드는 빌보드 핫 100 목록에 18개의 노래를 가지고 있었다.
> 　더스티 스프링필드는 1999년 3월 2일에 영국에서 사망하였다.

4

문제　어릴 때 더스티 스프링필드의 바람은 무엇이었는가?

　　　(a) 그녀는 전문 음악가가 되고 싶어 했다.
　　　(b) 그녀는 부모님과 더 많은 시간을 보내기를 바랐다.
　　　(c) 그녀는 가수들이 콘서트에서 실황 공연하는 것을 보고 싶어 했다.
　　　(d) 그녀는 미국의 재즈 가수들처럼 노래하기를 바랐다.

해설　질문의 키워드 **as a child**가 지문에서 그대로 언급되었으므로 그 주변에서 정답의 단서를 찾습니다. 단서 [4]에서 더스티 스프링필드가 미국 재즈 가수들처럼 소리 내고 싶어 했다고 했으므로, (d)가 정답입니다.

패러프레이징
sound like American jazz singers 미국 재즈 가수들처럼 소리 내다 → **sing like jazz singers in America** 미국의 재즈 가수들처럼 노래하다

5

문제　1960년대 스프링필드의 경력에 대해 사실이 아닌 것은?

42　지텔프 인강 · 무료 MP3 HackersIngang.com

(a) 그녀의 첫 솔로 앨범이 그녀의 성공에 시동을 걸었다.

(b) 그녀의 미국 콘서트는 매우 성공적이지 못했다.

(c) 그녀는 영국에서 최고의 음반 판매량을 기록한 가수였다.

(d) 그녀는 십여 개가 훨씬 넘는 히트곡을 만들었다.

해설 질문의 키워드 career in the 1960s에 관해 사실이 아닌 것을 묻는 문제이므로, 각 보기와 관련된 내용을 지문에서 찾아 대조합니다. (b)는 지문에 언급되지 않은 내용이므로, (b)가 정답입니다.

오답 분석

(a) 단서 [5-a]에서 스프링필드의 활동이 데뷔 앨범의 발매와 함께 급격히 인기를 얻었다고 했으므로 지문의 내용과 일치합니다.

(c) 단서 [5-c]에서 스프링필드가 영국에서 최고의 음반 판매량을 기록한 예술가들 중 한 명이었다고 했으므로 지문의 내용과 일치합니다.

(d) 단서 [5-d]에서 스프링필드가 빌보드 핫 100 목록에 18개의 노래를 가지고 있었다고 했으므로 지문의 내용과 일치합니다.

---

2. Part 2 잡지/인터넷 기사   p. 120

연습문제

1 (a)   **2** (b)   **3** (b)

실전문제

4 (c)   **5** (c)

1

해설 인기 있는 Fitro 건강 손목시계 제조사는 연세가 있는 부모의 자녀들에게 유익할 새로운 모델을 출시하고 있다. Fitro S라고 불리는, 이 장치는 길을 잃게 되기 쉬운 정신적 감퇴 시기에 있는 고령자들의 이동을 추적하기 위해 GPS를 사용한다.

해설 Fitro 건강 손목시계 제조사는 연세가 있는 부모의 자녀들에게 유익할 새로운 모델을 출시하고 있다고 했으므로, (a)가 정답입니다.

2

해설 뉴질랜드 해안에서 어류 조사를 실시한 과학자들이 세 종의 심해 상어에게서 색다른 특징을 발견했다. 생물 발광은 살아 있는 유기체가 가시광선을 방출하는 것인데, 해양 동물에게서는 흔하지만 상어에게서는 전에 한 번도 보인 적이 없었다.

(a) 일부 해양 동물들은 자기방어의 형태로서 가시광선을 방출한다.

(b) 연구원들은 세 종류의 상어에게서 생물 발광을 관찰했다.

해설 뉴질랜드 해안에서 어류 조사를 실시한 과학자들이 세 종의 심해 상어에게서 색다른 특징인 생물 발광을 발견했다고 했으므로, (b)가 정답입니다.

패러프레이징

three species of deep-sea sharks 세 종의 심해 상어 → three kinds of sharks 세 종류의 상어

3

해설 새로운 연구 논문은 AI, 즉 인공 지능의 늘어나는 채택이 경제 성장에 미치는 잠재적 영향을 조사한다. 특히, 그것(논문)은 전기와 같이 2차 산업 혁명의 유사하게 획기적인 기술에 의해 한때 수행되었던 기능인 자동화를 인공 지능이 어떻게 촉진시키는지 살펴본다.

(a) 연구는 인공 지능이 경제 생산성을 크게 신장시킨다는 것을 보여주었다.

(b) 인공 지능은 더 오래된 기술들과 핵심적인 유사점을 공유한다.

(c) 자동화는 인공 지능 기술의 주요 이점이다.

(d) 전기의 발견은 산업 혁명을 촉발시켰다.

해설 새로운 연구 논문이 2차 산업 혁명의 유사하게 획기적인 기술에 의해 한때 수행되었던 기능인 자동화를 인공 지능이 어떻게 촉진시키는지 살펴본다고 했으므로, (b)가 정답입니다.

패러프레이징

similarly groundbreaking technologies of the Second Industrial Revolution 2차 산업 혁명의 유사하게 획기적인 기술 → a key similarity with older technologies 더 오래된 기술들과의 핵심적인 유사점

[4-5]

왜 공포 영화가 돌아왔는가

영화 관객들은 겁을 먹은 채로 자리에서 일어나기 위해 애써 번 돈을 항상 기꺼이 지불해 왔지만, 이것은 그저 [4]공포 장르가 최근의 부활을 경험한 이유를 부분적으로 설명할 뿐이다.

과거에, 주요 스튜디오들은 빠른 수익을 내기 위한 방법으로 공포 영화를 이용했다. 영화들이 아무리 값싸게 만들어졌다고 할지라도, 그것들이 관객들을 끌어들이는 것은 대체로 보장되었다. 그러나 수익을 극대화하기 위해서, 스튜디오들은 제작 비용을 낮게 유지하기 위해 가능한 모든 것을 해야 했고, 그 결과 품질을 희생시켰다.

오늘날, [5]새로운 세대의 스튜디오들은 유사한 공식을 사용하면서도 전환을 통해 더 큰 성공을 거두었다. 상대적으로 적은 예산에 계속 의존하면서, [5]스튜디오들은 더 재능 있는 영화 제작자들을 끌어들이기 위한 방법으로서 영화 제작자들에게 더 많은 창작의 자유를 주었다.

그 결과는 「파라노말 액티비티」나 「겟 아웃」과 같은 고품질이지만 적당한 가격으로 만들어진 일련의 공포 영화들이었다. 이러한 영화들의 성공은 이 장르의 매력을 넓혀 주었다. 공포 영화는 현재 영화 팬들과 비평가들 모두가 즐기고 있다.

수준이 유지되는 한, 공포 영화 산업이 앞으로 몇 년 동안 계속해서 번성할 것이라는 점에는 의심할 여지가 거의 없어 보인다.

4

문제 기사는 주로 무엇에 관한 것인가?

(a) 공포 영화 제작의 비용 증가

(b) 공포 영화 관객들의 변화하는 태도

(c) 공포 영화의 인기의 최근 성장

(d) 사람들이 공포 영화를 무섭다고 여기는 이유들

해설 지문의 주제를 묻는 문제이므로, 주제가 주로 언급되는 제목과 첫 단락을 주의 깊게 읽습니다. 단서 [4]에서 공포 장르가 최근의 부활을 경험했다고 한 뒤, 지문 전반에 걸쳐 공포 영화가 최근

대중의 인기를 얻고 있는 현상과 이유를 서술하고 있으므로 (c)가 정답입니다.

the horror genre has experienced a recent resurgence 공포 장르가 최근의 부활을 경험했다 → **the recent growth in the popularity of horror movies** 공포 영화의 인기의 최근 성장

5

문제 새로운 공포 영화들은 왜 이전 것들보다 더 성공적이었겠는가?

(a) 티켓 판매로 인한 수익이 이전보다 오늘날 더 크다.
(b) 새 스튜디오들이 예산을 관리하는 데 있어 보다 효율적이다.
(c) 스튜디오들이 더 많은 기량을 갖춘 사람들을 고용할 수 있다.
(d) 과거에 비해 더 많은 수의 사람들이 영화를 본다.

해설 질문의 키워드 new horror films와 관련된 사실을 추론하는 문제이므로 이와 관련된 부분에서 정답의 단서를 찾습니다. 단서 [5]에서 새로운 세대의 스튜디오들은 유사한 공식을 사용하면서도 전환을 통해 더 큰 성공을 거두었는데, 이는 스튜디오들이 더 재능 있는 영화 제작자들을 끌어들이기 위한 방법으로서 영화 제작자들에게 더 많은 창작의 자유를 주었기 때문이라고 했으므로, 스튜디오들이 더 많은 기량을 갖춘 사람들을 고용할 수 있기 때문에 새로운 공포 영화들이 이전 것들보다 더 성공적이었음을 추론할 수 있습니다. 따라서 (c)가 정답입니다.

attract more talented filmmakers 더 재능 있는 영화 제작자들을 끌어들이다 → **hire people with more skills** 더 많은 기량을 갖춘 사람들을 고용하다

HACKERS TEST
p. 122

01 (b)	02 (c)	03 (a)	04 (c)	05 (c)
06 (c)	07 (a)	08 (b)	09 (d)	10 (b)
11 (d)	12 (d)	13 (d)	14 (b)	

[Part 1: 01-07]

조너선 폴 아이브

[01]조니 아이브로 더 흔히 알려진 조너선 폴 아이브는 애플의 가장 인기 있는 제품들 중 몇몇을 디자인한 것으로 유명한 영국의 산업 디자이너이다. 그의 작품은 애플의 제품들이 소비자들에게 매력적이게끔 만드는 데 도움을 주었다.

영국 런던에서 태어난, 아이브는 그의 아버지로부터 그림에 대한 애정을 물려받았고 14살 때부터 미술에 관심을 보였다. 그는 뉴캐슬 폴리테크닉에서 공부했으며, [02]1989년에 졸업한 후 런던에 기반을 둔 디자인 자문 회사인 탠저린을 공동 설립했는데, 이 회사는 애플을 고객으로 여겼다.

1992년에, 아이브는 애플에서 정규직을 제안받고 캘리포니아 사무실로 옮겼다. 그러나 스티브 잡스가 애플의 최고 경영자로 복귀한 1997년이 되어서야 아이브의 천재성이 진정으로 나타나기 시작했다. [03]강박적인 문제 해결자인 아이브는 잡스를 완벽하게 보완했고, 그들은 함께 사용 편의성과 단순성에 초점을 맞춘 디자인 철학을 고안했다. 그 목표는 기기들을 어떤 다른 방식으로는 상상될 수 없을 정도로 아주 단순하게 만드는 것이었다.

1997년부터 2019년까지, [04-a]아이브는 각 부품이 제조 비용과 유용성에 어떤 영향을 미칠 수 있는지를 고려하여 [04-b]제품 설계의 모든 측면을 공들여 감독했다. [04-c]그는 그 과정에서 실수들을 통해 배웠으며, [04-d]가장 작은 세부 사항에도 타협하려고 하지 않았다.

애플에서의 27년간의 경력 동안, 아이브는 사용하기에 직관적인 것만큼이나 보기에도 굉장히 멋진 수많은 수준 높은 기기들의 디자인을 총괄했다. [05]그의 1998년 형 아이맥은 최초의 높은 기록을 세웠다. 그것의 반투명 캔디색 외관은 하드웨어 분야를 지배했던 상자 모양의 베이지색 컴퓨터 타워와 극명한 대조를 제공했다. 첫해에만 2백만 대의 아이맥이 팔렸고, 이는 애플이 1995년 이후 첫 수익을 올리는 데 도움을 주었다. 이후 마찬가지로 흥미롭고 수익성 있는 일련의 출시가 잇따랐는데 이는 2001년 형 아이팟, 2007년 형 아이폰, 2010년 형 아이패드 등을 포함한다.

문화와 디자인에 기여한 공로로, 아이브는 영국의 기사 작위를 포함하여 수많은 표창과 상들을 받았다. 2019년에, 그는 애플을 떠나 새로운 디자인 회사를 차렸다.

어휘 familiarly 흔히, 일반적으로   industrial 산업의
appealing 매력적인   consumer 소비자   inherit 물려받다
graduate 졸업하다   cofound 공동 설립하다
consultancy 자문 회사   count 여기다   client 고객
permanent position 정규직   genius 천재성
emerge 나타나다   obsessive 강박적인
complement 보완하다   devise 고안하다   philosophy 철학
center on ~에 초점을 맞추다   simplicity 단순성
device 기기, 장치   painstakingly 공들여   supervise 감독하다
aspect 측면   accounting for ~을 고려하여
component 부품, 요소   usability 유용성
along the way 그 과정에서   refuse to ~하려고 하지 않다
compromise 타협하다   direct 총괄하다   numerous 수많은
sophisticated 수준 높은, 정교한   stunning 굉장히 멋진
intuitive 직관적인   initial 최초의, 처음의   translucent 반투명의
exterior 외관   stark 극명한   contrast 대조
dominate 지배하다   landscape 분야, ~계   profit 수익
a succession of 일련의   equally 마찬가지로
release 출시, 발매   accolade 표창   knighthood 기사 작위

01 특정세부사항
정답 (b)

문제 아이브는 무엇으로 가장 잘 알려져 있는가?

(a) 유명한 회사를 차린 것
(b) 기술 제품들을 디자인한 것
(c) 고군분투하는 산업을 부활시킨 것
(d) 창의적인 광고를 만든 것

해설 질문의 키워드 best known for가 지문에서 famous for로 패러프레이징 되었으므로 그 주변에서 정답의 단서를 찾습니다. 단서 [01]에서 조너선 폴 아이브가 애플의 가장 인기 있는 제품들 중 몇몇을 디자인한 것으로 유명한 영국의 산업 디자이너라고 했으므로, (b)가 정답입니다.

어휘 famous 유명한   revive 부활시키다   struggling 고군분투하는
creative 창의적인   advertisement 광고

02 추론
정답 (c)

문제 아이브는 언제 애플과 처음 만났던 것 같은가?

(a) 그가 대학에서 공부하고 있었을 때

(b) 그가 한 행사에서 강연을 하고 있었을 때
(c) 그가 그들에게 서비스를 제공하고 있었을 때
(d) 그가 미국을 여행하고 있었을 때

해설 질문의 키워드 first encounter Apple과 관련된 사실을 추론하는 문제이므로 이와 관련된 부분에서 정답의 단서를 찾습니다. 단서 [02]에서 아이브가 1989년에 졸업한 후 공동 설립한 디자인 자문 회사인 탠저린이 애플을 고객으로 여겼다고 했으므로, 아이브가 애플에 서비스를 제공하고 있었을 때 그들과 처음 만났음을 추론할 수 있습니다. 따라서 (c)가 정답입니다.

> **패러프레이징**
> counted Apple as a client 애플을 고객으로 여겼다
> → was providing them a service 그들에게 서비스를 제공하고 있었다

어휘 encounter ~와 만나다   speak 강연을 하다

---

03 추론   정답 (a)

문제 기사에 따르면, 어느 표현이 잡스와 아이브 사이의 관계를 묘사하는 것 같은가?

(a) 상호 간의 합작
(b) 공식적 멘토 관계
(c) 창조적 긴장 상태
(d) 건설적 비평

해설 질문의 키워드 the relationship between Jobs and Ive와 관련된 사실을 추론하는 문제이므로 이와 관련된 부분에서 정답의 단서를 찾습니다. 단서 [03]에서 강박적인 문제 해결자인 아이브가 잡스를 완벽하게 보완하여 그들이 함께 사용 편의성과 단순성에 초점을 맞춘 디자인 철학을 고안했다고 했으므로, 잡스와 아이브는 상호 간 합작하는 관계였음을 추론할 수 있습니다. 따라서 (a)가 정답입니다.

어휘 mutual 상호 간의   collaboration 합작   formal 공식적인
tension 긴장 상태   constructive 건설적인   criticism 비평

---

04 Not True   정답 (c)

문제 아이브에 대해 사실이 아닌 것은?

(a) 그는 비용에 관심을 가졌다.
(b) 그는 긴 작업 과정을 가졌다.
(c) 그는 그의 실수들을 통해 배울 수 없었다.
(d) 그는 작은 세부 사항들에 주의를 기울였다.

해설 질문의 키워드 Ive에 대해 사실이 아닌 것을 묻는 문제이므로, 각 보기와 관련된 내용을 지문에서 찾아 대조합니다. 단서 [04-c]에서 아이브가 제품 설계 과정에서 실수들을 통해 배웠다고 했으므로, 그가 그의 실수들을 통해 배울 수 없었다는 것은 지문의 내용과 반대됩니다. 따라서 (c)가 정답입니다.

> **오답 분석**
> (a) 단서 [04-a]에서 아이브가 각 부품이 제조 비용과 유용성에 어떤 영향을 미칠 수 있는지를 고려했다고 했으므로 지문의 내용과 일치합니다.
> (b) 단서 [04-b]에서 아이브가 제품 설계의 모든 측면을 공들여 감독했다고 했으므로 지문의 내용과 일치합니다.
> (d) 단서 [04-d]에서 아이브가 제품 설계 과정에서 가장 작은 세부 사항에도 타협하려고 하지 않았다고 했으므로 지문의 내용과 일치합니다.

어휘 be concerned about ~에 관심을 가지다   process 과정, 절차
attentive 주의를 기울이는

---

05 특정세부사항   정답 (c)

문제 무엇이 아이브의 첫 성공적인 제품을 구별 짓는가?

(a) 그것의 그래픽 사용자 인터페이스
(b) 경영주들에 대한 그것의 매력
(c) 그것의 곡선 모양이며 형형색색인 외관
(d) 그것의 이후 제품들과의 유사함

해설 질문의 키워드 first successful product가 지문에서 initial high mark로 패러프레이징 되었으므로 그 주변에서 정답의 단서를 찾습니다. 단서 [05]에서 아이브의 1998년 형 아이맥이 최초의 높은 기록을 세웠으며, 그것의 반투명 캔디색 외관은 하드웨어 분야를 지배했던 상자 모양의 베이지색 컴퓨터 타워와 극명한 대조를 제공했다고 했으므로, (c)가 정답입니다.

> **패러프레이징**
> Its translucent, candy-colored ~ to the boxy, beige computer towers 그것의 반투명 캔디색 외관은 상자 모양의 베이지색 컴퓨터 타워와 극명한 대조를 제공했다
> → its curved and colorful exterior 그것의 곡선 모양이며 형형색색인 외관

어휘 distinguish 구별 짓다   appeal 매력   curved 곡선 모양의
colorful 형형색색의   resemblance 유사함, 닮음

---

06 어휘   정답 (c)

문제 지문의 문맥에서, 'emerge'는 –을 의미한다.

(a) 들어가다
(b) 일어나다
(c) 나타나다
(d) 드러내다

해설 3단락의 emerge가 포함된 문장 'when Steve Jobs returned as Apple's CEO, that Ive's genius truly began to emerge'는 스티브 잡스가 애플의 최고 경영자로 복귀했을 때 아이브의 천재성이 진정으로 나타나기 시작했다는 뜻이므로, emerge가 '나타나다'라는 의미로 사용된 것을 알 수 있습니다. 따라서 '나타나다'라는 같은 의미를 가진 (c) appear 가 정답입니다.

> **오답 분석**
> (b) '나타나다' 외에 '일어나다'라는 의미를 가진 happen은 주로 어떤 일이나 사건이 발생한다는 의미로 쓰이므로 문맥에 어울리지 않아 오답입니다.

---

07 어휘   정답 (a)

문제 지문의 문맥에서, 'departed'는 –을 의미한다.

(a) 떠났다
(b) 은퇴했다
(c) 분배했다
(d) 다시 합류했다

해설 6단락의 departed가 포함된 문장 'he departed Apple to

start a new design firm'은 아이브가 애플을 떠나 새로운 디자인 회사를 차렸다는 뜻이므로, **departed**가 '떠났다'라는 의미로 사용된 것을 알 수 있습니다. 따라서 '떠났다'라는 같은 의미를 가진 **(a) left**가 정답입니다.

[Part 2: 08-14]

[08]식단이 정신 건강에 미치는 영향은 세월이 흐름에 따라 변한다

연구원들은 젊은 성인들과 나이 든 성인들의 식습관이 정신 건강에 영향을 주는 방식 면에서 다르다는 것을 발견했다. 게다가, 「영양 신경과학」지에 게재된 연구 결과에 따르면, 젊은 성인들과 나이 든 성인들의 뇌는 서로 다른 종류의 음식에 대해 감정이 민감했다.

연구는 이전의 연구들에 근거한 일련의 가설들로 시작되었다. 첫째, 나이 든 성인들은 젊은 성인들보다 더 긍정적인 마음과 관점을 가지고 있는 경향이 있다. 둘째로, [09]더 나이 든 성인들은 더 젊은 성인들보다 스트레스가 많은 사건들로부터 더 빨리 회복하는 경향이 있다.

연구원들은 이러한 원칙들과 식이 요법 자료를 서로 관련시켰고 건강한 식습관과 정신적 행복 사이에 연관성이 있는지를 판단하기 위해 가설들을 세웠다. 세 번째 목표는 정신적 행복이 운동과 같은 더 건강한 습관에 기여하는지를 알아내는 것이었다.

[10]연구원들은 여러 소셜 미디어 플랫폼을 통해 세계의 다양한 지역에 익명의 설문 조사를 보냈다. 참가자들은 나이, 성별, 운동 빈도에 대해 질문을 받았다. 그들은 또한 그들이 먹는 음식과 그들의 감정을 나타내는 설문지를 작성하도록 요청받았다. 설문 조사는 18세에서 29세 사이의 젊은 성인들과 30세 이상의 나이 든 성인들로 나뉘었다.

[11-b]연구원들은 건강한 식단을 통곡물, 과일, 채소, 그리고 생선을 포함하는 것으로 정의했다. 그들은 또한 그것이 [11-c]비타민 보충제를 복용하는 것과 [11-a]아침을 절대 거르지 않는 것을 수반한다고 명시했다. 설문 조사에 응하는 사람들이 주간 권장 식사 요건을 충족했다면, 그들은 '높음'으로 평가되었고, 그렇지 않은 사람들은 '낮음'으로 평가되었다.

평균적으로, [12]이 연구에서 젊은 성인들은 붉은 고기를 먹었을 때 긍정적인 경험을 보고했다. 고기 섭취는 이러한 사람들에게 세로토닌과 도파민을 만들어 냈는데, 이것들은 뇌와 신체에 활기 넘치는 결과를 일으키는 화학 물질들이다. [12]그에 반해, 더 나이 든 성인들은 과일과 같은 고영양 식품에 대한 호의적인 느낌과 신경계의 특정 부분들을 활성화시킬 수 있는 카페인이 함유된 커피와 같은 것에 대한 회피를 보고했다.

장차, 연구원들은 남성과 여성 간의 음식 및 감정 차이에 대해 비슷한 연구를 실시할 계획이다. 그들이 알아내는 것은 각 성별이 영양에 접근하는 방식에 영향을 줄 수 있을 것이다. 그것은 또한 의사들이 어떤 종류의 식이 요법 조언을 하는지에도 영향을 미칠 수 있을 것이다.

어휘 effect 영향   mental 정신의   discover 발견하다
dietary 식사의, 식이 요법의   mature 나이 든, 원숙한
differ 다르다   impact 영향을 주다   publish 게재하다
journal 학술지, 잡지   nutritional 영양의
neuroscience 신경 과학   assumption 가설   prior 이전의
positive 긍정적인   spirit 마음, 정신   outlook 관점
recover 회복하다   rapidly 빨리, 급속히   correlate 서로 관련시키다
principle 원칙   hypothesis 가설   gauge 판단하다
well-being 행복   tertiary 세 번째의   determine 알아내다
contribute 기여하다   send out 보내다   anonymous 익명의

---

via ~을 통해   gender 성별   frequency 빈도
questionnaire 설문지   reveal 나타내다
separate 나누다, 분리하다   define 정의하다   specify 명시하다
supplement 보충제   skip 거르다   rate 평가하다
on average 평균적으로   report 보고하다   consumption 섭취
generate 만들어 내다   chemical 화학 물질
energetic 활기 넘치는   in contrast 그에 반해
favorable 호의적인   sensation 느낌   in relation to ~에 대한
avoidance 회피   activate 활성화시키다
nervous system 신경계   have an implication for ~에 영향을 주다
approach 접근하다   physician 의사

---

08 주제/목적　　　　　　　　　　　　정답 (b)

문제 기사는 무엇에 관한 것인가?

(a) 왜 많은 성인들이 정신 건강 문제를 가지고 있는가
(b) 음식은 어떻게 서로 다른 연령대의 정신 건강에 영향을 주는가
(c) 사람의 감정이 식사 선택에 미치는 영향
(d) 성인들의 감정을 나아지게 하는 가장 좋은 유형의 음식

해설 지문의 주제를 묻는 문제이므로, 주제가 주로 언급되는 제목과 첫 단락을 주의 깊게 읽습니다. 단서 [08]에서 식단이 정신 건강에 미치는 영향은 세월이 흐름에 따라 변한다는 제목을 언급한 뒤, 지문 전반에 걸쳐 음식이 연령대별 정신 건강에 미치는 영향을 서술하고 있으므로, (b)가 정답입니다.

> **패러프레이징**
> over time 세월이 흐름에 따라
> → in different age groups 서로 다른 연령대의

> **오답 분석**
> (c) 1단락에서 성인들의 뇌가 서로 다른 종류의 음식에 대해 감정이 민감하다고는 했지만, 감정이 식사 선택에 영향을 미친다고 하지는 않았으므로 오답입니다.
> (d) 6단락에서 젊은 성인들과 나이 든 성인들이 각각 선호하는 음식에 대해 설명하고 있지만, 성인들의 감정을 나아지게 하는 가장 좋은 유형의 음식이 무엇인지를 언급하지는 않았으므로 오답입니다.

어휘 issue 문제   age group 연령대   improve 나아지게 하다

---

09 특정세부사항　　　　　　　　　　　정답 (d)

문제 연구원들이 세운 가설은 무엇인가?

(a) 더 젊은 성인들이 더 긍정적인 관점을 가지고 있다.
(b) 어떤 성인들은 건강하지 않은 식사를 한다.
(c) 대부분의 성인들은 충분히 운동하지 않는다.
(d) 더 나이 든 성인들이 스트레스에 더 회복력이 있다.

해설 질문의 키워드 assumption이 지문에서 그대로 언급되었으므로 그 주변에서 정답의 단서를 찾습니다. 단서 [09]에서 더 나이 든 성인들이 더 젊은 성인들보다 스트레스가 많은 사건들로부터 더 빨리 회복하는 경향이 있다고 했으므로, (d)가 정답입니다.

> **패러프레이징**
> recover from stressful events more rapidly 스트레스가 많은 사건들로부터 더 빨리 회복하다 → are more resilient to stress 스트레스에 더 회복력이 있다

어휘 perspective 관점   resilient 회복력이 있는

10 특정세부사항   정답 (b)

문제 연구를 위한 정보는 어떻게 수집되었는가?

(a) 식사와 영양에 대한 문헌을 연구함으로써
(b) 온라인상에서 사람들에게 질문을 함으로써
(c) 성인들을 대면 인터뷰에 초대함으로써
(d) 우편으로 설문지를 보냄으로써

해설 질문의 키워드 the information for the study가 지문에서 survey로 패러프레이징 되었으므로 그 주변에서 정답의 단서를 찾습니다. 단서 [10]에서 연구원들이 여러 소셜 미디어 플랫폼을 통해 세계의 다양한 지역에 익명의 설문 조사를 보냈다고 했으므로, (b)가 정답입니다.

> **패러프레이징**
> sent out an anonymous survey via several social media platforms 여러 소셜 미디어 플랫폼을 통해 익명의 설문 조사를 보냈다 → making inquiries of people online 온라인상에서 사람들에게 질문을 함

어휘 gather 수집하다, 모으다   literature 문헌, 문학   diet 식사, 식단   nutrition 영양   inquiry 질문, 문의   in-person 대면의, 직접의

11 Not True   정답 (d)

문제 건강한 식단에 대한 연구원들의 정의에 관해 사실이 아닌 것은?

(a) 그것은 매일의 아침 식사를 포함한다.
(b) 그것은 채소와 과일을 가지고 있다.
(c) 그것은 보충 비타민을 포함한다.
(d) 그것은 붉은 고기와 해산물을 포괄한다.

해설 질문의 키워드 the researcher's definition of a healthy diet에 관해 사실이 아닌 것을 묻는 문제이므로, 각 보기와 관련된 내용을 지문에서 찾아 대조합니다. (d)는 지문에 언급되지 않은 내용이므로, (d)가 정답입니다.

> **오답 분석**
> (a) 단서 [11-a]에서 연구원들은 건강한 식단이 아침을 절대 거르지 않는 것을 수반한다고 명시했다고 했으므로 지문의 내용과 일치합니다.
> (b) 단서 [11-b]에서 연구원들은 건강한 식단을 통곡물, 과일, 채소, 그리고 생선을 포함하는 것으로 정의했다고 했으므로 지문의 내용과 일치합니다.
> (c) 단서 [11-c]에서 연구원들은 건강한 식단이 비타민 보충제를 복용하는 것을 수반한다고 명시했다고 했으므로 지문의 내용과 일치합니다.

어휘 definition 정의   incorporate 포함하다   supplemental 보충의, 추가의   embrace 포괄하다, 아우르다

12 추론   정답 (d)

문제 지문에 따르면, 더 나이 든 성인들의 식단에 대해 사실인 것은 무엇이겠는가?

(a) 그것은 일부 필수 영양소가 빠져 있었다.
(b) 그것은 뇌에 있는 특정 화학 물질들을 억제했다.
(c) 그것은 카페인이 함유된 음료를 포함하는 경향이 있었다.
(d) 그것은 젊은 성인들의 식단보다 더 건강했다.

해설 질문의 키워드 the diets of older adults와 관련된 사실을 추

론하는 문제이므로 이와 관련된 부분에서 정답의 단서를 찾습니다. 단서 [12]에서 젊은 성인들은 붉은 고기를 먹었을 때 긍정적인 경험을 보고한 반면, 더 나이 든 성인들은 과일과 같은 고영양 식품에 대한 호의적인 느낌과 신경계의 특정 부분들을 활성화시킬 수 있는 카페인이 함유된 커피와 같은 것에 대한 회피를 보고했다고 했으므로, 더 나이 든 성인들의 식단이 젊은 성인들의 식단보다 더 건강했음을 추론할 수 있습니다. 따라서 (d)가 정답입니다.

어휘 lack ~이 빠져 있다   nutrient 영양소   inhibit 억제하다   beverage 음료

13 어휘   정답 (d)

문제 지문의 문맥에서, 'gauge'는 –을 의미한다.

(a) 알아보다
(b) 나무라다
(c) 모방하다
(d) 가늠하다

해설 3단락의 gauge가 포함된 문장 'The researchers correlated these principles with dietary data and developed hypotheses to gauge ~ well-being.'은 연구원들은 이러한 원칙들과 식이 요법 자료를 서로 관련시켰고 건강한 식습관과 정신적 행복 사이에 연관성이 있는지를 판단하기 위해 가설들을 세웠다는 뜻이므로, gauge가 '판단하다'라는 의미로 사용된 것을 알 수 있습니다. 따라서 '가늠하다'라는 비슷한 의미를 가진 (d) assess가 정답입니다.

어휘 fault 나무라다, 흠잡다   assess 가늠하다, 평가하다

14 어휘   정답 (b)

문제 지문의 문맥에서, 'sensations'는 –을 의미한다.

(a) 개념
(b) 느낌
(c) 기억
(d) 행동

해설 6단락의 sensations가 포함된 문장 'older adults reported favorable sensations ~ such as fruits'는 더 나이 든 성인들은 과일과 같은 고영양 식품에 대한 호의적인 느낌을 보고했다는 뜻이므로, sensations가 '느낌'이라는 의미로 사용된 것을 알 수 있습니다. 따라서 '느낌'이라는 같은 의미를 가진 (b) feelings가 정답입니다.

어휘 concept 개념, 생각   memory 기억, 추억   activity 행동, 활동

DAY 10 파트별 공략 ②

1. Part 3 지식 백과

p. 130

연습문제

1 (a)　　　　**2** (a)　　　　**3** (c)

실전문제

4 (d)　　　　**5** (b)

1

해석 대공황은 1930년대에 세계 경제에 지장을 주었고 기업과 시민들에게 중대한 문제들을 만들어 냈다. 실업률은 33퍼센트에 달했고, 개인 소득과 영업 이익은 크게 떨어졌다. 많은 국가에서, 이러한 추세는 제2차 세계 대전까지 계속되었다.

해설 대공황으로 인해 개인 소득과 영업 이익이 크게 떨어졌다고 했으므로, (a)가 정답입니다.

2

해석 백파이프는 공기실 역할을 하는 주머니와 부착된 파이프들로 이루어진 악기이다. 훈련된 음악가는 파이프들 중 하나에 바람을 불어넣고 또 다른 파이프의 구멍 위에 손가락 끝을 정렬하여 백파이프가 서로 다른 소리들을 내게 함으로써 그 악기를 연주한다.

　(a) 백파이프는 공기실과 파이프들로 구성된다.
　(b) 백파이프는 효율적으로 연주하기 위해 포괄적인 훈련을 필요로 한다.

해설 백파이프가 공기실 역할을 하는 주머니와 부착된 파이프들로 이루어진 악기라고 했으므로, (a)가 정답입니다.

> **패러프레이징**
> consist of a bag that acts as an air chamber 공기실 역할을 하는 주머니로 이루어지다 → are made up of a chamber of air 공기실로 구성되다

3

해석 판테온은 현재 이탈리아 로마에서 교회로서의 역할을 하는 과거 로마 신전이다. 본관은 원형이며 상단에 둥근 구멍이 있는 콘크리트로 된 반구형 지붕으로 덮여 있다. 오늘날까지도, 그것의 반구형 지붕은 같은 종류의 것 중 세계에서 가장 크다.

　(a) 판테온은 과거 로마 황제에 의해 설계되었다.
　(b) 판테온의 윗부분은 완전히 둘러싸여 있다.
　(c) 판테온은 콘크리트로 된 가장 큰 반구형 지붕을 포함한다.
　(d) 판테온의 목적은 알려지지 않은 채로 남아 있다.

해설 판테온이 콘크리트로 된 반구형 지붕으로 덮여 있으며, 이 지붕은 같은 종류의 것 중 세계에서 가장 크다고 했으므로, (c)가 정답입니다.

> **패러프레이징**
> is topped with a ~ dome 반구형 지붕으로 덮여 있다 → includes the ~ dome 반구형 지붕을 포함한다

[4-5]

융프라우

융프라우는 스위스 알프스 산맥에서 가장 유명한 산봉우리들 중 하나이다. 그것의 이름은 'virgin(동정)'을 의미하는데, [4]이는 산의 아름다움과 순수성을 나타낸다. 융프라우의 정상은 해발 4,158미터이다.

융프라우는 융프라우-알레치 보호 구역의 일부분이다. 이 지역은 유럽에서 가장 큰 빙하를 가지고 있다. 이곳은 몇몇 등산로와 오두막집을 제외하고는 대부분 자연 그대로 그리고 사람이 살지 않는 상태로 남아 있다. 비록 빙하와 불모의 암석이 그 지역의 80퍼센트에 해당하지만, 어느 정도의 숲과 고산 초원도 있다. 이것들은 2,500종의 식물과 1,250종의 동물을 포함하는 [5]상당한 양의 생물 다양성을 가지고 있다.

2001년에 융프라우는 유네스코에 의해 세계 자연 지구로 지정되었는데, 이는 알프스 산맥에서 그 영예를 받은 최초의 장소이다. 그것은 자연 애호가, 도보 여행객, 등산객들의 행선지로서 오랜 역사를 가지고 있다. 1870년에서 1912년 사이에 건설된 융프라우 철도는 여전히 방문객들을 융프라우로 데려다준다. 융프라우로 가는 도로는 없지만, 이 지역에는 손님들을 접대할 오두막들이 연이어 있다. 이 숙박 시설들은 스위스 알파인 클럽에 의해 운영되며 총 1,500명에 가까운 사람들에게 쉴 곳을 제공할 수 있다.

4

문제 산봉우리가 왜 융프라우로 명명되는가?

　(a) 그것의 지역 내 명성 때문에
　(b) 그것의 해발 고도 때문에
　(c) 그것의 많은 빙하 때문에
　(d) 그것의 훼손되지 않은 아름다움 때문에

해설 질문의 키워드 named가 지문에서 Its name으로 패러프레이징 되었으므로 그 주변에서 정답의 단서를 찾습니다. 단서 [4]에서 융프라우의 이름이 산의 아름다움과 순수성을 나타낸다고 했으므로, (d)가 정답입니다.

> **패러프레이징**
> the beauty and purity of the mountain 산의 아름다움과 순수성 → its unspoiled beauty 그것의 훼손되지 않은 아름다움

5

문제 융프라우-알레치 보호 구역에 대해 사실인 것은?

　(a) 그것은 많은 스위스 사람들의 고향이다.
　(b) 그것에는 다양한 생물들이 있다.
　(c) 그것은 대부분 숲으로 덮여 있다.
　(d) 그것은 유럽에서 가장 큰 자연 보호 구역이다.

해설 질문의 키워드 Jungfrau-Aletsch protected area에 관해 사실인 것을 묻는 문제이므로, 각 보기와 관련된 내용을 지문에서 찾아 대조합니다. 단서 [5]에서 융프라우-알레치 보호 구역이 상당한 양의 생물 다양성을 가지고 있다고 했으므로, (b)가 정답입니다.

> **패러프레이징**
> a substantial amount of biological diversity 상당한 양의 생물 다양성 → a variety of organisms 다양한 생물들

2. Part 4 비즈니스 편지

p. 136

연습문제

1 (a)　　　　**2** (b)　　　　**3** (c)

실전문제

4 (b)　　　　**5** (c)

1

해석　저희가 5월 10일부터 15일까지 아스트라 타워의 꼭대기 층을 개조할 것임을 알려드리고 싶습니다. 이 기간 동안, 서비스 엘리베이터가 작업자 전용으로 마련될 것입니다. 따라서, 이 엘리베이터는 작업자들이 접근해야 하는 층에만 멈추도록 설정될 것입니다.

해설　아스트라 타워의 꼭대기 층 개조 공사 기간 동안 서비스 엘리베이터가 작업자 전용으로 마련될 것이라고 했으므로, (a)가 정답입니다.

2

해석　저는 귀하가 제 사직일 한 달 전에 일을 시작하시기를 권장합니다. 제 후임자로서, 귀하는 당사의 내부 회계 절차를 익히고 귀하가 맡을 책무들에 대해 여전히 가지고 있을 수도 있는 어떤 우려도 해결할 충분한 시간이 필요할 것입니다.

(a) 필자는 회계사가 되기 위해 그의 직장을 떠날 것이다.
(b) 필자는 그의 후임자를 준비시키기 위해 한 달이 필요하다.

해설　필자가 그의 후임자에게 자신의 사직일 한 달 전에 일을 시작하기를 권장한다고 했으므로, (b)가 정답입니다.

3

해석　제가 Ms. Adler를 가르쳤던 3년 동안, 그녀는 훌륭한 모범이 되는 학생이었습니다. 그녀는 총명하고, 탐구심이 많으며, 매우 의욕적입니다. 기회가 주어진다면, 그녀는 Valdossia 대학의 학생 공동체, 특히 그녀가 선택한 과학 분야에서 귀중한 새 얼굴이 될 것입니다.

(a) Ms. Adler는 그녀의 학교 교육을 3년 만에 완수했다.
(b) Ms. Adler는 학교 장학금을 신청했다.
(c) Ms. Adler는 과학을 공부하는 것에 관심이 있다.
(d) Ms. Adler는 교직을 구하고 있다.

해설　Ms. Adler가 특히 그녀가 선택한 과학 분야에서 귀중한 새 얼굴이 될 것이라고 했으므로, (c)가 정답입니다.

[4-5]

Greymark Retail 사

Ms. Beckwith께:

제가 Greymark Retail 사의 쇼핑 웹 사이트에서 의류 품목을 구매하려고 할 때 겪었던 [4]반복되는 문제에 대해 귀사의 관심을 환기시키기 위해 편지를 씁니다.

문제는 웹 사이트에서 판매되는 모든 제품이 진짜가 아니라는 점입니다. 어떤 것들은 가짜입니다. 이것은 제품에 사소한 결함이 있는

경우에는 문제가 되지 않을 수도 있습니다. 하지만, 제품이 광고된 것처럼 제대로 기능하지 못할 뿐만 아니라 때로는 전혀 작동하지 않는 경우도 있었습니다.

설상가상으로, 교환이나 환불을 요청하기 위해 판매자에게 연락하는 것은 대개 어렵거나 불가능합니다. 그 결과, 저는 때로는 제가 샀던 상품들을 반품할 수 없게 되었습니다.

Greymark가 다른 소매상들이 그들의 상품을 팔 수 있는 플랫폼만 제공한다는 것은 알고 있지만, [5]저는 이것이 회사에서 사이트에서 팔리는 모든 것이 진품임을 보장할 의무를 면한다고 생각하지 않습니다.

이러한 우려를 고려해, 사기를 치는 판매자들을 내보내고 손실에 대해 제게 보상함으로써 제가 말씀드린 문제들을 해결하기 위한 조치를 취해주시기를 바랍니다.

진심을 담아,

Alfred Welty

4

문제　Mr. Welty는 Ms. Beckwith에게 왜 편지를 썼는가?

(a) 상품의 유용성에 대해 묻기 위해
(b) 지속되는 문제에 대해 불평하기 위해
(c) 문제의 존재를 인정하기 위해
(d) 의견 요청에 응답하기 위해

해설　편지의 목적을 묻는 문제이므로, 목적이 주로 언급되는 첫 단락을 주의 깊게 읽습니다. 단서 [4]에서 반복되는 문제에 대해 회사의 관심을 환기시키기 위해 편지를 쓴다고 했으므로, (b)가 정답입니다.

　　　패러프레이징
a recurring problem 반복되는 문제
→ a persistent issue 지속되는 문제

5

문제　Mr. Welty가 Greymark 웹 사이트의 판매자들에 대해 갖는 의견은 무엇이겠는가?

(a) 그들은 모두 영구적으로 금지당해야 한다.
(b) 그들은 너무 많은 광고를 게재한다.
(c) 그들은 더 잘 관리되어야 한다.
(d) 그들은 괜찮은 고객 서비스를 갖추고 있다.

해설　질문의 키워드 sellers on Greymark's website와 관련된 사실을 추론하는 문제이므로 이와 관련된 부분에서 정답의 단서를 찾습니다. 단서 [5]에서 Mr. Welty는 Greymark가 플랫폼만 제공한다는 것이 사이트에서 팔리는 모든 것이 진품임을 보장할 의무를 면한다고 생각하지 않는다고 했으므로, Greymark가 웹 사이트의 판매자들이 파는 물품이 진품인 것을 보장할 수 있도록 그들이 더 잘 관리되어야 한다는 의견을 가지고 있음을 추론할 수 있습니다. 따라서 (c)가 정답입니다.

　　　패러프레이징
retailers 소매상들 → sellers 판매자들

독해

해커스 지텔프 32-50+

01 (d)	**02** (c)	**03** (b)	**04** (c)	**05** (c)
06 (d)	**07** (c)	**08** (c)	**09** (d)	**10** (b)
11 (a)	**12** (d)	**13** (d)	**14** (c)	

[Part 3: 01~07]

인터넷 밈

인터넷 밈은 온라인에 퍼지며 그 과정에서 공유되는 문화적 경험의 일부가 되는 그림, 영상, 또는 기타 형태의 디지털 콘텐츠이다.

밈이라는 단어는 '본뜬'이라는 의미를 가진 그리스 말인 'mimema'에서 유래한다. 그것은 1976년에 영국의 생물학자 리차드 도킨스에 의해 만들어졌다. 그는 어떻게 문화적 아이디어가 생물학적 유전자와 비슷하게, 복제와 전파를 통해 시간의 흐름에 따라 무작위로 진화하고 변형되는지를 설명하기 위해 그 개념을 사용했다. [01]인터넷 밈이 다른 지점은 그것들이 무작위로 바뀌는 것이 아니라 오히려 의도적으로 변경된다는 점이다.

[02]이모티콘이 아마도 인터넷 밈의 가장 초기 사례일 것이다. 1992년에 미국의 컴퓨터 과학자 스콧 팔만에 의해 만들어진 그것들은 얼굴 표정처럼 보이도록 입력된 간단한 키보드 문자로 구성된다. 처음에는, 그것들이 밈의 현재 개념과 거의 유사성이 없어 보이지만 그럼에도 불구하고 그것들을 복사하고, 공유하며, 새로운 목적에 맞추는 것이 얼마나 쉬운지를 고려해볼 때 그것들은 밈의 모든 특징을 가지고 있다. 실제로, 이모티콘은 현재 전 세계의 온라인 커뮤니티에서 널리 사용되고 있으며 공유되는 세계적 사전의 일부가 되었다.

하지만, 현대의 밈은 [03-d]인터넷이 광범위한 사용을 목도하기 시작하고 [03-a]채팅방에 사람들이 몰려든 2000년대에 이르러서야 진정으로 발전했다. 그곳에서, 사용자들은 그들이 익살스러운 목적으로 수정한 다운로드된 그림들을 교환했다. 불현듯, 컴퓨터, [03-c]값싼 소프트웨어, 그리고 예리한 재치가 있는 그 누구라도 인터넷에서 원본 콘텐츠를 가져와 그것을 새로운 것으로 바꿀 수 있었다. 게다가, 사람들은 다른 밈을 만들어 내기 위해 동일한 밈을 원형으로 사용하여, 원본 밈의 인기와 유효 범위를 확장시킬 수 있었다.

오늘날, 밈은 도용된 그림과 영상들을 기반으로 계속해서 만들어진다. 그리고 소셜 미디어의 힘 덕분에, 그것들은 몇 주 만에 바이럴리티(그림 혹은 영상이 급속하게 유포되는 상황)나 광범위한 인기를 얻을 수 있다. [04]그것들은 또한 특정한 상업적 및 이념적 목적을 달성하기 위해 마케팅 담당자들과 정치인들에 의해 점점 더 많이 이용되어 왔다.

어떤 경우에서든, [05]밈은 생각의 전파를 위한 강력한 도구이다. 따라서, 그것들은 그것들의 이면의 뜻에 관심이 있는 학자들뿐만 아니라, 창작자들과 그것들의 지지자들에게도 계속해서 매력이 있을 것 같다.

어휘　spread 퍼지다　cultural 문화적인　term 말, 용어
imitate 본뜬다, 모방하다　coin (새로운 낱말·어구를) 만들다
evolve 진화하다　mutate 변형되다　randomly 무작위로
replication 복제　transmission 전파　biological 생물학적인
gene 유전자　differ 다르다　alter 변경하다
deliberately 의도적으로　probably 아마도
consist of ~으로 구성되다　type 입력하다　facial 얼굴의
expression 표정, 표현　initially 처음에
bear resemblance to ~과 유사성이 있다　current 현재의

conception 개념　hallmark 특징　adapt 맞추다, 조정하다
indeed 실제로　lexicon 사전, 어휘 목록　truly 진정으로
blossom 발전하다　widespread 광범위한, 널리 퍼진
flock to ~로 몰려들다　exchange 교환하다　modify 수정하다
humorous 익살스러운, 재미있는　suddenly 불현듯, 갑자기
sharp 예리한　wit 재치　template 원형
generate 만들어 내다　extend 확장시키다　reach 유효 범위
appropriate 도용하다　attain 얻다　hijack 이용하다, 장악하다
politician 정치인　commercial 상업적인
ideological 이념적인　aim 목적　propagation 전파
hold a fascination for ~에게 매력이 있다　implication 이면의 뜻

01 특정세부사항
정답 (d)

문제　인터넷 밈은 도킨스의 밈에 대한 개념과 어떻게 다른가?

(a) 그것들은 시간이 지나면서 질적으로 저하된다.
(b) 그것들은 매우 전염성이 있다.
(c) 그것들은 예상치 못한 방식으로 확대된다.
(d) 그것들은 보통 고의로 수정된다.

해설　질문의 키워드 Dawkins가 지문에서 그대로 언급되었으므로 그 주변에서 정답의 단서를 찾습니다. 단서 [01]에서 인터넷 밈이 도킨스의 밈과 다른 지점은 그것들이 무작위로 바뀌는 것이 아니라 오히려 의도적으로 변경된다는 점이라고 했으므로, (d)가 정답입니다.

　　패러프레이징
　　are altered deliberately 의도적으로 변경된다
　　→ are ~ modified on purpose 고의로 수정된다

어휘　degrade 질적으로 저하되다　transmissible 전염성이 있는
unpredictable 예상치 못한　on purpose 고의로

02 특정세부사항
정답 (c)

문제　지문에 따르면, 누가 최초의 인터넷 밈을 만들었는가?

(a) 언어학 전문가
(b) 소프트웨어 개발자
(c) 컴퓨터 과학자
(d) 진화 생물학자

해설　질문의 키워드 the first Internet meme이 지문에서 the earliest example of an Internet meme으로 패러프레이징 되었으므로 그 주변에서 정답의 단서를 찾습니다. 단서 [02]에서 이모티콘이 아마도 인터넷 밈의 가장 초기 사례일 것이며, 그것이 1992년에 미국의 컴퓨터 과학자 스콧 팔만에 의해 만들어졌다고 했으므로, (c)가 정답입니다.

어휘　come up with ~을 만들다, 생각해내다　linguistic 언어학의
expert 전문가　evolutionary 진화의

03 Not True
정답 (b)

문제　현대의 밈의 성장 요인이 아니었던 것은?

(a) 온라인 게시판
(b) 바이럴 제품 광고
(c) 소프트웨어 기반의 편집 도구
(d) 증가하는 인터넷 사용

해설　질문의 키워드 modern memes에 관해 사실이 아닌 것을 묻

는 문제이므로, 각 보기와 관련된 내용을 지문에서 찾아 대조합니다. (b)는 지문에 언급되지 않은 내용이므로, (b)가 정답입니다.

오답 분석

(a) 단서 [03-a]에서 현대의 밈은 채팅방에 사람들이 몰려든 2000년대에 이르러서야 진정으로 발전했다고 했으므로 지문의 내용과 일치합니다.

(c) 단서 [03-c]에서 값싼 소프트웨어가 있는 그 누구라도 인터넷에서 원본 콘텐츠를 가져와 그것을 새로운 것으로 바꿀 수 있었다고 했으므로 지문의 내용과 일치합니다.

(d) 단서 [03-d]에서 현대의 밈은 인터넷이 광범위한 사용을 목도하기 시작한 2000년대에 이르러서야 진정으로 발전했다고 했으므로 지문의 내용과 일치합니다.

어휘 message board 게시판   commercial 광고; 상업적인   adoption 사용, 채택

04 특정세부사항 정답 (c)

문제 밈의 역사에서 최근의 현상이었던 것은 무엇인가?

(a) 그것들의 무작위로 변형되는 경향
(b) 그것들의 강의 교육 과정에의 포함
(c) 그것들의 정치인들에 의한 사용
(d) 그것들의 원형 사용

해설 질문의 키워드 recent가 지문에서 Today로 패러프레이징 되었으므로 그 주변에서 정답의 단서를 찾습니다. 단서 [04]에서 인터넷 밈이 특정한 이념적 목적을 달성하기 위해 정치인들에 의해 점점 더 많이 이용되어 왔다고 했으므로, (c)가 정답입니다.

어휘 phenomenon 현상   tendency 경향   inclusion 포함   curricula 교육 과정(curriculum의 복수형)

05 추론 정답 (c)

문제 밈의 어떤 부분이 학자들의 흥미를 끌 것 같은가?

(a) 그것들이 다음으로 취할 형태가 무엇인지
(b) 그것들이 교직에서 어떻게 사용될 수 있는지
(c) 그것들이 어떤 영향력을 가질 것인지
(d) 그것들에 대한 인식이 어떻게 변하고 있는지

해설 질문의 키워드 academics와 관련된 사실을 추론하는 문제이므로 이와 관련된 부분에서 정답의 단서를 찾습니다. 단서 [05]에서 밈은 생각의 전파를 위한 강력한 도구이므로, 그것들의 이면의 뜻에 관심이 있는 학자들뿐만 아니라 창작자들과 그것들의 지지자들에게도 계속해서 매력이 있을 것 같다고 했으므로, 밈이 어떤 영향력을 가질 것인지가 학자들의 흥미를 끌 것임을 추론할 수 있습니다. 따라서 (c)가 정답입니다.

어휘 fascinate ~의 흥미를 끌다   perception 인식

06 어휘 정답 (d)

문제 지문의 문맥에서, 'evolve'는 –을 의미한다.

(a) 상승하다
(b) 처리하다
(c) 견디다
(d) 성장하다

해설 2단락의 evolve가 포함된 구절 'He used the concept to explain how cultural ideas evolve'는 리차드 도킨스가 어떻게 문화적 아이디어가 진화하는지를 설명하기 위해 밈이라는 개념을 사용했다는 뜻이므로, evolve가 '진화하다'라는 의미로 사용된 것을 알 수 있습니다. 따라서 '성장하다'라는 비슷한 의미를 가진 (d) develop이 정답입니다.

오답 분석

(a) '진화하다' 외에 '상승하다'라는 의미를 가진 rise는 주로 수치나 지위 등이 높아진다는 의미로 쓰이므로 문맥에 어울리지 않아 오답입니다.

어휘 rise 상승하다, 오르다   develop 성장하다, 개발하다

07 어휘 정답 (c)

문제 지문의 문맥에서, 'modified'는 –을 의미한다.

(a) 비교했다
(b) 줄였다
(c) 조정했다
(d) 도입했다

해설 4단락의 modified가 포함된 문장 'There, users exchanged downloaded images that they modified for humorous purposes.'는 그곳에서 사용자들은 그들이 익살스러운 목적으로 수정한 다운로드된 그림들을 교환했다는 뜻이므로, modified가 '수정했다'라는 의미로 사용된 것을 알 수 있습니다. 따라서 '조정했다'라는 비슷한 의미를 가진 (c) adjusted가 정답입니다.

어휘 adjust 조정하다, 조절하다   introduce 도입하다, 소개하다

[Part 4: 08-14]

Mr. James Crawford
툴레인 대로 212번지
루이지애나 주 뉴올리언스 70119

안녕하세요! 7월 2일부터 7월 4일까지 열릴, 귀하의 다가오는 Legacy 재즈 축제와 관련해 연락드립니다. 저희는 귀하의 축제와 같은 행사들을 홍보하는 것을 전문으로 하며, [08]귀하가 저희의 제품과 서비스를 이용하는 것을 고려해 주셨으면 합니다.

Eventz Plus에서, 저희는 팸플릿과 현수막을 제작하는 것을 전문으로 합니다. [09]저희의 수상 경력이 있는 그래픽 디자이너 팀은 다양한 고객들의 흥미를 끄는 시선을 사로잡는 디자인들을 발행하는 것에 있어 수년간의 경력을 보유하고 있습니다. 이러한 전문적으로 제작된 자료들은 귀하의 행사에 많은 관심을 야기하고 사람들이 그것의 일원이 되고 싶도록 만들 것입니다!

귀하의 축제 규모에 상관없이, 저희는 귀하에게 도움이 될 세 가지 선택 사항을 가지고 있습니다. 아래 내용을 확인하시고 관심 있으실 경우 제게 알려주시면, 제가 기꺼이 귀하의 편의를 도모하겠습니다!

선택 사항 1: [10-a]글자만 있는 현수막과 팸플릿
가격: 현수막 1개당 75달러, 팸플릿 100권당 30달러
** 디자인 요금 200달러

선택 사항 2: [10-c]글자 및 그림이 있는 현수막과 팸플릿
가격: 현수막 1개당 125달러, 팸플릿 100권당 50달러
** 디자인 요금 250달러

선택 사항 3: 글자 및 그림이 있는 현수막과 팸플릿 + [10-d]온라인 마케팅([10-d][11]귀하의 행사 웹 사이트에 더 많은 방문자들을 끌어들이기 위해)

가격: 현수막 1개당 125달러, 팸플릿 100권당 50달러 + 온라인 마케팅 1,250달러

** 디자인 요금 250달러

[12]가격에는 배송 또는 세금이 포함되어 있지 않습니다.

정중히,

Sandra Williams
판매 관리자
Eventz Plus

어휘 | boulevard 대로, 큰길   regarding ~과 관련해
upcoming 다가오는, 곧 있을   specialize in ~을 전문으로 하다
promote 홍보하다   consider 고려하다
banner 현수막   award-winning 수상 경력이 있는
publish 발행하다   eye-catching 시선을 사로잡는
appeal ~의 흥미를 끌다   professionally 전문적으로
craft 제작하다   yield 야기하다, (결과를) 내다
regardless of ~에 상관없이   the following 아래 (내용), 다음
accommodate 편의를 도모하다   fee 요금   draw 끌어들이다
shipping 배송   tax 세금   respectfully 정중히, 공손히

08 주제/목적 정답 (c)

문제 James Crawford에게 쓴 Sandra Williams의 편지는 무엇에 관한 것인가?

(a) 곧 있을 축제에 대한 초대
(b) 행사 날짜에 대한 확인 요청
(c) 제품과 서비스에 대한 제안
(d) 새 고객의 계약에 대한 알림

해설 편지의 목적을 묻는 문제이므로, 목적이 주로 언급되는 첫 단락을 주의 깊게 읽습니다. 단서 [08]에서 수신인이 Eventz Plus의 제품과 서비스를 이용하는 것을 고려해 줬으면 한다고 했으므로, (c)가 정답입니다.

어휘 confirmation 확인   announcement 알림, 고지   client 고객
contract 계약

09 특정세부사항 정답 (d)

문제 회사의 그래픽 디자인 팀의 특징은 무엇인가?

(a) 그들은 자격증을 소지한 디자이너들이다.
(b) 그들은 아주 많지는 않은 경력을 보유하고 있다.
(c) 그들은 대면 상담을 제공한다.
(d) 그들은 상을 받았다.

해설 질문의 키워드 graphic design team이 지문에서 team of graphic designers로 패러프레이징 되었으므로 그 주변에서 정답의 단서를 찾습니다. 단서 [09]에서 Eventz Plus의 수상 경력이 있는 그래픽 디자이너 팀이 다양한 고객들의 흥미를 끄는 시선을 사로잡는 디자인들을 발행하는 것에 있어 수년간의 경력을 보유하고 있다고 했으므로, (d)가 정답입니다.

패러프레이징
award-winning 수상 경력이 있는
→ have won awards 상을 받았다

어휘 | licensed 자격증을 소지한   limited 아주 많지는 않은, 제한된
in-person 대면의, 직접의   consultation 상담   award 상

10 Not True 정답 (b)

문제 수신인을 위한 선택 사항이 아닌 것은?

(a) 글자만 있는 현수막과 팸플릿
(b) 행사를 위한 웹 사이트 디자인
(c) 글자와 그림이 있는 현수막과 팸플릿
(d) 더 많은 방문자들을 끌어들이는 온라인 마케팅

해설 질문의 키워드 option에 관해 사실이 아닌 것을 묻는 문제이므로, 각 보기와 관련된 내용을 지문에서 찾아 대조합니다. (b)는 지문에 언급되지 않은 내용이므로, (b)가 정답입니다.

패러프레이징
draw more visitors 더 많은 방문자들을 끌어들이다
→ attract more visitors 더 많은 방문자들을 끌어들이다

오답 분석
(a) 단서 [10-a]에서 선택 사항 1이 글자만 있는 현수막과 팸플릿을 제공한다고 했으므로 지문의 내용과 일치합니다.
(c) 단서 [10-c]에서 선택 사항 2가 글자 및 그림이 있는 현수막과 팸플릿을 제공한다고 했으므로 지문의 내용과 일치합니다.
(d) 단서 [10-d]에서 선택 사항 3이 온라인 마케팅을 제공하며 이는 행사 웹 사이트에 더 많은 방문자들을 끌어들이기 위함이라고 했으므로 지문의 내용과 일치합니다.

어휘 recipient 수신인   attract 끌어들이다

11 특정세부사항 정답 (a)

문제 선택 사항 3을 고르는 것의 이점은 무엇인가?

(a) 인터넷에서의 더 많은 관심
(b) 더 낮은 생산 비용
(c) 더 빠른 처리 시간
(d) 배송에 대한 할인

해설 질문의 키워드 Option 3가 지문에서 그대로 언급되었으므로 그 주변에서 정답의 단서를 찾습니다. 단서 [11]에서 선택 사항 3은 고객의 행사 웹 사이트에 더 많은 방문자들을 끌어들이기 위해 온라인 마케팅을 제공한다고 했으므로, (a)가 정답입니다.

패러프레이징
draw more visitors to your event's website 귀하의 행사 웹 사이트에 더 많은 방문자들을 끌어들이다 → more attention on the Internet 인터넷에서의 더 많은 관심

어휘 attention 관심   production 생산   turnaround time 처리 시간
discount 할인

12 추론 정답 (d)

문제 필자에 따르면, 고객이 추가 요금을 내야 하는 결과를 낳는 것은 무엇일 것 같은가?

(a) 수정을 요청하는 것
(b) 100개의 물품을 주문하는 것
(c) 전문 디자이너를 이용하는 것
(d) 물품들을 배달받는 것

해설 질문의 키워드 **additional charges**와 관련된 사실을 추론하는 문제이므로 이와 관련된 부분에서 정답의 단서를 찾습니다. 단서 [12]에서 가격에는 배송 또는 세금이 포함되어 있지 않다고 했으므로, 고객이 물품들을 배달받으면 추가 요금을 내야 할 것임을 추론할 수 있습니다. 따라서 (d)가 정답입니다.

패러프레이징
shipping 배송
→ having items delivered 물품들을 배달받는 것

어휘 **additional** 추가의   **charge** 요금   **revision** 수정
deliver 배달하다

---

13 어휘   정답 (d)

문제 지문의 문맥에서, 'yield'는 ~을 의미한다.

(a) 기록하다
(b) 보장하다
(c) 수반하다
(d) 초래하다

해설 2단락의 yield가 포함된 문장 'These professionally crafted materials will yield a lot of interest in your event'는 이러한 전문적으로 제작된 자료들이 고객의 행사에 많은 관심을 야기할 것이라는 뜻이므로, yield가 '야기하다'라는 의미로 사용된 것을 알 수 있습니다. 따라서 '초래하다'라는 비슷한 의미를 가진 (d) produce가 정답입니다.

어휘 **yield** 야기하다, 산출하다   **produce** 초래하다, 생산하다

---

14 어휘   정답 (c)

문제 지문의 문맥에서, 'accommodate'는 ~을 의미한다.

(a) 연락하다
(b) 만나다
(c) 도움이 되다
(d) 회복하게 하다

해설 3단락의 accommodate가 포함된 문장 'I'll be happy to accommodate you'는 기꺼이 고객의 편의를 도모하겠다는 뜻이므로, accommodate가 '편의를 도모하다'라는 의미로 사용된 것을 알 수 있습니다. 따라서 '도움이 되다'라는 비슷한 의미를 가진 (c) assist가 정답입니다.

어휘 **assist** (어떤 일에) 도움이 되다, 돕다   **restore** 회복하게 하다, 되찾다

문법

1 (b)	**2** (b)	**3** (b)	**4** (c)	**5** (a)
6 (d)	**7** (d)	**8** (c)	**9** (c)	**10** (a)
11 (c)	**12** (b)	**13** (b)	**14** (c)	**15** (d)
16 (d)	**17** (c)	**18** (a)	**19** (c)	**20** (d)
21 (c)	**22** (b)	**23** (d)	**24** (d)	**25** (c)
26 (d)				

청취

27 (d)	**28** (b)	**29** (d)	**30** (c)	**31** (a)
32 (a)	**33** (c)	**34** (c)	**35** (b)	**36** (b)
37 (d)	**38** (a)	**39** (c)	**40** (c)	**41** (d)
42 (d)	**43** (c)	**44** (a)	**45** (b)	**46** (d)
47 (b)	**48** (b)	**49** (a)	**50** (b)	**51** (b)
52 (c)				

독해 및 어휘

53 (b)	**54** (d)	**55** (c)	**56** (d)	**57** (b)
58 (b)	**59** (c)	**60** (a)	**61** (d)	**62** (c)
63 (b)	**64** (a)	**65** (b)	**66** (a)	**67** (c)
68 (c)	**69** (d)	**70** (c)	**71** (b)	**72** (d)
73 (b)	**74** (b)	**75** (c)	**76** (d)	**77** (c)
78 (c)	**79** (d)	**80** (a)		

문법

1 과거완료진행 시제   정답 (b)

해석   Lucy는 매월 생활비를 줄이기 위해 그녀의 대학 근처에 있는 학생 협동조합주택에 거주를 신청했다. 지난주에 신청서를 제출하기 전에, 그녀는 한 달에 1,200달러의 비용이 드는 원룸형 아파트를 6개월 동안 임대해오고 있었다.

해설   과거완료진행 시제와 함께 쓰이는 시간 표현 'before + 과거 시제'(Before ~ submitted)와 'for + 기간 표현'(for six months)이 있으므로, 대과거에 원룸형 아파트를 처음 임대한 시점부터 과거(지난주)에 신청서를 제출하기 전 시점까지 6개월 동안 계속 원룸형 아파트를 임대해오고 있었다는 의미를 만드는 과거완료진행 시제 **(b) had been renting**이 정답입니다.

어휘   **apply** 신청하다, 지원하다   **student co-op** 학생 협동조합주택   **living expense** 생활비   **submit** 제출하다   **application** 신청서, 지원서   **cost** (값·비용이) 들다   **rent** 임대하다, 빌리다

2 가정법 과거   정답 (b)

해석   Sky Tech는 현재 6년 연속으로 매출의 큰 감소를 겪어오고 있다. 만약 그 회사가 더 높은 품질의 상품을 제조한다면 그것은 더 많은 이윤을 창출할 것이다.

해설   주절에 'would(조동사 과거형) + 동사원형' 형태의 would generate가 있으므로, if절에는 이와 짝을 이루어 가정법 과거를 만드는 과거 동사가 와야 합니다. 따라서 **(b) manufactured**가 정답입니다.

어휘   **significant** 큰, 상당한   **decline** 감소, 하락   **consecutive** 연속의, 연이은   **generate** 창출하다   **profit** 이윤, 수익   **manufacture** 제조하다

3 동명사를 목적어로 가지는 동사   정답 (b)

해석   뉴욕 지하철 교통공사는 더 많은 경찰관이 지하철역에 배치될 것을 요청했다. 그 이유는 많은 사람들이 개찰구 위로 뛰어넘어 요금을 내는 것을 회피하기 때문이다.

해설   동사 evade(회피하다)는 동명사를 목적어로 가질 수 있습니다. 따라서 **(b) paying**이 정답입니다.

어휘   **request** 요청하다, 요구하다   **assign** 배치하다, 배정하다   **evade** (법적·도덕적 의무를) 회피하다   **fare** (교통) 요금   **turnstile** 개찰구

4 조동사 should 생략   정답 (c)

해석   Polson 전문학교는 학생들에게 특별한 재능을 가진 개인을 찾기 위한 적성 검사를 받도록 했다. 학교는 부모들이 자녀들을 그들(자녀들)에게 아주 적합한 프로그램에 등록시킬 것을 촉구했다.

해설   주절에 요구를 나타내는 동사 urge가 있으므로 that절에는 '(should +) 동사원형'이 와야 합니다. 따라서 동사원형 **(c) enroll**이 정답입니다.

어휘   **aptitude test** 적성 검사   **identify** 찾다, 발견하다   **talent** 재능   **urge** 촉구하다, 강력히 권고하다   **suited for** ~에 적합한   **enroll** 등록시키다

5 현재진행 시제   정답 (a)

해석   Seattle Tigers의 코치는 Boston Explorers와의 경기에서 타임아웃을 요청했다. 현재, 팀원들은 경기의 마지막 10분을 뛰기 전에 짧은 휴식을 취하고 있다.

해설   현재진행 시제와 함께 쓰이는 시간 표현 Currently가 있으므로, 현재 팀원들이 경기의 마지막 10분을 뛰기 전에 짧은 휴식을 취하고 있다는 의미를 만드는 현재진행 시제 **(a) are taking**이 정답입니다.

어휘   **call** 요청하다, 요구하다   **take a rest** 휴식을 취하다

6 가정법 과거완료   정답 (d)

해석   미다스 왕은 그가 만진 모든 것이 금으로 변하기를 소망했던 그

리스 신화에 나오는 군주이다. 만약 그가 자신이 본인의 사랑스러운 딸을 금으로 변하게 만들 것이란 사실을 알았다면, 그는 그렇게 위험한 힘을 요구하지 않았을 것이다.

해설 if절에 'had p.p.' 형태의 had known이 있으므로, 주절에는 이와 짝을 이루어 가정법 과거완료를 만드는 'would(조동사 과거형) + have p.p.'가 와야 합니다. 따라서 (d) would not have asked for가 정답입니다.

어휘 monarch 군주　　mythology 신화　　turn 변하다; 변하게 만들다

7　조동사 must　　정답 (d)

해석 Belmont Tower의 주차장은 건물 거주자 전용이다. 그 시설에 주차하는 사람들은 그들의 차량 출입증을 보여줘야 하며 그렇지 않으면 그것은 견인될 것이다.

해설 문맥상 차량이 견인되지 않으려면 Belmont Tower의 주차장에 주차하는 사람들은 차량 출입증을 보여줘야 한다는 의미가 되어야 자연스러우므로, '~해야 한다'를 뜻하면서 의무를 나타내는 조동사 (d) must가 정답입니다.

어휘 parking garage 주차장　　resident 거주자, 주민　　park 주차하다
facility 시설　　display 보여주다, 전시하다　　pass 출입증, 통행증
vehicle 차량　　or else 그렇지 않으면　　tow 견인하다, 끌다

8　to 부정사의 부사 역할　　정답 (c)

해석 세계 로봇 올림피아드는 전 세계의 학생들을 끌어모으는 대회이다. 그것은 로봇 축구와 같은 많은 시합들을 포함한다. 참가자들은 그들이 최고의 로봇을 설계했음을 보여주기 위해 경쟁한다.

해설 부사처럼 문장을 수식하면서, '보여주기 위해'라는 의미를 만드는 to 부정사가 와야 합니다. 따라서 (c) to show가 정답입니다.

오답 분석
(b) to 부정사의 수동형 'to be p.p.'를 쓰는 경우, 문장의 의미가 어색해지므로 오답입니다.

어휘 competition 대회　　attract 끌어모으다, 유인하다
include 포함하다　　contest 시합, 대회　　participant 참가자
compete 경쟁하다　　design 설계하다, 고안하다　　show 보여주다

9　관계대명사 who　　정답 (c)

해석 「굿 플레이스」는 사후 세계에 사는 인간을 그린 인기 있는 텔레비전 코미디 프로그램이다. 사망 후, 도덕성에 대해 높은 점수를 부여받은 사람들은 천국과 같은 유토피아인, '굿 플레이스'에 보내진다.

해설 사람 선행사 people을 꾸며주면서 관계절 내에서 동사 have been assigned의 주어가 될 수 있는 주격 관계대명사가 필요하므로, (c) who have been assigned a high score가 정답입니다.

어휘 popular 인기 있는　　afterlife 사후 세계, 내세　　morality 도덕성
assign (가치 등을) 부여하다

10　동명사를 목적어로 가지는 동사　　정답 (a)

해석 컴퓨터 영상합성기술(CGI)은 영화에서 점점 더 보편화되었다. 그 기술은 화려한 특수 효과의 제작을 가능하게 한다. CGI의 사용은 보통 배우가 빈 화면 앞에서 연기를 하게 한 다음 나중에 효과를 추가하는 것을 수반한다.

해설 동사 involve(수반하다)는 동명사를 목적어로 가질 수 있습니다. 따라서 (a) having이 정답입니다.

오답 분석
(d) 동명사의 완료형 having had는 '(연기를) 하게 한'(have) 시점보다 '수반하는' 시점이 앞선다는 것을 나타내므로 문맥상 적합하지 않아 오답입니다.

어휘 Computer-generated imagery (CGI) 컴퓨터 영상합성기술
increasingly 점점 더　　allow 가능하게 하다　　creation 제작, 창작
spectacular 화려한, 멋진　　special effect 특수 효과
involve 수반하다, 포함하다　　perform 연기하다, 공연하다
blank 빈　　add 추가하다　　later 나중에

11　가정법 과거　　정답 (c)

해석 Michelle은 선생님이 학급에 숙제로 주신 독후감을 쓰는 것을 시작하기 위해 겨울 방학의 가장 마지막 날까지 기다렸다. 만약 그녀가 방학의 첫날로 돌아간다면, 그녀는 과제를 즉시 시작할 것이다.

해설 if절에 'were to + 동사원형' 형태의 were to go가 있으므로, 주절에는 이와 짝을 이루어 가정법 과거를 만드는 'would(조동사 과거형) + 동사원형'이 와야 합니다. 따라서 (c) would start가 정답입니다.

어휘 book report 독후감　　go back 돌아가다
assignment 과제, 임무　　right away 즉시, 곧바로

12　접속부사　　정답 (b)

해석 시 정부는 온실가스 배출을 줄이기 위해 많은 조치를 시행해왔다. 예를 들어, 주민들이 덜 자주 운전하도록 장려하기 위해 자전거 공유 프로그램을 시작했다. 참여자들은 아주 적은 요금으로 시에서 제공하는 자전거를 사용할 수 있다.

해설 빈칸 앞 문장은 시 정부가 온실가스 배출을 줄이기 위해 많은 조치를 시행해왔다는 내용이고 뒤 문장은 주민들이 덜 자주 운전하도록 장려하기 위해 자전거 공유 프로그램을 시작했다는 내용으로, 뒤 문장이 앞 문장에서 말한 내용에 대한 예시를 들고 있습니다. 따라서 '예를 들어'라는 의미의 예시를 나타내는 접속부사 (b) For instance가 정답입니다.

오답 분석
(a) However는 '그러나', (c) On the other hand는 '반면에', (d) Nevertheless는 '그럼에도 불구하고'라는 의미로, 문맥상 적합하지 않아 오답입니다.

어휘 implement 시행하다　　measure 조치, 정책　　reduce 줄이다
greenhouse gas 온실가스　　emission (빛·열·가스 등의) 배출
launch 시작하다, 착수하다　　encourage 장려하다, 권장하다
provide 제공하다　　minimal 아주 적은, 최소의　　fee 요금

13 미래완료진행 시제   정답 (b)

해석   많은 전문가는 2035년이 전기 자동차가 모든 신차 판매의 4분의 1을 차지할 해라는 점에 동의한다. 그때까지, 전자제품 제조업체는 수년 동안 대용량 배터리를 생산해오고 있을 것이다.

해설   미래완료진행 시제와 함께 쓰이는 시간 표현 'by + 미래 시점'(By then)과 'for + 기간 표현'(for several years)이 있으므로, 미래 시점인 그때(2035년)까지 전자제품 제조업체는 수년 동안 계속 대용량 배터리를 생산해오고 있을 것이라는 의미를 만드는 미래완료진행 시제 (b) will have been producing이 정답입니다. 참고로, 첫 문장의 2035가 '그때'가 미래 시점임을 설명하고 있습니다.

어휘   expert 전문가   agree 동의하다   electric car 전기 자동차   account for (부분·비율을) 차지하다   one-quarter 4분의 1   electronic manufacturer 전자제품 제조업체   high-capacity 대용량의   produce 생산하다

14 조동사 should 생략   정답 (c)

해석   Pearson Financial은 직원들이 사무실에서 근무하는 시간을 날마다 다양하게 할 수 있는 유연 근무 일정을 도입했다. 관리자는 새로운 제도에 관한 어떤 문제라도 팀장들이 그에게 즉시 보고할 것을 요구한다.

해설   주절에 요구를 나타내는 동사 require가 있으므로 that절에는 '(should +) 동사원형'이 와야 합니다. 따라서 동사원형 (c) report가 정답입니다.

어휘   introduce 도입하다   flexible 유연한   employee 직원, 피고용자   vary 다양하게 하다, 변화를 주다   require 요구하다   directly 즉시, 곧장   report 보고하다

15 가정법 과거완료   정답 (d)

해석   Jensen 화장품은 피부 잡티를 방지하기 위한 새로운 크림을 출시했다. 안타깝게도, 많은 소비자들이 이 제품에 대해 심한 알레르기 반응을 경험했다. 그것이 더 신중하게 테스트되었다면, 그 회사는 금전적인 배상을 제공하도록 강요받지 않았을 것이다.

해설   if가 생략된 절에 'had p.p.' 형태의 Had ~ been tested가 있으므로, 주절에는 이와 짝을 이루어 가정법 과거완료를 만드는 'would(조동사 과거형) + have p.p.'가 와야 합니다. 따라서 (d) wouldn't have been forced가 정답입니다.

어휘   cosmetic 화장품   release 출시하다, 발표하다   prevent 방지하다, 막다   skin 피부   blemish (피부 등의) 잡티, 흠   unfortunately 안타깝게도   severe 심한, 심각한   allergic reaction 알레르기 반응   test 테스트하다, 시험하다   compensation 배상, 보상   force 강요하다

16 to 부정사를 목적어로 가지는 동사   정답 (d)

해석   Wilson 전자의 최고 경영자의 발표는 회사의 향후 마케팅 계획과 관련된 많은 복잡한 문제들을 다루었다. 몇몇 직원들은 회의 중에 질문하는 것이 겸연쩍어서 내용을 이해하는 척했다.

해설   동사 pretend(~인 척하다)는 to 부정사를 목적어로 가질 수 있습니다. 따라서 (d) to understand가 정답입니다.

(a) to 부정사의 수동형 'to be p.p.'를 쓰는 경우, 문장의 의미가 어색해지므로 오답입니다.

어휘   presentation 발표   deal with ~을 다루다   complex 복잡한   related 관련된   future 향후의, 미래의   pretend ~인 척하다   embarrassed 겸연쩍은, 쑥스러운   understand 이해하다

17 미래진행 시제   정답 (c)

해석   Geoff는 미슐랭 스타 3개를 받은 최신 유행하는 프랑스 레스토랑 Le Patio에 예약하려고 한다. 만약 그가 테이블을 간신히 예약한다면, 그는 가장 친한 친구인 Brad를 저녁 식사에 초대하기 위해 전화하고 있을 것이다.

해설   미래진행 시제와 함께 쓰이는 시간 표현 'if + 현재 시제'(If ~ manages)가 있으므로, 테이블을 간신히 예약하는 미래 시점에는 Geoff가 친구 Brad를 저녁 식사에 초대하기 위해 전화하고 있을 것이라는 의미를 만드는 미래진행 시제 (c) will be calling이 정답입니다.

어휘   make a reservation 예약하다   trendy 최신 유행하는   manage to 간신히 ~하다   book 예약하다   invite 초대하다

18 조동사 should 생략   정답 (a)

해석   부상의 위험에도 불구하고, 암벽 등반은 점점 더 인기 있는 취미가 되고 있다. 이 활동에 참여할 때, 사람들은 권장되는 모든 안전 절차를 따르고 보호 장비를 착용하는 것이 중요하다.

해설   주절에 주장을 나타내는 형용사 vital이 있으므로 that절에는 '(should +) 동사원형'이 와야 합니다. 따라서 동사원형 (a) follow가 정답입니다.

어휘   injury 부상   rock climbing 암벽 등반   engage in ~에 참여하다   vital 중요한   recommend 권장하다, 권고하다   procedure 절차   wear 착용하다   protective gear 보호 장비   follow (충고·지시 등을) 따르다

19 관계대명사 which   정답 (c)

해석   미국의 시인 Emily Dickinson은 글을 쓸 때 의도적으로 특이한 철자법, 구두점 그리고 대문자 쓰기를 사용했다. 그녀의 시는, 주로 그녀의 사망 후 출판되었는데, 이 문체 요소가 수정이 필요한 오류라고 생각하는 편집자들에 의해 가해진 교정을 때때로 포함하고 있다.

해설   사물 선행사 Her poems를 꾸며주면서 콤마(,) 뒤에 올 수 있는 주격 관계대명사가 필요하므로, (c) which were mostly published after her death가 정답입니다.

(d) 관계대명사 that도 사물 선행사를 꾸며줄 수 있지만, 콤마 뒤에 올 수 없으므로 오답입니다.

어휘   intentionally 의도적으로   idiosyncratic 특이한, 색다른   spelling 철자법   punctuation 구두점   capitalization 대문자 쓰기   poem 시   revision 교정   editor 편집자   stylistic 문체의   element 요소   correction 수정   mostly 주로   publish 출판하다

20 가정법 과거   정답 (d)

해석 Green가의 수도 본관은 지난 몇 년 동안 여러 차례 폭발하여, 인근 건물들에 막대한 피해를 초래했다. 만약 수도 시스템이 더 잘 관리된다면, 배관은 끊임없는 보수를 <u>필요로 하지 않을 것이다</u>.

해설 if절에 과거 동사(were ~ maintained)가 있으므로, 주절에는 이와 짝을 이루어 가정법 과거를 만드는 'would(조동사 과거형) + 동사원형'이 와야 합니다. 따라서 (d) would not require가 정답입니다.

어휘 water main 수도 본관   burst 폭발하다, 터지다   extensive 막대한   damage 피해, 손해   maintain 관리하다, 유지하다   pipe 배관   constant 끊임없는   repair 보수, 수리

21 과거진행 시제   정답 (c)

해석 어제, Corville 제약 회사의 최고 경영자는 마케팅팀에 예산 문제로 인해 온라인 광고 캠페인이 취소되었음을 알렸다. 회의 중에, 그가 결정에 대한 이유를 <u>제공하고 있는</u> 동안 여러 직원들이 실망을 나타냈다.

해설 과거진행 시제와 함께 쓰이는 시간 표현 'while + 과거 시제'(expressed ~ while)가 있으므로, 여러 직원들이 실망을 나타낸 과거 시점에 최고 경영자가 결정에 대한 이유를 제공하고 있었다는 의미를 만드는 과거진행 시제 (c) was providing이 정답입니다.

어휘 pharmaceuticals 제약 회사   inform 알리다, 통지하다   advertising 광고   budget 예산   express 나타내다, 표현하다   disappointment 실망   decision 결정   provide 제공하다

22 동명사를 목적어로 가지는 동사   정답 (b)

해석 Sandra의 가족은 그녀의 16번째 생일을 위한 깜짝 파티를 준비하는 데 많은 노력을 기울였다. 안타깝게도, Sandra의 친구 중 한 명이 계획된 이벤트에 대해 그녀에게 <u>이야기하는 것</u>을 참지 못했고, 그래서 그들의 모든 노력은 수포로 돌아갔다.

해설 동사 resist(참다)는 동명사를 목적어로 가질 수 있습니다. 따라서 (b) telling이 정답입니다.

오답 분석
(a) 동명사의 완료형 having told는 '참는'(resist) 시점보다 '이야기하는' 시점이 앞선다는 것을 나타내므로 문맥상 적합하지 않아 오답입니다.

어휘 effort 노력   organize 준비하다, 조직하다   resist 참다, 저항하다   planned 계획된   come to nothing 수포로 돌아가다

23 접속사   정답 (d)

해석 Nelson 출판은 최근 고용된 직원들에 대한 정책을 업데이트했다. 이것은 경영진이 그들을 더 철저히 평가할 기회를 원하기 때문이다. 다음 달부터, 신입 직원은 첫 3개월의 고용이 종료될 <u>때까지</u> 수습 신분을 가질 것이다.

해설 문맥상 Nelson 출판의 업데이트된 정책에 따라, 다음 달부터 신입 직원은 첫 3개월의 고용이 종료될 때까지 수습 신분을 가질 것이라는 의미가 되어야 자연스럽습니다. 따라서 '~할 때까지'

라는 의미의 시간을 나타내는 접속사 (d) until이 정답입니다.

오답 분석
(a) since는 '~이기 때문에', '~ 이래로', (c) as if는 '마치 ~인 것처럼'이라는 의미로, 문맥상 적합하지 않아 오답입니다.
(b) instead of는 전치사이므로, 부사절을 이끌 수 없어 오답입니다.

어휘 policy 정책, 방침   recently 최근에   hire 고용하다   management 경영진   opportunity 기회   evaluate 평가하다   thoroughly 철저히   probationary 수습의, 견습의   status 신분, 자격

24 가정법 과거완료   정답 (d)

해석 Brian은 여권을 제때 갱신하지 않았기 때문에 스페인 여행을 취소하지 않을 수 없었다. 만약 그가 2주 일찍 신청서를 제출하기만 했다면, 그는 출발일 전에 여권을 받을 수 있었을 것이다.

해설 주절에 'could(조동사 과거형) + have p.p.' 형태의 could have received가 있으므로, if절에는 이와 짝을 이루어 가정법 과거완료를 만드는 'had p.p.'가 와야 합니다. 따라서 (d) had submitted가 정답입니다.

어휘 be forced to ~하지 않을 수 없다   renew 갱신하다   passport 여권   on time 제때, 제시간에   departure 출발   submit 제출하다

25 현재완료진행 시제   정답 (c)

해석 UN 난민기구는 난민의 권리를 보호하는 것에 전념하는 단체이다. 1950년부터, 그것(난민기구)은 본국에서 어쩔 수 없이 도망쳐야 했던 사람들을 지원해오고 있다. 이것은 가장 흔하게는 전쟁, 기근 또는 자연재해로 인한 것이다.

해설 현재완료진행 시제와 함께 쓰이는 시간 표현 'since + 과거 시점'(Since 1950)이 있으므로, 과거 시점인 1950년부터 현재까지 계속 UN 난민기구가 본국에서 어쩔 수 없이 도망쳐야 했던 사람들을 지원해오고 있다는 의미를 만드는 현재완료진행 시제 (c) has been assisting이 정답입니다.

어휘 refugee 난민   organization 단체, 조직   dedicated 전념하는   protect 보호하다   flee 도망치다, 달아나다   commonly 흔하게   famine 기근   natural disaster 자연재해   assist 지원하다, 돕다

26 조동사 can   정답 (d)

해석 일식은 달이 지구와 태양 사이를 지나갈 때 발생한다. 이것은 달의 그림자가 태양으로부터의 빛을 차단하게 만든다. 사람들은 만약 그들이 보호용 조망 안경을 착용한다면 일식을 직접적으로 <u>볼 수 있다</u>.

해설 문맥상 사람들은 만약 그들이 보호용 조망 안경을 착용한다면 일식을 직접적으로 볼 수 있다는 의미가 되어야 자연스러우므로, '~할 수 있다'를 뜻하면서 가능성/능력을 나타내는 조동사 (d) can이 정답입니다.

어휘 solar eclipse 일식   occur 발생하다   shadow 그림자   block 차단하다, 막다   directly 직접적으로   protective 보호용의   viewing 조망, 보기

청취

[Part 1: 27-33]

27. What has been keeping the employees of Beans Express busy lately?
28. Why most likely does Brianna think the Beans Express' project could have a big impact?
29. What is a feature of the paper straws from Japan?
30. What makes plastic cups more difficult to replace?
31. According to Brianna, how can Leonard practice sustainability at his workplace?
32. What does Leonard say he is interested in?
33. What is Brianna most likely planning to do next?

M: Hey, Brianna. How's the part-time job going at Beans Express?

F: Hi, Leonard! It's going well. [27]We've been busy lately because the company is having us replace all of our plastic straws with paper ones as part of a new sustainability initiative.

M: Interesting . . . I've always wondered why that is so important.

F: Well, mainly it's good for reducing both plastic consumption and plastic waste.

M: Right. But surely getting rid of straws won't have that much of an impact.

F: What you have to understand is that [28]the company has over 20,000 branches around the world using plastic straws. Add that all up, and you get a large amount!

M: Incredible . . . Still, it seems like an expensive undertaking.

F: True, but it's worthwhile for the environment. And besides, customers demand it.

M: Do they? I tried paper straws once and found them to be a pain. They tend to soften when they absorb liquid.

F: I know what you mean, but these new straws are different. They hold up well in both hot and cold drinks. And [29]they're made by a reputable supplier from Japan that pioneered the use of paper straws.

M: That's good to know. And they don't produce any funny tastes or odors either?

F: [29]Nope. They're made from high-quality, food-grade paper, so they won't interfere with the flavor of your drink.

M: Speaking of drinks, what about the cups? Aren't they made of plastic?

F: I'm glad you asked. The straws are only part of a wider effort. Eventually, we're going to replace the plastic cups with more sustainable alternatives as well.

M: That makes sense. Are they starting with straws because they're cheaper to replace?

F: [30]No. It's because making durable paper cups is a more complicated process than making straws.

M: Right. Well, these are all exciting developments, for sure.

F: They are! The company's serious about doing the right thing for the environment.

M: I wonder if we can do anything sustainable at the company I work for. We only have a small office, though.

F: Oh, but there's so much you can do. [31]For instance, you can use less paper, consume less electricity, or extend the life of any equipment that you use. The list goes on, really.

M: You seem to know a lot about this stuff.

F: I've been reading up on the subject since we started our program.

M: Have you? [32]Maybe you can give me some book recommendations. I've always had an interest in the subject but never bothered to learn more about it.

F: Of course! I'll e-mail you a list of some of the ones I've read.

M: Thanks! By the way, since you're so interested in sustainability, have you considered making it a career?

F: I have, actually! [33]In fact, I am planning to sign up for a course related to sustainability this afternoon.

M: That's terrific! Good luck! I'm running late for a meeting, so I'd better go now, but I'll see you around.

남: 안녕, Brianna. Beans Express에서의 아르바이트는 잘 돼 가니?

여: 안녕, Leonard! 잘 되고 있어. [27]우리는 최근에 회사가 새로운 지속 가능성 계획의 일환으로 플라스틱 빨대를 모두 종이 빨대로 대체하게 하고 있어서 바빴어.

남: 흥미롭네······. 난 항상 그게 왜 그렇게 중요한지 궁금했어.

여: 음, 주로 플라스틱 소비와 플라스틱 쓰레기 모두를 줄이는 데 좋아.

남: 그렇지. 하지만 분명 빨대를 없애는 것이 그렇게 큰 영향을 미치지는 않을 거야.

여: 네가 알아야 할 것은 [28]이 회사가 전 세계에 플라스틱 빨대를 사용하는 2만 개 이상의 지점을 가지고 있다는 거야. 그 모든 것을 다 더해 봐, 그러면 엄청난 양이 되지!

남: 굉장하네······. 그래도, 그건 돈이 많이 드는 사업인 것 같아.

여: 맞아, 하지만 환경을 위해서는 가치가 있어. 게다가, 고객들이 그걸 요구해.

남: 그래? 나는 종이 빨대를 한 번 써봤는데 그게 골칫거리라고 생각했어. 그게 액체를 흡수할 때 부드러워지는 경향이 있더라고.

여: 무슨 말인지 알지만, 이 새로운 빨대는 달라. 그것들은 뜨거운 음료와 차가운 음료 모두 잘 견뎌. 그리고 그건 종이 빨대의 사용을 선도한 [29]일본의 유명한 공급 회사에 의해 만들어졌어.

남: 다행이네. 그건 이상한 맛이나 냄새도 만들어 내지 않는 거야?

여: [29]응. 고급 식용 종이로 만들어져서, 음료의 맛을 방해하지 않을 거야.

남: 음료 얘기가 나와서 말인데, 컵은 어때? 그것도 플라스틱으로 만들어지지 않아?

여: 물어봐 줘서 기쁘네. 빨대는 더 광범위한 활동의 단지 일부일 뿐이야. 결국, 우리는 플라스틱 컵도 더 지속 가능한 대안들로 대체할 거야.

남: 타당하네. 빨대들이 대체하기가 더 저렴하기 때문에 그것부터 시작하는 거야?

여: [30]아니. 내구성 있는 종이컵을 만드는 것이 빨대를 만드는 것보다 더 복잡한 과정이기 때문이야.

남: 그렇구나. 음, 이 모든 것들은 확실히 흥미진진한 발전이네.

여: 맞아! 회사는 환경을 위해 올바른 일을 하는 것에 대해 진지해.

남: 나는 내가 일하는 회사에서 우리가 지속 가능한 어떤 것이든 할 수 있을지 궁금해. 우리는 작은 사무실 하나밖에 없기는 하지만 말이야.

여: 오, 하지만 네가 할 수 있는 일이 아주 많아. [31]예를 들어, 너는 종이를 덜 사용하거나, 전기를 덜 소모하거나, 네가 사용하는 장비의 수명을 연장할 수 있어. 목록은 정말 계속돼.

남: 넌 이 일에 대해 많은 것을 알고 있는 것처럼 보여.

여: 나는 우리가 프로그램을 시작한 이후로 이 주제에 대해 많은 것을 읽고 있어.

남: 그래? [32]네가 내게 몇몇 책 추천을 해 줄 수 있을 것 같네. 나는 항상 그 주제에 관심이 있었지만 그것에 대해 더 배우려고 애쓰지는 않았어.

여: 물론이지! 내가 읽은 것들 중 몇몇의 목록을 네게 이메일로 보내줄게.

남: 고마워! 그런데 너는 지속 가능성에 관심이 아주 많으니까, 그것을 직업으로 삼는 것을 고려해 본 적이 있어?

여: 실은, 있어! [33]사실, 나는 오늘 오후에 지속 가능성과 관련된 강좌에 등록할 계획이야.

남: 멋지다! 행운을 빌어! 나는 회의에 늦어서 지금 가봐야겠어, 하지만 또 보자.

어휘 lately 최근에   replace 대체하다   straw 빨대
sustainability 지속 가능성   initiative 계획   mainly 주로
reduce 줄이다   consumption 소비   waste 쓰레기
get rid of ~을 없애다   branch 지점   incredible 굉장한, 대단한
undertaking 사업, 일   worthwhile 가치 있는   besides 게다가
demand 요구하다   pain 골칫거리   tend to ~하는 경향이 있다
soften 부드러워지다   absorb 흡수하다   liquid 액체
hold up 견디다   reputable 유명한   supplier 공급 회사
pioneer 선도하다, 개척하다   odor 냄새, 악취   food-grade 식용의
interfere with ~을 방해하다   flavor 맛, 풍미   effort 활동, 수고
alternative 대안   durable 내구성 있는   complicated 복잡한
serious 진지한, 심각한   consume 소모하다, 소비하다
electricity 전기   extend 연장하다   equipment 장비
read up ~에 대해 많은 것을 읽다   recommendation 추천, 권고
bother 애를 쓰다   by the way 그런데   sign up 등록하다
run late 늦다

27 특정세부사항   정답 (d)

문제 무엇이 최근 Beans Express의 직원들을 바쁘게 했는가?

(a) 면접을 준비하는 것
(b) 카페를 청소하는 것
(c) 고객 설문 조사를 실시하는 것

(d) 회사 프로그램을 시행하는 것

해설 질문의 키워드 busy lately가 그대로 언급된 주변을 주의 깊게 듣습니다. 단서 [27]에서 여자가 최근에 Beans Express가 새로운 지속 가능성 계획의 일환으로 플라스틱 빨대를 모두 종이 빨대로 대체하게 하고 있어서 바빴다고 했으므로, (d)가 정답입니다.

> 패러프레이징
a new sustainability initiative 새로운 지속 가능성 계획
→ a company program 회사 프로그램

어휘 prepare for ~을 준비하다   clean up ~을 청소하다
conduct 실시하다   survey 설문 조사   implement 시행하다

28 추론   정답 (b)

문제 Brianna는 왜 Beans Express의 프로젝트가 큰 영향을 미칠 수 있다고 생각하는 것 같은가?

(a) 회사가 엄청난 양의 자본금을 보유하고 있기 때문에
(b) 회사가 전 세계에서 많은 플라스틱을 소비하고 있기 때문에
(c) 회사가 상당한 크기의 탄소 발자국을 가지고 있기 때문에
(d) 회사의 조치가 다른 회사들을 고무할 수 있기 때문에

해설 질문의 키워드 a big impact와 관련된 사실을 추론하는 문제이므로 이와 관련된 부분을 주의 깊게 듣습니다. 단서 [28]에서 여자가 Beans Express가 전 세계에 플라스틱 빨대를 사용하는 2만 개 이상의 지점을 가지고 있으며, 그 모든 것을 다 더하면 엄청난 양이 된다고 했으므로, Beans Express가 전 세계에서 많은 플라스틱을 소비하고 있기 때문에 Brianna는 그것의 프로젝트가 큰 영향을 미칠 수 있다고 생각한다는 사실을 추론할 수 있습니다. 따라서 (b)가 정답입니다.

어휘 capital 자본금   sizable 상당한 크기의
carbon footprint 탄소 발자국(온실 효과를 유발하는 이산화탄소의 배출량)
inspire 고무하다   firm 회사

29 특정세부사항   정답 (d)

문제 일본의 종이 빨대의 특성은 무엇인가?

(a) 그것들은 종이를 덜 포함한다.
(b) 그것들은 재활용하기 쉽다.
(c) 그것들은 가격이 매우 적당하다.
(d) 그것들은 맛에 아무런 영향을 미치지 않는다.

해설 질문의 키워드 from Japan이 그대로 언급된 주변을 주의 깊게 듣습니다. 단서 [29]에서 여자가 일본의 유명한 공급 회사에 의해 만들어진 종이 빨대가 고급 식용 종이로 만들어져서 음료의 맛을 방해하지 않을 것이라고 했으므로, (d)가 정답입니다.

> 패러프레이징
won't interfere with the flavor 맛을 방해하지 않을 것이다
→ have no effect on flavor 맛에 아무런 영향을 미치지 않는다

어휘 recycle 재활용하다   affordable 가격이 적당한

30 특정세부사항   정답 (c)

문제 무엇이 플라스틱 컵을 대체하기 더 어렵게 만드는가?

(a) 그것들을 대체하는 것의 높은 비용

(b) 그것들을 처분하는 문제
(c) 지속 가능한 종이컵을 만드는 과정
(d) 단골 고객들의 부정적인 의견

해설 질문의 키워드 **plastic cups**가 그대로 언급된 주변을 주의 깊게 듣습니다. 단서 [30]에서 여자가 내구성 있는 종이컵을 만드는 것이 빨대를 만드는 것보다 더 복잡한 과정이라고 했으므로, (c)가 정답입니다.

어휘 dispose of ~을 처분하다, 없애다   negative 부정적인
loyal customer 단골 고객

---

31 특정세부사항   정답 (a)

문제 Brianna에 따르면, Leonard는 어떻게 그의 직장에서 지속 가능성을 실천할 수 있는가?

(a) 에너지 사용을 줄임으로써
(b) 환경을 중시하는 공급 회사와 일함으로써
(c) 종이와 플라스틱을 재활용함으로써
(d) 중고 장비를 구매함으로써

해설 질문의 키워드 **at his workplace**가 at the company I work for로 패러프레이징 된 주변을 주의 깊게 듣습니다. 단서 [31]에서 여자가 남자에게 종이를 덜 사용하거나, 전기를 덜 소모하거나, 사용하는 장비의 수명을 연장할 수 있다고 했으므로, (a)가 정답입니다.

어휘 practice 실천하다   green 환경을 중시하는   second-hand 중고의

---

32 특정세부사항   정답 (a)

문제 Leonard가 관심 있다고 말한 것은 무엇인가?

(a) 지속 가능성에 대한 책을 읽는 것
(b) 가능성 있는 승진을 위해 경쟁하는 것
(c) 환경에 대해 더 깊이 논의하는 것
(d) 화제에 대한 프로그램을 시청하는 것

해설 질문의 키워드 **is interested in**이 had an interest in으로 패러프레이징 된 주변을 주의 깊게 듣습니다. 단서 [32]에서 남자가 여자에게 그녀가 자신에게 몇몇 책 추천을 해 줄 수 있을 것 같다고 말하며 자신이 항상 그 주제(지속 가능성)에 관심이 있었다고 했으므로, (a)가 정답입니다.

어휘 compete for ~을 위해 경쟁하다   promotion 승진, 진급
discuss 논의하다

---

33 추론   정답 (c)

문제 Brianna가 다음에 할 계획은 무엇일 것 같은가?

(a) 정규직을 구한다
(b) 단체에 자원한다
(c) 수업에 등록한다
(d) 친구에게 편지를 보낸다

해설 **Brianna**가 다음에 할 계획을 묻고 있으므로, 다음 할 일을 주로 언급하는 마지막 부분을 주의 깊게 듣습니다. 단서 [33]에서 여자가 오늘 오후에 지속 가능성과 관련된 강좌에 등록할 계획이라고 했으므로, Brianna가 다음에 할 계획은 수업에 등록하는 것이라는 사실을 추론할 수 있습니다. 따라서 (c)가 정답입니다.

패러프레이징
sign up for a course 강좌에 등록하다
→ register for a class 수업에 등록하다

어휘 full-time position 정규직   volunteer for ~에 자원하다
register for ~에 등록하다

[Part 2: 34-39]

34. What is the purpose of the talk?
35. How do Fit Format's stylists most likely initially choose what items to place in a Style Box?
36. What can customers do if they don't like the items they receive?
37. What advantage do customers probably enjoy by choosing automated deliveries?
38. What is not something customers can do on Fit Format?
39. What will listeners receive if they register with Fit Format immediately?

Everyone knows that the secret to looking good is to find clothes that both fit your body and express your personal style, but few of us have the time, money, or inclination to achieve this goal. [34]Well, what if I told you that you could have your own personal stylist who does all of your clothes shopping for you?

Fit Format is the brainchild of fashion design entrepreneur Simon Wells. [34]It is a subscription service that combines the expertise of a fashion stylist with digital algorithms that learn your personal clothing preferences over time. With Fit Format, you won't just save time and money, you'll also develop your own personal clothing style and build a wardrobe of essential, affordable apparel.

[35]It all starts with taking our style quiz. The style quiz asks a short series of questions designed to help us learn your preferences. Afterward, your personal stylist will mail you a Style Box containing five handpicked clothing items that suit your taste. Gradually, you and your stylist will create a collection of perfectly matched outfits that best express who you are.

Now, although Fit Format works like a subscription service, there's no subscription fee at all. We only charge a $20 styling fee for every customized Style Box that you order. You can try on your stylist's picks from the comfort of your home and then buy only what suits you. We'll even credit the styling fee toward your final purchase and provide a 25 percent discount if you take the entire contents. [36]Otherwise, simply return any unwanted items to us in a box, using the included prepaid shipping. With every selection and purchase that you make, you will be one step closer to having the perfect wardrobe.

You can opt to receive automated deliveries of the Style Box every two weeks, every month, or every three months. [37]Choosing automated deliveries has the advantage of helping our stylists quickly learn your individual preferences so they can make better recommendations for your personal style. However, if you are confident enough in your own fashion sense, you can also order on demand at any time. All recommendations on our website are accurate for fit and budget.

Fit Format carries an extensive and constantly evolving array of apparel options from thousands of the world's leading brands, including MYYS, Young Bucks, Ever and Ever, and more. We have tops, bottoms, shoes, and accessories for women, men, and kids of all ages and sizes, including styles for maternity, infants, plus, and petite. Prices for individual items range from as little as $20 to $500 or more.

Because you get to try before you buy, you're sure to eventually find something that fits. Still, if there's anything you don't like, you can, as I said, send it back at no cost. Shipping, returns, and exchanges are always free!

[38-d]Payment options include all major credit cards and online payment providers, as well as gift cards and special promotions. On Fit Format, you can review your orders anytime, [38-b]create wish lists, shop for previously ordered items, and [38-c]share suggestions with friends. [39]For today only, enter the code FFNOW when you register, and you'll get your first Style Box on us, with no obligation to buy. Fit Format can be accessed through our website at www.fitformat.com or our mobile app. Subscribe to Fit Format today and you can be a snappy dresser tomorrow.

멋져 보이는 것의 비결은 몸에 꼭 맞고 개인의 스타일을 표현하는 옷을 찾는 것이라는 점을 모두가 알지만, 우리 중 이 목표를 달성하기 위한 시간, 돈, 또는 의향을 가진 사람은 거의 없습니다. [34]음, 만약 제가 여러분에게 여러분을 위해 모든 옷 쇼핑을 해 주는 개인 스타일리스트를 둘 수 있다고 말한다면 어떨까요?

Fit Format은 패션 디자인 사업가 Simon Wells의 아이디어입니다. 이것은 패션 스타일리스트의 전문성과 시간이 지남에 따라 여러분 개인의 의류 선호도를 학습하는 디지털 알고리즘을 결합한 [34]구독 서비스입니다. Fit Format을 이용하여, 여러분은 단지 시간과 돈을 절약할 뿐만 아니라, 자신만의 개인 옷 스타일을 개발하고 기본적이고도 가격이 적당한 의류의 옷장을 만들 것입니다.

[35]모든 것은 저희의 스타일 퀴즈를 푸는 것과 함께 시작됩니다. 스타일 퀴즈는 저희가 여러분의 선호도를 알게 되는 데 도움이 되도록 고안된 짧은 일련의 질문들을 물어봅니다. 그 후에, 여러분의 개인 스타일리스트가 여러분의 취향에 맞는 다섯 가지의 엄선된 의류 품목이 들어 있는 스타일 박스를 여러분에게 우편으로 보낼 것입니다. 차츰, 여러분과 여러분의 스타일리스트는 여러분이 누구인지를 가장 잘 표현하는 완벽하게 어울리는 의상 컬렉션을 만들 것입니다.

현재 Fit Format은 구독 서비스처럼 운영되지만, 구독료는 전혀 없습니다. 저희는 여러분이 주문하는 모든 맞춤 스타일 박스에 대해 20달러의 스타일링 수수료만 부과합니다. 여러분은 집에서 편안하게 스타일리스트의 옷을 입어보고 여러분에게 어울리는 것만 구매하실 수 있습니다. 저희는 심지어 여러분의 최종 구매 무렵에 스타일링 수수료를 입금해드릴 것이고, 만약 전체 내용물을 구매하실 경우 25퍼센트 할인을 제공해드릴 것입니다. [36]그렇지 않으면, 그저 포함된 선불 배송을 사용하여 원치 않는 물품을 상자에 담아 저희에게 반납해 주세요. 여러분이 하는 모든 선택과 구매로, 여러분은 완벽한 옷장을 갖는 것에 한 걸음 더 가까워질 것입니다.

여러분은 2주, 매달, 또는 3개월마다 스타일 박스의 자동 배송을 받기로 선택하실 수 있습니다. [37]자동 배송을 선택하는 것은 저희의 스타일리스트들이 여러분의 개인 스타일을 위한 더 나은 추천을 할 수 있도록 여러분의 개별 선호 사항들을 빠르게 알아내는 데 도움이 된다는 장점이 있습니다. 하지만, 만약 여러분만의 패션 감각에 자신 있다면, 여러분은 필요할 때 아무 때나 주문하실 수도 있습니다. 저희 웹 사이트상의 모든 추천들은 맞는 옷과 비용에 있어 정확합니다.

Fit Format은 MYYS, Young Bucks, Ever and Ever 등을 포함한 수천 개의 세계 일류 브랜드로부터의 폭넓고 끊임없이 발전하는 무수한 의류 선택권 모음을 가지고 있습니다. 임산부, 유아, 큰 사이즈와 작은 사이즈를 위한 스타일을 포함한 모든 연령대와 사이즈의 여성용, 남성용, 아동용 상의, 하의, 신발 그리고 액세서리가 준비되어 있습니다. 개별 품목들의 가격은 적게는 20달러에서 많게는 500달러 이상에 이릅니다.

여러분은 구매하시기 전에 입어 보게 되므로, 결국에는 꼭 맞는 것을 반드시 찾게 될 것입니다. 그럼에도 불구하고 마음에 안 드시는 게 있다면, 제가 말씀드렸듯이 무료로 반송하실 수 있습니다. 배송, 반품, 교환은 항상 무료입니다!

[38-d]결제 방법에는 상품권 및 특별 프로모션뿐만 아니라 모든 주요 신용 카드 및 온라인 결제 공급업체가 포함됩니다. Fit Format에서, 여러분은 언제든지 주문을 검토하고, [38-b]위시 리스트를 생성하고, 이전에 주문했던 상품을 구매하고, [38-c]친구들과 제안을 공유할 수 있습니다. [39]오늘 하루만, 등록하실 때 FFNOW 코드를 입력하시면 구입 의무 없이 여러분의 첫 번째 스타일 박스를 받으실 것입니다. Fit Format은 당사 웹 사이트 www.fitformat.com 또는 휴대폰 앱을 통해 접속될 수 있습니다. 오늘 Fit Format을 구독하시면 내일 여러분은 옷 잘 입는 사람이 될 수 있습니다.

해커스 지텔프 32-50+

어휘 secret 비결   fit 꼭 맞다; 맞는 옷   express 표현하다
personal 개인의   inclination 의향, 성향   achieve 달성하다
brainchild 아이디어, 발명품   entrepreneur 사업가
subscription 구독   combine 결합하다   expertise 전문성
preference 선호도   wardrobe 옷장   essential 기본적인
affordable 가격이 적당한   apparel 의류   design 고안하다
handpicked 엄선된   suit 맞다, 어울리다   taste 취향
gradually 차츰, 서서히   charge 부과하다   fee 수수료, 요금
customized (개개인의 요구에) 맞춘
from the comfort of ~에서 편안하게   credit 입금하다
entire 전체의   return 반납하다; 반품   prepaid 선불 된
selection 선택   opt to ~하기로 선택하다   receive 받다
automated 자동의   delivery 배송
recommendation 추천, 권고 사항   confident 자신 있는
accurate 정확한, 한 치의 오차도 없는   budget 비용, 예산
extensive 폭넓은, 광범위한   constantly 끊임없이
evolve 발전하다   array 모음, 집합체   thousands of 무수한, 많은

maternity 임산부인 상태   infant 유아   at no cost 무료로
exchange 교환   gift card 상품권   previously 이전에
suggestion 제안, 의견   obligation 의무   access 접속하다
snappy dresser 옷을 잘 입는 사람

자가 받은 물품이 마음에 들지 않는 경우 그저 포함된 선불 배송을 사용하여 원치 않는 물품을 상자에 담아 반납하면 된다고 했으므로, (b)가 정답입니다.

prepaid 선불 된 → at no cost 무료로

어휘   fill out ~을 작성하다   refund 환불   account 계정

34 주제/목적   정답 (c)

문제   담화의 목적은 무엇인가?

(a) 의류 상품의 출시를 홍보하는 것
(b) 패션 잡지 구독을 제안하는 것
(c) 개인 맞춤형 쇼핑 서비스를 소개하는 것
(d) 무엇을 입을지에 대한 전문가의 조언을 청자들에게 제공하는 것

해설   담화의 목적을 묻는 문제이므로, 목적이 주로 언급되는 지문의 초반을 주의 깊게 듣습니다. 단서 [34]에서 화자가 청자들에게 그들을 위해 모든 옷 쇼핑을 해 주는 개인 스타일리스트를 둘 수 있다고 말한다면 어떨지를 물으며, Fit Format에서 제공하는 것이 구독 서비스라고 했으므로, (c)가 정답입니다.

어휘   promote 홍보하다   launch 출시, 개시   clothing line 의류 상품
offer 제안하다   introduce 소개하다   personalized 개인 맞춤형의
expert 전문가의   advice 조언

35 추론   정답 (b)

문제   Fit Format의 스타일리스트들이 처음에 스타일 박스에 어떤 물품들을 넣을지를 어떻게 선택할 것 같은가?

(a) 다른 웹 사이트들에서의 주문을 수집함으로써
(b) 설문지에 대한 대답을 검토함으로써
(c) 전화로 고객들을 상담함으로써
(d) 어떤 물품들이 반납되었는지를 기록함으로써

해설   질문의 키워드 Style Box와 관련된 사실을 추론하는 문제이므로 이와 관련된 부분을 주의 깊게 듣습니다. 단서 [35]에서 화자가 Fit Format의 서비스는 고객의 선호도를 알게 되는 데 도움이 되도록 고안된 스타일 퀴즈를 푸는 것과 함께 시작되며, 그 후에 개인 스타일리스트가 고객의 취향에 맞는 다섯 가지의 엄선된 의류 품목이 들어 있는 스타일 박스를 우편으로 보낼 것이라고 했으므로, Fit Format의 스타일리스트들은 설문지에 대한 대답을 검토함으로써 처음에 스타일 박스에 어떤 물품들을 넣을지를 선택할 것임을 추론할 수 있습니다. 따라서 (b)가 정답입니다.

어휘   initially 처음에   place 넣다, 두다   collect 수집하다
review 검토하다   questionnaire 설문지   consult 상담하다
take note of ~을 기록하다

36 특정세부사항   정답 (b)

문제   만약 받은 물품들이 마음에 들지 않는다면 고객들은 무엇을 할 수 있는가?

(a) 환불 요구 신청서를 작성한다
(b) 무료로 그것들을 우편으로 돌려보낸다
(c) 다른 개인 스타일리스트를 요청한다
(d) 그들의 계정 선호도를 변경한다

해설   질문의 키워드 don't like the items가 unwanted items로 패러프레이징 된 주변을 주의 깊게 듣습니다. 단서 [36]에서 화

37 추론   정답 (d)

문제   자동 배송을 선택함으로써 고객들이 누릴 수 있는 이점은 무엇이겠는가?

(a) 그들은 특가품을 가질 수 있게 된다.
(b) 그들은 시간이 지나면서 더 큰 절약 금액을 모은다.
(c) 그들은 더 폭넓은 범위의 브랜드에서 선택할 수 있다.
(d) 그들은 더 정확한 제안들을 받는다.

해설   질문의 키워드 automated deliveries와 관련된 사실을 추론하는 문제이므로 이와 관련된 부분을 주의 깊게 듣습니다. 단서 [37]에서 화자가 자동 배송을 선택하는 것은 Fit Format의 스타일리스트들이 고객의 개인 스타일을 위한 더 나은 추천을 할 수 있도록 개별 선호 사항들을 빠르게 알아내는 데 도움이 된다는 장점이 있다고 했으므로, 고객들이 자동 배송을 선택함으로써 더 정확한 제안들을 받는 이점을 누릴 수 있음을 추론할 수 있습니다. 따라서 (d)가 정답입니다.

어휘   eligible ~을 가질 수 있는   special offer 특가품
accumulate 모으다   savings 절약 (금액)

38 Not True   정답 (a)

문제   Fit Format에서 고객들이 할 수 있는 것이 아닌 것은?

(a) 주문에 따라 제작된 옷을 주문한다
(b) 개인의 기호에 맞춰진 리스트를 만든다
(c) 친구들에게 추천들을 제안한다
(d) 상품권을 사용하여 결제한다

해설   질문의 키워드 customers can do에 관해 사실이 아닌 것을 묻는 문제이므로, 각 보기와 관련된 내용을 주의 깊게 들으며 언급되는 것을 하나씩 소거합니다. (a)는 지문에 언급되지 않은 내용이므로, (a)가 정답입니다.

(b) 단서 [38-b]에서 고객들이 위시 리스트를 생성할 수 있다고 했으므로 지문의 내용과 일치합니다.
(c) 단서 [38-c]에서 고객들이 친구들과 제안을 공유할 수 있다고 했으므로 지문의 내용과 일치합니다.
(d) 단서 [38-d]에서 결제 방법에는 상품권 및 특별 프로모션뿐만 아니라 모든 주요 신용 카드 및 온라인 결제 공급업체가 포함된다고 했으므로 지문의 내용과 일치합니다.

wish lists 위시 리스트
→ personalized lists 개인의 기호에 맞춰진 리스트

어휘   tailored 주문에 따라 제작된   outfit 옷
personalize 개인의 기호에 맞추다   recommendation 추천

문제   만약 청자들이 즉시 Fit Format에 등록할 경우 받게 될 것은 무엇인가?

(a) 500달러짜리 상품권
(b) 25퍼센트 할인
(c) 옷 한 박스
(d) 스타일리스트의 방문

해설   질문의 키워드 register가 그대로 언급된 주변을 주의 깊게 듣습니다. 단서 [39]에서 화자가 청자들에게 오늘 하루만 등록할 때 FFNOW 코드를 입력하면 구입 의무 없이 첫 번째 스타일 박스를 받을 것이라고 했으므로, (c)가 정답입니다.

패러프레이징
your first Style Box 첫 번째 스타일 박스
→ a box of clothes 옷 한 박스

어휘   immediately 즉시, 바로

[Part 3: 40-45]

40. What decision is Jack trying to make?
41. According to Kelly, what could no paid time off or benefits possibly lead to?
42. Which of the drawbacks of the first company is Jack most concerned about?
43. Which is a characteristic of Jack's spending habits?
44. What does Kelly say is a downside of the second company?
45. What most likely does Jack value most?

F : Hi, Jack. How is your job search going?
M: Hi, Kelly. I've had several interviews, and [40]I've been given a couple of offers. I've got to decide between two very different ones. I'm not sure what to do.
F : Oh, really? What is your hesitation about mainly?
M: Well, one company is offering me a high salary, but it doesn't provide any benefits, and the hours aren't ideal for my schedule.
F : I see.
M: The other job offer has a lower salary but better hours and includes benefits. The benefits include paid time off, full health insurance coverage, and a yearly bonus.
F : Oh. So you need to do a personal assessment— a sort of personal cost-benefit analysis to decide which one is best for you?
M: Exactly.
F : Well, why don't we discuss the advantages and disadvantages of each option? Would that help with your decision?
M: Yes. That would really help.
F : OK. The first company offers more money, and that's a real plus. The cost of living these days is getting higher and higher, and it's not going back

down anytime soon. So we all need more money to pay for our housing and everyday expenses. With more money, you'd be able to get a better apartment and buy things that you want.
M: That's true. The cost of living keeps going up.
F : [41]One of the downsides is that not receiving paid time off and the other benefits you mentioned could potentially create stress and financial issues. Imagine if you take a vacation and then have an illness. You could be off for a while and would not get paid for that time. Or worse, you could have a huge hospital bill if you don't have full insurance coverage. So you'd need to make sure to save money for vacations and emergencies. Besides, [42]it sounds like the hours might be inconvenient for you.
M: [42]That's all true. Having to adjust my daily schedule is what concerns me the most.
F : Then you'll have to keep that in mind. How about the second company, though? A good thing about that option is that you would probably have a greater sense of security. Even if you don't get paid as much, you probably wouldn't get stressed out much because the hours are more to your liking. And you wouldn't have to remember to save your money as you'd have paid time off and not lose any pay.
M: Yes. [43]I have to admit that I often spend most of my money because I do a lot of online shopping and have some expensive hobbies. I'm not really used to saving.
F : That's definitely something to consider. I'd recommend finding out more about the yearly bonus. Then I'd look into the cost of complete insurance. If you add up everything, the compensation might not be that much lower.
M: That's a good idea.
F : Of course, [44]the obvious downside is that in the short term, you'd probably have to adjust your spending as the pay is lower. And it would take longer for you to upgrade your standard of living.
M: Yes. That is a disadvantage for sure.
F : So Jack, which employment offer do you think you'll accept?
M: Since I'm still young and in great health, I think I can risk some of the things you mentioned. [45]I think I'll enjoy having all of the extra cash right now, and I can always look for something more secure when I'm older. Thanks for discussing the pros and cons of both options with me, Kelly. It helped me a lot with deciding which job is suitable for me.

여: 안녕, Jack. 구직 활동은 어떻게 되어 가고 있어?
남: 안녕, Kelly. 나는 몇 번의 면접을 보고, [40]두 개의 제안을 받았어. 나는 매우 다른 두 가지 중에서 결정해야 해. 어떻게 해야 할지 모르겠어.

여: 오, 정말? 망설이는 게 주로 무엇에 관한 거야?

남: 음, 한 회사는 높은 급여를 제안하고 있는데, 그것은 어떤 혜택도 제공하지 않고, 근무 시간이 내 일정에 이상적이지 않아.

여: 그렇구나.

남: 다른 일자리 제안은 급여는 더 낮지만 근무 시간이 더 좋고 혜택들도 포함돼. 이 혜택들은 유급 휴가, 전액 건강 보험 보장, 그리고 연간 보너스를 포함하고 있어.

여: 오. 그럼 너에게 어떤 것이 가장 적합한지 결정하기 위해서 일종의 개인 비용 편익 분석과 같은 개인 평가를 해야 하는 거야?

남: 바로 그거야.

여: 음, 각 선택권의 장점과 단점을 논의해 보는 건 어때? 그게 네 결정에 도움이 될까?

남: 그래. 그건 정말 도움이 될 거야.

여: 좋아. 첫 번째 회사는 더 많은 돈을 주는데, 그건 정말 좋은 점이야. 요즘 생활비는 점점 더 오르고 있고, 당분간은 다시 내려가지 않을 거야. 따라서 우리 모두는 주거비와 일일 지출을 지불하기 위해 더 많은 돈이 필요해. 더 많은 돈이 있다면, 너는 더 좋은 아파트를 얻을 수 있고 네가 원하는 것을 살 수 있을 거야.

남: 맞는 말이야. 생활비가 계속 오르고 있어.

여: [41]단점 중 하나는 유급 휴가와 네가 언급한 다른 혜택들을 받지 못하는 것이 어쩌면 스트레스와 재정적인 문제를 만들어 낼 수 있다는 거야. 만약 네가 휴가를 다녀오고 나서 병이 난다고 상상해 봐. 너는 얼만큼 쉴 수 있는데 그 시간에 대한 보수를 받지 못할 거야. 아니면 더 나쁜 것은, 만약 네가 전액 보험 보장을 받지 않는다면 엄청난 병원비를 낼 수도 있다는 거야. 따라서 너는 휴가와 응급 상황을 위해 반드시 돈을 모아야 할 거야. 게다가, [42]근무 시간이 네게 불편할 수도 있을 것 같네.

남: [42]모두 사실이야. 내 하루 일정을 조정해야 하는 것이 나를 가장 걱정하게 하는 점이야.

여: 그렇다면 너는 그걸 기억해 둬야 해. 하지만 두 번째 회사는 어때? 그 선택권의 좋은 점은 아마 네가 더 큰 안정감을 가질 것이라는 거야. 비록 네가 돈을 많이 받지는 않더라도, 근무 시간이 네 기호에 더 맞기 때문에 너는 아마 스트레스를 많이 받지 않을 거야. 그리고 유급 휴가가 있어서 보수가 전혀 줄지 않기 때문에 돈을 저축할 것을 기억할 필요도 없을 거야.

남: 그래. [43]나는 온라인 쇼핑을 많이 하고 돈이 많이 드는 몇몇 취미들을 가지고 있기 때문에 종종 내 돈의 대부분을 쓴다는 것을 인정해야겠네. 나는 저축하는 게 그리 익숙하지 않아.

여: 그건 분명히 고려해 볼 사항이야. 나는 네가 연간 보너스에 대해 더 알아보기를 권할게. 그다음으로 나는 전액 보험료를 살펴보려고 해. 모든 것을 합하면, 보수가 그렇게 훨씬 더 낮지는 않을 수도 있어.

남: 좋은 생각이야.

여: 물론, [44]분명한 단점은 급여가 더 낮기 때문에 단기적으로는 네가 아마도 지출을 조정해야 할 것이라는 점이야. 그리고 네가 생활 수준을 높이는 데 더 오랜 시간이 걸릴 거야.

남: 그래. 그건 확실히 단점이야.

여: 그러면 Jack, 네가 어떤 채용 제안을 수락할 것 같아?

남: 나는 아직 어리고 매우 건강하기 때문에, 네가 언급한 것 중 몇몇은 감수할 수 있을 것 같아. [45]나는 지금 당장은 모든 여분 자금을 가지고 있는 것이 더 즐거울 것 같고, 더 나이가 들면 항상 더 안정된 것을 찾을 수 있을 것 같아. Kelly, 두 가지

선택권의 장단점을 함께 논의해줘서 고마워. 그건 내게 어느 직장이 적합할지 결정하는 데 많은 도움을 주었어.

어휘 hesitation 망설임, 주저 mainly 주로 salary 급여, 봉급 benefit 혜택, 수당 ideal 이상적인 paid 유급의 time off 휴가 health insurance 건강 보험 coverage 보장 yearly 연간의 assessment 평가 a sort of 일종의 cost-benefit 비용 편익 analysis 분석 discuss 논의하다 plus 좋은 점, 이점 housing 주거 expense 지출, 비용 downside 단점 mention 언급하다 potentially 어쩌면, 잠재적으로 financial 재정적인 imagine 상상하다 illness 병 emergency 응급 상황, 비상사태 inconvenient 불편한 adjust 조정하다 concern 걱정하게 하다 keep in mind ~을 기억해 두다 security 안정, 안정성 liking 기호 admit 인정하다 definitely 분명히 recommend 권하다, 추천하다 look into ~을 살펴보다 compensation 보수 obvious 분명한 standard 수준, 기준 for sure 확실히 accept 수락하다, 받아들이다 risk 감수하다 extra 여분의, 추가의 secure 안정된 pros and cons 장단점 suitable 적합한

40 특정세부사항 정답 (c)

문제 Jack은 무슨 결정을 내리려고 하고 있는가?

(a) 더 나은 근무 시간을 갖춘 직장을 구하는 것
(b) 그의 현재 직장에서 사직해야 할지
(c) 다른 두 개의 일자리 제안 중에서 선택하는 것
(d) 더 높은 급여를 요구해야 할지

해설 질문의 키워드 decision이 decide로 패러프레이징 된 주변을 주의 깊게 듣습니다. 단서 [40]에서 남자가 두 개의 일자리 제안을 받았으며 매우 다른 두 가지 중에서 결정해야 한다고 했으므로, (c)가 정답입니다.

패러프레이징

decide between two very different ones 매우 다른 두 가지 중에서 결정하다 → choosing between two different job offers 다른 두 개의 일자리 제안 중에서 선택하는 것

어휘 resign 사직하다, 물러나다 choose between ~ 중에서 선택하다

41 특정세부사항 정답 (d)

문제 Kelly에 따르면, 유급 휴가나 혜택이 없는 것이 어쩌면 무엇으로 이어질 수 있는가?

(a) 고용주에게 불만이 있게 되는 것
(b) 혹사당하고 인정받지 못한다고 느끼는 것
(c) 병에 걸리고 심하게 아프게 되는 것
(d) 압박을 받고 금전적인 문제를 갖는 것

해설 질문의 키워드 paid time off와 benefits가 그대로 언급된 주변을 주의 깊게 듣습니다. 단서 [41]에서 여자가 첫 번째 직장의 단점 중 하나는 유급 휴가와 남자가 언급한 다른 혜택들을 받지 못하는 것이 어쩌면 스트레스와 재정적인 문제를 만들어 낼 수 있다는 것이라고 했으므로, (d)가 정답입니다.

패러프레이징

create stress and financial issues 스트레스와 재정적인 문제를 만들어 내다 → being under pressure and having monetary problems 압박을 받고 금전적인 문제를 갖는 것

어휘 lead to ~으로 이어지다   unhappy with ~에 불만이 있는
overworked 혹사당하는   unappreciated 인정받지 못하는
seriously 심각하게   under pressure 압박을 받는
monetary 금전적인

42 특정세부사항 정답 (c)

문제 첫 번째 회사의 문제점들 중 Jack이 가장 걱정하는 것은 어느 것
인가?

(a) 급료를 못 받을 가능성
(b) 전액 보험 보장의 결여
(c) 근무 시간의 불편함
(d) 어떤 유급 휴가도 없음

해설 질문의 키워드 most concerned가 concerns me the
most로 패러프레이징 된 주변을 주의 깊게 듣습니다. 단서
[42]에서 여자가 근무 시간이 남자에게 불편할 수도 있을 것 같
다고 하자 남자가 하루 일정을 조정해야 하는 것이 자신을 가장
걱정하게 하는 점이라고 했으므로, (c)가 정답입니다.

어휘 drawback 문제점   prospect 가능성   paycheck 급료
lack 결여, 부족   absence 없음, 결핍

43 특정세부사항 정답 (c)

문제 Jack의 소비 습관의 특징은 어느 것인가?

(a) 그는 그의 돈 대부분을 저축한다.
(b) 그는 지역 상점에서 자주 쇼핑한다.
(c) 그는 몇몇 비용이 많이 드는 취미들을 가지고 있다.
(d) 그는 비싼 아파트를 임차한다.

해설 질문의 키워드 spending habits가 spend most of my
money로 패러프레이징 된 주변을 주의 깊게 듣습니다. 단서
[43]에서 남자가 자신은 온라인 쇼핑을 많이 하고 돈이 많이 드
는 몇몇 취미들을 가지고 있기 때문에 종종 자신의 돈 대부분을
쓴다는 것을 인정해야겠다고 했으므로, (c)가 정답입니다.

패러프레이징

expensive hobbies 돈이 많이 드는 취미들
→ costly pastimes 비용이 많이 드는 취미들

어휘 characteristic 특징   frequently 자주, 흔히   local 지역의
costly 비용이 많이 드는   pastime 취미   rent 임차하다

44 특정세부사항 정답 (a)

문제 Kelly가 두 번째 회사의 단점이라고 말한 것은 무엇인가?

(a) 그것은 처음에 Jack의 생활 수준을 제한할 것이다.
(b) 그것의 총 보수는 상당히 더 낮을 것이다.
(c) 그것은 Jack이 자주 야근하도록 요구할 것이다.
(d) 그것은 장기 경력을 제공할 가능성이 작다.

해설 질문의 키워드 downside가 그대로 언급된 주변을 주의 깊게
듣습니다. 단서 [44]에서 여자가 두 번째 회사의 분명한 단점은
급여가 더 낮기 때문에 단기적으로는 남자가 지출을 조정해야
할 것이라는 점이며 남자가 생활 수준을 높이는 데 더 오랜 시간
이 걸릴 것이라고 했으므로, (a)가 정답입니다.

어휘 limit 제한하다   significantly 상당히   potential 가능성

45 추론 정답 (b)

문제 Jack이 가장 가치 있게 생각하는 것은 무엇인 것 같은가?

(a) 직업 안정성을 갖는 것
(b) 사용 가능한 현금을 보유하는 것
(c) 추가 자유 시간을 갖는 것
(d) 건강이 좋은 것

해설 질문의 키워드 value most와 관련된 사실을 추론하는 문제이
므로 이와 관련된 부분을 주의 깊게 듣습니다. 단서 [45]에서 남
자가 지금 당장은 모든 여분 자금을 가지고 있는 것이 더 즐거울
것 같다고 했으므로, Jack이 가장 가치 있게 생각하는 것은 사
용 가능한 현금을 보유하는 것임을 추론할 수 있습니다. 따라서
(b)가 정답입니다.

어휘 value 가치 있게 생각하다   available 사용 가능한

[Part 4: 46–52]

46. What is the speaker sharing with the audience?
47. According to the speaker, what does a general problem or need require?
48. Which is not mentioned as a way of collecting related data?
49. How does the speaker describe unpleasant options?
50. When should one put options in an ordered list?
51. In the fifth step, why most likely does the speaker emphasize carrying out the decision?
52. How might one need to respond if the original goal turns out to be unrealistic?

Hello, everyone. Welcome to Peak Life Management. One of the most important ways to make your life more manageable is through learning about the decision-making process. Often people just think to themselves prior to making choices and do it casually without considering all possibilities from a more formal, step-by-step perspective. [46]Today, I'm going to let you know how you can make more effective decisions that will have more positive outcomes in your life.

The first step is to classify your problem or need and determine whether it is specific or generic. A specific one might simply be a symptom, whereas [47]a general one represents an issue that requires establishing a rule or principle. Then you need to briefly but clearly define what your decision is about. Do not underestimate the importance of this initial step. By clearly defining the problem or need, you will have a sound understanding of what you are about to undertake.

Second, before making your decision, conduct research and gather the relevant information. [48-d]You can do this at a library or online. If you choose to do it online, [48-c]make sure that you are using trusted sources, such as university websites or nonprofit websites that have reliable data. [48-a]It's also worthwhile to ask the advice of others, but don't rely on their counsel without also doing your own independent research.

The third step is to consider the pros and cons of the alternatives. At first, your preference might seem obvious, but there are always advantages and disadvantages of any choice. Unless you've considered all available possibilities, you're not getting the full picture. You must consider all alternatives. [49]Unpleasant options might not seem great on the surface, but they may be better for your ultimate life goals and success.

The fourth step is [50]to evaluate each alternative based on whether it addresses the problem or need you have already defined. Then put them in an ordered list, with the ones best matching your goal at the top of the list. Eliminate all but the top two or three in your list. Then select which one is the best choice for you to reach your goal.

The fifth step is to implement the decision you have settled upon through the previous steps. A decision is only done when you put it into action, so do not forget to execute it. [51]Some people feel satisfied that they have made a decision before they actually carry it out, and they get distracted with other things before the decision-making process is complete.

Finally, after putting it into practice, you need to review your decision and its effects. Sometimes even the best-thought-out decision does not yield the expected results. If your decision did not help you in attaining your ultimate goal, you might need to revise it. Alternatively, you might need to repeat the previous steps to discover what went wrong. [52]Moreover, you might have to compromise if you discover that your original goal is unrealistic or unattainable through this process.

Thank you all for coming today! Follow these steps, and you'll begin to trust the process and do it every time. Through practice and repeating this process, you will become a better decision maker. This will give you confidence when you face choices. It will also help guarantee your success in reaching your life goals, which will make you a better life manager.

안녕하세요, 여러분. Peak Life Management에 오신 것을 환영합니다. 여러분의 인생을 더 관리하기 쉽게 만드는 가장 중요한 방법들 중 하나는 의사 결정 과정에 대해 배우는 것입니다. 종종 사람들은 선택을 하기 전에 혼자 생각만 하고 모든 가능성을 더 정식적이고 단계적인 관점에서 고려하지 않은 채 무심코 선택을 합니다. [46]오늘, 저는 여러분이 어떻게 인생에서 더 긍정적인 결과를 가져올 보다 효과적인 결정을 내릴 수 있는지에 대해 알려드리겠습니다.

첫 번째 단계는 여러분의 문제나 필요를 분류하고 그것이 특정한지 혹은 일반적인지를 알아내는 것입니다. 특정한 것은 단순히 어떤 증상일 수도 있는 반면, [47]일반적인 것은 규칙 또는 원칙을 확립하는 것을 요구하는 문제를 나타냅니다. 그때 여러분은 자신의 결정이 무엇에 관한 것인지 간략하지만 명확하게 정의할 필요가 있습니다. 이 초기 단계의 중요성을 과소평가하지 마세요. 문제나 필요를 명확하게 정의함으로써, 여러분은 착수하려고 하는 것에 대해 철저한 이해를 할 것입니다.

둘째로, 결정을 내리기 전에 조사를 실시하고 관련 정보를 수집하세요. [48-d]여러분은 이것을 도서관이나 온라인에서 할 수 있습니다. 여러분이 그것을 온라인으로 하기로 선택한다면, [48-c]여러분이 믿을 만한 자료를 보유한 대학 웹 사이트나 비영리 웹 사이트와 같이 신뢰할 수 있는 정보원을 사용하고 있는지를 확실히 하세요. [48-a]다른 사람들에게 조언을 구하는 것도 가치 있지만, 여러분 스스로 독자적인 조사도 하지 않은 채 그들의 조언에 의존하지는 마세요.

세 번째 단계는 대안들의 장단점을 고려하는 것입니다. 처음에는, 여러분의 선호도가 분명해 보일 수도 있지만, 어떤 선택이든 항상 장점과 단점이 있습니다. 가능한 모든 가능성을 고려하지 않는 한, 여러분은 전체적인 그림을 파악할 수 없습니다. 여러분은 반드시 모든 대안들을 고려해야 합니다. [49]마음에 들지 않는 선택 사항들이 겉보기에는 좋지 않아 보일 수도 있지만, 그것들은 여러분의 궁극적인 삶의 목표와 성공을 위해 더 나을 수도 있습니다.

네 번째 단계는 [50]그것이 여러분이 이미 정의한 문제나 필요를 해결하는지에 근거하여 각각의 대안을 평가하는 것입니다. 그런 다음 목표와 가장 일치하는 것들이 목록의 맨 위에 오도록, 그것들을 순서 목록에 놓으세요. 목록에서 상위 두세 개를 제외한 모든 항목을 제거하세요. 그리고 나서 어떤 것이 여러분이 목표에 도달하기에 가장 좋은 선택인지 고르세요.

다섯 번째 단계는 이전 단계들을 통해 확정한 결정을 실행하는 것입니다. 결정은 여러분이 그것을 실행에 옮길 때만 내려지므로, 그것을 실행할 것을 잊지 마세요. [51]어떤 사람들은 그들이 실제로 그것을 수행하기도 전에 결정을 내린 것에 만족감을 느끼고, 의사 결정 과정이 끝나기 전에 다른 것들로 정신이 산만해집니다.

마지막으로, 그것을 실행에 옮긴 후에, 여러분은 자신의 결정과 그 결과를 검토할 필요가 있습니다. 때로는 심지어 가장 심사숙고된 결정조차도 기대한 결과를 내지 못합니다. 만약 여러분의 결정이 여러분의 궁극적인 목표를 달성하는 데 있어 도움이 되지 않았다면, 여러분은 그것을 수정해야 할 수도 있습니다. 그렇지 않으면, 여러분은 이전 단계들을 반복하여 무엇이 잘못되었는지 찾아야 할 수도 있습니다. [52]게다가, 만약 여러분이 이 과정을 통해 원래의 목표가 비현실적이거나 달성 불가능한 것임을 발견한다면, 여러분은 타협해야 할 수도 있습니다.

오늘 와 주셔서 모두 감사합니다! 이 단계들을 따르시면, 여러분은 그 과정을 신뢰하기 시작할 것이고 매번 그것을 할 것입니다. 실천과 이 과정을 반복하는 것을 통해, 여러분은 더 나은 의사 결정자가 될 것입니다. 이것은 여러분이 선택에 직면했을 때 여러분에게 자신감을 부여할 것입니다. 그것은 또한 여러분의 인생 목표에 도달하는 데 있어 성공을 보장해 줄 것이며, 이는 여러분을 더 나은 인생 관리자로 만들어 줄 것입니다.

어휘 manageable 관리하기 쉬운   decision-making 의사 결정
think to oneself 혼자 생각하다   prior to ~ 전에
casually 무심코   formal 정식적인
step-by-step 단계적인, 점진적인   perspective 관점
effective 효과적인   positive 긍정적인   outcome 결과

classify 분류하다   determine 알아내다, 밝히다   specific 특정한
generic 일반적인   symptom 증상, 징후   represent 나타내다
establish 확립하다   principle 원칙   briefly 간략하게
define 정의하다   underestimate 과소평가하다   initial 초기의
sound 철저한   undertake 착수하다   conduct 실시하다
gather 수집하다   relevant 관련된   nonprofit 비영리의
reliable 믿을 만한   worthwhile 가치 있는
ask the advice of ~에게 조언을 구하다   rely on ~에 의존하다
independent 독자적인   unpleasant 마음에 들지 않는
on the surface 겉보기에는   ultimate 궁극적인
evaluate 평가하다   address 해결하다   eliminate 제거하다
implement 실행하다   settle 확정하다   previous 이전의
execute 실행하다   satisfied 만족하는   carry out 수행하다
distracted 정신이 산만해진   put into practice 실행에 옮기다
review 검토하다   thought-out 심사숙고된   attain 달성하다
revise 수정하다   alternatively 그렇지 않으면   repeat 반복하다
compromise 타협하다   unrealistic 비현실적인
confidence 자신감   face 직면하다   guarantee 보장하다

46 주제/목적   정답 (d)

문제 화자가 청중들에게 공유하고 있는 것은 무엇인가?

(a) 성공적인 경력을 쌓는 것
(b) 관리자에게 깊은 인상을 주는 방법
(c) 동료들과 잘 지내는 것
(d) 더 나은 결정을 내리는 방법

해설 담화의 주제를 묻는 문제이므로, 주제가 주로 언급되는 지문의 초반을 주의 깊게 듣습니다. 단서 [46]에서 화자가 청중들에게 그들이 어떻게 인생에서 더 긍정적인 결과를 가져올 보다 효과적인 결정을 내릴 수 있는지에 대해 알려준다고 했으므로, (d)가 정답입니다.

패러프레이징

make more effective decisions 보다 효과적인 결정을 내리다 → make better decisions 더 나은 결정을 내리다

어휘 build 쌓다   career 경력   impress ~에게 깊은 인상을 주다
get along with ~와 잘 지내다

47 특정세부사항   정답 (b)

문제 화자에 따르면, 일반적인 문제나 필요가 요구하는 것은 무엇인가?

(a) 선택의 수정
(b) 규칙의 확립
(c) 과정의 변경
(d) 증상의 치료

해설 질문의 키워드 a general problem이 a general one으로 패러프레이징 된 주변을 주의 깊게 듣습니다. 단서 [47]에서 화자가 일반적인 것은 규칙 또는 원칙을 확립하는 것을 요구하는 문제를 나타낸다고 했으므로, (b)가 정답입니다.

패러프레이징

establishing a rule 규칙을 확립하는 것
→ the establishment of a rule 규칙의 확립

어휘 revision 수정   alteration 변경   treatment 치료

48 Not True   정답 (b)

문제 관련 정보를 수집하는 방식으로 언급되지 않은 것은?

(a) 다른 사람들의 조언을 구하는 것
(b) 잡지 기사를 읽는 것
(c) 신뢰할 수 있는 웹 사이트를 방문하는 것
(d) 도서관에 가는 것

해설 질문의 키워드 related data에 관해 사실이 아닌 것을 묻는 문제이므로, 각 보기와 관련된 내용을 주의 깊게 들으며 언급되는 것을 하나씩 소거합니다. (b)는 지문에 언급되지 않은 내용이므로, (b)가 정답입니다.

오답 분석

(a) 단서 [48-a]에서 다른 사람들에게 조언을 구하는 것도 가치 있다고 했으므로 지문의 내용과 일치합니다.
(c) 단서 [48-c]에서 믿을 만한 자료를 보유한 대학 웹 사이트나 비영리 웹 사이트와 같이 신뢰할 수 있는 정보원을 사용하고 있는지를 확실히 하라고 했으므로 지문의 내용과 일치합니다.
(d) 단서 [48-d]에서 조사를 실시하고 관련 정보를 수집하는 것을 도서관이나 온라인에서 할 수 있다고 했으므로 지문의 내용과 일치합니다.

어휘 seek 구하다   article 기사, 글

49 특정세부사항   정답 (a)

문제 화자는 마음에 들지 않는 선택 사항들을 어떻게 묘사하는가?

(a) 인생의 훗날을 위해 어쩌면 더 나은 선택 사항들로
(b) 목록의 맨 아래에 있어야 하는 선택 사항들로
(c) 실행하기 가장 어려운 선택 사항들로
(d) 긍정적인 결과를 제공할 가능성이 가장 적은 선택 사항들로

해설 질문의 키워드 unpleasant options가 그대로 언급된 주변을 주의 깊게 듣습니다. 단서 [49]에서 화자가 마음에 들지 않는 선택 사항들이 겉보기에는 좋지 않아 보일 수도 있지만, 그것들이 청중들의 궁극적인 삶의 목표와 성공을 위해 더 나을 수도 있다고 했으므로, (a)가 정답입니다.

패러프레이징

better for your ultimate life goals and success 여러분의 궁극적인 삶의 목표와 성공을 위해 더 나은 → better options for later in life 인생의 훗날을 위해 더 나은 선택 사항들

어휘 describe 묘사하다   potentially 어쩌면   bottom 맨 아래

50 특정세부사항   정답 (b)

문제 순서 목록에 선택 사항들을 놓아야 하는 것은 언제인가?

(a) 최악의 것들을 제거하고 난 후
(b) 그것들 각각을 평가하고 난 후
(c) 그것들의 장단점을 고려하기 전
(d) 그것들에 대한 조사를 실시하기 전

해설 질문의 키워드 an ordered list가 그대로 언급된 주변을 주의 깊게 듣습니다. 단서 [50]에서 화자가 이미 정의한 문제나 필요를 해결하는지에 근거하여 각각의 대안을 평가한 다음, 목표와 가장 일치하는 것들이 목록의 맨 위에 오도록 그것들을 순서 목

록에 놓으라고 했으므로, (b)가 정답입니다.

to evaluate each alternative 각각의 대안을 평가하는 것
→ assessing each of them 그것들 각각을 평가하는 것

어휘 assess 평가하다   pros and cons 장단점

51 추론   정답 (b)

문제 다섯 번째 단계에서, 화자는 왜 결정을 수행하는 것을 강조하는 것 같은가?

(a) 그것이 과정의 마지막 단계이기 때문에
(b) 그것이 종종 사람들에게 간과되기 때문에
(c) 그것이 달성하기 가장 어려운 부분이기 때문에
(d) 그것이 다른 안내서들에는 언급되어 있지 않기 때문에

해설 질문의 키워드 carrying out the decision과 관련된 사실을 추론하는 문제이므로 이와 관련된 부분을 주의 깊게 듣습니다. 단서 [51]에서 화자가 어떤 사람들은 그들이 실제로 그것을 수행하기도 전에 결정을 내린 것에 만족감을 느끼고 의사 결정 과정이 끝나기 전에 다른 것들로 정신이 산만해진다고 했으므로, 화자가 결정을 수행하는 것을 강조하는 것은 그것이 종종 사람들에게 간과되기 때문임을 추론할 수 있습니다. 따라서 (b)가 정답입니다.

어휘 neglect 간과하다, 방치하다   achieve 달성하다, 성취하다

52 특정세부사항   정답 (c)

문제 원래의 목표가 비현실적임이 드러나는 경우 어떻게 대응해야 할 것인가?

(a) 몇몇 단계들을 반복함으로써
(b) 전문가와 상의함으로써
(c) 타협함으로써
(d) 결정을 포기함으로써

해설 질문의 키워드 unrealistic이 그대로 언급된 주변을 주의 깊게 듣습니다. 단서 [52]에서 화자가 만약 청중들이 의사 결정 과정을 통해 원래의 목표가 비현실적이거나 달성 불가능한 것임을 발견한다면 타협해야 할 수도 있다고 했으므로, (c)가 정답입니다.

compromise 타협하다
→ making concessions 타협함

어휘 respond 대응하다   consult 상의하다   expert 전문가
make a concession 타협하다   abandon 포기하다

독해 및 어휘

[Part 1: 53-59]

칼 에드워드 세이건

칼 에드워드 세이건은 20세기 후반에 유명해진 미국의 천문학자이자 우주학자이다. [53]그는 행성 연구와 외계 생명체의 가능성 조사에 대한 그의 기여로 가장 잘 알려져 있다. 세이건은 우주 연구 분야에서 상당한 발전을 이루었으며 과학계와 일반 대중 모두에게서 많은 존경을 받는다.

세이건은 1934년 11월 9일에 뉴욕의 브루클린에서 태어났다. 그의 아버지는 러시아에서 온 이민자였고 의류 산업에 종사했으며, 그의 어머니는 몹시 신앙심이 깊은 주부였다. 대다수의 미국인들처럼, 세이건 가족도 대공황 기간 동안 간신히 생계를 꾸려 나갔다. [54]그들은 또한 제2차 세계 대전의 참화를 겪었고 홀로코스트 기간 동안 유럽에 있는 그들의 유대인 친족들에 대해 자주 걱정했다.

선천적으로 탐구심이 많았던 세이건은 5살 때 그의 어머니가 그에게 도서관 카드를 주었을 때 공공 도서관에 자주 다니기 시작했다. 그는 별들에 마음을 사로잡혔고 그것들에 관한 책을 찾았다. [55]태양이 별이었고 다른 별들이 훨씬 더 멀리 있는 태양이었다는 것을 알아내면서, 우주에 대한 그의 관심은 깊어졌다.

세이건은 1939년 세계 박람회 방문으로 인해 한층 더 충격을 받았는데, 그곳에서 그는 과학 전시들을 봤고 타임캡슐을 땅에 묻는 것을 목격했다. 그것에는 1930년대의 물건들이 들어 있었고, 그것은 천 년 후인 미래에 인간들에 의해 열릴 예정이었다. 이러한 경험은 세이건의 공상 과학 작품에 대한 커지는 집착과 동시에 일어났고 더 나아가 그로 하여금 그가 선택한 진로를 따라가도록 고취시켰다.

1977년에, [56-b]세이건은 생물학, 심리학, 그리고 컴퓨터 과학의 관점들을 결합한 책인 『에덴의 용』을 출판했다. 그 작품에서, 세이건은 인간 지능의 기원을 추적하려고 했다. [56-a]그 책은 세이건에게 퓰리처상을 안겨 주었고 그에게 전국적인 관심을 주었다. [56-c]이러한 관심은 세이건이 텔레비전 시리즈 「우주: 개인의 항해」를 진행할 기회를 얻게 했다. 그 당시, 그것은 역사상 가장 많이 시청된 공중파 텔레비전 쇼였다.

세이건은 성인으로서의 삶 내내 NASA의 자문 위원으로 일했고 이 기관이 우주 탐사를 확대할 것을 촉구했다. 그는 또한 여러 대학에서 교수직을 맡기도 했다. [57]1968년에 하버드 대학에서 종신 재직권을 거부당한 것에 충격을 받아서 그는 코넬 대학으로 옮겼고, 그곳에서 그는 색다른 발상들을 탐구할 더 많은 자유를 부여받았다. 그는 사망할 때까지 그곳에서 행성 연구 실험실의 책임자로서의 역할을 다했다. 세이건은 1996년 12월에 시애틀에서 사망했다.

어휘 astronomer 천문학자   cosmologist 우주학자
contribution 기여, 이바지   planetary 행성의   inquiry 조사
extraterrestrial 외계의   significant 상당한   advance 발전
hold ~ in high esteem ~를 많이 존경하다   immigrant 이민자
garment 의류   deeply 몹시   religious 신앙심이 깊은
struggle 간신히 생계를 꾸려 나가다   ravage 참화, 피해
worry 걱정하다   kinfolk 친족
the Holocaust 홀로코스트(1930~40년대 나치에 의한 유대인 대학살)
inquisitive 탐구심이 많은   by nature 선천적으로
frequent 자주 다니다   fascinate 마음을 사로잡다
the universe 우주   deepen 깊어지다   impact 충격을 주다
exhibit 전시   witness 목격하다   burial 땅에 묻는 것, 매장
coincide with ~과 동시에 일어나다   obsession 집착
inspire 고취시키다   combine 결합하다   perspective 관점
biology 생물학   psychology 심리학   seek to ~하려고 하다
trace 추적하다, 찾아내다   origin 기원   intelligence 지능
attention 관심, 주목   host 진행하다   consultant 자문 위원
urge 촉구하다   agency 기관, 단체   expand 확대하다
exploration 탐사   deny 거부하다   tenure 종신 재직권
transfer 옮기다, 이동하다   freedom 자유
unconventional 색다른, 관습에 얽매이지 않는
serve ~의 역할을 다하다   director 책임자   laboratory 실험실

53 특정세부사항 정답 (b)

문제 칼 세이건은 무엇으로 가장 잘 알려져 있는가?

(a) 현대 우주론의 창시자인 것
(b) 행성 연구에 대한 기여자인 것
(c) 과학 및 대중문화의 유명 인사인 것
(d) 외계 생명체의 신봉자인 것

해설 질문의 키워드 best known for이 지문에서 그대로 언급되었으므로 그 주변에서 정답의 단서를 찾습니다. 단서 [53]에서 세이건이 행성 연구와 외계 생명체의 가능성 조사에 대한 그의 기여로 가장 잘 알려져 있다고 했으므로, (b)가 정답입니다.

패러프레이징

his contributions to planetary studies 행성 연구에 대한 그의 기여 → being a contributor to research on the planets 행성 연구에 대한 기여자인 것

어휘 founder 창시자 cosmology 우주론 contributor 기여자 celebrity 유명 인사 popular culture 대중문화

54 True 정답 (d)

문제 세이건 가족에 대해 사실인 것은?

(a) 그들은 1930년대 초에 뉴욕으로 이사했다.
(b) 그들은 대공황으로 인해 러시아를 떠났다.
(c) 그들은 성공적인 의류 공장을 소유했다.
(d) 그들은 전쟁 기간 동안 유럽에 친척들을 두고 있었다.

해설 질문의 키워드 Sagan family에 관해 사실인 것을 묻는 문제이므로, 각 보기와 관련된 내용을 지문에서 찾아 대조합니다. 단서 [54]에서 세이건 가족이 제2차 세계 대전의 참화를 겪었고 홀로코스트 기간 동안 유럽에 있는 그들의 유대인 친족들에 대해 자주 걱정했다고 했으므로, (d)가 정답입니다.

패러프레이징

their Jewish kinfolk in Europe 유럽에 있는 그들의 유대인 친척들 → relatives in Europe 유럽에 있는 친척들

어휘 own 소유하다 relative 친척

55 특정세부사항 정답 (c)

문제 무엇이 세이건의 우주에 대한 관심을 높였는가?

(a) 그가 학교 도서관을 오고 간 것
(b) 과학 전시에서의 그의 작품
(c) 별에 대해 새로 얻은 그의 지식
(d) 그의 어머니에 의한 격려

해설 질문의 키워드 interest가 지문에서 그대로 언급되었으므로 그 주변에서 정답의 단서를 찾습니다. 단서 [55]에서 태양이 별이었고 다른 별들이 훨씬 더 멀리 있는 태양이었다는 것을 알아내면서 우주에 대한 세이건의 관심이 깊어졌다고 했으므로, (c)가 정답입니다.

패러프레이징

Discovering that the sun ~ farther away 태양이 별이었고 다른 별들이 훨씬 더 멀리 있는 태양이었다는 것을 알아낸 것 → his newfound knowledge of stars 별에 대해 새로 얻은 그의 지식

어휘 heighten 높이다, 강화하다 trip 오고 감, 여행 work 작품, 업적 newfound 새로 얻은 encouragement 격려

56 Not True 정답 (d)

문제 『에덴의 용』에 대해 사실이 아닌 것은?

(a) 그것은 세이건에게 상이라는 결과를 낳았다.
(b) 그것은 여러 학문 상호 간의 관점을 가지고 있었다.
(c) 그것은 세이건에게 TV의 기회를 가져다주었다.
(d) 그것은 1977년의 베스트셀러 목록에 올랐다.

해설 질문의 키워드 The Dragons of Eden에 관해 사실이 아닌 것을 묻는 문제이므로, 각 보기와 관련된 내용을 지문에서 찾아 대조합니다. (d)는 지문에 언급되지 않은 내용이므로, (d)가 정답입니다.

오답 분석
(a) 단서 [56-a]에서 『에덴의 용』이 세이건에게 퓰리처상을 안겨 주었다고 했으므로 지문의 내용과 일치합니다.
(b) 단서 [56-b]에서 세이건이 생물학, 심리학, 그리고 컴퓨터 과학의 관점들을 결합한 책인 『에덴의 용』을 출판했다고 했으므로 지문의 내용과 일치합니다.
(c) 단서 [56-c]에서 『에덴의 용』에 대한 전국적인 관심은 세이건이 텔레비전 시리즈 「우주: 개인의 항해」를 진행할 기회를 얻게 했다고 했으므로 지문의 내용과 일치합니다.

어휘 interdisciplinary 여러 학문 상호 간의 point of view 관점

57 추론 정답 (b)

문제 기사에 따르면, 세이건이 마지막에는 코넬 대학에 간 이유는 무엇이겠는가?

(a) 그는 실험실 환경에서 일하는 것을 선호했다.
(b) 그는 하버드의 결정에 기분이 상했다.
(c) 그는 코넬 교수진에게 깊은 인상을 받았다.
(d) 그는 하버드에서보다 더 높은 봉급을 받았다.

해설 질문의 키워드 Cornell University와 관련된 사실을 추론하는 문제이므로 이와 관련된 부분에서 정답의 단서를 찾습니다. 단서 [57]에서 1968년에 하버드 대학에서 종신 재직권을 거부당한 것에 충격을 받아서 세이건이 코넬 대학으로 옮겼다고 했으므로, 세이건이 하버드의 결정에 기분이 상해서 마지막에는 코넬 대학에 갔음을 추론할 수 있습니다. 따라서 (b)가 정답입니다.

어휘 end up 마지막에는 ~에 가다, ~으로 결말을 짓다 prefer 선호하다 offend 기분을 상하게 하다 decision 결정 impress 깊은 인상을 주다 faculty (대학의) 교수진 salary 봉급

58 어휘 정답 (b)

문제 지문의 문맥에서, 'inspired'는 -을 의미한다.

(a) 방해했다
(b) 부추겼다
(c) 억압했다
(d) 막았다

해설 4단락의 inspired가 포함된 문장 'These experiences ~ and further inspired him to go down the career path he chose.'는 세계 박람회 방문에서의 경험이 세이건의 공상 과학 작품에 대한 커지는 집착과 동시에 일어났고 더 나아가 그로 하여금 그가 선택한 진로를 따라가도록 고취시켰다는 뜻이므로, inspired가 '고취시켰다'라는 의미로 사용된 것을 알 수 있습니다. 따라서 '부추겼다'라는 비슷한 의미를 가진 (b) encouraged가 정답입니다.

어휘   impede 방해하다, 지연시키다   encourage 부추기다, 권장하다
      suppress 억압하다, 억제하다   prohibit 막다, 금지하다

59 어휘   정답 (c)

문제   지문의 문맥에서, 'trace'는 ―을 의미한다.

  (a) 복사하다
  (b) 기록하다
  (c) 추적하다
  (d) 보장하다

해설   5단락의 trace가 포함된 문장 'In the work, Sagan sought to trace the origins of human intelligence.'는 그 작품에서 세이건은 인간 지능의 기원을 추적하려고 했다는 뜻이므로, trace가 '추적하다'라는 의미로 사용된 것을 알 수 있습니다. 따라서 '추적하다'라는 같은 의미를 가진 (c) follow가 정답입니다.

어휘   follow 추적하다, 따라가다   ensure 보장하다, 반드시 ~하게 하다

[Part 2: 60-66]

> **[60]연구원들은 비디오 게임 플레이와 행복 사이의 연관성을 주장한다**
>
> 「영국 왕립 오픈 사이언스」 학술지는 2021년 2월에 저자들이 비디오 게임을 하는 것과 행복 사이의 긍정적인 상관관계를 발견했다고 주장하는 연구 논문을 게재했다. 이것은 비디오 게임을 하는 것의 잠재적인 이점이 향상된 정신 건강이라는 것을 시사한다.
>
> 이 연구에서, 연구원들은 「식물 대 좀비: 네이버빌의 대난투」와 「모여봐요 동물의 숲」의 두 가지 게임의 플레이어들을 조사했다. 그들은 플레이어들의 행복, 게임을 하는 것의 동기, 그리고 게임에 대한 만족 수준을 질문했다. [61]그들은 그런 다음 그 응답들을 플레이 시간 동안 수집된 실제 데이터와 병합했다. 후자의 경우, 그들은 비디오 게임 제작사들과 협업했는데, 이들은 게이머들이 언제 그리고 얼마나 오랫동안 게임을 했는지를 추적했다.
>
> 3,200명 이상의 게이머들이 조사에 참여했고, 그들은 모두 18세 이상이었다. 게이머들은 그들의 여가 시간에 비디오 게임을 하며 2주를 보냈고 그 후에 그들이 어떻게 느꼈는지에 대해 생각해보라는 요청을 받았다. 구체적으로 말하면, [62]그들은 각각 6개의 긍정적인 감정과 부정적인 감정을 얼마나 자주 느꼈는지 보고하라는 요청을 받았다. 빈도는 숫자 체계로 표시되었으며, 1은 '매우 드물거나 한 번도 없음'이었고 7은 '매우 잦거나 항상'이었다.
>
> 잠재적인 오류를 피하기 위해, 연구원들은 일부 응답자들을 배제했다. [63]예를 들어, 그들은 게이머들이 긍정적인 경험과 부정적인 경험 모두에 대해 같은 답변으로 응답한 결과들을 삭제했다. 나머지 응답자들로, 그들은 긍정적인 응답과 부정적인 응답의 평균을 식별했다. 평균 긍정 점수에서 평균 부정 점수를 뺌으로써, 연구원들은 순 긍정 점수가 있다는 것을 알아냈는데, 그들은 이것이 행복의 소폭 상승이라고 인식했다.

이 연구는 비디오 게임이 긍정적인 정신 건강을 만들어 낼 수 있다는 것을 보여주는 몇몇 다른 연구들과 일치한다. 이것은 비디오 게임을 하는 것이 중독과 우울증으로 이어진다는 널리 퍼져 있는 믿음과는 대조적이다. 하지만, 연구원들은 오직 두 가지의 비디오 게임만을 사용하는 것은 아주 작은 표본에 해당한다는 것을 인정한다. 게다가, [64]참여자들을 고르기 위해 게임 제작사들을 거치는 동안에, 그들은 부정적인 응답을 얻을 가능성을 축소시켰다.

이전의 연구들은 온라인 게임방과 토론장을 이용했는데, 이곳들에서는 게임 중독과 같은 문제들이 더 심각할 가능성이 있다. 따라서, 비디오 게임이 정신 건강에 미치는 영향은 여전히 논의의 대상으로 남아 있다. 그럼에도 불구하고, 세계보건기구는 게임 장애를 국제 질병분류에 포함시켰다.

어휘   claim 주장하다   connection 연관성   well-being 행복
      journal 학술지, 저널   publish 게재하다   author 저자, 필자
      correlation 상관관계   potential 잠재적인   improve 향상시키다
      mental 정신의   survey 조사하다   motivation 동기
      level 수준   satisfaction 만족   merge 병합하다
      collect 수집하다   the latter 후자   collaborate 협업하다
      manufacturer 제작사   track 추적하다
      participate in ~에 참여하다   leisure 여가 시간
      afterwards 그 후에   specifically 구체적으로 말하면
      report 보고하다   positive 긍정적인   negative 부정적인
      emotion 감정   frequency 빈도   indicate 표시하다, 보여주다
      numerical 숫자의   rarely 드물게   eliminate 배제하다, 제거하다
      respondent 응답자   remove 삭제하다, 배제하다
      identify 식별하다, 확인하다   mean 평균   subtract (수·양을) 빼다
      net 순   recognize 인식하다, 인정하다   consistent 일치하는
      addiction 중독   depression 우울증   admit 인정하다
      represent ~에 해당하다   tiny 아주 작은   sample 표본
      go through ~을 거치다   participant 참여자   previous 이전의
      debate 논의   disorder 장애   classification 분류

60 주제/목적   정답 (a)

문제   기사는 주로 무엇에 관한 것인가?

  (a) 비디오 게임과 정신 건강 사이의 관계
  (b) 더 나은 비디오 게임 플레이어가 되는 방법
  (c) 두 종류의 새롭고 인기 있는 비디오 게임
  (d) 비디오 게임을 과도하게 하는 것의 문제점

해설   지문의 주제를 묻는 문제이므로, 주제가 주로 언급되는 제목과 첫 단락을 주의 깊게 읽습니다. 단서 [60]에서 연구원들은 비디오 게임 플레이와 행복 사이의 연관성을 주장한다고 했으므로, (a)가 정답입니다.

> 패러프레이징
>
> A CONNECTION BETWEEN VIDEO GAME PLAY AND WELL-BEING 비디오 게임 플레이와 행복 사이의 연관성 → the link between video games and mental health 비디오 게임과 정신 건강 사이의 관계

어휘   link 관계   excessively 과도하게

61 특정세부사항   정답 (d)

문제   연구원들은 플레이 시간 동안의 실제 데이터를 어떻게 수집했는가?

  (a) 실험실 환경에서 게이머들을 관찰함으로써

(b) 게이머들에게 플레이 시간을 기록해 두도록 요구함으로써

(c) 비디오 게임의 규칙적인 스크린 숏을 찍음으로써

(d) 비디오 게임 회사들과 협력함으로써

해설 질문의 키워드 real data가 지문에서 그대로 언급되었으므로 그 주변에서 정답의 단서를 찾습니다. 단서 [61]에서 연구원들은 응답들을 플레이 시간 동안 수집된 실제 데이터와 병합했는데, 후자의 경우 비디오 게임 제작사들과 협업했다고 했으므로, (d)가 정답입니다.

> **패러프레이징**
> collaborated with video game manufacturers 비디오 게임 제작사들과 협업했다 → cooperating with video game companies 비디오 게임 회사들과 협력함

어휘 gather 수집하다   observe 관찰하다   log 기록해 두다
regular 규칙적인   cooperate 협력하다

62 특정세부사항   정답 (c)

문제 게이머들은 그들이 얼마나 자주 긍정적인 혹은 부정적인 감정을 느끼는지를 보여주기 위해 무엇을 했는가?

(a) 그들은 일련의 이모티콘을 첨부했다.

(b) 그들은 온라인 토론장에 글을 올렸다.

(c) 그들은 숫자 체계를 사용했다.

(d) 그들은 연구원들에게 문자 메시지를 보냈다.

해설 질문의 키워드 positive or negative feelings가 지문에서 positive and negative emotions로 패러프레이징 되었으므로 그 주변에서 정답의 단서를 찾습니다. 단서 [62]에서 조사에 참여한 게이머들은 각각 6개의 긍정적인 감정과 부정적인 감정을 얼마나 자주 느꼈는지 보고하라는 요청을 받았는데, 그 빈도는 숫자 체계로 표시되었다고 했으므로, (c)가 정답입니다.

> **패러프레이징**
> a numerical system 숫자 체계
> → a system of numbers 숫자 체계

어휘 attach 첨부하다   post (웹 사이트에 글·사진 등을) 올리다, 게시하다

63 특정세부사항   정답 (b)

문제 연구원들이 일부 참여자들을 데이터에서 배제한 이유는 무엇인가?

(a) 그들은 모든 질문에 답하지 못했다.

(b) 그들은 모든 응답에서 같은 답변을 사용했다.

(c) 그들은 연구의 마지막까지 참여하지 않았다.

(d) 그들은 비디오 게임을 충분히 자주 하지 않았다.

해설 질문의 키워드 removed some participants가 지문에서 eliminated some respondents로 패러프레이징 되었으므로 그 주변에서 정답의 단서를 찾습니다. 단서 [63]에서 연구원들은 게이머들이 긍정적인 경험과 부정적인 경험 모두에 대해 같은 답변으로 응답한 결과들을 삭제했다고 했으므로, (b)가 정답입니다.

> **패러프레이징**
> responded ~ with the same answer 같은 답변으로 응답했다 → used the same answer in all responses 모든 응답에서 같은 답변을 사용했다

어휘 fail to ~하지 못하다   frequently 자주

64 추론   정답 (a)

문제 기사에 따르면, 연구의 문제점은 무엇이겠는가?

(a) 참여자의 선정이 부정적인 답변을 제한했다.

(b) 일부 참여자들이 허위 정보를 주었다.

(c) 결론을 뒷받침할 다른 연구가 없다.

(d) 조사에 참여한 사람이 거의 없었다.

해설 질문의 키워드 the drawback of the study와 관련된 사실을 추론하는 문제이므로 이와 관련된 부분에서 정답의 단서를 찾습니다. 단서 [64]에서 참여자들을 고르기 위해 게임 제작사들을 거치는 동안에 연구원들은 부정적인 응답을 얻을 가능성을 축소시켰다고 했으므로, 참여자의 선정이 부정적인 답변을 제한한 것이 연구의 문제점임을 추론할 수 있습니다. 따라서 (a)가 정답입니다.

> **패러프레이징**
> reduced the chance of getting negative responses 부정적인 응답을 얻을 가능성을 축소시켰다 → limited negative answers 부정적인 답변을 제한했다

어휘 drawback 문제점   selection 선정   limit 제한하다
false 허위의, 가짜의   support 뒷받침하다   conclusion 결론

65 어휘   정답 (b)

문제 지문의 문맥에서, 'recognized'는 -을 의미한다.

(a) 부인했다

(b) 확인했다

(c) 오해했다

(d) 박수를 쳤다

해설 4단락의 recognized가 포함된 문장 'the researchers discovered there was a net positive, which they recognized as a small increase in well-being'은 연구원들은 순 긍정 점수가 있다는 것을 알아냈는데, 그들은 이것이 행복의 소폭 상승이라고 인식했다는 뜻이므로, recognized가 '인식했다'라는 의미로 사용된 것을 알 수 있습니다. 따라서 '확인했다'라는 비슷한 의미를 가진 (b) identified가 정답입니다.

어휘 deny 부인하다, 거부하다   identify 확인하다, 식별하다

66 어휘   정답 (a)

문제 지문의 문맥에서, 'consistent'는 -을 의미한다.

(a) 의견이 일치하는

(b) 영구적인

(c) 믿을 수 있는

(d) 동일한

해설 5단락의 consistent가 포함된 문장 'The study is consistent with some other studies'는 이 연구가 몇몇 다른 연구들과 일치한다는 뜻이므로, consistent가 '일치하는'이라는 의미로 사용된 것을 알 수 있습니다. 따라서 '의견이 일치하는'이라는 비슷한 의미를 가진 (a) agreeing이 정답입니다.

(d) '의견이 일치하는' 외에 '동일한'이라는 의미를 가진 **equal**은 주로 수나 양이 동일하다는 의미로 쓰이므로 문맥에 어울리지 않아 오답입니다.

어휘   agreeing 의견이 일치하는, 동의하는   equal 동일한, 같은

[Part 3: 67-73]

공작

공작은 꿩 과에 속하는 밝은색을 한 새이다. [67]그들의 이름은 새의 라틴어 이름인, 'pavo'에 해당하는 고대 영어 'pea'에서 유래한다. 엄밀히 말하면, 수컷만 공작이라고 불리고 암컷은 암공작이라고 불린다. 가장 유명한 두 종은 인도와 스리랑카의 청공작과 동남아시아의 초록공작이다.

청공작과 초록공작의 경우, 수컷은 120센티미터까지 자라며 장식용 깃털 정수리와 150센티미터 길이의 꽁지깃 자락을 특징으로 한다. 이 꽁지 자락은 주로 가늘고 길며 금속성의 녹색 덮개로 구성되어 있는데, 이것은 다른 깃털들을 덮는 깃털이다. 보통 꽁지 자락은 새 뒤쪽으로 접힌 채 달려 있지만, [68]구애 동안에는 공작이 꽁지 자락 아래에서 꽁지를 들어 올려 거대하고 다채로운 과시 행위로 그것을 바깥쪽으로 부채꼴로 펴지게 한다. 이 과시 행위의 마지막에는 부채형 날개가 빠르게 진동하게 되어, 그것이 바스락거리고 빛이 어른거리게 한다.

청공작의 몸통에서, 깃털은 주로 금속성의 청록색이다. 초록공작의 경우, 그것들은 초록색과 청동색이다. [69-c]보통 크기가 더 작은 암공작은 [69-b]주로 갈색 깃털과 [69-a]더 짧은 꽁지 자락을 가지고 있다. 청공작과 초록공작 모두 탁 트인 저지대 숲에서 사는 것을 선호하며, 낮에는 떼를 짓고 밤에는 나무에서 쉰다. 가끔, 공작은 몸 전체를 밝은 흰색으로 만드는 희귀한 유전적 변이가 생기기도 한다.

그들의 인상적인 몸가짐 때문에, 공작은 장식용 새로서 귀중히 여겨지며 옛날부터 세계의 많은 동물원과 정원에서 발견되어 왔다. 청공작은 비록 따뜻한 기후가 원산지이지만, 많은 동물원들이 위치한 추운 북쪽 지역에서 생존할 수 있다. 초록공작은 추위에 대한 내성이 더 적으며 또한 [70]공격적인 본성으로 인해 갇혀 있는 다른 새들로부터 멀리 있어야 한다.

보존 관점에서 보면, 청공작은 가장 우려가 적은 종으로 분류되는 반면 초록공작은 멸종 위기에 처해 있다. [71]초록공작의 개체 수는 과도한 사냥과 자연 서식지의 파괴로 인해 20세기 후반에 급격히 감소했다. 성체는 2만 마리도 안 되게 남아 있다.

어휘   peacock 공작   brightly colored 밝은색을 한
belong to ~에 속하다   pheasant 꿩
derive from ~에서 유래하다   strictly speaking 엄밀히 말하면
male 수컷   female 암컷   peahen 암공작
feature ~을 특징으로 하다   decorative 장식용의   crown 정수리
feather 깃털   train (공작의 꽁지) 자락   tail feather 꽁지깃
be composed of ~으로 구성되다   elongated 가늘고 긴
metallic 금속성의   covert 덮개   cover 덮다   hang 달려 있다
courtship 구애   lift 들어 올리다   fan 부채꼴로 펴지다; 부채형 날개
outward 바깥쪽으로   huge 거대한   multicolored 다채로운
display (새 등의 구애·위협 등을 위한) 과시 행위
vibrate 진동하다; 진동시키다   rapidly 빠르게
rustle 바스락거리다   shimmer 어른거리다   bronze 청동색의
typically 보통, 일반적으로   lowland 저지대   flock 떼를 짓다
roost (새가) 쉬다, 앉다   occasionally 가끔, 때때로   rare 희귀한
genetic 유전적인   mutation 변이   render 만들다

brilliant 밝은   impressive 인상적인   bearing 몸가짐, 태도
value 귀중히 여기다   ornamental 장식용의
survive 생존하다, 살아남다   tolerant 내성이 있는   fowl 새
in captivity (새장 등에) 갇혀 있는   aggressive 공격적인
nature 본성   conservation 보존   standpoint 관점
classify 분류하다   endangered 멸종 위기에 처한
population 개체 수   decline 감소하다   dramatically 급격히
excessive 과도한   destruction 파괴   habitat 서식지
adult (동식물의) 성체, 다 자란 동물   remain 남다

---

67   특정세부사항   정답 (c)

문제   공작은 어디서 그것의 이름을 얻었는가?

(a) 그것의 완두콩 같은 천연색으로부터
(b) '수컷 새'에 해당하는 인도 단어로부터
(c) 라틴어의 어원으로부터
(d) 그것의 지리적 근원으로부터

해설   질문의 키워드 **name**이 지문에서 그대로 언급되었으므로 그 주변에서 정답의 단서를 찾습니다. 단서 [67]에서 공작의 이름은 새의 라틴어 이름인 'pavo'에 해당하는 고대 영어 'pea'에서 유래한다고 했으므로, (c)가 정답입니다.

어휘   pea 완두콩   coloration 천연색   derivation 어원
geographic 지리적인   origin 근원, 유래

---

68   추론   정답 (c)

문제   공작이 왜 그것의 꽁지 자락을 진동시키는 것 같은가?

(a) 위험의 존재를 알리기 위해
(b) 먼지와 곤충을 스스로 제거하기 위해
(c) 암컷의 주의를 환기하기 위해
(d) 몸통을 빠르게 식히기 위해

해설   질문의 키워드 **vibrate its train**과 관련된 사실을 추론하는 문제이므로 이와 관련된 부분에서 정답의 단서를 찾습니다. 단서 [68]에서 구애 동안에는 공작이 꽁지 자락 아래에서 꽁지를 들어 올려 거대하고 다채로운 과시 행위로 그것을 바깥쪽으로 부채꼴로 펴지게 하는데, 이 과시 행위의 마지막에는 부채형 날개가 빠르게 진동하게 된다고 했으므로, 공작이 암컷의 주의를 환기하기 위해 꽁지 자락을 진동시키는 것임을 추론할 수 있습니다. 따라서 (c)가 정답입니다.

어휘   signal 알리다, 신호를 보내다   presence 존재   danger 위험
rid 제거하다, 없애다   dirt 먼지   insect 곤충
call the attention 주의를 환기하다   cool down 식히다

---

69   Not True   정답 (d)

문제   암공작의 특징이 아닌 것은?

(a) 짧은 꽁지 자락
(b) 더 칙칙한 깃털
(c) 작은 몸통
(d) 흰 부채형 날개

해설   질문의 키워드 **peahens**에 관해 사실이 아닌 것을 묻는 문제이므로, 각 보기와 관련된 내용을 지문에서 찾아 대조합니다. (d)는 지문에 언급되지 않은 내용이므로, (d)가 정답입니다.

패러프레이징
brown feathers 갈색 깃털 → duller feathers 더 칙칙한 깃털

오답 분석
(a) 단서 [69-a]에서 암공작이 주로 더 짧은 꽁지 자락을 가지고 있다고 했으므로 지문의 내용과 일치합니다.
(b) 단서 [69-b]에서 암공작이 주로 갈색 깃털을 가지고 있다고 했으므로 지문의 내용과 일치합니다.
(c) 단서 [69-c]에서 암공작이 보통 크기가 더 작다고 했으므로 지문의 내용과 일치합니다.

어휘 dull (색 등이) 칙칙한, 어두운

70 특정세부사항   정답 (c)

문제 초록공작이 갇혀 있는 것을 어렵게 만드는 것은 무엇인가?

(a) 그들의 열에 대한 낮은 내성
(b) 그들의 보존 상태
(c) 그들의 다른 새들을 향한 적대감
(d) 그들의 과도한 소음 생성

해설 질문의 키워드 in captivity가 지문에서 그대로 언급되었으므로 그 주변에서 정답의 단서를 찾습니다. 단서 [70]에서 초록공작은 공격적인 본성으로 인해 갇혀 있는 다른 새들로부터 멀리 있어야 한다고 했으므로, (c)가 정답입니다.

패러프레이징
aggressive nature 공격적인 본성
→ hostility toward other birds 다른 새들을 향한 적대감

어휘 tolerance 내성   status 상태, 상황   hostility 적대감

71 특정세부사항   정답 (b)

문제 초록공작은 왜 멸종 위기에 처해 있는가?

(a) 그들은 다른 동물들에게 쉬운 먹잇감이다.
(b) 그들은 서식할 곳이 더 적다.
(c) 그들은 동물원들에 매우 인기가 있다.
(d) 그들은 다른 품종들보다 적응력이 덜하다.

해설 질문의 키워드 endangered가 지문에서 그대로 언급되었으므로 그 주변에서 정답의 단서를 찾습니다. 단서 [71]에서 초록공작의 개체 수가 과도한 사냥과 자연 서식지의 파괴로 인해 20세기 후반에 급격히 감소했다고 했으므로, (b)가 정답입니다.

패러프레이징
the destruction of its natural habitat 자연 서식지의 파괴
→ have fewer places to inhabit 서식할 곳이 더 적다

어휘 prey 먹잇감   inhabit 서식하다, 살다
highly sought after 매우 인기가 있는   adaptable 적응력이 있는
variety 품종

72 어휘   정답 (d)

문제 지문의 문맥에서, 'rare'는 –을 의미한다.

(a) 일반적인
(b) 독점적인
(c) 매력적인
(d) 드문

해설 3단락의 rare가 포함된 문장 'peacocks develop a rare genetic mutation that renders their entire bodies a brilliant white'는 공작은 몸 전체를 밝은 흰색으로 만드는 희귀한 유전적 변이가 생기기도 한다는 뜻이므로, rare가 '희귀한'이라는 의미로 사용된 것을 알 수 있습니다. 따라서 '드문'이라는 비슷한 의미를 가진 (d) uncommon이 정답입니다.

어휘 standard 일반적인, 보통의   exclusive 독점적인, 전용의
attractive 매력적인, 마음을 끄는   uncommon 드문, 흔하지 않은

73 어휘   정답 (b)

문제 지문의 문맥에서, 'valued'는 –을 의미한다.

(a) 사용되다
(b) 소중히 여겨지다
(c) 무시되다
(d) 존중되다

해설 4단락의 valued가 포함된 문장 'peacocks are valued as ornamental birds ~ since olden times'는 공작은 장식용 새로서 귀중히 여겨지며 옛날부터 세계의 많은 동물원과 정원에서 발견되어 왔다는 뜻이므로, valued가 '귀중히 여겨지다'라는 의미로 사용된 것을 알 수 있습니다. 따라서 '소중히 여겨지다'라는 비슷한 의미를 가진 (b) prized가 정답입니다.

오답 분석
(d) '귀중히 여겨지다' 외에 '존중되다'라는 의미를 가진 honored는 주로 인물이 매우 존경받는다는 의미로 쓰이므로 문맥에 어울리지 않아 오답입니다.

어휘 prize 소중히 여기다; 상   honor 존중하다, 공경하다

[Part 4: 74-80]

2월 20일

Ms. Corrine Silver
Silver Sports Management 사 회장
북서 29번가 401번지
플로리다 주 마이애미 33127

Ms. Silver께,

AVN Global Marketing 사를 대표하여, [74]귀하가 올해 5월 26일부터 28일까지 플로리다 주 마이애미에서 열리는 당사의 연례 경영진 정상 회담에 초청 연사로서 참여해 주실 것을 정중히 요청하고 싶습니다.

행사는 3일간의 학습과 성찰을 위해 전 세계에서 온 AVN의 최고 경영진들을 모읍니다. 이것은 워크숍 및 다양한 다른 활동들과 함께 하루 2회에서 4회의 강연으로 구성되며, [75]마지막 날에 모든 초청 연사들이 초대되는 저녁 연회로 마무리됩니다. 이 행사는 당사의 경영진들에게 그들의 목표를 조정하고, 문제에 대한 해결책을 개발하며, 당사 조직 전반에서 협업을 촉진할 기회를 제공합니다.

저희의 특별 연사들 중 한 분으로서 당사와 함께해주신다면 영광일 것입니다. [76]선수권 대회 팀의 주장이자 성공적인 사업 소유주로서의 귀하의 이전 경험은 귀하를 집중적이고 효과적인 리더십의 좋은 귀감으로 만듭니다. 저는 당사의 경영진들이 귀하의 강연에서 배울 것이 많으리라고 확신합니다.

귀하가 논의하고 싶을 수도 있는 다른 조건들을 제외하고, 당사의 기본 계약에는 연사 사례금, 여행 경비, 그리고 전적인 물류 지원이 포함됩니다. [77]당사는 또한 오직 내부용으로만 강연을 영상으로 녹화할 수 있도록 귀하의 허락을 구합니다. [78]당사는 어떤 한 시간대가 귀하에게 가장 적합할지 결정하는 것을 귀하에게 맡깁니다.

마지막으로, 저는 귀하가 바쁜 일정에 이 업무를 넣을 수 있기를 희망합니다. 추가 문의 사항이 있으시면, 언제든지 555-2039로 전화 주십시오.

진심을 담아,

Ronald Gilmore
행사 주최자
AVN Global Marketing 사

어휘 **on behalf of** ~을 대표하여　**invite** (정중히) 요청하다, 초대하다
participate 참여하다　**annual** 연례의　**executive** 경영진
summit 정상 회담　**gather** 모으다　**reflection** 성찰
consist of ~으로 구성되다　**talk** 강연　**banquet** 연회
align ~을 조정하다　**promote** 촉진하다, 홍보하다
collaboration 협업　**organization** 조직　**privilege** 영광, 특전
featured 특별한　**previous** 이전의　**captain** 주장
championship 선수권 대회　**owner** 소유주　**model** 귀감, 모범
focused 집중적인　**effective** 효과적인　**positive** 확신하는
barring ~을 제외하고　**term** (계약 등의) 조건　**agreement** 계약
expense 경비, 비용　**complete** 전적인, 완전한
logistical 물류의　**assistance** 지원　**seek** 구하다, 청하다
permission 허락, 허가　**record** 녹화하다, 녹음하다　**solely** 오직
internal 내부의　**leave it up to** ~에게 맡기다
time slot 시간대　**engagement** 업무, 약속　**further** 추가의
inquiry 문의 사항, 질문

74　주제/목적　　　　　　정답 (b)

문제 Ronald Gilmore는 왜 Corrine Silver에게 편지를 썼는가?

(a) 그가 새로운 회사 서비스를 홍보하고 있기 때문에
(b) 그가 그녀에게 행사에서 연설해달라고 부탁하고 싶기 때문에
(c) 그가 계획의 세부 사항을 확인해야 하기 때문에
(d) 그가 기사를 위해 그녀를 인터뷰하는 데 관심이 있기 때문에

해설 편지의 목적을 묻는 문제이므로, 목적이 주로 언급되는 첫 단락을 주의 깊게 읽습니다. 단서 [74]에서 Ms. Silver가 올해 5월 26일부터 28일까지 플로리다 주 마이애미에서 열리는 회사의 연례 경영진 정상 회담에 초청 연사로서 참여해 줄 것을 정중히 요청하고 싶다고 했으므로, (b)가 정답입니다.

　　　패러프레이징
participate as a guest speaker 초청 연사로서 참여하다
→ **speak at an event** 행사에서 연설하다

어휘 **confirm** 확인하다　**detail** 세부 사항　**article** 기사, 글

75　특정세부사항　　　　　정답 (c)

문제 경영진 정상 회담의 말미에 무엇이 계획되었는가?

(a) 문제 해결 훈련
(b) 사인회 시간
(c) 마무리 만찬 기념행사

(d) 독점적인 사진 기회

해설 질문의 키워드 the end가 지문에서 the last day로 패러프 레이징 되었으므로 그 주변에서 정답의 단서를 찾습니다. 단서 [75]에서 마지막 날에 모든 초청 연사들이 초대되는 저녁 연회로 행사가 마무리된다고 했으므로, (c)가 정답입니다.

　　　패러프레이징
a banquet dinner on the last day 마지막 날의 저녁 연회
→ **a closing dinner celebration** 마무리 만찬 기념행사

어휘 **autograph** 사인, 서명　**session** 시간　**closing** 마무리의, 폐회의
dinner 만찬　**exclusive** 독점적인

76　추론　　　　　　　　　정답 (b)

문제 AVN의 경영진들이 Ms. Silver에게서 배울 것은 무엇이겠는가?

(a) 갈등을 처리하는 방법
(b) 팀 사람들을 이끄는 방법
(c) 새로운 기량을 개발하는 방법
(d) 발표를 하는 방법

해설 질문의 키워드 learn from과 관련된 사실을 추론하는 문제이므로 이와 관련된 부분에서 정답의 단서를 찾습니다. 단서 [76]에서 선수권 대회 팀의 주장이자 성공적인 사업 소유주로서의 Ms. Silver의 이전 경험이 그녀를 집중적이고 효과적인 리더십의 좋은 귀감으로 만든다고 했으므로, AVN의 경영진들이 그녀에게서 팀 사람들을 이끄는 방법을 배울 것임을 추론할 수 있습니다. 따라서 (b)가 정답입니다.

　　　패러프레이징
leadership 리더십
→ **how to lead teams of people** 팀 사람들을 이끄는 방법

어휘 **manage** 처리하다　**conflict** 갈등　**presentation** 발표

77　추론　　　　　　　　　정답 (c)

문제 AVN은 영상을 가지고 무엇을 할 것 같은가?

(a) 그것을 소셜 미디어에 게시한다
(b) 그것을 다큐멘터리 영화에 포함한다
(c) 그것을 자사 직원들에게 보여준다
(d) 그것을 행사에서 생중계로 방송한다

해설 질문의 키워드 the video와 관련된 사실을 추론하는 문제이므로 이와 관련된 부분에서 정답의 단서를 찾습니다. 단서 [77]에서 오직 내부용으로만 강연을 영상으로 녹화할 수 있도록 Ms. Silver의 허락을 구한다고 했으므로, AVN이 영상을 자사 직원들에게 보여줄 것임을 추론할 수 있습니다. 따라서 (c)가 정답입니다.

어휘 **post** (글·사진 등을) 게시하다, 올리다　**broadcast** 방송하다
live 생중계로

78　특정세부사항　　　　　정답 (c)

문제 Gilmore에 따르면, AVN이 Ms. Silver를 위해 기꺼이 할 일은 무엇인가?

(a) 그녀의 행사 참여를 공표한다
(b) 그녀에게 호텔에서의 3박을 예약해준다

(c) 그녀가 일정을 확정하도록 해준다

(d) 스포츠팀에 기부금을 낸다

해설 질문의 키워드 willing to do for Ms. Silver가 지문에서 leave it up to you로 패러프레이징 되었으므로 그 주변에서 정답의 단서를 찾습니다. 단서 [78]에서 AVN이 어떤 한 시간대가 Ms. Silver에게 가장 적합할지 결정하는 것을 그녀에게 맡긴다고 했으므로, (c)가 정답입니다.

> **패러프레이징**
>
> decide which one-hour time slot works best 어떤 한 시간대가 가장 적합할지 결정하다 → determine ~ schedule 일정을 확정하다

어휘 be willing to 기꺼이 ~하다   publicize 공표하다   book 예약하다
determine 확정하다   make a contribution to ~에 기부금을 내다

---

79 어휘   정답 (d)

문제 지문의 문맥에서, 'gathers'는 -을 의미한다.

(a) 분배하다

(b) 배정하다

(c) 열거하다

(d) 모으다

해설 2단락의 gathers가 포함된 문장 'The event gathers AVN's top executives ~ learning and reflection.'은 행사는 3일간의 학습과 성찰을 위해 전 세계에서 온 AVN의 최고 경영진들을 모은다는 뜻이므로, gathers가 '모으다'라는 의미로 사용된 것을 알 수 있습니다. 따라서 '모으다'라는 같은 의미를 가진 (d) collects가 정답입니다.

어휘 gather 모으다; 모이다   distribute 분배하다, 나누어 주다
assign (일·책임 등을) 배정하다, 맡기다
list 열거하다, (목록을) 작성하다

---

80 어휘   정답 (a)

문제 지문의 문맥에서, 'positive'는 -을 의미한다.

(a) 확신하는

(b) 올바른

(c) 잘 아는

(d) 의심스러운

해설 3단락의 positive가 포함된 문장 'I am positive that our executives will have much to learn from your talk.'는 저는 당사의 경영진들이 귀하의 강연에서 배울 것이 많으리라고 확신한다는 뜻이므로, positive가 '확신하는'이라는 의미로 사용된 것을 알 수 있습니다. 따라서 '확신하는'이라는 같은 의미를 가진 (a) certain이 정답입니다.

어휘 correct 올바른, 맞는   informed 잘 아는, 정보통인
questionable 의심스러운, 미심쩍은

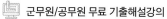
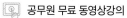
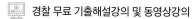

지텔프 목표 점수 달성을 완료했다면?
공무원 단기 합격도 역시 1위 해커스다!

공무원

서울시 / 국가직 일반행정
최종 합격 2관왕!

신*연 합격생

수 십 번의 회독 끝에 높은 점수를 받았습니다!

행정법은 함수민 선생님 강의를 들었습니다. 처음에는 엄청난 양의 문제에 당황스러웠지만
점차 내용이 반복됨을 알게 되었고, 그 후 **모르는 내용과 외워야 할 내용을 정확히 구분하여**
정리하면서 수 십 번을 반복해 암기하였습니다. 결국 수 십 번의 회독 끝에 시험에서는
국가직 100점, 서울시에서는 95점이라는 높은 점수를 받았습니다.

군무원

컴퓨터공학 전공,
10개월 만에 사이버직 합격!

김*근 합격생

비문학 독해력이 늘어나는 신비한 체험!

비문학 연습 교재는 해커스의 국어 비문학 독해 330이라는 교재인데
하루 3개의 지문씩 30일 동안 풀 수 있도록 구성되어 있어 매우 연습하기 좋더라고요.
저는 3개 지문을 6분 안에 풀도록 꾸준히 연습을 했어요.

경찰

완전 노베이스로 시작,
8개월 만에 인천청 합격!

강*혁 합격생

형사법 부족한 부분은 모의고사로 채우기!

기본부터 기출문제집과 같이 병행해서 좋았던 것 같습니다. 그리고 1차 시험 보기 전까지
심화 강의를 끝냈는데 개인적으로 심화강의 추천드립니다. 안정적인 실력이 아니라
생각해서 기출 후 **전범위 모의고사에서 부족한 부분들을 많이 채워** 나간 것 같습니다.

소방

특전사 출신 노베이스,
6개월 만에 특채 합격!

이*영 합격생

후반에는 모의고사로 실전감각 UP!

수험기간 후반에는 시간을 정해놓고 매일 모의고사를 풀면서 실전감각을 익혔고,
틀린 부분에 대해서는 **다시 개념을 복습**하는 시간을 가졌습니다.

교재 확인 및 수강신청은 여기서!

해커스공무원
gosi.Hackers.com

공무원

해커스군무원
army.Hackers.com

군무원

해커스경찰
police.Hackers.com

경찰공무원

해커스소방
fire.Hackers.com

소방공무원

* 커리큘럼은 과목별·선생님별로 상이할 수 있으며, 자세한 내용은 사이트에서 확인하세요.

지텔프 필살
핸드북

영포자 시작 필살기
지텔프 문법·독해 기본기

문법 기초 다지기

8품사
문장 성분
문장의 5형식
구와 절

독해 기초 다지기

문장 끊어 읽기
패러프레이징

문장 해석 연습하기

주어
동사
목적어
보어
수식어

시험 전날 최종 필살기
기출 문법 요약 노트

1. 시제 ① – 진행
2. 시제 ② – 완료진행
3. 가정법
4. 조동사
5. 준동사 ① – to 부정사
6. 준동사 ② – 동명사
7. 연결어
8. 관계사

지텔프 문법·독해 기본기

문법 기초 다지기

8품사

영어 단어는 각각의 의미와 역할에 따라 8가지 종류로 분류할 수 있는데, 이를 8품사라고 해요. 이제 지텔프 학습을 하는 데 기초가 되는 품사를 함께 알아볼까요?

① 이름을 나타내는 명사

모든 사람에게는 이름이 있죠? 이와 같이 **명사**는 우리 주위에 있는 모든 것이 갖고 있는 이름이에요. 여러분의 이름, 지금 보고 있는 'book(책)'뿐만 아니라 눈에 보이지 않는 'love(사랑)', 'peace(평화)'까지 모두 명사예요.

② 명사를 대신하는 대명사

'나 어제 책을 읽었는데, 그거 정말 재미있더라.'에서 '그거'는 앞에 쓰인 명사 '책'을 대신해요. 이처럼 **대명사**는 앞에 나온 명사를 반복하지 않고 대신할 때 쓰는 말이에요. 사람을 가리키는 'you(너)', 'he(그)', 'they(그들)'부터 사물을 가리키는 'it(그것)'까지 모두 대명사랍니다.

③ 움직임이나 상태를 나타내는 동사

친구에게 '나는 …'이라고 말하면 나에 대해 정확히 무엇을 말하려 하는지 모르겠죠? **동사**는 '누가 ~이다.' 또는 '누가 무엇을 ~하다.'에서 '~이다/~하다'에 해당하는 말이에요. 즉, 동사는 문장에서 없어서는 안 될 역할로, 사람이나 사물의 동작, 상태를 나타내요.

(4) 명사를 꾸며주는 형용사

같은 사람이라도 입는 옷에 따라 분위기가 달라 보일 때가 있어요. 이처럼 명사도 어떤 **형용사**와 함께 쓰이는지에 따라 상태나 성질이 달라진답니다. 책에 'interesting(흥미로운)'을 붙이면 '흥미로운 책'이 되고, 'boring(지루한)'을 붙이면 '지루한 책'이 되는 것처럼요.

(5) 꾸미기를 좋아하는 부사

'토끼는 빠르게 달린다.'에서 '빠르게'가 동사 '달린다'를 꾸며주고 있어요. 이처럼 **부사**는 여러 단어를 꾸며주어 의미를 더욱 풍부하게 해줘요. 앞서 배운 형용사는 명사만 꾸며주지만, 부사는 동사, 형용사, 또 다른 부사, 그리고 문장 전체까지도 꾸밀 수 있답니다.

(6) 명사 앞에 오는 전치사

'월요일'은 'Monday'인데 '월요일에'는 어떻게 표현할까요? 바로 'on'이라는 전치사를 써서 'on Monday'라고 한답니다. 이처럼 **전치사**는 명사나 대명사 앞에 와서 시간, 장소, 방향, 이유, 목적 등의 여러 가지 뜻을 나타내요.

(7) 말을 연결해주는 접속사

'수지는 친절하다. 그리고 인기가 많다.'에서 '수지는 친절하다'와 '수지는 인기가 많다'를 '그리고'가 연결해주고 있어요. 이처럼 두 문장을 연결하기 위해 사용한 '그리고(and)'와 같은 것을 **접속사**라고 해요. 접속사는 문장과 문장뿐만 아니라 단어와 단어, 구와 구, 절과 절을 연결할 수도 있답니다.

(8) 감정을 표현하는 감탄사

'와! 지텔프 목표 점수를 달성했어요!'에서의 '와!'처럼 기쁨, 놀람, 슬픔과 같은 여러 감정들을 자연스럽게 표현하는 말을 **감탄사**라고 해요. 영어에서는 'Oops!(아이쿠!)', 'Oh!(오!)'와 같은 감탄사가 있어요.

문장 성분

영어에서 문장을 만드는 여러 요소들을 문장 성분이라고 해요. 앞서 배운 품사는 각 단어의 의미와 역할로 구별되지만, 문장 성분은 문장 안에서의 역할에 따라 구분된다는 차이점을 꼭 알아두세요.

주어와 동사

I walk. 나는 걷는다.
　주어 　동사

하나의 문장을 만들기 위해서는 '주어'(나는)와 '동사'(걷는다)가 꼭 필요해요. '누가 ~하다/~이다'에서 '누가'에 해당하는 말이 **주어**이고, '~하다/~이다'에 해당되어 주어의 동작이나 상태를 나타내는 말이 **동사**랍니다.

목적어

I bought **a present.** 나는 선물을 샀다.
　　　　　　　목적어

'나는 샀다.'라는 문장은 '주어'(나는)와 '동사'(샀다)가 모두 있지만 대상이 무엇인지 알 수 없기 때문에 완전한 문장이 아니에요. '나'가 산 대상에 해당하는 '선물을'이라는 목적어를 넣으면 문장이 완전해지겠죠? 이처럼 **목적어**는 '누가 무엇을 ~하다'에서 '무엇을'에 해당하는 말이에요.

보어

She is happy. 그녀는 행복하다.
　주어　　주격 보어
He makes her happy.
　　　　목적어 목적격 보어
그는 그녀를 행복하게 만든다.

'그녀는 행복하다.'라는 문장에서 '행복하다'는 주어인 '그녀'의 상태를 설명하고 있어요. 또, '그는 그녀를 행복하게 만든다.'라는 문장에서 '행복하게'는 목적어인 '그녀를'의 상태를 설명하고 있어요. 이처럼 **보어**는 주어나 목적어의 성질이나 상태를 보충 설명해줘요.

수식어

I saw the movie yesterday.
　　　　　　　　　　수식어
나는 어제 그 영화를 봤다.

'나는 어제 그 영화를 봤다.'라는 문장에서 '어제'는 내가 그 영화를 본 시점을 더 자세하게 설명하고 있어요. 이처럼 **수식어**는 문장에서 반드시 필요하지는 않지만 다양한 위치에서 문장에 여러 의미를 더해주는 역할을 해요.

문장의 5형식

앞에서 문장을 만드는 요소들을 배웠으니, 이제 이를 이용해서 5가지 형태의 문장들을 만들어볼까요? 영어에서는 어떤 필수 성분을 쓰는지에 따라 문장의 형식이 정해져요.

1형식

주어 + 동사

1형식은 주어＋동사만으로도 완전한 의미를 갖는 문장이에요. 동사 뒤에 수식어가 길게 오더라도, 이를 보어나 목적어로 혼동하면 안 돼요. work(일하다), live(살다), run(달리다)과 같은 동사들이 주로 1형식 문장을 만들어요.

I work. 나는 일한다.
주어 동사

2형식

주어 + 동사 + 보어

2형식은 주어＋동사 뒤에 보어가 오는 문장이에요. 주로 become(~이 되다), look(~처럼 보이다), seem(~인 것 같다)과 같은 동사들이 2형식 문장을 만들어요.

James became a teacher. James는 선생님이 되었다.
　　주어　　　동사　　　　보어

3형식

주어 + 동사 + 목적어

3형식은 주어＋동사 뒤에 목적어가 오는 문장이에요. 주로 like(~을 좋아하다), meet(~를 만나다), believe(~을 믿다)와 같은 동사들이 3형식 문장을 만들어요.

I like the book. 나는 그 책을 좋아한다.
주어 동사　　목적어

4형식

주어 + 동사 +
목적어 + 목적어

4형식은 주어＋동사 뒤에 우리말 '~에게'에 해당하는 간접 목적어와 우리말 '~을/를'에 해당하는 직접 목적어가 오는 문장이에요. 주로 give(~에게 …을 주다), send(~에게 …을 보내다)와 같은 동사들이 4형식 문장을 만들어요.

He gave me a present. 그는 나에게 선물을 줬다.
주어　 동사 간접 목적어 직접 목적어

5형식

주어 + 동사 +
목적어 + 보어

5형식은 주어＋동사 뒤에 목적어와 보어가 오는 문장이에요. 주로 make(~을 …로 만들다), find(~이 …라는 것을 알게 되다)와 같은 동사들이 5형식 문장을 만들어요.

The news made me happy. 그 소식은 나를 행복하게 만들었다.
　　주어　　　동사　 목적어 목적격 보어

구와 절

두 개 이상의 단어가 모인 덩어리를 구 또는 절이라고 해요. in the library(도서관에서)처럼 주어와 동사가 없으면 구, if you want(당신이 원한다면)처럼 주어와 동사가 있으면 절이라고 한답니다. 구와 절은 문장 안에서 하나의 품사 역할을 할 수 있어요.

1 명사구/명사절

명사처럼 문장 안에서 주어, 목적어, 보어 역할을 할 수 있어요.

> **명사구** <u>Playing soccer</u> is fun. 축구를 하는 것은 재미있다.
> 　　　　　주어
>
> 　　　　　　　　주어 동사
> **명사절** I heard <u>that Mike is a writer</u>. 나는 Mike가 작가라는 것을 들었다.
> 　　　　　　　목적어

2 형용사구/형용사절

형용사처럼 명사를 꾸며줘요.

> **형용사구** She is wearing <u>a hat</u> <u>with a blue ribbon</u>. 그녀는 파란 리본이 있는 모자를 쓰고 있다.
> 　　　　　　　　　　　　名사 수식
>
> 　　　　　　　　　　　주어　　동사
> **형용사절** I ate <u>the cake</u> <u>that Sally baked</u>. 나는 Sally가 구운 케이크를 먹었다.
> 　　　　　　　　명사 수식

3 부사구/부사절

부사처럼 동사, 형용사, 또 다른 부사, 문장 전체를 꾸며줘요.

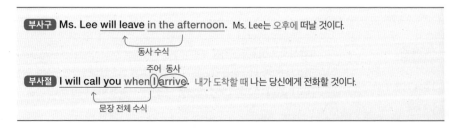

> **부사구** Ms. Lee will leave <u>in the afternoon</u>. Ms. Lee는 오후에 떠날 것이다.
> 　　　　　　　　동사 수식
>
> 　　　　　　　　　　주어 동사
> **부사절** I will call you <u>when I arrive</u>. 내가 도착할 때 나는 당신에게 전화할 것이다.
> 　　　문장 전체 수식

독해 기초 다지기

 문장 끊어 읽기

긴 영어 문장이 나와도 정확하게 그 내용을 이해하고 문제를 풀 수 있도록, 문장을 끊어 읽고 해석하는 방법을 알아두어야 해요.

1단계 동사 앞·뒤에서 끊기

문장을 빠르게 훑어 동사를 찾고, 동사의 앞뒤를 끊어 보아요. 대체로, 끊은 부분을 기준으로 동사 앞은 주어가 속한 부분, 동사 뒤는 목적어 또는 보어가 속한 부분이에요.

┌─── 주어가 속한 부분 ───┐   ┌─── 목적어가 속한 부분 ───┐
Every morning, my friend / <u>walks</u> / her puppy in the park.
                            동사

2단계 수식어를 괄호로 묶기

문장의 부가적인 요소인 수식어를 괄호로 묶어 보아요. 수식어를 묶고 나면, 문장의 구조를 더 쉽게 파악할 수 있어요.

(Every morning), my friend / walks / her puppy (in the park).
   수식어   수식어

3단계 문장 구조 파악하기

수식어를 제외한 문장의 필수 성분인 주어, 동사, 목적어/보어를 찾아 문장의 구조를 파악해 보아요.

(Every morning), my friend / walks / her puppy (in the park).
                        주어   동사   목적어

4단계 문장 해석하기

분석한 문장 구조를 바탕으로 문장을 해석해 보아요.

(Every morning), my friend / walks / her puppy (in the park).
   매일 아침   나의 친구는   산책시킨다 그녀의 강아지를   공원에서
→ 매일 아침, 나의 친구는 공원에서 그녀의 강아지를 산책시킨다.

패러프레이징

패러프레이징이란 어떤 말이나 글을 같은 의미의 다른 표현으로 바꾸어 전달하는 것이에요. 보통 지텔프 독해 문제의 보기들은 지문의 내용에서 패러프레이징 되어 나오므로, 알맞은 정답을 고르기 위해서는 패러프레이징을 꼭 학습해야 해요.

(1) **패러프레이징은 어떻게 사용되나요?**

> **지문** Mr. Adams had to <u>delay</u> the meeting. Mr. Adams는 회의를 연기해야 했다.
>
> **질문** What did Mr. Adams have to do? Mr. Adams는 무엇을 해야 했는가?
>
> (a) <u>postpone</u> a meeting 회의를 연기한다
>
> (b) buy a ticket 표를 산다

→ 지문에서 Mr. Adams가 회의를 연기해야(delay) 했다고 했으므로, 그가 회의를 연기한다(postpone)고 패러프레이징 한 (a)를 정답으로 골라야 해요. 이처럼 패러프레이징은 정답을 고르는 데 핵심이 된답니다.

(2) **패러프레이징 방법에는 어떤 종류가 있나요?**

> **같은 뜻의 표현으로 바꾸기**
>
> 특정 단어나 구, 절과 비슷한 의미의 표현을 사용하는 방법이에요.
>
> ---
>
> I tried to fix the computer. 나는 컴퓨터를 고치려고 노력했다.
> = I tried to repair the computer. 나는 컴퓨터를 고치려고 노력했다.
>
> ---

→ fix(고치다)를 같은 의미의 단어인 repair(고치다)로 패러프레이징 했어요.

일반화하기

특정 단어나 구를 더 폭넓은 범주의 표현으로 일반화하는 방법이에요.

You can take a bus or a train **to the airport.**
당신은 공항으로 버스 또는 기차를 타고 갈 수 있다.

= You can take public transportation **to the airport.**
당신은 공항으로 대중교통을 타고 갈 수 있다.

→ a bus or a train(버스 또는 기차)의 더 넓은 범주인 public transportation(대중교통)으로 패러프레이징 했어요.

요약하기

한 개 이상의 절이나 문장을 하나의 문장으로 간략하게 요약하는 방법이에요.

I ordered desks and chairs, but only chairs were delivered.
나는 책상과 의자를 주문했는데, 의자만 배달되었다.

= Desks were not delivered to me.
책상이 나에게 배달되지 않았다.

→ 책상과 의자를 주문했는데 의자만 배달되었다고 한 문장을, 책상이 배달되지 않았다는 내용으로 요약한 패러프레이징이에요.

문장 해석 연습하기

주어

1 동명사가 주어인 경우

Walking / is good for your heart.

위 문장에서 Walking은 주어예요. 이처럼 동명사(동사원형 + -ing)가 주어인 경우, '~하는 것은', '~하기는'이라고 해석해요. 따라서 위 문장은 "**걷는 것은 심장에 좋다**"라고 해석해요.

2 what이 이끄는 명사절이 주어인 경우

What I want / is an apple.

위 문장에서 What I want는 주어예요. 이처럼 what이 이끄는 명사절(what + 주어 + 동사)이 주어인 경우, '주어가 동사하는 것은'이라고 해석해요. 따라서 위 문장은 "**내가 원하는 것은 사과다**"라고 해석해요.

③ 가짜 주어 it과 진짜 주어 to 부정사가 쓰인 경우

It / is easy / to understand the book.

위 문장에서 It은 가짜 주어이며 to understand the book이 진짜 주어예요. 영어에서는 주어가 길 경우 위 문장에서처럼 가짜 주어 it을 주어 자리에 두고, 긴 진짜 주어는 문장 뒤쪽에 둬요. 이때 가짜 주어 it은 아무 뜻이 없으므로, '그것'이라고 해석하지 않아야 해요. 위 문장과 같이 to 부정사(to + 동사원형)가 진짜 주어인 경우, '~하는 것은', '~하기는'이라고 해석해요. 따라서 위 문장은 "**그 책을 이해하는 것은 쉽다**"라고 해석해요.

④ 가짜 주어 it과 진짜 주어 that이 이끄는 명사절이 쓰인 경우

It / is certain / that Jason was here.

위 문장에서 It은 가짜 주어이며 that Jason was here가 진짜 주어예요. 이처럼 that이 이끄는 명사절(that + 주어 + 동사)이 진짜 주어인 경우, '주어가 동사하는 것은'이라고 해석해요. 따라서 위 문장은 "**Jason이 여기에 있었다는 것은 확실하다**"라고 해석해요.

⑤ 가짜 주어 it과 진짜 주어 whether가 이끄는 명사절이 쓰인 경우

It / is not clear / whether Sam loves Julie.

위 문장에서도 It은 가짜 주어이며 whether Sam loves Julie가 진짜 주어랍니다. 이처럼 whether가 이끄는 명사절(whether + 주어 + 동사)이 진짜 주어인 경우, '주어가 동사하는지 아닌지는'이라고 해석해요. 따라서 위 문장은 "**Sam이 Julie를 사랑하는지 아닌지는 분명하지 않다**"라고 해석해요.

1. 동사가 '조동사 + have p.p.'인 경우

Peter / could have spent / the rest of his life (in comfort).

위 문장에서 could have spent는 동사예요. 이처럼 could와 같은 조동사가 'have p.p.'와 함께 쓰이면 보통 과거 일에 대한 추측이나 가정, 아쉬움 등을 나타낸답니다. 위 문장의 could + have p.p.는 '~할 수도 있었다(그러나 그러지 않았다)'라고 해석해요. 따라서 위 문장은 "Peter는 안락함 속에서 여생을 **보낼 수도 있었다**(그러나 그러지 않았다)"라고 해석해요. 비슷한 동사 형태로는 다음과 같은 것들이 있어요.

would have p.p.	~했을 것이다	may/might have p.p.	~했을지도 모른다
must have p.p.	~했음에 틀림없다	cannot have p.p.	~했을 리가 없다
should have p.p.	~했어야 했는데 (그러나 하지 않았다)	could have p.p.	~할 수도 있었다 (그러나 그러지 않았다)

2. 동사가 전치사와 함께 쓰인 경우

The song / reminds / me / of you.

위 문장에서 reminds는 동사예요. remind는 전치사 of와 함께 remind A of B 형태로 쓰여, 'A에게 B를 생각나게 하다'라고 해석해요. 이처럼 어떤 동사들은 전치사와 함께 쓰여 복합적인 의미를 갖기도 하므로 해석에 주의해야 해요. 위 문장은 "그 노래는 **나에게 너를 생각나게 한다**"라고 해석해요. 이와 비슷하게 전치사와 함께 쓰이는 동사 중에는 다음과 같은 것들이 있어요.

inform A of B	A에게 B를 알리다	provide A with B	A에게 B를 제공하다
deprive A of B	A에게서 B를 빼앗다	compare A with B	A를 B와 비교하다
warn A of B	A에게 B를 경고하다	prevent A from B	A를 B하지 못하게 하다

③ 동사가 'be동사 + p.p.'인 경우

The machine / was invented (by the scientist).

위 문장에서 was invented는 동사예요. 이처럼 동사가 'be동사 + p.p.'인 경우, '~되다', '~해지다'라고 해석해요. 따라서 위 문장은 "그 기계는 과학자에 의해 **발명되었다**"라고 해석해요. 하지만 give(주다), teach(가르쳐주다), tell(말해주다)이 'be동사 + p.p.'인 경우, '~되다'가 아니라 원래의 뜻과 정반대로 '받다', '배우다', '듣다'라고 해석해요.

④ 동사가 'have p.p.'인 경우

Kate / has stayed (in New York) (for six years).

위 문장에서 has stayed는 동사예요. 이처럼 동사가 'have p.p.', 'has p.p.'인 경우, '~해왔다', '~해본 적이 있다', '~했다'라고 해석해요. 따라서 위 문장은 "Kate는 6년 동안 뉴욕에 **머물러왔다**"라고 해석해요. 덧붙여 동사가 'had p.p.'인 경우, '~했었다'라고 해석해요. 따라서 The class had finished before he arrived는 "그가 도착하기 전에 수업이 **끝났었다**"라고 해석해요.

목적어

① 동명사/to 부정사가 목적어인 경우

Bill / likes / singing.

위 문장에서 singing은 동사 likes의 목적어예요. 이처럼 동명사(동사원형 + -ing)가 목적어인 경우, '~하는 것을', '~하기(를)'라고 해석해요. 따라서 위 문장은 "Bill은 **노래하는 것을** 좋아한다"라고 해석해요. 마찬가지로 to 부정사(to + 동사원형)도 '~하는 것을', '~하기(를)'라는 뜻의 목적어가 될 수 있어요. 따라서 Mary wants to play tennis는 "Mary는 **테니스 치기를** 원한다"라고 해석해요.

② that이 이끄는 명사절이 목적어인 경우

I / heard / that Sarah passed the exam.

위 문장에서 that Sarah passed the exam은 동사 heard의 목적어예요. 이처럼 that이 이끄는 명사절(that + 주어 + 동사)이 목적어인 경우, '주어가 동사하다는 것을', '주어가 동사하다고'라고 해석해요. 따라서 위 문장은 "나는 Sarah가 시험에 통과했다는 것을 들었다"라고 해석해요. 보통 that이 이끄는 명사절은 'that + 주어 + 동사'의 형태로 쓰이지만 종종 that이 생략되고 '주어 + 동사'만 쓰이기도 해요.

③ 의문사가 이끄는 명사절이 목적어인 경우

Your father / wonders / when you arrived.

위 문장에서 when you arrived는 동사 wonders의 목적어예요. 이처럼 의문사가 이끄는 명사절(의문사 + 주어 + 동사)이 목적어인 경우, '의문사(언제, 왜, 어디서, 누가, 무엇을, 어떻게) 주어가 동사하는지(를)'라고 해석해요. 따라서 위 문장은 "네 아버지는 **언제 네가 도착했는지를** 궁금해한다"라고 해석해요.

(4) if/whether가 이끄는 명사절이 목적어인 경우

I / do not know / if she wants to go.

위 문장에서 if she wants to go는 동사 do not know의 목적어예요. 이처럼 if/whether가 이끄는 명사절(if/whether + 주어 + 동사)이 목적어인 경우, '주어가 동사하는지 아닌지(를)'라고 해석해요. 따라서 위 문장은 "나는 **그녀가 가기를 원하는지 아닌지를** 모른다"라고 해석해요.

---

(5) 가짜 목적어 it과 진짜 목적어 to 부정사가 쓰인 경우

James / found / it / easy / to climb the tree.

위 문장에서 it은 가짜 목적어이며 to climb the tree가 진짜 목적어예요. 또한 easy는 이 목적어를 보충 설명하는 보어예요. 영어에서는 목적어가 길 경우 위 문장에서처럼 가짜 목적어 it을 동사 뒤에 두고, 긴 진짜 목적어는 목적격 보어 뒤에 둬요. 이때 가짜 목적어 it은 아무 뜻이 없으므로, '그것'이라고 해석하지 않도록 해야 해요. 위 문장과 같이 to 부정사(to + 동사원형)가 진짜 목적어인 경우, '~하는 것을'이라고 해석해요. 따라서 위 문장은 "James는 **그 나무에 오르는 것을** 쉽다고 생각했다"라고 해석해요.

보어

① that이 이끄는 명사절이 주격 보어인 경우

The truth / is / that I do not want to leave.

위 문장에서 that I do not want to leave는 주어 The truth를 보충 설명해 주는 주격 보어예요. 이처럼 that이 이끄는 명사절(that + 주어 + 동사)이 주격 보어인 경우, '주어가 동사하다는 것'이라고 해석해요. 따라서 위 문장은 "사실은 **나는 떠나기를 원하지 않는다는 것**이다"라고 해석해요.

② to 부정사가 목적격 보어인 경우

I / want / our team / to win.

위 문장에서 to win은 목적어 our team을 보충 설명해 주는 목적격 보어예요. to win이 없다면 '나는 우리 팀을 원한다'가 되지만, 보어 to win이 목적어의 의미를 보충해주어 '나는 우리 팀이 이기는 것을 원한다'가 된답니다. 이처럼 **to 부정사(to + 동사원형)**가 목적격 보어인 경우, '~하는 것', '~하게'라고 해석해요. 따라서 위 문장은 "나는 우리 팀이 **이기는 것**을 원한다"라고 해석해요.

③ 동사원형이 목적격 보어인 경우

She / makes / me / laugh.

위 문장에서 laugh는 목적어 me를 보충 설명해 주는 목적격 보어예요. 이처럼 **동사원형**이 목적격 보어인 경우, '~하게', '~하는 것'이라고 해석해요. 따라서 위 문장은 "그녀는 나를 **웃게** 한다"라고 해석해요. 주로 make, have, let과 같이 '~하게 하다', '시키다'라는 의미의 동사나 see, watch, hear와 같이 '보다', '듣다'라는 의미의 동사가 쓰인 경우, 목적어 뒤에 동사원형이 목적격 보어로 올 수 있어요.

(4) 현재분사가 목적격 보어인 경우

I / heard / birds / singing.

위 문장에서 singing은 목적어 birds를 보충 설명해 주는 목적격 보어예요. 이처럼 **현재분사(동사원형 + -ing)**가 목적격 보어인 경우, '**~하고 있는 것**', '**~한 것**'이라고 해석해요. 따라서 위 문장은 "나는 새들이 **노래하고 있는 것을** 들었다"라고 해석해요.

(5) 과거분사가 목적격 보어인 경우

Alex / always kept / the door / closed.

위 문장에서 closed는 목적어 the door를 보충 설명해 주는 목적격 보어예요. 이처럼 **과거분사(동사원형 + -ed)**가 목적격 보어인 경우, '**~되게**', '**~되는 것**'이라고 해석해요. 따라서 위 문장은 "Alex는 항상 문을 **닫혀 있게** 두었다"라고 해석해요.

① 주격 관계대명사(who/that/which)가 이끄는 절이 수식어인 경우

I / know / the man (who won the award).

위 문장에서 who won the award는 앞에 있는 the man을 꾸며주는 수식어예요. 이처럼 주격 관계대명사(who/that/which)가 이끄는 절(who/that/which + 동사)이 앞에 있는 말을 꾸며주는 수식어인 경우, '동사한', '동사하는'이라고 해석해요. 따라서 위 문장은 "나는 **그 상을 받은** 남자를 안다"라고 해석해요.

② 목적격 관계대명사(who(m)/that/which)가 이끄는 절이 수식어인 경우

I / bought / the car (that I wanted).

위 문장에서 that I wanted는 앞에 있는 the car를 꾸며주는 수식어예요. 이처럼 목적격 관계대명사(who(m)/that/which)가 이끄는 절(who(m)/that/which + 주어 + 동사)이 앞에 있는 말을 꾸며주는 수식어인 경우, '주어가 동사한', '주어가 동사하는'이라고 해석해요. 따라서 위 문장은 "나는 **내가 원했던** 차를 샀다"라고 해석해요. 목적격 관계대명사는 종종 생략되기도 하지만 해석에는 변화가 없답니다.

③ 관계부사(where/when/why/how)가 이끄는 절이 수식어인 경우

I / remember / the place (where we first met).

위 문장에서 where we first met은 앞에 있는 the place를 꾸며주는 수식어예요. 이처럼 관계부사(where/when/why/how)가 이끄는 절(where/when/why/how + 주어 + 동사)은 종종 앞에 있는 장소, 시간, 이유, 방법에 관련된 말을 꾸며주는 수식어로 쓰이는데, 이 경우 '주어가 동사한', '주어가 동사하는'이라고 해석해요. 따라서 위 문장은 "나는 **우리가 처음 만난** 장소를 기억한다"라고 해석해요.

(4) 부사절 접속사가 이끄는 절이 문장을 꾸며주는 수식어인 경우

(While Sam was studying), he / listened to / music.

위 문장에서 While Sam was studying은 뒤에 있는 문장을 꾸며주는 수식어예요. 이처럼 부사절 접속사가 이끄는 절(부사절 접속사 + 주어 + 동사)이 he listened to music과 같은 완전한 문장의 앞 또는 뒤에서 수식어인 경우, 접속사와 문맥에 따라 '주어가 동사하는 동안(while)', '주어가 동사한 후에 (after)', '주어가 동사하기 때문에(because)'라고 해석해요. 따라서 위 문장은 "**Sam이 공부하는 동안**, 그는 음악을 들었다"라고 해석해요.

(5) 전치사 + 명사가 수식어인 경우

I / saw / a bird (on a tree).

위 문장에서 on a tree는 앞에 있는 a bird를 꾸며주는 수식어예요. on(~ 위에), in(~ 안에), with (~을 가지고)와 같은 전치사는 명사와 함께 쓰이는데, 이처럼 전치사 + 명사가 앞에 있는 말을 꾸며주는 수식어인 경우, '~하는', '~의'라고 해석해요. 따라서 위 문장은 "나는 **나무 위에 있는** 새를 보았다" 라고 해석해요.

1. 시제 ① - 진행

① 현재진행(am/are/is + -ing)

- 현재진행 시제(am/are/is + -ing)는 현재 진행 중인 일이나 동작을 표현할 때 쓰며, '~하고 있다', '~하는 중이다'라는 의미예요.

지텔프 빈출 현재진행 시간 표현

right now	바로 지금	nowadays	요즘
now	지금, 현재	these days	요즘
currently	지금, 현재	at this very moment	지금 이 순간
at the moment	바로 지금	at this time	현재
as of this moment	이 순간	at present	현재

Ramona is helping a friend with her homework <u>right now</u>.
Ramona는 친구의 숙제를 바로 지금 도와주고 있다.

Teddy and I are drinking beers at the mall <u>now</u>.
Teddy와 나는 지금 쇼핑몰에서 맥주를 마시고 있다.

The group is <u>currently</u> collecting money for charity.
그 단체는 현재 자선 사업을 위한 돈을 모금하는 중이다.

② 과거진행(was/were + -ing)

• 과거진행 시제(was/were + -ing)는 과거 시점에 진행되고 있었던 일이나 동작을 표현할 때 쓰며, '~하고 있었다', '~하는 중이었다'라는 의미예요.

지텔프 빈출 과거진행 시간 표현

when + 과거 시제	~했을 때	every time + 과거 시제	~했을 때마다
while + 과거 시제	~하던 도중에, ~하는 동안	until + 과거 시점	~까지
last + 시간 표현	지난 ~에	between 과거 시점 and 과거 시점	~와 … 사이에
yesterday	어제	at the exact moment + 과거 시제	~했던 바로 그 순간에
기간 표현 + ago	~시간/일/개월/년 전에		

The movie started while I was waiting in line to buy popcorn.
내가 팝콘을 사기 위해 줄을 서 기다리고 있던 도중에 영화가 시작했다.

③ 미래진행(will be + -ing)

• 미래진행 시제(will be + -ing)는 미래 시점에 진행되고 있을 일이나 동작을 표현할 때 쓰며, '~하고 있을 것이다', '~하는 중일 것이다'라는 의미예요.

지텔프 빈출 미래진행 시간 표현

when + 현재 시제	~할 때	until / by + 미래 시점	~까지
next + 시간 표현	다음 ~에	by the time + 현재 시제	~할 무렵에
if + 현재 시제	만약 ~한다면	this + 시간 표현	이번 ~에, 오늘 ~에
tomorrow / later	내일 / 나중에	in / on + 미래 시점	~에
starting + 미래 시점	~부터	as soon as + 현재 시제	~하자마자
once + 현재 시제	일단 ~하면	from now on	지금부터
beginning + 미래 시점	~부터	this coming year	다가오는 해에
in the following months	다가오는 몇 달에		
over the next year	다음 해 동안		

I will be giving a presentation when you arrive at the office.
나는 네가 사무실에 도착할 때 발표를 하고 있을 것이다.

2. 시제 ② - 완료진행

① 현재완료진행(have/has been + -ing)

• 현재완료진행 시제(have/has been + -ing)는 과거에 시작되어 현재까지 진행 중인 일을 표현할 때 쓰며, '~해오고 있다', '~해오는 중이다'라는 의미예요.

지텔프 빈출 현재완료진행 시간 표현

since + 과거 시제 / 과거 시점	~한 이래로, ~부터
for + 기간 표현 + now	현재 ~ 동안
ever since + 과거 시제 / 과거 시점	~한 이래로 줄곧, ~부터 줄곧
lately	최근에
from that point on	그때부터

<u>Since</u> my favorite store <u>shut</u> down, I have been shopping online.
내가 가장 좋아하는 가게가 폐점했을 때부터, 나는 온라인으로 쇼핑해오는 중이다.

Ella has been writing articles <u>for several years now</u>.
Ella는 현재 몇 년 동안 기사를 써오고 있다.

My father has been sleeping <u>for hours</u>.
나의 아버지는 몇 시간 동안 수면을 취해오고 있다.

② 과거완료진행(had been + -ing)

- 과거완료진행 시제(had been + -ing)는 과거의 기준 시점보다 더 이전 시점인 대과거에 시작된 일이 과거 기준 시점까지 진행 중이었음을 표현할 때 쓰며, '~해오고 있었다', '~해오던 중이었다'라는 의미예요.

지텔프 빈출 과거완료진행 시간 표현

before + 과거 시제 / 과거 시점	~ 전에
when + 과거 시제	~했을 때
until + 과거 시제 / 과거 시점	~까지
since + 과거 시제 / 과거 시점	~부터, ~ 이래로
by the time / at the time + 과거 시제	~했을 무렵 / ~했을 때
prior to + 과거 사건	~ 이전에

I had been taking a science class <u>for an hour</u> <u>when</u> I <u>heard</u> the school bell ring.
내가 학교 종이 울리는 것을 들었을 때 나는 한 시간 동안 과학 수업을 들어오던 중이었다.

They had been standing in the rain <u>before</u> the bus <u>arrived</u>.
그들은 버스가 도착하기 전에 빗속에 서 있어오던 중이었다.

③ 미래완료진행(will have been + -ing)

- 미래완료진행 시제(will have been + -ing)는 과거나 현재에 시작된 일이 미래 시점까지 계속 진행 중일 것임을 표현할 때 쓰며, '~해오고 있을 것이다', '~해오는 중일 것이다'라는 의미예요.

지텔프 빈출 미래완료진행 시간 표현

by the time + 현재 시제	~할 무렵이면
by + 미래 시점	~ 무렵이면, ~까지
when / if / until / before + 현재 시제	~할 때 / ~한다면 / ~할 때까지 / ~하기 전에
in + 미래 시점	~에
by this time + 미래 시점	~ 이때 즈음이면

<u>By the time</u> you <u>arrive</u> home, I will have been cleaning the house <u>for two hours</u>.
네가 집에 도착할 무렵이면, 나는 2시간 동안 집을 청소해오고 있을 것이다.

<u>By 2030</u>, I will have been living in Thailand <u>for over a decade</u>.
2030년 무렵이면, 나는 태국에서 10년 넘게 살아오고 있을 것이다.

3. 가정법

① 가정법 과거

- 가정법 과거는 현재 상황의 반대를 가정하여 현재 상황에 대한 안타까움이나 우려를 나타내고, if절에 과거 동사를 사용해요.

> If + 주어 + **과거 동사**, 주어 + would/could(**조동사 과거형**) + **동사원형**
> If + 주어 + **were to** + **동사원형**, 주어 + would/could(**조동사 과거형**) + **동사원형**

If today were Sunday, I could sleep all day long.
만약 오늘이 일요일이라면, 나는 하루 종일 잘 수 있을 텐데. (오늘은 일요일이 아님)

If William were to win the lottery, he would probably travel extensively.
만약 William이 복권에 당첨된다면, 그는 아마도 널리 여행을 다닐 텐데. (복권에 당첨되지 않음)

② 가정법 과거완료

- 가정법 과거완료는 과거 상황의 반대를 가정하여 과거 상황에 대한 아쉬움이나 후회를 나타내고, if절에 과거완료 동사(had p.p.)를 사용해요.

> If + 주어 + **had p.p.**, 주어 + would/could(**조동사 과거형**) + **have p.p.**

If the students had prepared, they would have understood the lecture.
만약 학생들이 준비했다면, 그들은 그 강의를 이해했을 텐데. (과거에 학생들이 준비하지 않았음)

Had the library stayed open longer, I would have returned the book.
만약 도서관이 더 오래 열려 있었다면, 나는 그 책을 반납했을 텐데. (과거에 도서관이 더 오래 열려 있지 않았음)

4. 조동사

① can/may/will

· 조동사 can/may/will은 동사에 가능성, 추측, 예정 등의 보조적인 의미를 더해요.
· 조동사 could와 would는 각각 조동사 can과 will의 과거형이에요.
· 추측을 나타내는 문맥에서는 may와 might가 구분 없이 쓰여요.

can	**가능성/능력** [~할 수 있다]	Some bears can climb trees easily. 어떤 곰들은 나무에 쉽게 오를 수 있다.
	허가 [~해도 된다]	My mother said I could go to a movie. 나의 엄마는 내가 영화를 보러 가도 된다고 말했다.
may	**허가** [~해도 된다]	You may borrow my car tomorrow. 당신은 내일 제 차를 빌리셔도 됩니다.
	약한 추측 [~일지도 모른다]	The library may be closed already. 도서관이 이미 닫았을지도 모른다.
might	**불확실한 추측** [~일지도 모른다]	She might have a cold. 그녀는 감기에 걸렸을지도 모른다.
will	**미래/예정** [~할 것이다]	Catherine will graduate in three months. Catherine은 세 달 후에 졸업할 것이다.
	의지 [~하겠다]	Emily told me that she would learn to swim. Emily는 수영하는 법을 배우겠다고 내게 말했다.

② should/must

· 조동사 should/must는 동사에 의무, 당위성 등의 보조적인 의미를 더해요.

should	의무/당위성 [~해야 한다]	Students should wear a uniform at this school. 학생들은 이 학교에서 교복을 입어야 한다.
	충고/조언 [~하는 것이 좋겠다]	You should visit France some day. 너는 언젠가 프랑스를 방문해보는 것이 좋겠다.
must	의무 [~해야 한다]	Subway users must pay the fare. 지하철 이용객들은 운임을 지불해야 한다.
	강한 확신 [~임에 틀림없다]	Snow has been falling all day. It must be cold outside. 눈이 하루 종일 내리고 있다. 밖이 추운 것임에 틀림없다.

· 조동사 should/must가 have p.p.와 함께 사용되면 각기 다른 의미를 가져요.

should + have p.p.	과거에 대한 후회 [~했어야 했는데]	Martin should have taken the bus. Martin은 그 버스를 탔어야 했는데. (타지 못했음)
must + have p.p.	과거에 대한 강한 확신 [~했음에 틀림없다]	Chloe must have enjoyed the festival. Chloe는 그 축제를 즐겼음에 틀림없다.

③ 조동사 should 생략

• 주절에 주장·요구·명령·제안을 나타내는 동사, 형용사, 명사가 나오면, that절에는 'should + 동사원형'에서 should 가 생략되어 동사원형만 남아요.

지텔프 빈출 주장·요구·명령·제안을 나타내는 동사 · 형용사 · 명사

recommend	추천하다	prescribe	규정하다
suggest	제안하다	agree	동의하다
advise	충고하다	stipulate	규정하다
insist	주장하다	lobby	영향력을 행사하다
demand	요구하다	claim	주장하다
urge	촉구하다	command	명령하다
request	요청하다	intend	의도하다
require	요구하다	desire	갈망하다
propose	제안하다	direct	지시하다
order	명령하다	instruct	지시하다
ask	요구하다	plead	간청하다
important	중요한	advisable	바람직한
best	제일 좋은	compulsory	강제적인
essential	필수적인	urgent	시급한
vital	중요한	better	더 나은
necessary	필수적인	mandatory	의무적인
crucial	필수적인	obligatory	의무적인
imperative	필수적인	natural	당연한
desire	바람	advice	충고

He recommends that Carl (should) be the project leader.
그는 Carl이 프로젝트 대표가 될 것을 추천한다.

It is essential that passengers (should) wear seatbelts.
승객들이 안전띠를 매는 것은 필수적이다.

The teacher's desire is that Dave (should) overcome his fear of speaking in public.
선생님의 바람은 Dave가 사람들 앞에서 말하는 것에 대한 두려움을 극복하는 것이다.

5. 준동사 ① - to 부정사

① to 부정사의 역할

• to 부정사는 문장 속에서 명사, 형용사, 부사 역할을 해요.

명사 역할	주어 [~하는 것, ~하기]	To keep one's promises is important. 약속을 지키는 것은 중요하다.
	목적어 [~하는 것, ~하기]	I like to watch movies. 나는 영화를 보는 것을 좋아한다.
	보어 [~하는 것, ~하기]	Ray's goal is to be a soccer player. Ray의 목표는 축구 선수가 되는 것이다.
형용사 역할	명사 수식 [~하는, ~할]	Tom showed me the way to complete the form. Tom은 나에게 그 양식을 작성하는 방법을 보여주었다.
부사 역할	목적 [~하기 위해]	I went to the kitchen to prepare a meal. 나는 식사를 준비하기 위해 부엌으로 갔다.
	결과 [~하게 되다]	Philip rushed to the store only to learn it was closed. Philip은 가게로 달려갔으나 그것이 문을 닫았다는 것을 알게 되었다.
	이유 [~하게 되어]	She was surprised to hear about his illness. 그녀는 그의 병에 대해 듣게 되어 깜짝 놀랐다.

② to 부정사와 함께 쓰는 동사

지텔프 빈출 to 부정사를 목적어로 가지는 동사

decide	결정하다	expect	기대하다
need	필요하다	choose	선택하다
intend	의도하다	seek	추구하다
want	원하다	implement	시행하다
hope	바라다	strive	애쓰다
promise	약속하다	manage	간신히 하다
plan	계획하다	desire	소망하다
make sure	확실히 하다	hesitate	망설이다
fail	실패하다	mean	의미하다
offer	제안하다	elect	선택하다
pretend	~인 척하다	afford	여유가 되다
prompt	촉발하다	wish	소망하다
refuse	거절하다	aim	목표하다
agree	동의하다	serve	결과를 낳다
ask	요청하다	prefer	선호하다
determine	결정하다		

Brian decided to sign up for the course.
Brian은 그 강좌에 등록하기로 결정했다.

I hope to go on a vacation.
나는 휴가를 가기를 바란다.

He needs to exercise regularly.
그는 규칙적으로 운동하는 것이 필요하다.

지텔프 빈출 to 부정사를 목적격 보어로 가지는 동사

encourage	격려하다	assign	할당하다
allow	허용하다	warn	경고하다
ask	요청하다	permit	허가하다
remind	상기시키다	persuade	설득하다
motivate	동기를 부여하다	advise	조언하다
believe	믿다	instruct	지시하다
cause	야기하다	forbid	금지하다
require	요구하다	invite	초대하다
expect	기대하다	compel	강요하다
enable	~할 수 있게 하다	convince	납득시키다
force	강요하다	want	원하다
need	필요하다	tell	말하다
get	~하게 만들다		

The teacher encouraged **the students** to read **books.**
선생님은 학생들에게 책을 읽도록 격려했다.

Their commitment to quality enabled **the manufacturer** to achieve **its sales goal.**
품질에 대한 그들의 전념은 그 제조사가 판매 목표를 달성할 수 있게 했다.

③ to 부정사 관용 표현

• to 부정사와 함께 관용적으로 사용되는 표현들이 있어요.

지텔프 빈출 to 부정사 관용 표현

be able to	~할 수 있다
tend to	~하는 경향이 있다
be likely to	~할 것 같다, ~하기 쉽다
be supposed to	~해야 한다, ~하기로 되어 있다
stand to	~할 상황에 처하다, ~할 모양이다
be enough to	~하기에 충분하다
be willing to	기꺼이 ~하다
be determined to	~하기로 결심하다
too … to	너무 …해서 ~할 수 없다
have no choice but to	~할 수밖에 없다
have to	~해야 한다
seem to	~처럼 보이다
be ready to	~할 준비가 되어 있다
be eager to	몹시 ~하고 싶다
be anxious to	몹시 ~하고 싶다
be pleased to	~하는 것을 기쁘게 생각하다
be delighted to	~하는 것을 기쁘게 생각하다
be good to	~에 유익하다

Dina was able **to get** a refund.
Dina는 환불을 받을 수 있었다.

The weather tends **to be** stormy at this time of year.
날씨는 매년 이맘때 험악한 경향이 있다.

The situation is likely **to change.**
상황이 바뀔 것 같다.

6. 준동사 ② - 동명사

① 동명사의 역할

· 동명사는 문장 속에서 명사 역할을 해요.

명사 역할	주어 [~하는 것, ~하기]	Reducing the use of plastic is important. 플라스틱의 사용을 줄이는 것은 중요하다.
	목적어 [~하는 것, ~하기]	She gave up learning Russian. 그녀는 러시아어를 배우는 것을 포기했다.
	보어 [~하는 것, ~하기]	Her dream is visiting New York. 그녀의 꿈은 뉴욕을 방문하는 것이다.

② 동명사와 함께 쓰는 동사

지텔프 빈출 동명사를 목적어로 가지는 동사

enjoy	즐기다	take up	취하다
recommend	추천하다	find	찾다
consider	고려하다	overcome	극복하다
avoid	피하다	favor	선호하다
imagine	상상하다	beat	이기다
envision	상상하다	justify	정당화하다
involve	수반하다	conduct	수행하다
include	포함하다	recall	기억해내다
keep	계속하다	defer	유보하다
suggest	제안하다	experience	경험하다
stop	멈추다	advocate	옹호하다
cease	멈추다	entail	수반하다
quit	그만두다	allow	허락하다
mind	언짢아하다	promote	촉진하다
risk	위험을 무릅쓰다	encourage	격려하다
prohibit	금지하다	discourage	낙담시키다
resist	저항하다	resent	분하게 여기다

practice	연습하다	fear	두려워하다
admit	인정하다	disclose	폭로하다
delay	연기하다	dislike	싫어하다
postpone	연기하다	finish	끝내다
prevent	막다	deny	부인하다
tolerate	참다	approve	승인하다
give up	포기하다	anticipate	예상하다
evade	회피하다	dread	두려워하다
perform	수행하다	require	필요로 하다
adore	아주 좋아하다	advise	충고하다
appreciate	감사하다	regard	여기다
permit	허용하다	contemplate	숙고하다
discuss	논의하다	acknowledge	인정하다
mention	언급하다	support	지지하다
report	보고하다	discontinue	중단하다
depict	묘사하다	limit	제한하다

Many people enjoy **relaxing** in the park on weekends.

많은 사람들이 주말에 공원에서 휴식을 취하는 것을 즐긴다.

I recommend taking the subway.

나는 지하철을 타는 것을 추천한다.

Mr. Ames is considering **hiring an assistant.**

Mr. Ames는 조수를 고용하는 것을 고려하고 있다.

③ 동명사와 to 부정사 모두와 함께 쓰는 동사

지텔프 빈출 동명사가 목적어일 때와 to 부정사가 목적어일 때 의미가 같은 동사

begin	시작하다	start	시작하다
hate	매우 싫어하다	love	매우 좋아하다
endure	견디다	bother	애써서 ~하다
believe	믿다	continue	계속하다
attempt	시도하다	like	좋아하다
propose	제안하다		

My family began discussing / to discuss **the house rules.**
우리 가족은 집안의 규칙에 대해 논의하기 시작했다.

지텔프 빈출 동명사가 목적어일 때와 to 부정사가 목적어일 때 의미가 다른 동사

remember	동명사	(과거에) ~한 것을 기억하다
	to 부정사	(미래에) ~할 것을 기억하다
forget	동명사	(과거에) ~한 것을 잊다
	to 부정사	(미래에) ~할 것을 잊다
try	동명사	(시험 삼아) ~해보다
	to 부정사	~하려고 노력하다
regret	동명사	~한 것을 후회하다
	to 부정사	~하게 되어 유감이다

She remembered saving **the file.**
그녀는 파일을 저장한 것을 기억했다.

She remembered to save **the file.**
그녀는 파일을 저장할 것을 기억했다.

7. 연결어

① 접속사/전치사

지텔프 빈출 부사절 접속사

because	~이기 때문에	since	~이기 때문에, ~ 이래로
although	~에도 불구하고	ever since	~한 이래로 줄곧
while	~인 반면, ~하는 동안	so that	~할 수 있도록
even though	~에도 불구하고	as if	마치 ~인 것처럼
no matter how	아무리 ~해도	now that	~이기 때문에
unless	만약 ~이 아니라면	as	~이기 때문에, ~할 때
once	일단 ~하면	even if	비록 ~하더라도
whenever	~할 때마다	given that	~을 고려하면
as soon as	~하자마자	as long as	~하는 한
until	~할 때까지	whereas	~하는 반면
when	~할 때	as far as	~하는 한
after	~한 이후에	supposing that	만약 ~이라면

Mason sat down because he was dizzy.
Mason은 어지러웠기 때문에 자리에 앉았다.

지텔프 빈출 전치사

despite	~에도 불구하고	because of	~ 때문에
in spite of	~에도 불구하고	instead of	~의 대신에
in case of	~의 경우에	rather than	~보다는
aside from	~ 이외에	owing to	~ 때문에
before	~ 이전에	with	~과 함께

He was not fired despite his huge mistake.
그는 큰 실수에도 불구하고 해고되지 않았다.

② 접속부사

지텔프 빈출 접속부사

However	그러나	Similarly	비슷하게
In fact	사실은, 실제로	In short	요약하자면
Moreover	게다가, 더욱이	More often than not	대개, 자주
Otherwise	그렇지 않으면	In conclusion	결론적으로
On the other hand	반면에, 한편으로는	Instead	대신에
In contrast	그에 반해	Additionally	추가적으로
In other words	즉, 다시 말해	In addition	추가로
Namely	즉, 다시 말해	That is	즉
Indeed	정말, 실제로	As a matter of fact	사실상
Therefore	따라서, 그래서	Also	또한, 게다가
Thus	따라서, 그래서	Undoubtedly	의심의 여지 없이, 확실히
Naturally	당연히, 자연스럽게	Even so	그렇다 하더라도
Besides	게다가	Presently	현재
For example	예를 들어	As a result	결과로서
For instance	예를 들어	Accordingly	따라서
Finally	마침내, 마지막으로	Consequently	결과적으로
Eventually	결국, 마침내	Unfortunately	불행하게도
After all	결국	Afterward	나중에
Nevertheless	그럼에도 불구하고	In the first place	우선
Nonetheless	그럼에도 불구하고	In the meantime	한편
Meanwhile	그동안에	At last	마침내
By the way	그나저나	Altogether	대체로
On the contrary	반대로	All in all	결과적으로
As a consequence	결과적으로	Hence	따라서
Furthermore	더욱이	Likewise	비슷하게

Paul wants to learn to paint. However, he is too busy these days.
Paul은 채색하는 것을 배우고 싶어 한다. 그러나, 그는 요즘 너무 바쁘다.

Cheetahs can run quickly. In fact, they are the fastest land animals.
치타는 빠르게 달릴 수 있다. 사실은, 그들은 가장 빠른 육지 동물이다.

This SUV model is very fuel efficient. Moreover, it includes many safety features.
이 SUV 모델은 매우 연료 효율적이다. 게다가, 그것은 많은 안전장치들을 포함하고 있다.

8. 관계사

① 관계대명사

• 관계대명사는 선행사의 종류와 격에 따라 다르게 쓰며, 관계대명사 that은 콤마(,) 뒤에는 쓰일 수 없어요.

선행사 \ 격	주격	목적격	소유격
사람	who	who(m)	whose
사물·동물	which	which	whose / of which
사람·사물·동물	that	that	-

Mandy has a computer, which is broken.
Mandy는 컴퓨터가 있는데, 그것은 고장 났다.

I work in a building that has very slow elevators.
나는 매우 느린 엘리베이터가 있는 건물에서 일한다.

② 관계부사

• 관계부사는 장소, 시간, 이유, 방법 등을 나타내는 선행사 뒤에서 완전한 절을 이끌어요.

선행사	관계부사
장소	where
시간	when
이유	why
방법	how

We traveled to the city where the theme park is located.
우리는 테마파크가 있는 도시로 여행했다.

memo

memo